MICHAELIS

DICIONÁRIO DE
PHRASAL VERBS

inglês – português

CLÓVIS OSVALDO GREGORIM
Mestre em Ciências Linguísticas pela PUC-SP
(Linguística Aplicada ao Ensino do Inglês)
e Doutor em Educação pela USP
(Linguística Aplicada ao Ensino do Português)

MARK G. NASH
Mestre em Teoria da Comunicação pela
McGill University, Montreal, Canadá

MICHAELIS

DICIONÁRIO DE
PHRASAL VERBS

inglês – português

NOVA ORTOGRAFIA conforme o
Acordo Ortográfico da LÍNGUA PORTUGUESA

MELHORAMENTOS

Editora Melhoramentos

Gregorim, Clóvis Osvaldo
   MICHAELIS: dicionário de phrasal verbs: inglês-português / Clóvis Osvaldo Gregorim, Mark G. Nash. – São Paulo: Editora Melhoramentos, 2010 – (Dicionários Michaelis)

   ISBN: 978-85-06-06465-8

   1. Inglês - Dicionários - Português 2. Inglês - Phrasal verbs I. Nash, Mark G.. II. Título. III. Série.

CDD-423.1

Índices para catálogo sistemático:
1. Dicionários: Phrasal verbs: Inglês-português   423.1
2. Phrasal verbs: Dicionários: Inglês-português   423.1

Obra conforme o Acordo Ortográfico da Língua Portuguesa

© 2003 Clóvis Osvaldo Gregorim e Mark G. Nash
© 2003, 2010 Editora Melhoramentos Ltda.
Todos os direitos reservados.

Diagramação: WAP Studio
Design original da capa: Jean E. Udry

3.ª edição, 3.ª impressão, setembro de 2018
ISBN: 978-85-06-06465-8
       978-85-06-07862-4

Atendimento ao consumidor:
Caixa Postal 11541 – CEP 05049-970
São Paulo – SP – Brasil
Tel.: (11) 3874-0880
sac@melhoramentos.com.br
www.editoramelhoramentos.com.br

Impresso na Índia

SUMÁRIO

Introdução em português

    Público-alvo deste dicionário VII

    O que é um *phrasal verb*? VII

    O uso dos *phrasal verbs* IX

    Como usar este dicionário XI

Introdução em inglês

    Who is this dictionary for? XIII

    What is a phrasal verb? XIII

    The use of phrasal verbs XV

    How to use this dictionary XVI

Verbetes de A a Z 1

Público-alvo deste dicionário

Este dicionário foi elaborado para brasileiros que estudam inglês e para aqueles que utilizam a língua inglesa em leitura, pesquisa ou na área profissional. Outro segmento do público-alvo inclui professores de inglês, secretários bilíngues e tradutores, que terão este dicionário como fonte de consulta útil ao lerem ou trabalharem com textos em inglês, tais como: revistas, jornais, romances, letras de músicas ou ao assistirem a filmes ou programas de televisão. Qualquer estudante de inglês, desde o principiante até o aluno avançado, deve notar a incidência do uso do *phrasal verb* por parte dos falantes nativos. Esses verbos surgem em todos os textos, tanto no discurso formal quanto no informal. Este dicionário foi especialmente elaborado com o intuito de ajudar o consulente que precisa de definições claras dos *phrasal verbs*, quando os encontra ao ler em inglês ou na comunicação oral nesse idioma, especialmente com falantes nativos.

O que é um *phrasal verb*?

O *phrasal verb* é composto de um verbo + uma preposição ou, em alguns casos, de um verbo + duas preposições. Eles são, às vezes, chamados de *multi-word verbs*, porém são geralmente mais conhecidos como *phrasal verbs*. O verbo juntamente com a preposição forma uma nova unidade linguística que apresenta um significado geralmente bastante diferente daquele do verbo original, destituído da preposição. Tomemos, por exemplo, o verbo *whip*, cujo significado em português é "chicotear" ou "bater" (clara de ovos, creme etc.). Vamos agora examinar o *phrasal verb* **whip up**. Imagine que inesperadamente você receba algumas visitas na hora do almoço e não tenha nada para oferecer-lhes, mas há alguns ovos e queijo na geladeira. Você poderá dizer: *I'll* **whip up** *a cheese omelet for lunch*. Em português, **whip up** significa "preparar rapidamente algo para comer".

Pode-se, nesse exemplo, verificar que o sentido original do verbo *whip* não tem nenhuma relação com o *phrasal verb* **whip up**. Outrossim, a preposição *up* não nos ajuda em nada a descobrir o significado do *phrasal verb* em questão. Infelizmente, para os estudantes da língua inglesa, é o que ocorre com a maioria dos *phrasal verbs*. É importante lembrar que o significado de um *phrasal verb* tem pouquíssima ou nenhuma relação com o significado dos elementos que o constituem, isto é, o verbo e a preposição. Simplesmente, lembre-se de que você deve saber o significado isolado dos elementos que constituem um *phrasal verb*, porém esse seu conhecimento semântico não o ajudará a entender o *phrasal verb*. Por essa razão, o estudante brasileiro de inglês deve aprender e praticar os *phrasal verbs* se desejar desenvolver uma competência razoavelmente boa no seu domínio.

Os *phrasal verbs* podem ser transitivos (*vt*), intransitivos (*vi*) e alguns deles podem ser transitivos ou intransitivos (*vt+vi*). Os *phrasal verbs* transitivos são aqueles que exigem um objeto. O *phrasal verb look into* (investigar) é transitivo, pois sempre investigamos algo. "The detective is **looking into** the robbery" (O detetive está investigando o furto). Os *phrasal verbs* intransitivos são aqueles que não exigem um objeto. Quando dizemos: "Mary **sleeps in** on Sundays" (Mary dorme até tarde aos domingos), o *phrasal verb* **sleep in** (dormir até tarde) é intransitivo. Em alguns casos, um *phrasal verb* pode exigir um objeto ou então dispensá-lo. Compare as orações abaixo, nas quais o *phrasal verb* **hang up** (*vt+vi* desligar) é utilizado: "Paul **hung up** the telephone", "Paul said goodbye to Janet and **hung up**". Na primeira oração, o *phrasal verb* é transitivo porque está ligado ao objeto direto (the telephone) e, na segunda, o *phrasal verb* é intransitivo, pois não exige objeto algum.

Em alguns casos, os *phrasal verbs* podem ser separáveis e o objeto do *phrasal verb* é distribuído entre o verbo e a preposição. Essa separação não altera o significado da oração de modo algum. Ao retomarmos uma das orações anteriores, podemos dizer: "Paul **hung** the telephone **up**. Do mesmo modo, podemos dizer: "**Turn off** the radio" ou "**Turn** the radio **off**", I'll **call up** Mary" ou I'll **call** Mary **up**". Com relação à separação dos constituintes do *phrasal verb*, é importante salientar que, quando substituímos o objeto do *phrasal verb* por um pronome oblíquo, o pronome é sempre distribuído entre o verbo e a preposição. Diante disso, "**Turn off** the radio" torna-se "**Turn** it **off**" e I'll **call up** Mary" torna-se "I'll **call** her **up**".

O uso dos *phrasal verbs*

Os *phrasal verbs* são usados por todos os falantes nativos do inglês, com grande frequência. Não há como escapar deles. Eles são parte integrante dos discursos formal e informal. Em muitos casos, há um verbo comum (não *phrasal verb*) que pode descrever uma ação, mas o falante nativo do inglês usará um *phrasal verb* em seu lugar. Por exemplo, podemos dizer: "He went to the counter and ordered a coffee", usando o verbo *go*, porém um falante nativo do inglês provavelmente diria: "He **went up** to the counter and ordered a coffee". **Go up** é um *phrasal verb* que significa chegar próximo ou na frente (de alguém ou de algo).

Quando os alunos escrevem ou falam inglês, há uma tendência em utilizar os verbos de origem latina, pois aprenderam esses verbos e se sentem seguros ao usá-los. Diante disso, é mais fácil para o estudante brasileiro que está estudando inglês lançar mão dos verbos *invent* (inventar) ou *imagine* (imaginar) que têm raízes latinas do que usar o *phrasal verb* **make up**. No entanto, quando o estudante brasileiro da língua inglesa usa esses verbos em lugar dos *phrasal verbs*, bem mais comuns, isso geralmente soa estranho ou artificial ao falante nativo do inglês. Vamos examinar um exemplo desse tipo de ocorrência. Imaginemos que você esteja jogando xadrez com um americano. Ele está ganhando o jogo e é apenas uma questão de alguns movimentos para que lhe dê o xeque-mate. A vitória dele é inevitável. Você levanta as mãos e diz: "I desist!" (Eu desisto!). O americano provavelmente responderá: "What?!" (Como?!). Bem, o verbo *desist* existe em inglês, mas é tão pouco utilizado que o seu uso, atualmente, está praticamente restrito à linguagem literária. Um nativo do inglês teria dito: "I **give up**!" (Eu desisto!).

Não podemos afirmar que o uso dos *phrasal verbs* é uma maneira diferente de dizer as coisas, porque muitas vezes não há substitutos para eles. Algumas vezes, a única maneira de expressar nossas ideias só pode ocorrer com o uso do *phrasal verb*. De que outra maneira poderíamos dizer "**Turn on** the light!" (Acenda a luz!) ou "**Turn off** the TV!" (Desligue a TV!)? É muito comum para o nativo do inglês não ter noção de que um verbo *comum* possa ser substituído por um *phrasal verb*. Pergunte a um americano quais os verbos que poderiam substituir **get up** (levantar-se), **wake up** (acordar) ou **put on** clothes (vestir uma roupa).

Afinal, quantos *phrasal verbs* existem na língua inglesa? Há milhares, e o número deles está constantemente aumentando. A cada ano, novos *phrasal verbs* entram para a língua, especialmente nas áreas de informática e ciências. Há tantos *phrasal verbs* porque um verbo "comum" pode ser a origem de grande número de *phrasal verbs*. Tomemos o verbo *to look* como exemplo. Só com esse verbo, há dezoito *phrasal verbs*: **look after, look ahead, look around, look at, look back, look down on, look for, look forward to, look in on, look into, look on, look upon, look out, look out for, look over, look through, look up, look up to**.

Além do mais, alguns *phrasal verbs* apresentam significados múltiplos. Levando-se em consideração que de um único verbo podem-se originar muitos *phrasal verbs* e que cada *phrasal verb* geralmente apresenta mais de um significado, podemos, então, vislumbrar por que existem tantos *phrasal verbs*.

Este dicionário não contém todos os *phrasal verbs*. Está longe disso. O falante nativo do inglês conhece e usa milhares de *phrasal verbs*. Simplesmente pegue um jornal ou uma revista, ou assista à TV ou a um filme, e você verá que os *phrasal verbs* pipocam a toda hora. A abrangência deste dicionário limitou-se aos *phrasal verbs* com maior incidência de uso no discurso do dia a dia.

Como usar este dicionário

O objetivo deste dicionário é apresentar definições claras e exemplos contextualizados dos *phrasal verbs*, sem causar complicações para o consulente em geral.

Os *phrasal verbs* são apresentados em ordem alfabética, com a entrada do verbete em negrito. Toda vez que o *phrasal verb* admite diferentes acepções, elas são numeradas.

Para cada *phrasal verb*, há exemplos de seus usos e a equivalência em língua portuguesa, apresentada sempre após uma seta ⇨. Nos casos em que o verbo e a preposição que formam o *phrasal verb* puderem ficar separados na oração, são mostradas as duas formas, com o símbolo ♦ entre elas. Por exemplo: *I heard the company **auctioned off** some of their buildings to pay their debts.* ♦ *I heard the company **auctioned** some of their buildings **off** to pay their debts.* ⇨ Eu ouvi falar que a empresa leiloou alguns de seus prédios para pagar dívidas.

As informações essenciais sobre a transitividade dos *phrasal verbs* e os registros de uso são apresentados de forma abreviada:

vt	verbo transitivo
vi	verbo intransitivo
vt+vi	verbo transitivo e verbo intransitivo
refl	verbo reflexivo
Amer	inglês americano
Brit	inglês britânico
cul	culinária
form	formal
gír	gíria
mil	militar
pop	popular
rel	religião
vulg	vulgarismo

Logo após a entrada do verbete, indicamos se o *phrasal verb* é transitivo (*vt*), intransitivo (*vi*) ou se pode ser transitivo e intransitivo (*vt+vi*). Os *phrasal verbs* que podem ser separados são facilmente identificados por meio dos exemplos apresentados, pois a mesma oração é repetida, indicando-se nela a distribuição do objeto entre o verbo e a preposição. Os registros também fornecem informações básicas a respeito do uso dos *phrasal verbs*. Alguns *phrasal verbs* são de uso popular (*pop*), outros podem ser de uso formal (*form*) ou vulgar (*vulg*). Um *phrasal verb* pode fazer parte do inglês americano (*Amer*) ou do inglês britânico (*Brit*).

É importante salientar que os verbos com o registro *vulgar* (*vulg*) devem ser utilizados com muito cuidado, pois constituem *phrasal verbs* que podem ser ofensivos e, dessa forma, é preciso usá-los com bom senso. A inclusão desses verbos torna-se necessária porque eles fazem parte da língua inglesa e não podem ser ignorados. São encontrados em filmes, romances, contos e na linguagem de rua.

Who is this dictionary for?

This dictionary is for Brazilian students of English and for those who read and use English, be it at work or for pleasure. English as a second language (ESL) students and English teachers, bilingual secretaries and translators will find this dictionary especially useful when they read or work with authentic English texts, such as magazines, newspapers, novels, song lyrics or film and TV screenplays. Any student of English, beginner or advanced, is probably aware of how much native English speakers use phrasal verbs. They crop up everywhere in informal and formal discourse. This dictionary is intended to help people who need clear definitions of the phrasal verbs they are likely to encounter reading English or listening to English speakers.

What is a phrasal verb?

A phrasal verb is composed of a verb and a preposition, or, in some cases, a verb and two prepositions. They are sometimes called *multi-word verbs*, but are more generally known as *phrasal verbs*. Together, the verb and the preposition form a new verb, whose meaning is usually very different from that of the original verb. Take the verb *to whip*, for example. It can mean, in Portuguese, "chicotear" or "bater" (clara de ovos, creme etc.). Now look at the phrasal verb **whip up**. Let us imagine that some unexpected visitors arrive at lunchtime. You have nothing prepared for lunch, but there are some eggs and cheese in the fridge. You might say: "I'll **whip up** a cheese omelet for our lunch". **Whip up** means, in Portuguese, "preparar rapidamente (refeição, comida)". Here, we can see that the original meaning of the verb *to whip* has nothing to do with the meaning of the phrasal verb **whip up**. Knowing the verb *to whip* doesn't help us to understand the meaning of the the phrasal verb **whip up**. Likewise, the preposition *up* doesn't help us to discover the meaning of the phrasal verb. Unfortunately for ESL learners, this is the case with the great majority of phrasal verbs. *The* *meaning of a phrasal verb usually has little or nothing to do with the meaning of the elements that it is composed of: the verb and the preposition.* Put simply, you may know what the verb and preposition mean by themselves, but it won't help you to understand the phrasal verb. For this reason, Brazilian ESL learners have to learn and practice phrasal verbs if they are going to develop a reasonably competent phrasal verb vocabulary.

Phrasal verbs may be transitive (*vt*), intransitive (*vi*), and some may be either transitive or intransitive (*vt+vi*). Transitive phrasal verbs are those that require an object. The phrasal verb **look into** (investigar) is transitive. We always **look into** *something*. "The detective is **looking into** the robbery." (O detetive está investigando o furto). Intransitive phrasal verbs are those that do not take on an object. When we say: "Mary **sleeps in** on Sundays" (Mary dorme até tarde aos domingos), the phrasal verb **sleep in** (dormir até tarde) is intransitive. In some cases, a phrasal verb can take on an object or be used without an object. Compare these sentences which use the phrasal verb **hang up** (*vt+vi* desligar): "Paul **hung up** the telephone."; "Paul said goodbye to Janet and **hung up**." In the first example, the phrasal verb **hang up** is transitive because it is linked to a direct object (the telephone); and in the second example the phrasal verb **hang up** is intransitive.

In some cases, transitive phrasal verbs can be split and the object of the phrasal verb can be inserted between the verb and the preposition. This split does not alter the meaning of the sentence in any way. Using the example above, we can also say: "Paul **hung** the telephone **up**." Similarly, we can say: "**Turn off** the radio" or "**Turn** the radio **off**"; "I'll **call up** Mary" or "I'll **call** Mary **up**". Regarding these separable phrasal verbs, it is important to note that when we substitute the object of the phrasal verb with a pronoun, *the pronoun always goes between the verb and the preposition.* So, "**Turn off** <u>the radio</u>" becomes "**Turn** <u>it</u> **off**", and "I'll **call up** <u>Mary</u>" becomes "I'll **call** <u>her</u> **up**".

The use of phrasal verbs

Phrasal verbs are used by all native English speakers with great frequency. There is no escaping them. They are an integral part of the English language, and a part of formal and informal discourse. In many cases, there are single or "normal" verbs that can describe an action, but a native English speaker will use a phrasal verb instead. For instance, we can say: "He *walked* to the counter and ordered a coffee", using the verb *to walk*, but a native English speaker would probably say: "He **went up** to the counter and ordered a coffee." **Go up** is a phrasal verb that means, in Portuguese, "chegar próximo ou na frente de alguém ou algo".

When Brazilian ESL learners write or speak English, they tend to rely on English translations of the Latin-based verbs of Portuguese. The Brazilian ESL learner uses these Latin verbs because he feels comfortable with them. It is easier for a Brazilian ESL learner to use the verbs *to invent* (inventar), or *to imagine* (imaginar), which have Latin roots, than the phrasal verb **make up**. However, when a Brazilian ESL learner uses these verbs, rather than the more commonly used phrasal verbs, he often sounds "strange" or "unnatural" to native English speakers.

Let us look at an example. Let us imagine you are playing chess with an American. He is winning the game, and in a matter of a few moves he will have you in checkmate. His victory is inevitable. The Brazilian throws up his hands and says: "I desist!" (Eu desisto). The American would probably reply: "What?!" Well, the verb *to desist* exists in English, but it's so rarely used that its usage today is mainly literary. A native English speaker would have said: "I **give up**!" (Eu desisto!).

It is not that phrasal verbs are *another* way of saying things. Sometimes there are no substitutes for phrasal verbs. Sometimes the *only* way to express an action is with a phrasal verb. How else can we say: "**Turn on** the light" (acender), or "**Turn off** the TV" (desligar)? Quite often, a native English speaker is not even aware of the verbs that can substitute a phrasal verb. Ask an American which verbs can substitute **get up** (levantar), **wake up** (acordar) or **put on** clothes (vestir uma roupa).

Just how many phrasal verbs are there in the English language? There are thousands, and the number is constantly growing. Every year, new phrasal verbs enter the English language, especially in the area of computing and the sciences. There are so many phrasal verbs because a single verb can be the source of a number of phrasal verbs. Take the verb *to look* as an example. From this verb alone there are eighteen phrasal verbs: **look after, look ahead, look around, look at, look back, look down on, look for, look forward to, look in on, look into, look on, look upon, look out, look out for, look over, look through, look up, look up to.** Moreover, some of these phrasal verbs have multiple meanings. Taking into consideration that a single verb can be the source of many phrasal verbs, and that each phrasal verb often has more than one meaning, we can see why there are so many phrasal verbs.

This dictionary does not contain every phrasal verb in the English language. Far from it. Any native English speaker knows, and uses, thousands of phrasal verbs. Simply pick up a newspaper or a magazine, or watch TV or a film, and you will find it peppered with phrasal verbs. We have limited this dictionary to the most common phrasal verbs, encountered in everyday discourse.

How to use this dictionary

The objective of this dictionary is to provide clear definitions and examples of phrasal verbs, without over-complicating this dictionary for the general reader.

The phrasal verbs are presented in alphabetical order, and always appear in bold type. When the phrasal verb has more than one meaning, there are numbered entries.

For each phrasal verb, there are examples of its usage, translated into Portuguese and always presented after an arrow ⇨. In the cases in which the verb and the preposition that constitute the phrasal verb can be split in the sentence, the two forms are shown, with the symbol ♦ between them. For example: *I heard the company **auctioned off** some of their buildings to pay their* debts. • *I heard the company **auctioned** some of their buildings **off** to pay their debts.* ⇨ Eu ouvi falar que a empresa leiloou alguns de seus prédios para pagar dívidas.

Essential information about the phrasal verb's transitivity and usage are registered in abbreviated form:

vt	verbo transitivo
vi	verbo intransitivo
vt+vi	verbo transitivo e verbo intransitivo
refl	verbo reflexivo
Amer	inglês americano
Brit	inglês britânico
cul	culinária
form	formal
gír	gíria
mil	militar
pop	popular
rel	religião
vulg	vulgarismo

Each entry indicates whether the phrasal verb is transitive (*vt*), intransitive (*vi*), or can be both transitive or intransitive (*vt+vi*). Those transitive phrasal verbs that can be split can be identified through the examples given, in which the same example is repeated showing the object between the verb and the preposition. The register labels also provide basic information about the phrasal verb's usage. Some phrasal verbs are popular (*pop*), formal (*form*) or vulgar (*vulg*). A phrasal verb may be part of American English (*Amer*) or British English (*Brit*).

It should be noted that entries marked vulgar (*vulg*) are to be used with caution. These are phrasal verbs that may offend someone, and therefore should be used with good judgement. We have included them in this dictionary because they are a part of the English language that cannot be ignored. We encounter them in films, novels, short stories and on the street.

a

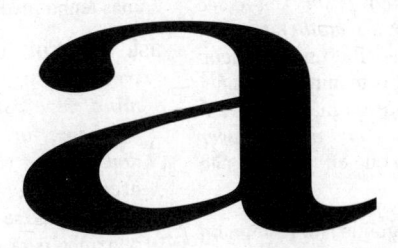

abide by *vt* obedecer ou seguir a lei, decisão, regra, ideia. *A good citizen **abides by** the law.* ⇨ Um bom cidadão obedece à lei.

accord with *vt* estar de acordo com alguém ou alguma coisa. *The new finance minister's opinions are not in **accord with** the President's.* ⇨ As opiniões do novo ministro da Fazenda não estão de acordo com as do presidente.

account for 1 *vt* prestar contas, responder por, considerar. *The police asked the thief to **account for** his whereabouts on the night of the crime.* ⇨ A polícia pediu ao ladrão para prestar contas de seu paradeiro na noite do crime. **2** *vt* indicar uma quantidade em relação ao total. *Women in Brazil **account for** more than half the population.* ⇨ As mulheres no Brasil correspondem a mais da metade da população.

ace out (on) *vt+vi pop* vencer alguém ou se dar muito bem (jogos ou provas). *I studied like crazy and **aced out on** my French test.* ⇨ Eu estudei feito louco e tirei uma boa nota na prova de francês. *Rachael had her job interview this morning. She said she **aced out**.* ⇨ Rachael teve sua entrevista de emprego hoje de manhã. Ela disse que foi superbem.

ache for *vt* desejar muito. *Just after I had quit smoking I used to **ache for** a cigarette.* ⇨ Logo após parar de fumar, eu desejava muito um cigarro.

act up 1 *vi* apresentar defeito. *The TV is **acting up** again and I had it fixed only last week!* ⇨ A televisão está apresentando um defeito de novo e ela foi consertada na semana passada. **2** *vi* comportar-se mal. *School children **act up** whenever there is a substitute teacher.* ⇨ Os alunos se comportam mal sempre que há um professor substituto.

add up 1 *vt* somar números para calcular o resultado. *When the waiter **added up** all the food, drinks and desserts we had quite a bill to pay.* ◆ *When the waiter **added** all the food, drinks and desserts **up** we had quite a bill to pay.* ⇨ Quando o garçom somou toda a comida, bebidas e sobremesas, nós tivemos de pagar uma conta alta. **2** *vi* chegar a uma conclusão ou resultado. *It doesn't **add up**. Why would a millionaire rob a bank?* ⇨ Não faz sentido. Por que um milionário roubaria um banco?

aim at *vt* objetivar, almejar, ansiar. *The government's new economic measures **aim at** reducing inflation.* ⇨ As novas medidas econômicas do governo almejam reduzir a inflação.

answer back *vt+vi* responder imprudentemente ou insolentemente aos superiores (especialmente crianças).

Everyone was shocked to see the boy **answer back** his mother in the restaurant. ♦ Everyone was shocked to see the boy **answer** his mother **back** in the restaurant. ⇨ Todo mundo ficou chocado ao ver o menino responder insolentemente a sua mãe no restaurante. Do as I say and don't **answer back!** ⇨ Faça o que eu mando e não responda!

ask after vt perguntar sobre alguém (saúde, notícias). Peter always **asks after** my wife and children when I see him. ⇨ Peter sempre pergunta por minha esposa e meus filhos quando eu o vejo.

ask around vi perguntar às pessoas para obter informação ou ajuda. I **asked around** at the bus station but no one had seen my missing suitcase. ⇨ Eu perguntei para várias pessoas na rodoviária, mas ninguém tinha visto minha mala.

ask in vt convidar alguém para entrar. These days you can't **ask in** just anyone who comes knocking at the door. ♦ These days you can't **ask** just anyone **in** who comes knocking at the door. ⇨ Nos dias de hoje, não se pode convidar para entrar qualquer pessoa que bate à porta.

ask out vt convidar alguém para sair (especialmente para namorar). I'd like to **ask out** Nancy to the cinema but I'm afraid she'll say no. ♦ I'd like to **ask** Nancy **out** to the cinema but I'm afraid she'll say no. ⇨ Eu gostaria de convidar Nancy para ir ao cinema, mas tenho medo de que ela diga não.

ask over/round vt convidar alguém para vir a sua casa. I hope you don't mind, I've **asked over/round** the neighbour for a drink. ♦ I hope you don't mind, I've **asked** the neighbour **over/round** for a drink. ⇨ Eu espero que você não se importe, pois convidei o vizinho para vir a nossa casa tomar um drinque.

ask round V ask over/round.

aspire to vt desejar ou querer ardentemente atingir algo. He keeps on training so much because he **aspires to** be an Olympic athlete. ⇨ Ele continua a treinar tanto porque quer ardentemente ser um atleta olímpico.

attend to vt cuidar ou tomar conta de coisas ou pessoas. I have so many things to **attend to** at the office. ⇨ Eu tenho tantas coisas para cuidar no escritório. The waiter will **attend to** you now. ⇨ O garçom cuidará de vocês agora.

auction off vt leiloar. I heard the company **auctioned off** some of their buildings to pay their debts. ♦ I heard the company **auctioned** some of their buildings **off** to pay their debts. ⇨ Eu ouvi falar que a empresa leiloou alguns de seus prédios para pagar dívidas.

back down *vi* desistir (do ponto de vista), ceder (diante do erro). *They argued and argued all night but neither one would back down.* ⇨ Eles discutiram e discutiram a noite inteira, mas nenhum deles quis ceder.

back off 1 *vi* afastar-se de alguém ou de alguma coisa (especialmente quando se tem medo). *The safest thing to do if you meet a bear in the woods is back off slowly, without making a noise.* ⇨ A coisa mais segura no caso de você encontrar um urso na floresta é afastar-se devagar, sem fazer barulho. **2** *vi* retirar-se ou desistir de uma situação (geralmente para deixar alguém assumir a responsabilidade). *I told him to back off and let me take care of the investigation.* ⇨ Eu disse para ele se retirar e me deixar tomar conta da investigação.

back out *vt+vi* desistir de ou recusar-se a fazer alguma coisa já planejada. *She backed out of the wedding at the last minute.* ⇨ Ela desistiu do casamento na última hora. *I've already booked the hotel and passage to Toronto so you can't back out now!* ⇨ Eu já reservei o hotel e a passagem para Toronto, então você não pode desistir agora!

back up 1 *vt* confirmar ou apoiar alguém que está falando a verdade. *Robert is telling the truth and I'll back up Robert if anyone doubts him.* ♦ *Robert is telling the truth and I'll back Robert up if anyone doubts him.* ⇨ Robert está dizendo a verdade e eu o apoiarei se alguém duvidar. **2** *vt* apoiar ou defender alguém ou algo. *I'll back up any presidential candidate who promises to lower taxes.* ♦ *I'll back any presidential candidate up who promises to lower taxes.* ⇨ Eu apoiarei qualquer candidato a presidente que prometer diminuir os impostos. **3** *vt+vi* andar de marcha a ré (de carro, caminhão, barco etc.). *Watch it! If you back up your car any more you'll hit the curb.* ♦ *Watch it! If you back your car up any more you'll hit the curb.* ⇨ Cuidado! Se você andar de marcha a ré mais um pouco, você baterá no meio-fio. *Look before you back up.* ⇨ Olhe antes de andar de marcha a ré. **4** *vt* fazer cópia de segurança (de arquivos de computador), becapar, becapear. *You should back up your files before you turn off your computer.* ♦ *You should back your files up before you turn off your computer.* ⇨ Você deveria fazer uma cópia de segurança de seus arquivos antes de desligar o computador.

bail out 1 *vt* tirar da cadeia sob fiança. *We ordered our lawyer to bail out the poor fellow.* ♦ *We ordered our lawyer to bail the poor fellow out.* ⇨ Nós mandamos o nosso advogado tirar o coitado sob fiança. **2** *vt* fornecer ajuda financeira para salvar uma empresa, instituição

balls up ou pessoa. *The newspaper says the government will **bail out** the telephone company if they go into bankruptcy.* ◆ *The newspaper says the government will **bail** the telephone company **out** if they go into bankruptcy.* ⇨ O jornal disse que o governo salvará a empresa telefônica caso entre em falência. **3** *vt+vi Amer* abandonar ou cair fora (pessoa, empresa, relacionamento). *If I were you, I'd **bail out** of your marriage now and save yourself a lot of suffering later.* ⇨ Se eu fosse você, cairia fora do casamento agora e pouparia muito sofrimento mais tarde. *When relationships get difficult most people **bail out**.* ⇨ Quando os relacionamentos ficam difíceis, a maioria das pessoas caem fora.

balls up *vt Brit vulg* foder algo, fazer algo errado até estragar tudo. *I'm sorry I **ballsed up** your birthday party by arriving so late.* ◆ *I'm sorry I **ballsed** your birthday party **up** by arriving so late.* ⇨ Eu sinto muito ter fodido sua festa de aniversário chegando tão atrasado.

ball up *vt Amer vulg* foder, confundir. *Her explanation of things **balled up** my understanding of the situation even more.* ◆ *Her explanation of things **balled** my understanding of the situation **up** even more.* ⇨ A explicação dela fodeu o meu entendimento da situação ainda mais.

band together *vi* juntar(-se) ou unir(-se) em grupo para fazer algo. *If we **band together** we can preserve the forests.* ⇨ Se nos juntarmos, poderemos preservar as florestas.

bang away at *vt Amer* insistir (especialmente com trabalho ou perguntas). *Every weekend Tom **bangs away at** revamping that old sailboat of his.* ⇨ Todos os finais de semana, Tom insiste em trabalhar aplicadamente na reforma daquele seu veleiro velho.

bang into *vt* bater numa coisa ou pessoa sem querer. *I've **banged into** that post with my car more than once trying to park here.* ⇨ Eu já bati várias vezes nesse poste com meu carro tentando estacionar aqui.

bang out *vt pop* tocar música (num instrumento musical). *At the end of the party Richard **banged out** a few songs on his guitar.* ◆ *At the end of the party Richard **banged** a few songs **out** on his guitar.* ⇨ No final da festa, Richard tocou algumas músicas ao violão.

bang up 1 *vt Amer* danificar alguma coisa ou machucar-se. *Susan **banged up** her leg when she fell off her motorcycle.* ◆ *Susan **banged** her leg **up** when she fell off her motorcycle.* ⇨ Susan machucou a perna quando caiu da moto. **2** *vt Brit* prender, colocar alguém na cadeia. *I'm worried they might **bang up** Peter if he tells the police the truth about the accident.* ◆ *I'm worried they might **bang** Peter **up** if he tells the police the truth about the accident.* ⇨ Eu estou preocupado que eles possam prender Peter se ele contar à polícia a verdade sobre o acidente.

bank on *vt* achar ou confiar que algo acontecerá. *I had **banked on** getting a lively response from the audience but no one paid any attention to what I had to say.* ⇨ Eu confiei numa reação entusiasmada da plateia, mas ninguém prestou a mínima atenção àquilo que eu estava dizendo.

barge in 1 *vi* entrar (sala, casa etc.) abruptamente, sem avisar. *I'm working and I don't want anyone **barging in**!* ⇨ Estou trabalhando e eu não quero ninguém entrando sem avisar! **2** *vi* interromper uma conversa. *I tried to tell him what happened but he wouldn't stop **barging in** with questions.* ⇨ Eu tentei contar o que aconteceu, mas ele não parou de me interromper com perguntas.

barge into 1 *vt* entrar (sala, casa etc.) abruptamente, sem avisar. *He **barged into** the manager's office demanding* *a raise.* ⇨ Ele entrou abruptamente na sala do gerente, exigindo um aumento de salário. **2** *vt* interromper uma conversa. *I think it's very rude the way she **barges into** other people's conversation.* ⇨ Eu acho muito malcriado o jeito como ela interrompe a conversa dos outros.

bash in *vt* quebrar com pancadas fortes. *I didn't have the key so we had to **bash in** the door.* ♦ *I didn't have the key so we had to **bash** the door **in**.* ⇨ Eu não tinha a chave, então tivemos de quebrar a porta.

bash up *vt pop* danificar (coisa ou pessoa) com pancadas. *After he **bashed up** my car I refused to lend it to him again.* ♦ *After he **bashed** my car **up** I refused to lend it to him again.* ⇨ Depois que ele danificou meu carro, eu me recusei a emprestá-lo novamente.

beat down 1 *vi* castigar, causar dano (sol ou chuva). *The sun **beat down** until we felt ill and looked for a shady place to rest.* ⇨ O sol nos castigou até nos sentirmos mal e procurarmos um lugar à sombra para descansar. **2** *vt* negociar para abaixar o preço de algo. *The tag says $200 but I'm sure you can **beat down** the price a little.* ♦ *The tag says $200 but I'm sure you can **beat** the price **down** a little.* ⇨ Está marcado $200 na etiqueta, mas tenho certeza de que você consegue negociar o preço um pouco. *Roberto has very expensive carpets in his shop but you can usually **beat** him **down** to half price.* ⇨ Roberto tem carpetes caríssimos na sua loja, mas geralmente você consegue negociar com ele até chegar a metade do preço.

beat off 1 *vt* rebater um ataque. *I was able to escape by **beating off** the mugger with my briefcase.* ♦ *I was able to escape by **beating** the mugger **off** with my briefcase.* ⇨ Eu consegui escapar dando golpes no ladrão com minha pasta. **2** *vt* rechaçar. *He's so handsome he has to **beat off** the girls.*

♦ *He's so handsome he has to **beat** the girls **off**.* ⇨ Ele é tão bonito que tem de rechaçar as garotas. **3** *vi Amer vulg* bater punheta, masturbar-se. *He'd rather stay at home **beating off** then go out to parties to meet girls.* ⇨ Ele prefere ficar em casa batendo punheta a sair para festas para encontrar garotas.

beat up *vt* espancar, agredir com pancadas. *Some fans **beat up** Morris at the soccer game.* ♦ *Some fans **beat** Morris **up** at the soccer game.* ⇨ Alguns torcedores espancaram Morris no jogo de futebol.

belt up 1 *vi Brit gír* calar a boca (geralmente imperativo). ***Belt up!** I'm trying to sleep.* Cale a boca! Estou tentando dormir. **2** *vi Brit pop* colocar cinto de segurança. *The police were out on the highway yesterday giving tickets to people who hadn't **belted up**.* ⇨ A polícia estava na rodovia ontem, dando multas às pessoas que não estavam usando o cinto de segurança.

bend down *vi* dobrar o corpo, curvar-se. *We have to **bend down** and touch our toes in our fitness class.* ⇨ Nós temos de dobrar o corpo e tocar os dedos do pé na aula de ginástica.

bend over *vi* dobrar o corpo, debruçar-se. *Terry is in the kitchen **bent over** the stove stirring the feijoada.* ⇨ Terry está na cozinha debruçada sobre o fogão, mexendo a feijoada.

bend over backwards *vt* fazer grande esforço para ajudar ou agradar alguém. *He **bent over backwards** to please his boss and in the end he was promoted to manager.* ⇨ Ele fez o máximo para agradar o chefe e, no final, foi promovido a gerente.

bid on *vt* fazer uma oferta de compra, especialmente num leilão. *We **bid on** the painting but we lost it to a wealthy art dealer.* ⇨ Nós fizemos uma oferta pelo quadro, mas o perdemos para um rico negociante de arte.

black out *vi* desmaiar, perder a consciência de repente. *He **blacked out** at the table in the restaurant.* ⇨ Ele desmaiou à mesa do restaurante.

blend in 1 *vi* não ser notado por ser semelhante aos outros em volta (pessoas, animais ou coisas). *If you want to keep your job in this company it's best to follow orders and **blend in**.* ⇨ Se você quiser manter seu emprego nessa empresa, é melhor seguir ordens e não ser notado. **2** *vt* misturar uma substância com outra de maneira uniforme. *The recipe says to **blend in** two cups of flour and bake for 35 minutes.* ♦ *The recipe says to **blend** two cups of flour **in** and bake for 35 minutes.* ⇨ A receita pede para misturar duas xícaras de farinha e assar por 35 minutos.

blend into *vt* não aparecer por ser semelhante aos outros em volta (pessoas, animais ou coisas). *With those clothes you'll **blend into** the crowd and noboby will notice you.* ⇨ Com essas roupas, você sumirá na multidão e ninguém o notará.

block in *vt* impedir a saída ou passagem, confinar. *There's a broken truck in the tunnel **blocking in** a bus and a few cars.* ♦ *There's a broken truck in the tunnel **blocking** a bus and a few cars **in**.* ⇨ Há um caminhão quebrado no túnel, impedindo a saída de um ônibus e de alguns carros.

block off *vt* impedir a passagem usando obstrução, bloquear. *The strikers used old tires to **block off** the entrance to the factory.* ♦ *The strikers used old tires to **block** the entrance to the factory **off**.* ⇨ Os grevistas usaram pneus velhos para bloquear a entrada da fábrica.

block up *vt* entupir ou bloquear lugar estreito (ralo ou corredor). *Get those boxes out of here before you **block up** the corridor!* ♦ *Get those boxes out of here before you **block** the corridor **up**!* ⇨ Tire estas caixas daqui antes que você bloqueie o corredor!

blow away 1 *vt* ser levado (pelo vento). *You had better close the window or the wind will **blow away** your papers again.* ♦ *You had better close the window or the wind will **blow** your papers **away** again.* ⇨ Você deveria fechar a janela, senão o vento vai levar seus papéis embora de novo. **2** *vt Amer gír* matar alguém com arma de fogo. *The police **blew away** one of the bank robbers when he tried to escape.* ♦ *The police **blew** one of the bank robbers **away** when he tried to escape.* ⇨ A polícia atirou e matou um dos ladrões de banco quando ele tentou escapar. **3** *vt Amer gír* deixar boquiaberto, supreender alguém (especialmente de maneira agradável). *Listen to their new CD. It will **blow** you **away**!* ⇨ Ouça o novo CD deles. Vai deixar você de boca aberta!

blow in *vi* chegar ou aparecer inesperadamente. *Ronald moved to London but he **blows in** every month or so and we meet for lunch.* ⇨ Ronald mudou-se para Londres, mas ele aparece aqui geralmente todo mês e nos reunimos para almoçar.

blow off 1 *vt* derrubar (pelo vento) ou arrancar com uma explosão. *A gust of wind **blew off** my hat.* ♦ *A gust of wind **blew** my hat **off**.* ⇨ Uma rajada de vento derrubou meu chapéu. **2** *vt Amer gír* deixar de fazer algo necessário ou faltar a um compromisso (trabalho, aulas, encontros etc.). *Let's **blow off** our math class and go to the shopping center.* ♦ *Let's **blow** our math class **off** and go to the shopping center.* ⇨ Vamos matar nossa aula de matemática e ir ao *shopping*.

blow out 1 *vt* apagar, extinguir (fogo). *Blow out the candle and go to sleep.* ♦ *Blow the candle out and go to sleep.* ⇨ Apague a vela e vá dormir. **2** *vi* estourar de repente (pneu). *The tire **blew out** but I was able to keep the car under control.* ⇨ O pneu estourou de repente, mas eu consegui manter o controle do carro. **3** *refl* extinguir-se.

*The hurricane **blew** itself **out** before it reached the coast.* ⇨ O furacão extinguiu-se antes de chegar à costa.

blow over 1 *vt* derrubar (pela ação do vento). *The storm **blew over** the neighbour's fence last night. The storm **blew** the neighbour's fence **over** last night.* ⇨ A tempestade derrubou a cerca do vizinho ontem à noite. **2** *vi* cessar, passar (chuva, tempestade). *The summer shower **blew over** as fast as it had come and in no time it was sunny again.* ⇨ A chuva de verão passou tão rápido quanto chegou, e em pouco tempo estava ensolarado de novo.

blow up 1 *vt+vi* explodir, destruir com explosivos ou bombas. *The engineers had to **blow up** a boulder to build the road through here.* ♦ *The engineers had to **blow** a boulder **up** to build the road through here.* ⇨ Os engenheiros tiveram de explodir uma rocha para passar a estrada por aqui. *The motor started smoking and suddenly **blew up**.* ⇨ O motor começou a soltar fumaça e de repente explodiu. **2** *vi* ficar irritado de repente. *He **blew up** and told her to leave the room.* ⇨ Ele ficou irritado de repente e pediu a ela para sair da sala. **3** *vt* ampliar fotografia ou imagem. *I'll ask the photographer to **blow up** this photograph.* ♦ *I'll ask the photographer to **blow** this photograph **up**.* ⇨ Eu vou pedir ao fotógrafo para ampliar esta fotografia. **4** *vt* encher com ar. *Could you help me to **blow up** the ballons for the children's party?* ♦ *Could you help me to **blow** the ballons **up** for the children's party?* ⇨ Você poderia me ajudar a encher as bexigas para a festa das crianças?

blurt out *vt* falar de repente e sem pensar. *In the middle of the meeting he **blurted out** something silly which irritated his boss.* ♦ *In the middle of the meeting he **blurted** something silly **out** which irritated his boss.* ⇨ No meio da reunião ele falou, de repente, alguma coisa tola que irritou seu chefe.

bog down *vt* assoberbar, atolar, sentir-se submerso ou atolado com algo (trabalho, dificuldades, detalhes etc.). *It's not just the work that **bogs down** a manager but the responsibility that comes with the job.* ♦ *It's not just the work that **bogs** a manager **down** but the responsibility that comes with the job.* ⇨ Não é só o trabalho que atola um gerente, mas também a responsabilidade que vem junto com o cargo. *I'm so **bogged down** with work that I'll probably spend my holidays at the office.* ⇨ Eu estou tão atolado de trabalho, que provavelmente passarei minhas férias no escritório.

bomb out 1 *vi* destruir com bombas (geralmente usado na voz passiva). *Some of London's finest churches were **bombed out** during Second World War.* ⇨ Algumas das igrejas mais belas de Londres foram destruídas por bombas durante a Segunda Guerra Mundial. **2** *vt Amer gír* tomar bomba, levar pau; quebrar a cara, levar o fora (prova, entrevista, trabalho). *I **bombed out** on my physics exam.* ⇨ Eu tomei bomba na prova de física.

book in/into *vt* fazer reserva (hotel). *I booked Mr. Rutherford **in/into** the Ritz Hotel.* ⇨ Eu fiz uma reserva no Ritz Hotel para o Sr. Rutherford.

book into *V* **book in/into.**

boot out *vt pop* mandar embora, expulsar (emprego, organização, lugar etc.). *The school principal said he'll **boot out** any student caught cheating on exams. The school principal said he'll **boot** any student caught cheating on exams **out**.* ⇨ O diretor da escola disse que ele expulsará qualquer aluno que for pego colando nos exames.

boot up *vt pop* ligar (computador). *There's something wrong with the network. When I **boot up** my computer I get an error message.* ♦ *When I **boot** my computer **up** I get an error message.* ⇨ Há alguma coisa errada com a rede. Quando eu ligo meu computador, aparece uma mensagem de erro.

botch up *vt* fazer algo errado até estragar tudo. *I'm giving you another chance. Don't **botch up** the job this time.* ♦ *I'm giving you another chance. Don't **botch** the job **up** this time.* ⇨ Eu estou lhe dando mais uma chance. Não estrague o trabalho desta vez.

bottle up *vt* guardar ou esconder (sentimentos ou emoções). *Mary **bottled up** her resentment for many years until she finally asked for a divorce.* ♦ *Mary **bottled** her resentment **up** for many years until she finally asked for a divorce.* ⇨ Mary guardou seu ressentimento por muitos anos até, finalmente, pedir o divórcio.

bottom out *vi* chegar ao ponto mais baixo, geralmente antes de subir novamente. *I bought shares in the company just when the stock market **bottomed out**.* ⇨ Eu comprei ações da empresa exatamente quando a bolsa de valores atingiu seu ponto mais baixo.

bounce back (from) *vt+vi* recuperar-se após uma adversidade. *It took a year but Leonard **bounced back from** his divorce from Susan and now he's thinking of marrying again.* ⇨ Demorou um ano, mas Leonard recuperou-se do seu divórcio de Susan e está agora pensando em casar-se novamente. *She is ill but her doctor says that with a month in the mountains she'll **bounce back**.* ⇨ Ela está doente, mas o médico disse que, após passar um mês nas montanhas, ela se recuperará.

bounce off *vt* expor, relatar uma ideia ou plano a alguém e solicitar opinião. *I **bounced** the plan **off** a few friends before suggesting it to my boss.* ⇨ Eu expus o plano a alguns amigos e pedi a opinião deles, antes de sugeri-lo ao meu chefe.

bow out *vi* abrir mão de algo (atividade ou competição). *Mr. Carson won't **bow out** and let a younger man take over the company.* ⇨ O Sr. Carson não abrirá mão do cargo e não deixará um homem mais novo assumir a empresa.

break away 1 *vt+vi* escapar, desvencilhar-se. *She **broke away** from his embrace and ran to the bus weeping.* Ela se desvencilhou do abraço dele e correu para o ônibus chorando. *I've got too much work to do and I shan't be able to **break away** until the afternoon.* ⇨ Eu tenho muito trabalho para fazer e não vou conseguir desvencilhar-me antes da tarde. **2** *vi* separar-se de um grupo por alguma divergência. *The guerrillas are a radical group that **broke away** from the army in 1992.* ⇨ Os guerrilheiros são um grupo radical que se separou do exército em 1992.

break down 1 *vi* quebrar, parar de funcionar (máquina). *Our car **broke down** in the middle of nowhere.* ⇨ Nosso carro quebrou no meio do nada. **2** *vi* fracassar em ou interromper (negociação, relação). *Trade talks between the two nations **broke down** yesterday when the issue of subsidies was raised.* ⇨ As negociações comerciais entre as duas nações falharam ontem, quando o assunto de subsídios foi introduzido. **3** *vt* derrubar com força (porta, parede). *The police **broke down** the door.* ♦ *The police **broke** the door **down**.* ⇨ A polícia derrubou a porta. **4** *vt* separar em pedaços menores, desmontar. *Mechanics will **break down** the entire aircraft engine to find what caused it to fail.* ♦ *Mechanics will **break** the entire aircraft engine **down** to find what caused it to fail.* ⇨ Os mecânicos vão desmontar o motor inteiro da aeronave para descobrir o que causou a pane. **5** *vi* perder o controle emocional. *When Terrence heard the news about the car crash he **broke down** and cried desperately.* ⇨ Quando Terrence soube do acidente de carro, ele perdeu o controle e chorou desesperadamente.

break in 1 *vi* arrombar. *The bank manager said that a lot of money had been stolen when someone **broke in** last week.* ⇨ O gerente do banco disse que muito dinheiro foi roubado quando alguém arrombou a agência na última semana. **2** *vi* interromper. *May I **break in** and say something?* ⇨ Posso interromper e dizer algo? **3** *vi* entrar num computador ou rede ilicitamente. *The government's computer system is designed to make it virtually impossible for anyone to **break in**.* ⇨ O sistema de computadores do governo é projetado de forma a ser praticamente impossível para alguém entrar ilicitamente. **4** *vt* amaciar (motor ou sapatos). *The dealer advised me to accelerate slowly for the first week to **break in** the motor.* ♦ *The dealer advised me to accelerate slowly for the first week to **break** the motor **in**.* ⇨ O revendedor me aconselhou a acelerar devagar na primeira semana, para amaciar o motor.

break into 1 *vt* arrombar. *Someone tried to **break into** the Richardsons' house while they were on vacation.* ⇨ Alguém tentou arrombar a casa dos Richardson enquanto eles estavam em férias. **2** *vt* entrar num computador ou rede de computadores ilicitamente. *A student tried to **break into** the school's computer system to change his grades.* ⇨ Um aluno tentou entrar no sistema de computadores da escola, para mudar suas notas. **3** *vt* entrar numa atividade, num mercado, ramo ou território novo (especialmente no que se refere ao mundo comercial). *Our company wants to **break into** the lucrative cotton markets in Europe.* ⇨ Nossa empresa quer entrar nos mercados lucrativos de algodão na Europa.

break off 1 *vt* interromper ou parar de fazer algo antes de sua conclusão. *Brazil **broke off** negotiations with Canada last week over the issue of regional jet subsidies.* ♦ *Brazil **broke** negotiations **off** with Canada last week over the issue of regional jet subsidies.* ⇨ O Brasil interrompeu as negociações com o Canadá, na semana passada, quando o assunto de subsídios para jatos regionais foi introduzido. **2** *vt* terminar um relacionamento, dar o fora em. *Kathy said she'll **break off** with Robert if he doesn't give up drinking.* ⇨ Kathy disse que ela dará o fora em Robert se ele não parar de beber.

break out 1 *vi* escapar da prisão. *Two convicts **broke out** yesterday and the police haven't found them yet.* ⇨ Dois prisioneiros escaparam da prisão ontem e a polícia ainda não os encontrou. **2** *vi* irromper, surgir (de repente). *Fire **broke out** when the kerosene lantern fell off the table.* ⇨ O fogo irrompeu de repente, quando o lampião a querosene caiu da mesa.

break up 1 *vt* quebrar, dividir em pedaços menores. *We could **break up** the job into smaller tasks and have our employees do it.* ♦ *We could **break** the job **up** into smaller tasks and have our employees do it.* ⇨ Poderíamos dividir o trabalho em tarefas menores e mandar nossos funcionários fazê-lo. **2** *vi* terminar um relacionamento amoroso. *They **broke up** not a year after they were married.* ⇨ Eles terminaram o casamento nem um ano após se casarem. **3** *vt+vi* fazer rir, começar a rir. *He is a wonderful comedian. He can **break up** an audience with just a look.* ♦ *He is a wonderful comedian. He can **break** an audience **up** with just a look.* ⇨ Ele é um ótimo comediante. Ele consegue fazer a plateia rir com apenas um olhar. *When he told the story I **broke up** in his face.* ⇨ Quando ele me contou a história, eu comecei a rir na sua cara.

break with *vt* terminar ou romper relações com alguém ou uma organização por estar insatisfeito. *Jeremy **broke with** the theatre group because they wouldn't put on modern plays.* ⇨

Jeremy rompeu relações com o grupo de teatro porque eles não encenavam peças modernas.

brighten up 1 *vt* deixar algo mais alegre ou atraente. *Some curtains and fresh paint are all we need to **brighten up** this old apartment!* ◆ *Some curtains and fresh paint are all we need to **brighten** this old apartment **up**!* ⇨ Algumas cortinas e uma nova pintura é tudo que precisamos para deixar este velho apartamento mais alegre! **2** *vi* ficar com cara alegre. *Sarah **brightened up** when she heard about her promotion in the company.* ⇨ Sarah ficou com cara alegre quando soube da sua promoção na empresa.

bring about *vt* fazer algo acontecer. *Sometimes a little more effort can **bring about** a great improvement in your work.* ⇨ Às vezes, um pouco mais de esforço pode fazer o trabalho melhorar.

bring around/round 1 *vt* fazer alguém recuperar a consciência. *I had to throw cold water on his face to **bring** him **around/round**.* ⇨ Eu tive de jogar água gelada na cara dele para fazê-lo recuperar a consciência. **2** *vt* persuadir, convencer alguém a concordar ou a fazer algo. *Donald won't like the idea at first, but I know how to **bring** him **around/round** to accepting our proposal.* ⇨ Donald não vai gostar da ideia de início, mas eu sei como convencê-lo a aceitar nossa proposta.

bring back 1 *vt* devolver. ***Bring back** the car before 7 o'clock.* ***Bring** the car **back** before 7 o'clock* ⇨ Devolva o carro antes das sete horas. **2** *vt* fazer lembrar do passado. *Seeing these old photos **brings** me **back** to when we lived in Rio de Janeiro.* ⇨ Ver estas fotos antigas me faz lembrar de quando morávamos no Rio de Janeiro. **3** *vt* começar a usar ou fazer algo do passado. *A lot of teenagers today are **bringing back** the psychedelic clothes of the 1960's.* ◆ *A lot of teenagers today are **bringing** the psychedelic clothes of the 1960's **back**.* ⇨ Muitos adolescentes de hoje estão usando as roupas psicodélicas da década de 60. **4** *vt* reviver, retornar à vida. *Quick first aid assistance can sometimes **bring back** a drowning victim.* ◆ *Quick first aid assistance can sometimes **bring** a drowning victim **back**.* ⇨ Um socorro rápido pode, às vezes, fazer uma vítima de afogamento reviver.

bring down 1 *vt* abaixar (preço, taxa, nível). *OPEC nations have promised to **bring down** oil prices.* ◆ *OPEC nations have promised to **bring** oil prices **down**.* ⇨ Os países da OPEP prometeram abaixar o preço do petróleo. **2** *vt* derrubar alguém de uma posição de poder ou autoridade. *Public outcry over the economic crisis **brought down** the president of Argentina.* ◆ *Public outcry over the economic crisis **brought** the president of Argentina **down**.* ⇨ O protesto público sobre a crise econômica derrubou o presidente da Argentina. **3** *vt coloq* deixar alguém de baixo astral ou triste. *Let's listen to something else, this song is **bringing** me **down**.* ⇨ Vamos ouvir outra coisa, essa música está me deixando de baixo astral.

bring forward 1 *vt* introduzir assunto ou ideia para discussão. *We will **bring forward** our new budget at Monday's general meeting.* ◆ *We will **bring** our new budget **forward** at Monday's general meeting.* ⇨ Nós introduziremos o novo orçamento na reunião geral de segunda-feira. **2** *vt* adiar. *Let's **bring forward** the date of the meeting to the 25th when I return from Los Angeles.* ◆ *Let's **bring** the date of the meeting **forward** to the 25th when I return from Los Angeles.* ⇨ Vamos adiar a reunião para o dia 25, quando eu voltar de Los Angeles.

bring in 1 *vt* implementar (lei, regra, política, medida, reformas). *I am* *disappointed the government is **bringing in** new tax laws that favour the rich.* ◆ *I am disappointed the government is **bringing** new tax laws **in** that favour the rich.* ⇨ Estou desapontado, porque o governo vai implementar novas leis de impostos que favoreçam os ricos. **2** *vt coloq* ganhar dinheiro. *I wouldn't say he's rich, but I'm sure he **brings in** quite a bit of money with that company of his.* ◆ *I wouldn't say he's rich, but I'm sure he **brings** quite a bit of money **in** with that company of his.* ⇨ Eu não diria que ele seja rico, mas tenho certeza de que ele ganha um bom dinheiro na sua empresa.

bring off *vt* conseguir fazer com sucesso algo difícil. *It won't be easy, but I think I can **bring off** the deal.* ◆ *It won't be easy, but I think I can **bring** the deal **off**.* ⇨ Não vai ser fácil, mas acho que conseguirei fazer o negócio.

bring on *vt* fazer algo começar (geralmente algo negativo). *The doctor claims her poor eating habits **brought on** her high blood pressure.* ◆ *The doctor claims her poor eating habits **brought** her high blood pressure **on**.* ⇨ O médico disse que os péssimos hábitos de alimentação fizeram a pressão alta dela começar.

bring out *vt* fazer aparecer uma qualidade que não era visível antes (em alguém ou algo). *Peter's new girlfriend has **brought out** the romantic spirit in him.* ◆ *Peter's new girlfriend has **brought** the romantic spirit **out** in him.* ⇨ A nova namorada do Peter fez aparecer o espírito romântico nele. *There is nothing like Peroba oil to **bring out** the grain of wood.* ◆ *There is nothing like Peroba oil to **bring** the grain of wood **out**.* ⇨ Não há nada igual ao óleo de peroba para fazer aparecer os veios da madeira.

bring round *V* **bring around/round.**

bring together 1 *vt* fazer reunir, reunir pessoas. *The objective of the picnic is to **bring together** all the new students.* ◆ *The objective of the picnic is to **bring** all the new students **together**.* ⇨ O objetivo do piquenique é reunir todos os novos alunos. **2** *vt* reconciliar pessoas, geralmente após um conflito. *Everyone hopes the new peace talks will finally **bring together** Israelis and Palestinians and end the bloodshed.* ◆ *Everyone hopes the new peace talks will finally **bring** Israelis and Palestinians **together** and end the bloodshed.* ⇨ Todo mundo espera que as novas negociações de paz finalmente reconciliem israelenses e palestinos e acabem com o derramamento de sangue.

bring up 1 *vt* criar, educar. *My aunt Lucy **brought** two children orphaned by the war **up**.* ◆ *My aunt Lucy **brought** two children **up** orphaned by the war.* ⇨ Minha tia Lucy criou duas crianças órfãs de guerra. **2** *vt* introduzir um assunto numa conversação. *I've asked you not to **bring up** his name in my house!* ◆ *I've asked you not to **bring** his name **up** in my house!* ⇨ Eu já lhe pedi para não mencionar o nome dele na minha casa!

brush aside *vt* recusar-se a ouvir o que alguém fala, não dar a mínima importância a alguém. *He simply **brushed aside** my suggestion and continued talking.* ◆ *He simply **brushed** my suggestion **aside** and continued talking.* ⇨ Ele simplesmente não deu a mínima importância à minha sugestão e continuou falando.

brush off *vt* recusar-se a ouvir o que alguém fala, não dar a mínima importância a alguém. *He's the kind of boss that **brushes off** his critics and runs the company the way he wants to.* ◆ *He's the kind of boss that **brushes** his critics **off** and runs the company the way he wants to.* ⇨ Ele é o tipo de chefe que não dá a mínima importância às críticas e toca a empresa do jeito que quer.

brush up on *vt* reciclar, fazer uma reciclagem de conhecimento ou habilidade. *If I'm going to visit Paris I had better **brush up on** my French.* ⇨ Se eu for visitar Paris, é melhor reciclar meu francês.

buckle up *vi Amer* colocar cinto de segurança. ***Buckle up** and let's go!* ⇨ Coloque o cinto de segurança e vamos lá!

bugger up *vt Brit vulg* foder algo. *You **buggered up** the car, now you take it in to be fixed!* ◆ *You **buggered** the car **up**, now you take it in to be fixed!* ⇨ Você fodeu o carro, agora leve-o para ser consertado!

bug off *Amer coloq* expressão equivalente a *vá embora* (geralmente no imperativo). ***Bug off!** Can't you see I'm busy?* ⇨ Vá embora! Não está vendo que estou ocupado?

build up 1 *vt+vi* aumentar (tamanho, quantidade, intensidade). *Reginald is **building up** quite an art collection.* ◆ *Reginald is **building** quite an art collection **up**.* ⇨ Reginald está aumentando sua coleção de arte. *Be careful or the heat will **build up** until the motor seizes.* ⇨ Tome cuidado, senão o calor aumentará até o motor travar. **2** *vt* elogiar alguém ou algo para outros. *She **built up** Russel so much that when I finally met him I was expecting a god.* ◆ *She **built** Russel **up** so much that when I finally met him I was expecting a god.* ⇨ Ela elogiou tanto Russel que, quando finalmente o conheci, estava esperando um deus.

bum around/round 1 *vi gír* ficar à toa. *Paul just **bums around/round** with his friends instead of looking for a job.* ⇨ Paul fica à toa com seus amigos, em vez de procurar um emprego. **2** *vi gír* viajar sem destino ou planos. *When I was eighteen years old I **bummed around/round** South America for a year before going to university.* ⇨ Quando eu tinha dezoito anos, viajei sem destino pela América do Sul por um ano, antes de entrar na universidade.

bum off *vt gír* pegar emprestado. ***Bum** some money **off** your mom and let's go to the mall.* ⇨ Pegue um dinheiro emprestado da sua mãe e vamos ao shopping.

bum out *vt Amer gír* irritar ou aborrecer alguém, deixar de baixo astral. *You really **bummed out** your girlfriend when you left her.* ◆ *You really **bummed** your girlfriend **out** when you left her.* ⇨ Você deixou a sua namorada de baixo astral quando a abandonou.

bump into *vt* encontrar alguém conhecido por acaso. *I **bumped into** my history teacher at the cinema last night.* ⇨ Eu encontrei por acaso meu professor de história no cinema, ontem à noite.

bump off *vt gír* matar alguém. *They **bumped off** the poor fellow as he was leaving the bank.* ◆ *They **bumped** the poor fellow **off** as he was leaving the bank.* ⇨ Eles mataram o coitado quando ele saía do banco.

bump up 1 *vt* aumentar muito o preço de algo. *They've **bumped up** the price of French wines again this year.* ◆ *They've **bumped** the price of French wines **up** again this year.* ⇨ Eles aumentaram muito o preço dos vinhos franceses de novo este ano. **2** *vt* mudar para categoria melhor. *There aren't any seats left in economy so the airline said they would **bump up** Helena to business class for the same price.* ◆ *There aren't any seats left in economy so the airline said they would **bump** Helena **up** to business class for the same price.* ⇨ Não há mais lugares na classe econômica, então a empresa aérea disse que mudaria a passagem de Helena para a classe executiva pelo mesmo preço.

bum round *V* **bum around/round**.

burn down *vt* botar fogo, pôr fogo, destruir com fogo (casa, prédio). *Be carefull with that kerosene lantern* *or you'll **burn down** the house!* ♦ *Be carefull with that kerosene lantern or you'll **burn** the house **down**!* ⇨ Cuidado com aquele lampião a querosene, ou você vai pôr fogo na casa!

burn off *vt* queimar totalmente. *A good walk is an excellent way to **burn off** calories after lunch.* ♦ *A good walk is an excellent way to **burn** calories **off** after lunch.* ⇨ Uma boa caminhada é uma excelente maneira de queimar calorias depois do almoço.

burn out 1 *vi* extinguir, queimar até o final e apagar. *The fire **burned out** before the firemen arrived.* ⇨ O fogo terminou antes de os bombeiros chegarem. **2** *refl* apagar-se, queimar-se. *The candle **burned** itself **out** while we were sleeping.* ⇨ A vela apagou-se enquanto nós dormíamos. **3** *vt+vi* queimar, parar de funcionar após aquecimento (motor, máquina). *The fool drove off without any water in the radiator and **burned out** the motor.* ♦ *The fool drove off without any water in the radiator and **burned** the motor **out**.* ⇨ O idiota saiu dirigindo sem água no radiador e queimou o motor. *The machine **burned out** before I could turn it off.* ⇨ A máquina queimou antes que eu pudesse desligá-la. **4** *vi* chegar à exaustão e não poder mais trabalhar ou continuar uma atividade. *He'll **burn out** if he doesn't slow down a bit and rest.* ⇨ Ele ficará tão exausto, que não poderá continuar trabalhando se não descansar um pouco. **5** *refl* esgotar-se fisicamente ou mentalmente. *I ended up in hospital. I **burned** myself **out** trying to write my thesis under a very tight deadline.* ⇨ Eu acabei no hospital. Eu me esgotei mentalmente tentando terminar minha tese num prazo muito curto.

burn up 1 *vt* queimar até esgotar o combustível. *The fire went out after it **burned up** the remaining wood.* ♦ *The fire went out after it **burned** the remaining wood **up**.* ⇨ O fogo se apagou depois de queimar a madeira que sobrou. **2** *vt+vi* queimar, destruir totalmente com fogo. *I prefer to **burn up** confidential reports after reading them.* ♦ *I prefer to **burn** confidential reports **up** after reading them.* ⇨ Eu prefiro queimar documentos confidenciais após lê-los. *The saddest thing is that all my old family photographs **burned up** in the fire.* ⇨ A coisa mais triste é que as minhas fotografias antigas de família foram destruídas pelo fogo. **3** *vt* queimar combustível. *I prefer smaller cars which **burn up** less fuel.* ♦ *I prefer smaller cars which **burn** less fuel **up**.* ⇨ Eu prefiro carros menores, que queimam menos combustível. **4** *vt Amer* irritar alguém. *It **burns up** my wife when I arrive late without phoning ahead.* ♦ *It **burns** my wife **up** when I arrive late without phoning ahead.* ⇨ Quando eu chego atrasado, sem telefonar antes, irrito minha esposa.

burst in *vi* entrar (sala, casa etc.) abruptamente, sem avisar. *He **burst in** and said to everyone in the room that there was a fire on the second floor.* ⇨ Ele entrou abruptamente e avisou a todos, na sala, que estava pegando fogo no segundo andar.

burst into 1 *vt* entrar abruptamente e sem avisar (sala, casa). *He **burst into** my office to tell me the news.* ⇨ Ele entrou abruptamente na minha sala para dar a notícia. **2** *vt* rir ou chorar de repente. *She **burst into** tears when she heard the news.* ⇨ Ele começou a chorar, de repente, quando soube da notícia.

burst out *vt* dizer algo, rir ou chorar abruptamente. *When she saw Richard she **burst out** 'I love you' and then started crying.* ⇨ Quando ela viu Richard, disse abruptamente: "eu te amo" e, em seguida, começou a chorar.

bust up 1 *vt+vi Amer* quebrar, destruir algo. *In a rage, he **bust up** his computer.*

♦ *In a rage, he **bust** his computer **up**.* ⇨ Com raiva, ele destruiu o próprio computador. **2** *vi Amer* terminar um relacionamento amoroso. *They **bust up** after their second child was born.* ⇨ Eles terminaram o relacionamento após o nascimento do segundo filho.

butter up *vt* agradar alguém apenas com a intenção de persuadir. *His flattery is just part of **buttering up** his boss before he asks for a raise.* ♦ *His flattery is just part of **buttering** his boss **up** before he asks for a raise.* ⇨ Seus elogios são apenas parte do esquema para agradar o chefe antes de pedir um aumento de salário.

butt in 1 *vi* interromper uma conversa. *I can't stand it when someone **butts in** before I finish what I'm saying.* ⇨ Eu não suporto quando alguém me interrompe antes que eu acabe de falar. **2** *vi* oferecer conselhos, opiniões, meter-se na vida dos outros. *Please don't **butt in**, mother: I'm perfectly capable of deciding who I'm going to marry!* ⇨ Por favor, não se meta, mãe, eu sou perfeitamente capaz de decidir com quem vou me casar!

butt out *vi* não se intrometer. *No one wants to hear your opinion so just **butt out**!* ⇨ Ninguém quer saber da sua opinião, então, não se intrometa!

buy into 1 *vt* comprar parte de uma empresa. *I hear they **bought into** Lexington Paper Products a year ago and now they're calling the shots.* ⇨ Eu ouvi falar que eles compraram parte da Lexington Produtos de Papel, há um ano, e estão mandando na empresa. **2** *vt* aderir completamente a uma ideia ou filosofia. *He's **bought into** the idea sending his kids to Harvard University and won't hear otherwise.* ⇨ Ele aderiu completamente à ideia de mandar os filhos para a Harvard University e não quer saber de outra coisa.

buy out *vt* comprar a parte dos sócios para ficar com o controle da empresa. *Graham wants to **buy out** his partner and change the direction of the company.* ♦ *Graham wants to **buy** his partner **out** and change the direction of the company.* ⇨ Graham quer comprar a parte do sócio e mudar o rumo da empresa.

buy up *vt* comprar depressa tudo o que está disponível no mercado (terras, ações, produtos etc.). *My family **bought up** most of the land around the lake when it was for sale in 1980.* ♦ *My family **bought** most of the land around the lake **up** when it was for sale in 1980.* ⇨ Minha família comprou logo a maioria das terras disponíveis em volta do lago, quando estavam à venda em 1980.

buzz off 1 *coloq* expressão equivalente a *vá embora!* (sempre no imperativo). ***Buzz off**! Can't you see I'm busy?* ⇨ Vá embora! Não dá para ver que estou ocupado? **2** *vi coloq* sair de um lugar. *Susan **buzzed off** an hour ago.* ⇨ Susan saiu há uma hora.

C

call about *vt* visitar alguém (na residência ou no local de trabalho) com a intenção de discutir ou investigar algo. *Mr. Wilson called about your debt this morning. I told him you were away.* ⇨ O Sr. Wilson nos fez uma visita, hoje de manhã, para discutir a dívida dele. Eu disse a ele que você não estava.

call away *vi* pedir a alguém que interrompa sua atividade a fim de sair, geralmente para fazer algo mais importante (usado geralmente na voz passiva). *Helen was called away on urgent business.* ⇨ Helen foi chamada para resolver um negócio urgente.

call back 1 *vt* telefonar novamente. *Peter will call back Susan later.* ♦ *Peter will call Susan back later.* ⇨ Peter ligará para Susan mais tarde. **2** *vt* retornar uma ligação telefônica. *Tell Alice to call me back as soon as possible.* ⇨ Diga a Alice para retornar a ligação assim que possível. **3** *vt* mandar voltar, chamar de volta. *The Herald called back some of their best reporters to London.* ♦ *The Herald called some of their best reporters back to London.* ⇨ O Herald chamou de volta a Londres alguns de seus melhores repórteres. **4** *vt* trazer recordações. *That movie called back old memories.* ♦ *That movie called old memories back.* ⇨ Aquele filme me trouxe recordações antigas.

call down 1 *vt* invocar, rogar. *She called down the wrath of Heaven upon me.* ♦ *She called the wrath of Heaven down upon me.* ⇨ Ela invocou a ira dos deuses sobre mim. **2** *vt Amer* repreender, admoestar. *The teacher certainly will call down Mary.* ♦ *The teacher certainly will call Mary down.* ⇨ O professor, com certeza, vai repreender Mary.

call for 1 *vt* demandar ou exigir habilidade específica. *It's the type of task that calls for a lot of concentration.* ⇨ É um tipo de tarefa que exige muita concentração. **2** *vt* pedir auxílio ou os serviços de. *He helped the wounded people and called for an ambulance.* ⇨ Ele ajudou as pessoas feridas e chamou uma ambulância. **3** *vt Brit* ir buscar ou apanhar alguém. *I'll tell the chauffeur to call for you at nine o'clock sharp.* ⇨ Eu direi ao motorista para apanhá-lo às nove horas em ponto.

call forth 1 *vt* fazer surgir, trazer à tona. *The presence of his parents called forth old recollections.* ⇨ A presença de seus pais trouxe à tona antigas recordações. **2** *vt* provocar. *The mayor's measures will certainly call forth a storm of protest.* ⇨ As medidas do prefeito certamente provocarão uma onda de protestos.

call in 1 *vt* pedir ajuda em casos de emergência. *The building was evacuated and the superintendent called in the bomb-squad.* ⇨ O prédio foi evacuado e o zelador pediu ajuda ao esquadrão antibomba. **2** *vt Brit* visitar de passagem. *I'll **call in** on Paul on my way to Chicago.* ⇨ Eu visitarei Paul a caminho de Chicago. **3** *vi* telefonar para o local de trabalho a fim de justificar a ausência. *You'd better **call in** and tell your boss you're going to be late.* ⇨ Eu acho melhor você ligar para o trabalho e dizer ao seu chefe que vai se atrasar. **4** *vi* telefonar para um programa (de rádio ou TV) para dar opinião ou obter conselho. *It's one of those silly TV shows where the viewers **call in** to talk about their problems.* ⇨ É um daqueles programas de TV idiotas em que os telespectadores telefonam para discutir seus problemas. **5** *vi* retirar de circulação. *The Central Bank will **call in** the old ten dollar bills next month.* ♦ *The Central Bank will **call** the old ten dollar bills **in** next month.* ⇨ O Banco Central retirará de circulação as notas antigas de dez dólares no próximo mês.

call off 1 *vi* cancelar. *The mayor **called off** the parade because of the rain.* ♦ *The mayor **called** the parade **off** because of the rain.* ⇨ O prefeito cancelou o desfile por causa da chuva. **2** *vt* suspender ou cancelar algo temporariamente. *The rescue group had to **call off** the search until the weather gets better.* ♦ *The rescue group had to **call** the search **off** until the weather gets better.* ⇨ O grupo de resgate teve as buscas até que o tempo melhore. **3** *vt* dissuadir, impedir, controlar (animal ou pessoa) de fazer um ataque. ***Call off** your dog or I'll call the police.* ♦ ***Call** your dog **off** or I'll call the police.* ⇨ Controle o seu cachorro ou então eu chamo a polícia.

call on 1 *vt* fazer uma visita breve. *I might **call on** Nancy while I'm in Boston.* ⇨ É provável que eu faça uma visitinha a Nancy enquanto estiver em Boston. **2** *vt* ceder a palavra a alguém. *Now I'll **call on** Mr. Green for his briefing.* ⇨ Agora eu cedo a palavra ao Sr. Green para o seu comunicado. **3** *vt Amer* perguntar algo a alguém entre um grupo de pessoas. *Peter was afraid the instructor would **call on** him and he wouldn't know the answer.* ⇨ Peter tinha medo de que o instrutor lhe perguntasse algo e ele não soubesse a resposta.

call out 1 *vt+vi* gritar, berrar, vociferar (especialmente para chamar a atenção de alguém). *Jane **called out** my name, but I couldn't see her in the crowd.* ♦ *Jane **called** my name **out**, but I couldn't see her in the crowd.* ⇨ Jane gritou o meu nome, mas não pude vê-la no meio da multidão. **2** *vt* chamar um profissional em casos de emergência. *The poor child was so ill that I had to **call out** the doctor in the middle of the night.* ♦ *The poor child was so ill that I had to **call** the doctor **out** in the middle of the night.* ⇨ A pobre criança estava tão doente que tive de chamar o médico no meio da noite. **3** *vi* convocar à greve ou paralisação do trabalho. *All bus drivers were **called out** to go on strike.* ♦ *All bus drivers were **called** to go **out** on strike.* ⇨ Todos os motoristas de ônibus foram convocados a entrar em greve.

call out for *vt Amer* encomendar ou pedir algo por telefone, geralmente comida, para ser entregue em domicílio. *Instead of going out for dinner, let's **call out for** a pizza.* ⇨ Em vez de sair para jantar, vamos pedir uma pizza.

call over 1 *vt Brit* chamar ou convidar alguém para o local onde se está, a fim de conversar ou mostrar algo. *Kate **called over** Paul to her flat to show him her holiday photos.* ♦ *Kate **called** Paul **over** to her flat to show him her holiday photos.* ⇨ Kate convidou Paul para ir ao seu apartamento para lhe mostrar as fotos de suas férias. **2** *vt* fazer uma visitinha a alguém que mora nas proximidades. *I **called over** at the neighbor's to say hello.* ⇨ Eu fiz uma visitinha ao vizinho para dar um alô.

call up 1 *vt Amer* telefonar. *I think I'll **call up** Mark to see what he's doing tonight.* ♦ *I think I'll **call** Mark **up** to see what he's doing tonight.* ⇨ Eu acho que vou ligar para Mark e ver o que ele vai fazer hoje à noite. **2** *vi* convocar alguém para servir nas Forças Armadas (geralmente na voz passiva). *John and Frank were **called up** two months after the war started.* ⇨ John e Frank foram convocados dois meses após o início da guerra. **3** *vi* convocar ou chamar para participar de atividades em grupo (especialmente em esportes). *James was not **called up** to join the swimming team.* ⇨ James não foi convocado para integrar a equipe de natação. **4** *vt* obter informações de um computador, por meio de comandos e do uso de cartão magnético. *You can **call up** some information regarding the New York Stock Exchange on my computer.* ♦ *You can **call** some information regarding the New York Stock Exchange **up** on my computer.* ⇨ Você pode obter algumas informações a respeito da Bolsa de Nova York no meu computador. **5** *vt* relembrar (-se), trazer novamente à memória. *That painting by Renoir **calls up** images of my childhood.* ♦ *That painting by Renoir **calls** images of my childhood **up**.* ⇨ Aquela tela de Renoir relembra imagens da minha infância.

calm down *vt+vi+refl* acalmar(-se), tranquilizar(-se), serenar. *It took me a lot of time to **calm down** the children.* ♦ *It took me a lot of time to **calm** the children **down**.* ⇨ Eu levei um tempão para acalmar as crianças. ⇨ *I hope the sea **calms down** soon.* ⇨ Eu espero que o mar serene logo. ⇨ *Nancy tried to **calm** herself **down** with meditation.* ⇨ Nancy tentou se acalmar com meditação.

camp out **1** *vi* dormir em barraca ou tenda; acampar. *In summer, the kids enjoy **camping out** in the backyard.* ⇨ No verão, as crianças gostam de acampar no quintal. **2** *vi Amer* alojar-se ou ficar temporariamente em algum lugar. *Sharon and Bill will **camp out** at my apartment for a few days until they finish renovating their kitchen.* ⇨ Sharon e Bill vão se alojar no meu apartamento por alguns dias, até que eles terminem a reforma da cozinha.

cancel out *vt* reduzir a nada, anular qualquer ganho. *The ticket we got for speeding **cancelled out** the savings we had made by sleeping two nights in the van.* ⇨ A multa que recebemos por excesso de velocidade anulou completamente a economia que tínhamos feito ao dormirmos duas noites na van.

care about *vt* interessar-se por ou preocupar-se com (pessoa ou coisa). *He doesn't **care about** politics.* ⇨ Ele não se interessa por política. *Sandy doesn't **care about** her family.* ⇨ Sandy não se preocupa com a família.

care for *vt* cuidar de ou ser responsável por (pessoa ou coisa). *Helen **cares for** her old grandma with love and dedication.* ⇨ Helen cuida da avó velhinha com amor e dedicação. ⇨ *Richard is going to **care for** the maintenance of the buildings.* ⇨ Richard vai ser responsável pela manutenção dos prédios.

carry about *vt* levar consigo, carregar para todos os lugares. *Mrs. Newman **carries about** her umbrella with her all the time.* ♦ *Mrs. Newman **carries** her umbrella **about** with her all the time.* ⇨ A Sra. Newman carrega sempre o guarda-chuva para todos os lugares.

carry away **1** *vt* arrastar, levar, arrancar (normalmente pela força de algo). *The tide **carried away** our boat last night.* ♦ *The tide **carried** our boat **away** last night.* ⇨ Ontem à noite, a maré arrastou o nosso barco. **2** *vi* deixar-se levar por uma emoção incontrolável (usado na voz passiva). *Jane was **carried away** with enthusiasm and started singing and dancing.* ⇨ Jane deixou-

-se levar pelo entusiasmo e começou a cantar e dançar.

carry forward 1 *vt* transportar (soma) de uma página para outra ou de uma coluna para outra. *Don't forget to carry forward all the deductions.* ♦ *Don't forget to carry all the deductions forward.* ⇨ Não se esqueça de transportar todas as deduções. **2** *vt* levar adiante (ideias, ideais, planos). *He said he will carry forward his ideas.* ♦ *He said he will carry his ideas forward.* ⇨ Ele disse que levará suas ideias adiante.

carry off 1 *vt* levar algo à força, roubar. *Someone broke into my house and carried off some valuable things.* ♦ *Someone broke into my house and carried some valuable things off.* ⇨ Alguém arrombou minha casa e roubou algumas coisas valiosas. **2** *vt* levar à morte. *Famine carried off thousands of people in Africa last year.* ♦ *Famine carried thousands of people off in Africa last year.* ⇨ No ano passado, a fome levou milhares de pessoas à morte na África. **3** *vt* ganhar (prêmio). *The Australian swimmers carried off most of the medals in the Olympics.* ♦ *The Australian swimmers carried most of the medals off in the Olympics.* ⇨ Os nadadores australianos ganharam a maioria das medalhas nas Olimpíadas.

carry on 1 *vt* continuar, prosseguir. *She shouldn't carry on that silly argument.* ♦ *She shouldn't carry that silly argument on.* ⇨ Ela não deveria continuar com aquela discussão idiota. **2** *vt* manter (conversa, discussão). *The children always carry on long conversations over the telephone.* ♦ *The children always carry long conversations on over the telephone.* ⇨ As crianças sempre mantêm conversas longas ao telefone. **3** *vi* comportar-se mal ou de forma descontrolada. *That guy has been carrying on for hours.* ⇨ Aquele cara tem se comportado de forma inconveniente por horas a fio. **4** *vi* arrumar confusão, discutir, brigar. *I saw Mr. Grant carrying on with the poor doorman about the broken elevator this morning.* ⇨ Hoje de manhã, eu vi o Sr. Grant discutindo com o coitado do porteiro por causa do elevador quebrado.

carry out *vt* executar, realizar. *I'm sure they will carry out the plan in a satisfactory way.* ♦ *I'm sure they will carry the plan out in a satisfactory way.* ⇨ Tenho certeza de que eles executarão o plano de modo satisfatório.

carry over 1 *vt* transferir, levar. *I never carry over my personal problems to the office.* ♦ *I never carry my personal problems over to the office.* ⇨ Eu nunca levo meus problemas pessoais para o escritório. **2** *vi* adiar, postergar. *The opening night has to be carried over to next week.* ⇨ A estreia tem de ser adiada para a próxima semana.

carry through 1 *vt* concluir, conseguir terminar, levar a cabo. *It will take at least two years to carry through the fiscal reform.* ♦ *It will take at least two years to carry the fiscal reform through.* ⇨ Levará, no mínimo, dois anos para concluir a reforma fiscal. **2** *vi* ajudar a superar dificuldades. *It was Peter's faith in God that carried him through.* ⇨ Foi a fé de Peter em Deus que o ajudou a superar as dificuldades.

carve out *vt* esforçar-se para obter sucesso ou fazer carreira. *In the last ten years he has carved out a profitable business.* ♦ *In the last ten years he has carved a profitable business out.* ⇨ Nos últimos dez anos, ele se esforçou muito para ter um negócio rentável.

carve up 1 *vt* cortar em pedaços, destrinchar (carne ou aves). *Grandma always carves up the turkey on Thanksgiving.* ♦ *Grandma always carves the turkey up on Thanksgiving.* ⇨ A vovó sempre destrincha o peru no dia de Ação de Graças. **2** *vt* apunhalar ou furar com objeto cortante. *Some* lunatic **carved up** *the old lady in the park.* ◆ *Some lunatic* **carved** *the old lady* **up** *in the park.* ⇨ Algum lunático apunhalou aquela senhora idosa no parque. **3** *vt* dividir terras, empresa, mercado etc. em parte menores. *The agrarian reform will* **carve up** *large farms into small ones for the landless.* ◆ *The agrarian reform will* **carve** *large farms* **up** *into small ones for the landless.* ⇨ A reforma agrária dividirá as grandes fazendas em unidades menores para os sem-terra.

cash in 1 *vt* vender (ações ou bônus). *He* **cashed in** *all his shares to raise money to buy a boat.* ◆ *He* **cashed** *all his shares* **in** *to raise money to buy a boat.* ⇨ Ele vendeu todas as suas ações a fim de levantar dinheiro para comprar um barco. **2** *vt* trocar por dinheiro (bilhete de loteria, fichas etc.). *At the end of the night, I* **cashed in** *my chips and left the casino.* ◆ *At the end of the night, I* **cashed** *my chips* **in** *and left the casino.* ⇨ No final da noite eu troquei minhas fichas (por dinheiro) e saí do cassino. **3** *vi Brit gír* bater as botas, morrer. *My mother-in-law* **cashed in** *last year.* ⇨ Minha sogra bateu as botas no ano passado.

cash in on *vt* faturar com, tirar proveito financeiro de uma situação, lucrar com. *Famous criminals usually* **cash in on** *their fame by selling stories to sensationalistic papers or magazines.* ⇨ Criminosos famosos faturam com a fama ao vender suas histórias a jornais ou revistas sensacionalistas.

cash up *vi Brit* contar a féria do dia. *The robbers entered the store when Paul was* **cashing up**. ⇨ Os assaltantes entraram na loja quando Paul estava contando a féria do dia.

cast about/around *vt* procurar algo aqui e acolá. *Alice has been* **casting about/round** *for a job.* ⇨ Alice tem procurado emprego por todos os lados.

cast around *V* cast about/around.

cast aside *vt* livrar-se de, abandonar (alguém ou algo). *She simply* **cast aside** *her husband after his illness and married again.* ◆ *She simply* **cast** *her husband* **aside** *after his illness and married again.* ⇨ Ela simplesmente abandonou o marido depois da doença dele e se casou novamente.

cast away *vi* estar sozinho numa ilha, após naufragar (usado na voz passiva). *If you were* **cast away** *on a desert island, what would you do first?* ⇨ Se você estivesse sozinho numa ilha deserta, como náufrago, o que você faria em primeiro lugar?

cast down *vt* abaixar os olhos, por vergonha ou timidez (geralmente na voz passiva). *His guilt was clearly expressed by his eyes* **cast down** *and stammered words.* ⇨ A culpa dele era claramente evidente pelos olhos abaixados e as palavras gaguejadas.

cast off 1 *vi* soltar as amarras. *The sailors* **cast off** *and the boat moved away quickly.* ⇨ Os marinheiros soltaram as amarras e o barco partiu rapidamente. **2** *vt* tirar algo do corpo e jogá-lo ao lado. *The children* **cast off** *their clothes and jumped into the lake.* ◆ *The children* **cast** *their clothes* **off** *and jumped into the lake.* ⇨ As crianças tiraram as roupas, jogaram-nas no chão, e pularam no lago. **3** *vt* rejeitar ou abandonar alguém. *Julia* **cast off** *her own son to be with her lover.* ◆ *Julia* **cast** *her own son* **off** *to be with her lover.* ⇨ Julia abandonou o próprio filho para ficar com o amante.

cast out *vt+vi* pôr fora, forçar a saída, expulsar (geralmente na voz passiva). *He* **cast out** *his son and left him to live on the street.* ◆ *He* **cast** *his son* **out** *and left him to live on the street.* ⇨ Ele expulsou o filho de casa e o forçou a morar na rua. *Lucy was* **cast out** *of her home by her stepfather.* ⇨ Lucy foi posta fora de casa pelo padrasto.

catch at *vt* conseguir agarrar, esforçar-se por agarrar. *Fortunately he **caught at** the rope and was rescued by the firefighter.* ⇨ Felizmente, ele conseguiu agarrar a corda e foi resgatado pelo bombeiro.

catch on 1 *vi pop* tornar-se popular, pegar. *Tony's music did not **catch on** among ordinary people.* ⇨ A música de Tony não pegou entre pessoas comuns. 2 *vt+vi pop* entender, sacar. *She did not **catch on** to the meaning of the pun.* ⇨ Ela não entendeu o significado do trocadilho. *I know it was a good joke but John didn't **catch on**.* ⇨ Eu sei que era uma boa piada, mas John não sacou.

catch up *vt+vi* alcançar, chegar a. *We had better leave now if we want to **catch up** with the others.* ⇨ É melhor nós sairmos agora se quisermos alcançar os outros. *Go ahead without me. I'll **catch up** later.* ⇨ Podem seguir sem mim. Eu os alcançarei mais tarde.

catch up on *vt* colocar algo em dia. *I'll have to **catch up on** my lessons as soon as possible.* ⇨ Eu preciso colocar minhas lições em dia o mais breve possível.

catch up with *vt* alcançar, chegar a (o mesmo padrão de qualidade, de excelência ou de tecnologia). *Right after the first trip into space, American scientists worked hard to **catch up with** the Russians.* ⇨ Logo após a primeira viagem espacial, os cientistas americanos se esforçaram muito para alcançar os russos.

cater for *vt* providenciar ou oferecer tudo o que for necessário numa situação específica. *Our institution **caters for** old people who have no family.* ⇨ A nossa instituição oferece tudo o que for preciso aos idosos que não têm família.

cave in 1 *vt+vi* desmoronar, ruir (telhado, teto, forro do teto). *The rain **caved in** the roof of the supermarket.* ◆ *The rain **caved** the roof of the supermarket **in**.* ⇨ A chuva desmoronou o telhado do supermercado. *The roof **caved in** as a consequence of the rain.* ⇨ O teto ruiu em consequência da chuva. 2 *vt+vi* ceder (diante de insistência). *The company finally **caved in** to the strikers' demands.* ⇨ A empresa finalmente cedeu às insistentes reivindicações dos grevistas. *The pressure from the opposition was so great that the government **caved in** and called the election.* ⇨ A pressão da oposição foi tão grande que o governo cedeu e convocou a eleição.

center around/round *vt Amer* concentrar, fazer convergir para um centro. *Paul's life **centers around/round** his family and his work.* ⇨ A vida de Paul se concentra na família e no trabalho.

center on/upon *vt* focalizar, pôr em foco. *The plot of the novel **centers on/upon** the life of a famous Spanish painter.* ⇨ O enredo do romance focaliza a vida de um pintor espanhol famoso.

center round *V* **center around/round.**

center upon *V* **center on/upon.**

centre on *V* **center on/upon.**

centre upon *V* **center on/upon.**

chain up *vt+vi* prender ou manter com corrente, acorrentar. *Bill should **chain up** his bike.* ◆ *Bill should **chain** his bike **up**.* ⇨ Bill deveria prender a bicicleta à corrente. *Joan keeps her dog **chained up** all day long.* ⇨ Joan mantém seu cachorro acorrentado o dia todo.

chance on/upon *vt* encontrar (alguém ou algo) por acaso. *We **chanced on/upon** James in the mall last Saturday.* ⇨ Nós encontramos James por acaso, no *shopping center*, sábado passado.

chance upon *V* **chance on/upon.**

change around/round *vt* mudar algo de lugar ou posição. *I'm going to*

change down — check in

change around/round *the furniture to make the dining room more spacious.* ♦ *I'm going to* **change** *the furniture* **around/round** *to make the dining room more spacious.* ⇨ Eu vou mudar os móveis de lugar para tornar a sala de jantar mais espaçosa.

change down *vi Brit* reduzir a marcha de um veículo. *The bus driver had to* **change down** *before that dangerous bend in order to avoid an accident.* ⇨ O motorista do ônibus teve de reduzir a marcha antes daquela curva perigosa, a fim de evitar um acidente.

change over *vi* substituir (alguém) em certas atividades. *If you get tired of driving, we can* **change over**. ⇨ Se você ficar cansado de dirigir, eu posso substituí-lo na direção.

change over (from... to) *vt* substituir (uma coisa) por outra, trocar. *In order to save electricity, we are going to* **change over from** *electric heating* **to** *gas.* ⇨ Com o intuito de economizar energia, vamos substituir o aquecimento elétrico pelo aquecimento a gás.

change round V **change around/round**.

change up *vi Brit* aumentar a marcha de um veículo. *It's time to* **change up** *to third.* ⇨ Está na hora de aumentar a marcha para a terceira.

charge up 1 *vt* carregar (bateria). *The cell phone is dead. I have to* **charge up** *the battery.* ♦ *The cell phone is dead. I have to* **charge** *the battery* **up**. ⇨ O telefone celular está mudo. Eu tenho de carregar a bateria. 2 *vt pop* debitar no ou pagar com cartão de crédito. *My wife* **charges up** *a lot of things on my credit card.* ♦ *My wife* **charges** *a lot of things* **up** *on my credit card.* ⇨ Minha esposa debita um monte de coisas no meu cartão de crédito.

chase around after *vt pop* gastar tempo e energia à caça do sexo oposto. *If Ronald didn'd spend so much time* **chasing around after** *girls, he would be able to work more and make money.* ⇨ Se Ronald não gastasse tanto tempo e energia atrás das garotas, poderia trabalhar mais e ganhar dinheiro.

chase down *vt Amer pop* empenhar-se para conseguir algo ou localizar alguém. *Some detectives are* **chasing down** *information to solve the case.* ♦ *Some detectives are* **chasing** *information* **down** *to solve the case.* ⇨ Alguns detetives estão se empenhando para conseguir informações, a fim de solucionar o caso.

chase up *vt Brit* esforçar-se para encontrar algo rapidamente. *Martin is* **chasing up** *detailed information about the illegal traffic of precious stones.* ♦ *Martin is* **chasing** *detailed information* **up** *about the illegal traffic of precious stones.* ⇨ Martin está se esforçando para encontrar rapidamente informações detalhadas sobre o tráfico ilegal de pedras preciosas.

chat up 1 *vt pop* dar uma cantada em, seduzir com propósitos sexuais. *Joseph spent a lot of time* **chatting up** *a blonde.* ♦ *Joseph spent a lot of time* **chatting** *a blonde* **up**. ⇨ Joseph passou um tempão cantando uma loira. 2 *vt Amer pop* convencer, persuadir (com conversa mole). *He was trying to* **chat up** *his father to get some money.* ♦ *He was trying to* **chat** *his father* **up** *to get some money.* ⇨ Ele estava tentando convencer o pai, com conversa mole, para conseguir dinheiro.

check in 1 *vt+vi* fazer o registro de entrada (de hóspedes) num hotel. *Paul works at the desk in the Continental Hotel,* **checking in** *the guests.* ♦ *Paul works at the desk in the Continental Hotel,* **checking** *the guests* **in**. ⇨ Paul trabalha na recepção do Hotel Continental, fazendo o registro de entrada dos hóspedes. *The Italian tourists have just* **checked in**. ⇨ Os turistas italianos acabaram de fazer o registro de entrada. 2 *vi* apresentar-se ao aeroporto, ou outro ponto de embarque, para mostrar a passagem e despachar a bagagem, fazer o *check-in*. *I'll have to **check in** by ten o'clock.* ⇨ Terei de me apresentar para o *check-in* até as dez horas.

check into *vt* tentar obter informações sobre algo para chegar aos fatos verdadeiros. *The FBI are **checking into** the terrorist's background.* ⇨ O FBI está tentando obter informações precisas a respeito do passado do terrorista.

check off *vt* conferir (lista ou dados). *The officer will **check off** all the names on the list.* ◆ *The officer will **check** all the names **off** on the list.* ⇨ O oficial irá conferir todos os nomes da lista.

check out 1 *vi* fazer o registro de saída de um hotel, fechar a conta em um hotel. *He **checked out** of the hotel, took a cab, and went to the airport.* ⇨ Ele fechou a conta do hotel, pediu um táxi e seguiu para o aeroporto. **2** *vt* obter informações sobre alguém ou algo. *Our bank likes to **check out** our clients before granting loans.* ◆ *Our bank likes to **check** our clients **out** before granting loans.* ⇨ Nosso banco gosta de obter informações sobre os clientes antes de conceder-lhes empréstimos.

check over *vt* examinar algo para verificar se está tudo bem. *I always **check over** the reports before sending them to the boss.* ◆ *I always **check** the reports **over** before sending them to the boss.* ⇨ Eu sempre examino bem os relatórios antes de enviá-los ao chefe.

check up *vi* averiguar ou investigar se os fatos ou ocorrências são verdadeiros. *There was something suspicious about that financial report so I **checked up** with the accountant.* ⇨ Havia algo suspeito naquele relatório financeiro, então eu averiguei tudo com o contador.

check up on 1 *vt* fazer marcação cerrada (para confirmar algo). *My parents **check up on** me all the time to see if I really gave up smoking pot.* ⇨

Meus pais me fazem uma marcação cerrada, o tempo todo, para confirmar se eu parei de fumar maconha. **2** *vt* confirmar, comprovar. *Before letting him join our group we should **check up on** his declarations.* ⇨ Antes de aceitá-lo em nosso grupo, deveríamos confirmar suas declarações.

cheer on *vt* incentivar time ou grupo de atletas (com gritos e aplausos). *The fans **cheered on** the players when they entered the stadium.* ◆ *The fans **cheered** the players **on** when they entered the stadium.* ⇨ Os torcedores incentivaram os jogadores com gritos e aplausos, quando eles entraram no estádio.

cheer up *vt+vi* animar(-se), alegrar. *There is nothing like a box of chocolates to **cheer up** somebody.* ◆ *There is nothing like a box of chocolates to **cheer** somebody **up**.* ⇨ Não há nada como uma caixa de chocolates para alegrar alguém. *Please, **cheer up**! Things will get better.* ⇨ Por favor, anime-se! As coisas vão melhorar.

chew on *vt pop* analisar cuidadosamente (uma oferta ou proposta). *I think you should **chew on** Mr. Martin's offer before making your decision.* ⇨ Eu acho que você deveria analisar cuidadosamente a oferta do Sr. Martin antes de tomar uma decisão.

chew over *vt* pensar demais, remoer. *Maria is always **chewing over** her problems.* ◆ *Maria is always **chewing** her problems **over**.* ⇨ Maria está sempre remoendo seus problemas.

chicken out *vi pop* amarelar, acovardar-se (com medo de enfrentar situação perigosa ou delicada). *I was going to tell her the whole truth, but I **chickened out**.* ⇨ Eu ia contar-lhe toda a verdade, mas amarelei.

chip in *vt+vi* contribuir (com dinheiro), fazer uma vaquinha. *All the members* *of the family **chipped in** 100 dollars to pay the doctor's bill.* ✦ *All the members of the family **chipped** 100 dollars **in** to pay the doctor's bill.* ⇨ Todas as pessoas da família contribuíram com 100 dólares para pagar a conta do médico. ⇨ *Let's all **chip in** and buy Mary a birthday present.* ⇨ Vamos fazer uma vaquinha e comprar um presente de aniversário para Mary.

chip off *vt* remover, aos poucos, camada de tinta ou ferrugem. *Paul began **chipping off** the blue paint with extreme care.* ✦ *Paul began **chipping** the blue paint **off** with extreme care.* ⇨ Paul começou a remover a tinta azul, aos poucos, com todo o cuidado.

choke back *vt* conter, sufocar, reprimir. *Linda strove to **choke back** her tears.* ✦ *Linda strove to **choke** her tears **back**.* ⇨ Linda fez um grande esforço para conter as lágrimas.

choke down *vt* engolir com dificuldade (algo desagradável ou quando há um impedimento físico). *The little boy **choked down** the medicine without saying anything.* ✦ *The little boy **choked** the medicine **down** without saying anything.* ⇨ O garotinho engoliu o remédio com dificuldade, sem dizer nada.

choke off *vt* barrar, sufocar ou interromper uma ação ou o suprimento de algo. *The economic crisis will certainly **choke off** consumption and raise interest rates.* ✦ *The economic crisis will certainly **choke** consumption **off** and raise interest rates.* ⇨ A crise econômica certamente irá sufocar o consumo e aumentar as taxas de juro.

choke up 1 *vt* obstruir, entupir. *Leaves had completely **choked up** the drain.* ✦ *Leaves had completely **choked** the drain **up**.* ⇨ As folhas entupiram completamente o ralo. **2** *vt+vi* deixar melancólico ou ficar com a voz embargada (por estar prestes a chorar). *Those old love songs from the 40's still **choke me up**.* ⇨ Aquelas antigas canções de amor dos anos 40 ainda me deixam melancólico. *Alice can't talk about the accident without **choking up**.* ⇨ Alice não consegue falar sobre o acidente sem ficar com a voz embargada.

chop down *vt* cortar, derrubar (árvore). *We **chopped down** the oak tree because it was too close to the wires.* ✦ *We **chopped** the oak tree **down** because it was too close to the wires.* ⇨ Nós cortamos o carvalho porque estava muito próximo dos fios.

chop off *vt* cortar fora, decepar. *In some Arab countries, they **chop off** the hands of thieves.* ✦ *In some Arab countries, they **chop** the hands of thieves **off**.* ⇨ Em alguns países árabes, eles decepam as mãos de ladrões. *The branches of that tree are too big. We have to **chop** them **off**.* ⇨ Os galhos daquela árvore estão muito grandes. Nós temos de cortá-los.

chop up *vt* picar, cortar em pedacinhos (carne, frutas, verduras e legumes). *Tell Sandra to **chop up** some onions and parsley for the taboule.* ✦ *Tell Sandra to **chop** some onions and parsley **up** for the taboule.* ⇨ Diga a Sandra para picar algumas cebolas e salsinha para o tabule.

chuck away 1 *vt* jogar fora; esbanjar. *Please don't **chuck away** those magazines. I need them.* ✦ *Please don't **chuck** those magazines **away**. I need them.* ⇨ Por favor, não jogue fora aquelas revistas. Eu preciso delas. **2** *vt* desperdiçar, esbanjar. *I'm sure he will **chuck away** his inheritance soon.* ✦ *I'm sure he will **chuck** his inheritance **away** soon.* ⇨ Eu tenho certeza de que ele esbanjará a herança logo.

clamp down *vt* ser severo ou exigente, arrochar (por parte de autoridades oficiais). *The police should **clamp down** on drug trafficking.* ⇨ A polícia deveria arrochar com o tráfico de drogas.

clam up *vi pop* calar-se, ficar de bico calado (por timidez ou medo). *When* *the police arrived, they immediately **clammed up** and refused to say anything.* ⇨ Quando a polícia chegou, eles ficaram de bico calado e se recusaram a dizer coisa alguma.

clean out 1 *vt* esvaziar algo (gaveta, armário, quarto) e limpar tudo. *I was **cleaning out** my closet when Nancy arrived.* ♦ *I was **cleaning** my closet **out** when Nancy arrived.* ⇨ Eu estava limpando tudo no meu armário quando Nancy chegou. **2** *vt* roubar, depenar (dinheiro ou objetos de valor). *The burglars **cleaned out** the house in a few minutes.* ♦ *The burglars **cleaned** the house **out** in a few minutes.* ⇨ Os assaltantes depenaram a casa em poucos minutos.

clean up 1 *vt* limpar e organizar. ***Clean up** that mess in the kitchen before you go to bed.* ♦ ***Clean** that mess in the kitchen **up** before you go to bed.* ⇨ Limpe toda aquela bagunça na cozinha antes de ir dormir. **2** *vt* limpar, escoimar de maus elementos. *The new marshal promised to **clean up** the streets.* ♦ *The new marshal promised to **clean** the streets **up**.* ⇨ O novo delegado promoteu limpar as ruas.

clear away 1 *vt* retirar, remover ou afastar algo. *Let's **clear away** those dishes and start our chess game.* ♦ *Let's **clear** those dishes **away** and start our chess game.* ⇨ Vamos retirar aqueles pratos e começar o nosso jogo de xadrez. **2** *vt+vi* *The police **cleared away** the bystanders at the scene of the accident.* ♦ *The police **cleared** the bystanders **away** at the scene of the accident.* ⇨ A polícia afastou os curiosos da cena do acidente. *Please **clear away** from there immediately!* ⇨ Por favor, afastem-se daí imediatamente.

clear off 1 *vt* saldar, liquidar (dívida ou conta). *As soon as I get my Christmas bonus, I'll **clear off** my debts.* ♦ *As soon as I get my Christmas bonus, I'll **clear** my debts **off**.* ⇨ Assim que eu receber minha gratificação de Natal, vou liquidar minhas dívidas. **2** *vi Brit* correr, sair correndo, fugir. *When the police car arrived the hooligans **cleared off**.* ⇨ Quando o carro da polícia chegou, os baderneiros fugiram.

clear out 1 *vt* desocupar, mudar-se. *Tina's landlord gave her four weeks to **clear out** of the apartment.* ⇨ O dono do apartamento de Tina deu-lhe quatro semanas para desocupar o imóvel. **2** *vi* cair fora, ir embora. *I can't bear my boss anymore. I'm **clearing out**!* ⇨ Eu não consigo mais aguentar o meu chefe. Eu estou caindo fora! **3** *vt* retirar coisas inúteis de algum lugar, desocupar um espaço (de coisas inúteis). *If we **clear out** the garage we could put a second car in it.* ♦ *If we **clear** the garage **out** we could put a second car in it.* ⇨ Se nós retirássemos as coisas inúteis da garagem, poderíamos colocar um segundo carro.

clear up 1 *vt* aclarar, esclarecer. *I think his explanation **cleared up** the entire case.* ♦ *I think his explanation **cleared** the entire case **up**.* ⇨ Acho que as explicações dele esclareceram o caso todo. **2** *vi* limpar (o tempo). *I hope the weather **clears up** before the weekend.* ⇨ Espero que o tempo limpe antes do fim de semana.

clock in/on *vi* marcar o cartão (no início da jornada de trabalho). *Don't forget to **clock in/on** every morning.* ⇨ Não se esqueça de marcar o cartão todas as manhãs.

clock off *V* **clock out/off**.

clock on *V* **clock in/on**.

clock out/off *vi* marcar o cartão (ao sair do trabalho). *We still have to wait two minutes to **clock out/off**.* ⇨ Ainda temos de esperar dois minutos para marcar o cartão.

close down 1 *vt+vi* encerrar as atividades definitivamente (indústria, comércio e serviços). *Mr. Williams **closed***

down his store because it was no longer profitable. ♦ Mr. Williams **closed** his store **down** because it was no longer profitable. ⇨ O Sr. Williams fechou a loja definitivamente porque ela já não dava lucro. *Because of the recession they had to* **close down**. ⇨ Por causa da recessão, eles tiveram de encerrar as atividades. **2** *vi* encerrar a programação do dia (emissoras de rádio e TV). *The educational TV* **closes down** *around midnight every evening.* ⇨ A TV educativa encerra a programação por volta da meia-noite, todos os dias.

close in (on) 1 *vt+vi* cercar, encurralar. *The police* **closed in on** *the bank robbers easily.* ⇨ A polícia cercou os assaltantes do banco com facilidade. *The mad dog was fast* **closed in**. ⇨ O cachorro louco foi logo cercado. **2** *vi* aproximar-se, chegar (o dia ou a noite). *We should leave now because evening is* **closing in**. ⇨ Devemos ir embora agora, pois a noite está chegando.

close off 1 *vt+vi* fechar, bloquear (rua, estrada, área). *Because of an accident, they* **closed off** *the road for two hours.* ♦ *Because of an accident, they* **closed** *the road* **off** *for two hours.* ⇨ Por causa de um acidente, eles fecharam a estrada por duas horas. *That area of the city is* **closed off**. ⇨ Aquela área da cidade está bloqueada. **2** *vt* encerrar, finalizar. *I think it's time to* **close off** *the discussion.* ♦ *I think it's time to* **close** *the discussion* **off**. ⇨ Eu acho que é hora de encerrar a discussão.

close out 1 *vt* fechar, encerrar (esporte, entrevista, sessão etc.). *Bill* **closed out** *the game with an ace.* ♦ *Bill* **closed** *the game* **out** *with an ace.* ⇨ Bill fechou o game com um ace. *Mr. Newman* **closed out** *the interview with a bombastic declaration.* ♦ *Mr. Newman* **closed** *the interview* **out** *with a bombastic declaration.* ⇨ O Sr. Newman encerrou a entrevista com uma declaração bombástica. **2** *vt Amer* fechar, encerrar (conta, conta bancária). *I'm going to* **close out** *my savings account at the National Bank.* ♦ *I'm going to* **close** *my savings account* **out** *at the National Bank.* ⇨ Eu vou encerrar minha caderneta de poupança do Banco Nacional.

close up 1 *vt* fechar temporariamente (loja, prédio, clube, casa etc.). *We're going to* **close up** *the studio for a week.* ♦ *We're going to* **close** *the studio* **up** *for a week.* ⇨ Nós vamos fechar o estúdio por uma semana. **2** *vi* fechar, cicatrizar. *It will take about twenty days for the cut to* **close up** *completely.* ⇨ Levará cerca de vinte dias para o corte fechar completamente.

come about *vi* acontecer, suceder, ocorrer. *I can't explain how the accident* **came about**. ⇨ Eu não sei explicar como ocorreu o acidente.

come across 1 *vt* encontrar (alguém ou algo) por acaso (nunca na voz passiva). *We* **came across** *Angela at the concert last night.* ⇨ Encontramos Angela por acaso, no concerto, ontem à noite. **2** *vi* compreender, entender. *She spoke with enthusiasm, but I think her discourse did not* **come across** *very well.* ⇨ Ela falou com entusiasmo, mas eu acho que seu discurso não foi muito bem entendido.

come after *vt* procurar (por); perseguir, caçar (alguém). *He was* **coming after** *you.* ⇨ Ele estava procurando por você. *The watchman* **came after** *the invaders with a gun.* ⇨ O vigia perseguiu os invasores com um revólver.

come along 1 *vi* chegar, atingir certo lugar. *Fortunately, he* **came along** *in the nick of time.* ⇨ Felizmente, ele chegou na hora H. **2** *vi* ir a algum lugar com alguém. *We're going out for some drinks. Would you like to* **come along**? ⇨ Nós vamos sair para beber. Você gostaria de ir conosco?

come apart *vi* desfazer-se, desmanchar-se, partir-se em pedaços. *The* book was so old that it **came apart** in my hands. ⇨ O livro era tão velho que se desmanchou nas minhas mãos.

come around/round 1 *vi* fazer uma visita, visitar. *My grandchildren came around/round to see me last weekend.* ⇨ Meus netos vieram me visitar no fim de semana passado. **2** *vt* concordar com algo (plano ou ideia) que não era aceito anteriormente ou deixar de ter uma opinião negativa sobre algo. *Finally he came around/round to our point of view.* ⇨ Finalmente, ele concordou com o nosso ponto de vista. **3** *vi* recobrar a consciência, voltar a si. *She fainted, but after a few seconds she came around/round.* ⇨ Ela desmaiou, porém, depois de alguns segundos, recobrou a consciência.

come at *vt* lançar-se sobre alguém, atacar. *Suddenly he came at us with a knife.* ⇨ De repente, ele se lançou sobre nós com uma faca.

come away from *vt* desprender-se, soltar-se. *When the turkey is properly cooked, the meat comes away from the bones easily.* ⇨ Quando o peru estiver adequadamente cozido, a carne se solta dos ossos com facilidade.

come back 1 *vi* retornar, voltar. *I have to leave now, but I'll come back soon.* ⇨ Eu preciso sair agora, mas voltarei logo. **2** *vi* voltar à moda. *Those long skirts from the 60's are coming back.* ⇨ Aquelas saias longas dos anos 60 estão voltando à moda. **3** *vt* recordar, voltar à memória. *All of a sudden, the whole scene of the accident came back to me.* ⇨ De repente, a cena toda do acidente voltou à minha memória.

come before *vt* apresentar-se para julgamento, consideração ou decisão. *My case will come before court next month.* ⇨ A minha causa será apresentada ao tribunal no próximo mês.

come between *vt* interferir, intrometer--se. *Never let your mother or your mother-in-law come between you and your wife.* ⇨ Nunca permita que sua mãe ou sua sogra se intrometam entre você e sua esposa.

come by 1 *vt+vi* conseguir, obter. *I wonder how he came by all that money.* ⇨ Eu gostaria de saber como é que ele conseguiu todo aquele dinheiro. *Because of the recession, jobs are hard to come by.* ⇨ Por causa da recessão, conseguir um emprego é difícil. **2** *vt* fazer uma visita rápida, dar uma passadinha em. *Paul and Mary came by our store yesterday morning.* ⇨ Paul e Mary deram uma passadinha na nossa loja ontem de manhã. **3** *vt* arranjar, ir buscar. *I'd like to know how she came by that bruise on the face.* ⇨ Eu gostaria de saber como ela arranjou aquele machucado no rosto.

come down 1 *vi* cair, despencar. *A plane came down over our farm last night.* ⇨ Um avião caiu na nossa fazenda ontem à noite. *Computer prices have come down over the last three years.* ⇨ Os preços dos computadores têm caído nos últimos três anos. **2** *vt* passar, transmitir (tradição, lendas, mitos etc.). *These songs came down to us through oral tradition.* ⇨ Essas canções nos foram transmitidas pela tradição oral. **3** *vi pop* voltar à realidade (depois do efeito de drogas ou de passar por uma experiência emocionante). *My trip to Italy was so wonderful that I haven't come down yet.* ⇨ Minha viagem à Itália foi tão maravilhosa, que eu ainda não voltei à realidade.

come down on *vt* punir ou criticar (alguém) severamente. *Professor Gradman came down on me for being superficial in my article.* ⇨ O professor Gradman me criticou severamente por eu ter sido superficial no meu artigo. *If you do that again, he will come down on you without mercy.* ⇨ Se você fizer isso novamente, ele vai puni-lo sem piedade.

come down to *vt* reduzir-se a, restringir-se a. *The whole situation **comes down to** two alternatives: he can either pay his debts or go to jail.* ⇨ A situação toda se resume a duas alternativas: ele pode pagar a dívida ou ir para a cadeia.

come down with *vt* contrair, pegar (doença). *He **came down with** malaria in Africa.* ⇨ Ele pegou malária na África.

come forth with *vt Amer* dar, apresentar, oferecer (informação ou sugestão). *There will be a reward for anybody who **comes forth with** information about Mr. King's kidnapping.* ⇨ Haverá uma recompensa para quem der informações sobre o sequestro do Sr. King.

come forward (with) *vt+vi* oferecer-se ou apresentar-se para fazer algo (especialmente ajudar alguém ou as autoridades). *The police are hoping someone will **come forward with** information about the crime.* ⇨ A polícia está esperando que alguém se apresente com informações sobre o crime. *The jailer hopes someone **comes forward** and confesses.* ⇨ O carcereiro espera que alguém se apresente e confesse.

come in 1 *vi* entrar, adentrar. *Come in, Bill, and have a seat.* ⇨ Entre, Bill, e sente-se. **2** *vi* chegar, atingir certo lugar (pessoa, meio de transporte, correspondência, encomenda, fenômenos atmosféricos etc.). *Paul **came in** a little late this morning.* ⇨ Paul chegou um pouco atrasado hoje de manhã. *The plane from Chicago will **come in** at ten.* ⇨ O avião de Chicago chegará às dez. *It's really cloudy. I think a storm is **coming in**.* ⇨ Está realmente nublado. Acho que uma tempestade está chegando. **3** *vi* entrar na moda. *I really don't know when miniskirts **came in**.* ⇨ Eu realmente não sei quando a minissaia entrou na moda. **4** *vi* começar a época, tornar-se sazonal. *When do cherries **come in**?* ⇨ Quando é que começa a época das cerejas? **5** *vi* entrar em ação. *We need somebody to do the dirty work, and that's where you **come in**.* ⇨ Precisamos de alguém para fazer o trabalho sujo, e é aí que você entra em ação. **6** *vi* ser ou tornar-se útil (para alguma coisa). *Don't throw away that old comforter! It will **come in** handy when we have guests in winter.* ⇨ Não jogue aquele edredom fora! Ele será útil quando recebermos hóspedes no inverno. **7** *vi* ser transmitido (por rádio ou TV). *We are going to interrupt our program to give you a special report **coming in** from Tel Aviv.* ⇨ Nós vamos interromper nosso programa para apresentar uma notícia especial que será transmitida de Tel Aviv.

come into 1 *vi* entrar em, vir. *Please tell the suppliers to **come into** my office.* ⇨ Por favor, peça aos fornecedores para virem ao meu escritório. **2** *vt* herdar. *Paul **came into** a fortune after his father's death.* ⇨ Paul herdou uma fortuna depois que o pai dele faleceu.

come of *vt* resultar, ocorrer em consequência de. *Did anything relevant **come of** your meeting with those foreign businessmen?* ⇨ A sua reunião com os empresários estrangeiros resultou em algo relevante?

come off 1 *vi* acontecer, ocorrer (geralmente algo planejado). *Mary's trip to Europe never **came off**.* ⇨ A viagem de Mary à Europa nunca aconteceu. **2** *vt+vi* desprender-se, soltar-se, cair. *Two of the buttons have **come off** my jacket.* ⇨ Dois botões da minha jaqueta caíram. *The wall paper in my bedroom is **coming off**.* ⇨ O papel de parede do meu quarto está se soltando. **3** *vt Amer* aparentar ser, mostrar-se como. *When you first meet Helen, she **comes off** a bit arrogant but she's okay.* ⇨ Quando você vê Helen pela primeira vez, ela aparenta ser um pouco arrogante, mas ela é legal.

come on 1 *vi* começar, iniciar. *What time does the soccer game come on?* ⇨ A que horas começa o jogo de futebol? *The soap opera comes on after the news.* ⇨ A novela começa depois do telejornal. **2** *vi* aparecer ou entrar em cena (teatro, filme, televisão etc.). *She only comes on in the second act.* ⇨ Ela só entra em cena no segundo ato. **3** *vi* manifestar-se, começar (doenças). *Poor thing! She has another flu coming on.* ⇨ Coitada! Uma nova gripe está se manifestando. **4** *vi* restabelecer o fornecimento de algo, voltar (água, luz, gás). *What time did the lights come on?* ⇨ A que horas voltou a luz? **5** *vi* progredir, avançar. *Alice's new novel is coming on well.* ⇨ O novo romance de Alice está progredindo bem. **6** *vi Amer* comportar-se de maneira a dar uma falsa imagem. *Sometimes Nancy comes on real stupid, but she's a bright student.* ⇨ Às vezes, Nancy se comporta como se fosse realmente imbecil, mas ela é uma aluna brilhante.

come on! 1 *vi* expressão equivalente às locuções interjetivas *ande logo!, puxa vida!, vamos lá!* Em geral, trata-se de um comando, a fim de convencer o interlocutor a fazer algo ou a continuar uma atividade. *Come on!, Julie! We'll be late for the show if you don't hurry up.* ⇨ Ande logo, Julie! Nós estaremos atrasados para o *show* se você não se apressar. *Come on, daddy! Could you lend me the car?* ⇨ Puxa vida, papai! Você me emprestaria o carro? *Come on! Keep working and you'll finish soon.* ⇨ Vamos lá! Continuem trabalhando que vocês terminarão logo. **2** *vi* expressão equivalente às locuções interjetivas *ora essa!, sem essa!* São sempre usadas para indicar dúvida ou descrença. *Come on! I don't believe you!* ⇨ Ora essa! Eu não acredito em você. *Come on! We don't buy that shit!* ⇨ Sem essa! Nós não acreditamos nessa merda!

come out 1 *vi* sair, abandonar um lugar. *Come out of the bathroom immediately. I need to take a shower.* ⇨ Saia do banheiro imediatamente. Eu preciso tomar um banho. **2** *vi* sair (para atividades sociais). *Would you like to come out for some drinks tonight?* ⇨ Você gostaria de sair para beber hoje à noite? **3** *vt+vi* sair, desaparecer. *I don't think this stain will come out of your dress.* ⇨ Eu não acho que essa mancha do seu vestido vá sair. *That wine stain will never come out.* ⇨ Aquela mancha de vinho nunca desaparecerá. **4** *vi* sair, ser liberado. *Tony is coming out of prison next Friday.* ⇨ Tony sairá da prisão na próxima sexta-feira. **5** *vi* sair, ter alta. *Alice is coming out of hospital tomorrow morning.* ⇨ Alice vai sair do hospital amanhã de manhã. **6** *vi* sair, ser lançado (livro, filme, disco etc.). *Shaw's new novel is going to come out in December.* ⇨ O novo romance de Shaw vai ser lançado em dezembro. **7** *vi* revelar-se, aparecer. *I'm sure the truth will come out sooner or later.* ⇨ Eu tenho certeza de que a verdade será revelada mais cedo ou mais tarde. **8** *vi* sair, divulgar. *When are the results of the research coming out?* ⇨ Quando vão ser divulgados os resultados da pesquisa? **9** *vi* surgir, sair, aparecer (o sol ou a lua). *Oh, look! The rain has stopped and the sun is coming out.* ⇨ Ó, olhe! A chuva parou e o sol está surgindo. **10** *vi* brotar, irromper. *It's early spring, but my rosebushes are already coming out.* ⇨ É apenas o início da primavera, mas minhas roseiras já estão brotando. **11** *vi* sair (fotografia). *Did those photos come out well?* ⇨ Aquelas fotos saíram boas? *Lisa did not come out well. Definitely she's not photogenic.* ⇨ Lisa não saiu bem. Definitivamente, ela não é fotogênica. **12** *vt+vi pop* sair do armário, revelar-se homossexual. *Judy hasn't come out to her family yet.* ⇨ Judy ainda não se revelou homossexual à família. *After the divorce he decided to come out.* ⇨ Depois do divórcio, ele resolveu sair do armário.

come out with *vt* dizer inesperadamente, sair-se com. *She often comes out with such strange ideas.* ⇨ Ela frequentemente se sai com ideias tão estranhas.

come over 1 *vi* aproximar-se, chegar perto de. *When I entered the room, Sophia came over to greet me.* ⇨ Quando eu entrei na sala, Sophia aproximou-se para me cumprimentar. **2** *vi* visitar, ir à casa de alguém. *Would you like to come over for dinner tonight?* ⇨ Você gostaria de me visitar e jantarmos juntos hoje à noite? **3** *vi* viajar de um país para outro (onde se está). *I came over here to Brazil to see the carnival in Rio.* ⇨ Eu viajei aqui para o Brasil para ver o carnaval no Rio. **4** *vi* comunicar ou revelar algo claramente (ao leitor, ouvinte, espectador etc.). *Professor Newman's socialist ideas came over in his lecture.* ⇨ As ideias socialistas do professor Newman revelaram-se claramente na sua palestra. **5** *vt* apossar-se de alguém (sentimentos). *When I entered the Buddhist temple a sense of calm came over me.* ⇨ Quando eu entrei no templo budista, um sentimento de calma se apossou de mim. **6** *vt* mudar (de lado ou de opinião). *Frank is really obstinate. He will never come over to our political party.* ⇨ Frank é realmente obstinado. Ele jamais mudará para o nosso partido.

come round *V* **come around/round.**

come through 1 *vt+vi* sobreviver, sair ileso. *He's a lucky person since he came through two serious conflicts in the Middle East.* ⇨ Ele é uma pessoa de sorte, uma vez que sobreviveu a dois conflitos no Oriente Médio. *The accident was serious, but she came through without a scratch.* ⇨ O acidente foi sério, mas ela saiu ilesa, sem um arranhão. **2** *vi* recuperar-se, curar-se. *My doctor was surprised I came through so quickly.* ⇨ O meu médico ficou surpreso por eu ter me recuperado tão depressa. **3** *vt* superar, vencer. *When a couple comes through a crisis like Paul and Angela did, I think their relationship becomes stronger.* ⇨ Quando um casal supera uma crise como o fizeram Paul e Angela, eu acho que o relacionamento torna-se mais forte. **4** *vi* chegar algo (por telefone, rádio, telex etc.). *The telex from London has just come through.* ⇨ O telex de Londres acabou de chegar.

come to 1 *vi* recobrar a consciência, voltar a si. *When Sarah came to, she couldn't remember what had happened.* ⇨ Quando Sarah voltou a si, não conseguia se lembrar do que havia acontecido. **2** *vt* chegar a totalizar. *The bill comes to fifty dollars.* ⇨ A conta chega a cinquenta dólares. **3** *vt* chegar a, conscientizar-se de. *She has come to the conclusion that the whole situation must change.* ⇨ Ela chegou à conclusão de que a situação toda precisa mudar. **4** *vt* lembrar-se, vir à memória. *I can't remember the address right now, but it will come to me in a minute.* ⇨ Eu não consigo me lembrar do endereço agora, mas ele me virá à memória em um minuto.

come under 1 *vt* estar sob a autoridade ou o controle de. *Your project comes under the responsibility of the Department of Culture.* ⇨ O seu projeto está sob a responsabilidade do Departamento de Cultura. **2** *vt* receber, ser alvo de críticas ou ataques. *Because of the high crime rate, the government has come under severe criticism.* ⇨ Por causa do alto índice de criminalidade, o governo tem sido alvo de críticas severas. **3** *vt* estar classificado como, classificar-se como. *The videos you're looking for come under "war documentaries".* ⇨ Os vídeos que você está procurando estão classificados como "documentários de guerra".

come up 1 *vt+vi* aproximar-se de alguém ou de algo. *Get out your passports!*

*We're **coming up** to the border.* ⇨ Peguem os passaportes. Estamos nos aproximando da fronteira. *After my speech, some people **came up** and asked some questions.* ⇨ Depois da minha palestra, algumas pessoas se aproximaram e fizeram várias perguntas. **2** *vt+vi* subir. *We were **coming up** here to the observation deck when the elevator broke down.* ⇨ Nós estávamos subindo aqui para o mirante, quando o elevador quebrou. *They're **coming up** soon.* ⇨ Eles vão subir logo. **3** *vt+vi* surgir, aparecer (assunto, dúvida, problema, pergunta, sugestão, oportunidade etc.). *I'm sure many job opportunities will **come up** for you.* ⇨ Eu tenho certeza de que muitas oportunidades de trabalho vão aparecer para você. *After Mr. Neil's briefing, a lot of questions **came up**.* ⇨ Depois do comunicado do Sr. Neil, surgiram muitas perguntas. **4** *vi* ser julgado (nos tribunais). *Mr. Flint's case is going to **come up** on March 3ʳᵈ.* ⇨ A causa do Sr. Flint vai ser julgada no dia 3 de março. **5** *vi* fazer sucesso, subir na vida. *I'm glad he's **coming up** in the world.* ⇨ Eu estou contente por ela estar subindo na vida. **6** *vi* nascer, germinar, surgir (sol, lua, sementes ou plantas). *In summer, the sun **comes up** before seven.* ⇨ No verão, o sol nasce antes das sete. *The tulips are **coming up**.* ⇨ As tulipas estão germinando. **7** *vi* acender (luz de cinema e teatro). *When the lights **came up** the actors were already on the stage.* ⇨ Quando as luzes se acenderam, os atores já estavam no palco. **8** *vi* ser sorteado, ter os números sorteados (na loteria ou em outros sorteios). *Six of my numbers **came up** in the sports lottery last week and I won five thousand dollars.* ⇨ Seis dos meus números foram sorteados na loteria esportiva da semana passada, e eu ganhei cinco mil dólares. **9** *vi* vomitar, pôr para fora. *Maria should see a doctor. Everything she eats **comes up** again.* ⇨ Maria deveria ir ao médico. Ela põe para fora tudo o que come.

come up against *vt* lutar contra, enfrentar, defrontar-se com alguém ou algo (não é usado na voz passiva). *She **came up against** a lot of prejudice when she lived in Germany.* ⇨ Ela lutou contra muito preconceito quando morou na Alemanha. *In the semi-finals, our team is going to **come up against** the Italians.* ⇨ Na semifinal, nosso time vai enfrentar os italianos.

come up for 1 *vt* estar (à venda), colocar (à venda). *Some paintings by Picasso will **come up for** sale at the Tate Gallery.* ⇨ Algumas telas de Picasso estarão à venda na Tate Gallery. **2** *vt* entrar (em debate ou discussão). *Your proposal **came up for** discussion yesterday morning.* ⇨ A sua proposta entrou em discussão ontem de manhã.

come upon *vt* encontrar alguém ou algo por acaso. *On my way to Boston, I **came upon** Sharon.* ⇨ A caminho de Boston, eu me encontrei, por acaso, com Sharon.

come up to *vt* atingir, alcançar (não é usado na voz passiva). *Tony's performance did not **come up to** our expectations.* ⇨ O desempenho de Tony não atingiu nossas expectativas.

come up with *vt* bolar, conceber (plano, ideia, solução). *Finally, someone **came up with** a solution to the problem.* ⇨ Finalmente, alguém bolou uma solução para o problema.

conjure up 1 *vt* fazer surgir como num passe de mágica. *How can I **conjure up** shelter for five people in a studio apartment?* ♦ *How can I **conjure** shelter **up** for five people in a studio apartment?* ⇨ Como é que eu faço surgir como num passe de mágica acomodação para cinco pessoas em uma *kitchenette*? **2** *vt* invocar espíritos ou demônios. *She claims she is able to **conjure up** spirits.* ♦ *She claims she is able to **conjure** spirits **up**.* ⇨ Ela afirma que é capaz de invocar espíritos.

connect up *vt+vi* ligar, pôr em funcionamento, ligar ao sistema de fornecimeno (água, luz, gás, telefone). *Our country house in not **connected up** to the electricity main. We have got a diesel generator.* ⇨ A nossa casa de campo não está ligada à rede de fornecimento de energia. Nós temos um gerador a diesel. *I moved in four days ago, but my telephone hasn't been **connected up** yet.* ⇨ Eu me mudei há quatro dias, mas o telefone ainda não foi ligado.

contract out *vt* terceirizar. *We are going to **contract out** the security service in our condominium.* ⇨ Nós vamos terceirizar o serviço de segurança no nosso condomínio.

cook up 1 *vt* preparar rapidamente uma refeição. *I'm going to **cook up** a light meal while you pick up the children at school.* ◆ *I'm going to **cook** a light meal **up** while you pick up the children at school.* ⇨ Eu vou preparar rapidamente uma refeição leve enquanto você apanha as crianças na escola. **2** *vt* tramar, arquitetar (algo desonesto). *I'm sure he's **cooking up** a plot to incriminate Paul.* ⇨ Eu tenho certeza de que ele está tramando um plano para incriminar Paul.

cool down/off 1 *vt+vi* acalmar-se, tranquilizar-se. *The situation is really crucial, but I think a few days will **cool down/off** Peter.* ◆ *The situation is really crucial, but I think a few days will **cool** Peter **down/off**.* ⇨ A situação está realmente crucial, mas eu acho que em alguns dias Peter se acalmará. *I know you're angry, but try to **cool down/off** before you speak to her.* ⇨ Eu sei que você está zangado, mas tente se acalmar antes de falar com ela. **2** *vt* esfriar, refrescar (alguém ou algo). ***Cool down/off** your feet in icy water.* ◆ ***Cool** your feet **down/off** in icy water.* ⇨ Refresque os seus pés em água gelada. *Wait until your tea **cools down/off** a little bit.* ⇨ Espere até que o seu chá esfrie um pouquinho.

cool off *V* **cool down/off.**

copy down *vt* copiar, fazer a cópia de. *The teacher asked the students to **copy down** the poem.* ◆ *The teacher asked the students to **copy** the poem **down**.* ⇨ A professora pediu aos alunos para copiarem o poema.

copy out *vt* copiar novamente, recopiar. *Melanie **copied out** the whole composition.* ◆ *Melanie **copied** the whole composition **out**.* ⇨ Melanie copiou novamente toda a redação.

cough up 1 *vt* expelir algo (sangue ou catarro) ao tossir. *He is **coughing up** blood.* ◆ *He is **coughing** blood **up**.* ⇨ Ele está expelindo sangue ao tossir. **2** *vt pop* desembolsar, pagar (geralmente a contragosto). *We had to **cough up** another fifty dollars for a room with a view of the beach.* ◆ *We had to **cough** another fifty dollars **up** for a room with a view of the beach.* ⇨ Tivemos de desembolsar mais cinquenta dólares por um quarto com vista para a praia.

count against *vt* pesar contra. *He is really qualified for the position, but his bad temper **counts against** him.* ⇨ Ele é realmente qualificado para o cargo, mas seu temperamento irascível pesa contra ele.

count down *vt+vi* fazer a contagem regressiva. *She is **counting down** the days to her trip to Italy.* ◆ *She is **counting** the days **down** to her trip to Italy.* ⇨ Ela está fazendo a contagem regressiva dos dias que faltam para sua viagem à Itália. *They have already started **counting down**.* ⇨ Eles já começaram a fazer a contagem regressiva.

count for *vt* valer, levar em conta, servir para. *Frank's contribution doesn't **count for** anything in that silly group.* ⇨ A contribuição de Frank não serve para nada naquele grupo de idiotas.

count in vt incluir alguém (em um grupo). *I'm sure we can **count in** Helen for the picnic.* ♦ *I'm sure we can **count** Helen **in** for the picnic.* ⇨ Eu tenho certeza de que podemos incluir Helen no grupo para o piquenique.

count off 1 vt *Amer* contar o número de, conferir o número de. *Before leaving the museum we must **count off** the students, since someone might get lost.* ♦ *Before leaving the museum we must **count** the students **off**, since someone might get lost.* ⇨ Antes de sair do museu, nós precisamos conferir o número de estudantes, uma vez que alguém pode se perder. **2** vt enumerar, citar. *Grandma has a good memory. She likes to **count off** all the places she visited in Europe twenty years ago.* ♦ *Grandma has a good memory. She likes to **count** all the places **off** she visited in Europe twenty years ago.* ⇨ A vovó tem uma boa memória. Ela gosta de enumerar todos os lugares que visitou na Europa, há vinte anos.

count on/upon vt contar com, confiar em. *Tell Lucy she can always **count on/upon** me.* ⇨ Diga a Lucy que ela pode contar comigo sempre.

count out vt excluir, deixar de fora (alguém de um grupo). *If you pick out an expensive restaurant, you can **count out** Alice and me.* ♦ *If you pick out an expensive restaurant, you can **count** Alice and me **out**.* ⇨ Se você escolher um restaurante caro, pode excluir Alice e eu.

count up vt contar, somar (pessoas ou coisas). *We still have to **count up** the guests for the party.* ♦ *We still have to **count** the guests **up** for the party.* ⇨ Nós ainda temos de contar os convidados para a festa.

count upon *V* **count on/upon**.

cover over vt cobrir algo (para proteger ou esconder). *Cover over the cake so the flies don't get at it.* ♦ *Cover the cake over so the flies don't get at it.* ⇨ Cubra o bolo, pois assim as moscas não pousam nele.

cover up vt encobrir, esconder algo. *He lied in order to **cover up** his crime.* ♦ *He lied in order to **cover** his crime **up**.* ⇨ Ele mentiu, a fim de encobrir seu crime.

crack down on vt reprimir, combater severamente. *The police will **crack down on** drug pushers.* ⇨ A polícia reprimirá os traficantes de drogas.

crack up 1 vi *pop* surtar, pirar. *Rita talks nonsense all the time. I think she's **cracking up**.* ⇨ Rita diz absurdos o tempo todo. Eu acho que ela está pirando. **2** vt *Amer* destruir, destroçar (em acidente de trânsito). *James **cracked up** his brand new car when he hit a bus.* ♦ *James **cracked** his brand new car **up** when he hit a bus.* ⇨ James destruiu seu carro novinho em folha ao chocar-se com um ônibus.

crank up vt incrementar, aumentar. *We need to **crank up** our research.* ♦ *We need to **crank** our research **up**.* ⇨ Nós precisamos incrementar nossa pesquisa. *I can't hear the music! **Crank** it **up** a little.* ⇨ Eu não consigo ouvir a música! Aumente um pouco.

crash about vi andar ou caminhar (de modo desajeitado e barulhento). *I wish Sharon wouldn't **crash about** like that. I can't sleep!* ⇨ Eu gostaria que Sharon não andasse desse jeito tão barulhento e desajeitado. Eu não consigo dormir!

crash out vi pegar no sono, dormir. *When I'm really tired, I usually **crash out** in front of the television.* ⇨ Quando estou realmente cansado, normalmente eu durmo em frente da televisão.

cream off vt *pop* açambarcar, arrecadar. *The government has **creamed off** a lot of money with the increase in taxes.* ♦ *The government has **creamed** a lot of money **off** with the increase in taxes.*

⇨ O governo açambarcou muito dinheiro com o aumento dos impostos.

creep in *vi* entrar de mansinho. *He always creeps in when he arrives late at night.* ⇨ Ele sempre entra de mansinho quando chega tarde da noite.

creep into 1 *vt* entrar de mansinho. *I crept into the children's bedroom to get my wallet that I had left there.* ⇨ Eu entrei de mansinho no quarto das crianças para pegar minha carteira que havia ficado lá. **2** *vt* aparecer ou surgir aos poucos, de modo quase imperceptível. *Ingrid speaks Portuguese really well, but sometimes somes mistakes in syntax creep into her discourse.* ⇨ Ingrid fala português muito bem, mas, às vezes, surgem, no seu discurso, alguns erros quase imperceptíveis de sintaxe.

creep up on 1 *vt* aproximar-se (de alguém) furtivamente ou na surdina. *Please, don't creep up on us like that! You really scared us!* ⇨ Por favor, não se aproxime de nós na surdina! Você realmente nos assusta. **2** *vt* surgir ou aparecer gradualmente (sentimento ou emoção). *A sense of fear was creeping up on me.* ⇨ Um sentimento de medo estava, gradualmente, surgindo em mim.

crop up 1 *vi* aflorar, vir à tona. *If my affair with Helen crops up in the conversation, please don't say anything.* ⇨ Se o meu caso com Helen vier à tona, por favor, não diga nada. **2** *vi* aparecer, surgir (oportunidade, emprego, algo favorável). *Right now we don't have any opening, but if any job opportunity crops up I'll let you know.* ⇨ No momento, não temos nenhuma vaga, mas, se surgir alguma oportunidade de trabalho, eu o aviso.

cross off *vt* retirar ou eliminar (de uma lista), geralmente com um traço (nome, item, tarefa). *Since I changed my mind, cross off my name.* ◆ *Since I changed my mind, cross my name off.* ⇨ Visto que eu mudei de ideia, elimine o meu nome.

cross out *vt* marcar ou indicar, com um traço, os erros de um texto. *The teacher crossed out all my mistakes.* ◆ *The teacher crossed all my mistakes out.* ⇨ O professor indicou todos os meus erros com um traço.

cross over 1 *vt Brit* atravessar, passar para o outro lado (rua, estrada, praça). *Before crossing over the street you should look both ways.* ⇨ Antes de atravessar a rua, olhe nas duas direções. **2** *vt* trocar, mudar (de ideais, ideologia ou estilo). *Alice used to be a classical dancer, but recently she has crossed over to modern dance.* ⇨ Alice era bailarina clássica, mas recentemente mudou para dança moderna.

crowd into *vt+vi* apinhar-se, aglomerar-se. *More than fifteen people crowded into the van.* ⇨ Mais de quinze pessoas se apinharam na van.

crumple up *vt* amassar (papel). *He crumpled up the letter and threw it into the wastebasket.* ◆ *He crumpled the letter up and threw it into the wastebasket.* ⇨ Ele amassou a carta e a atirou no cesto de lixo.

cry out *vi* gritar de medo ou de dor (não é usado na voz passiva). *We heard Paul when he cried out in pain.* ⇨ Nós ouvimos quando Paul gritou de dor.

cry out against *vt* protestar, bradar. *People are crying out against the new taxes.* ⇨ O povo está protestando contra os novos impostos.

curl up *vi* deitar-se ou sentar-se com as costas curvadas e os joelhos próximos do estômago. *Joan always curls up on the sofa to watch TV.* ⇨ Joan sempre se senta no sofá curvada, com os joelhos próximos do estômago, para assistir à televisão.

cut across *vt* cortar caminho. *We will save a lot of time if we cut across* the mountains. ⇨ Nós ganharemos bastante tempo se cortarmos caminho pelas montanhas.

cut back 1 *vt* cortar, podar. *The gardener is cutting back the rose-bushes.* ♦ *The gardener is cutting the rosebushes back.* ⇨ O jardineiro está podando as roseiras. **2** *vt* reduzir ou cortar despesas. *Our company will cut back investments next year.* ♦ *Our company will cut investments back next year.* ⇨ Nossa empresa cortará gastos com investimentos no próximo ano.

cut down 1 *vt* cortar, derrubar (árvore ou arbusto). *We had to cut down the oak tree because it was full of termites.* ♦ *We had to cut the oak tree down because it was full of termites.* ⇨ Nós tivemos de cortar o carvalho porque estava repleto de cupim. **2** *vt* cortar, reduzir (algo). *You should cut down this paragraph. It's too long.* ♦ *You should cut this paragraph down. It's too long.* ⇨ Você deveria reduzir este parágrafo. Ele está muito longo. *My doctor told me to cut down my consumption of red meat.* ♦ *My doctor told me to cut my consumption of red meat down.* ⇨ O meu médico me recomendou cortar o consumo de carne vermelha.

cut in 1 *vi* cortar a palavra de alguém. *Peter suddenly cut in and asked who was paying for the damage.* ⇨ De repente, Peter cortou a palavra do interlocutor e perguntou quem ia pagar pelos danos. **2** *vi* cortar, dar uma cortada (veículo). *Suddenly a bus cut in right in front of me and I lost control of the vehicle.* ⇨ De repente, um ônibus me cortou bem na frente e eu perdi o controle do veículo.

cut it out *vt* expressão popular, sempre uma ordem, equivalente a *corta essa, pare com isso, já.* *Cut it out, immediately! I'm sick and tired of your complaints.* ⇨ Corta essa, já! Eu estou de saco cheio de suas queixas.

cut off 1 *vt* cortar o fornecimento de algo (água, luz, gás). *They cut off the gas because I forgot to pay the bill.* ♦ *They cut the gas off because I forgot to pay the bill.* ⇨ Eles cortaram o gás porque eu me esqueci de pagar a conta. **2** *vt* decepar, cortar. *Be careful or you'll cut off your fingers.* ♦ *Be careful or you'll cut your fingers off.* ⇨ Tenha cuidado ou então você irá decepar os dedos. *I'm going to cut off a meter of cloth from the roll.* ♦ *I'm going to cut a meter of cloth off from the roll.* ⇨ Eu vou cortar um metro de tecido do rolo. **3** *vi* isolar, ficar sem acesso (geralmente na voz passiva). *Because of the snow the two roads were blocked and so our town was cut off.* ⇨ Por causa da neve, as duas estradas foram bloqueadas e, então, nossa cidade ficou isolada. **4** *vt* cortar relações, deixar de falar com. *We cut off Mary for obvious reasons.* ⇨ Nós cortamos relações com Mary por razões óbvias. **5** *vt* cortar a palavra, interromper. *The detective cut off Jeff in the middle of the sentence.* ♦ *The detective cut Jeff off in the middle of the sentence.* ⇨ O detetive cortou a palavra de Jeff no meio da sentença. **6** *vt Amer.* cortar, fechar (veículo). *A crazy trucker cut off Jim right before a dangerous bend.* ♦ *A crazy trucker cut Jim off right before a dangerous bend.* ⇨ Um caminhoneiro maluco fechou Jim bem antes de uma curva perigosa.

cut out 1 *vt* recortar, cortar (fotos, artigos, anúncios). *The children cut out pictures of animals of magazines to decorate their bedroom.* ♦ *The children cut pictures of animals out of magazines to decorate their bedroom.* ⇨ As crianças recortaram fotos de animais de revistas para decorarem o quarto delas. **2** *vt* eliminar, cortar (parte de um texto). *I think this composition is too long. I'm going to cut out some of the paragraphs.* ♦ *I think this composition is too long. I'm going to* *cut some of the paragraphs out.* ⇨ Eu acho que esta redação está muito longa. Eu vou cortar alguns parágrafos. **3** *vt* cortar, deixar de comer ou beber. *I became a strict vegetarian. I also cut out fish and chicken from my diet.* ◆ *I became a strict vegetarian. I also cut fish and chicken out from my diet.* ⇨ Eu me tornei um vegetariano radical. Também cortei peixe e frango da minha dieta. **4** *vt* deixar fora, eliminar (de atividade, trabalho ou testamento). *Susan said she's going to cut out her brother of her will.* ◆ *Susan said she's going to cut her brother out of her will.* ⇨ Susan disse que vai deixar o irmão de fora do seu testamento. **5** *vi* parar, deixar de funcionar (motor ou máquina). *There's something wrong with the refrigerator. The engine sometimes cuts out.* ⇨ Há algo errado com a geladeira. Às vezes, o motor para de funcionar. **6** *vi* ser preparado para, ser talhado para. *I don't feel cut out for this position.* ⇨ Eu não me sinto preparado para essa função. *He was cut out to be a champion.* ⇨ Ele foi talhado para ser campeão.

cut up 1 *vt* cortar algo em pedaços. *You can cut up the vegetables into small pieces.* ◆ *You can cut the vegetables up into small pieces.* ⇨ Você pode cortar os vegetais em pedaços pequenos. **2** *vt Amer pop* falar mal de, malhar. *She cuts up her own friends.* ◆ *She cuts her own friends up.* ⇨ Ela malha os próprios amigos. **3** *vt+vi* ferir ou machucar (alguém). *The agressor cut up Susan badly.* ◆ *The agressor cut Susan up badly.* ⇨ O agressor feriu Susan seriamente. *All the occupants of the van were cut up in the accident.* ⇨ Todos os ocupantes da van ficaram feridos no acidente.

d

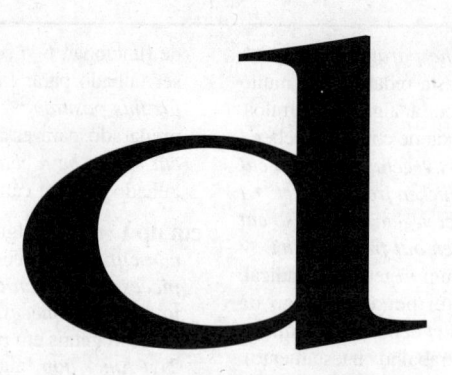

dam up vt represar ou bloquear (água). *They are going to **dam up** the river to build a hydroelectric power plant.* ♦ *They are going to **dam** the river **up** to build a hydroelectric power plant.* ⇨ Eles vão represar o rio para construir uma usina hidrelétrica.

dash off 1 vt escrever ou desenhar algo rapidamente. *He **dashed off** all these poems in a few days.* ♦ *He **dashed** all these poems **off** in a few days.* ⇨ Ele escreveu todos esses poemas, rapidamente, em alguns dias. **2** vi pop chispar, sair rapidamente. *After the concert, Paul and Mary **dashed off** and I couldn't talk to them.* ⇨ Depois do concerto, Paul e Mary saíram rapidamente, e eu não consegui falar com eles.

date back vi datar de, pertencer a determinado período. *This church **dates back** to the end of the seventeenth-century.* ⇨ Esta igreja data do fim do século XVII.

date from 1 vt ter origem, vir. *Our high productivity **dates from** the implementation of higher salaries.* ⇨ A nossa alta produtividade vem da implementação de salários mais altos. **2** vi datar de, pertencer a um determinado período. *These fossils **date from** the Jurassic period.* ⇨ Estes fósseis pertencem ao período Jurássico.

deal out 1 vt dar as cartas (de baralho). *It's your turn to **deal out** the cards.* ♦ *It's your turn to **deal** the cards **out**.* ⇨ É a sua vez de dar as cartas. **2** vt dar punição a alguém. *The judge **dealt out** the same sentence to the three thieves.* ♦ *The judge **dealt** the same sentence **out** to the three thieves.* ⇨ O juiz deu a mesma sentença aos três ladrões.

deck out 1 vt enfeitar, decorar. *We **decked out** the room with colorful balloons.* ♦ *We **decked** the room **out** with colorful balloons.* ⇨ Nós enfeitamos a sala com bexigas coloridas. **2** refl pop produzir-se, vestir-se nos trinques. *Carol **decked** herself **out** in a black silk skirt and a floral blouse.* ⇨ Carol se produziu com uma saia preta de seda e uma blusa florida.

deliver over/up vt entregar alguém ou algo às autoridades. *That tall man **delivered over/up** the thief to the police.* ♦ *That tall man **delivered** the thief **over/up** to the police.* ⇨ Aquele homem alto entregou o ladrão à polícia. *We were forced to **deliver over/up** our passports to the immigration officer.* ♦ *We were forced to **deliver** our passports **over/up** to the immigration officer.* ⇨ Nós fomos forçados a entregar nossos passaportes ao oficial da imigração.

deliver up V deliver over/up.

descend on vt chegar (sem avisar ou sem ser convidado). *Maria and her children **descended on** my country* *house last Sunday.* ⇨ Maria e os filhos chegaram à minha casa de campo domingo passado, sem avisar.

descend to *vi* descer a, aviltar-se. *I never thought she would **descend to** that sort of behavior.* ⇨ Eu nunca pensei que ela desceria a esse tipo de comportamento.

despair of *vt* desesperar-se por ou com, ficar completamente desesperançado. *Don't **despair of** being out of a job.* ⇨ Não se desespere por estar sem emprego. *Helen **despairs of** her daughter's refusal to study.* ⇨ Helen se desespera porque a filha se recusa a estudar.

dial in/into *vt+vi* conectar, chamar um número telefônico, que tem um *modem* e um computador na outra extremidade. *If you have the right access code it is possible to **dial into** a costumer's computer to extract the files needed for the report.* ⇨ Se você tiver o código de acesso correto, é possível se conectar a um computador do cliente, para extrair os arquivos necessários para o relatório. *You can **dial in** and download the files you need.* ⇨ Você pode conectar e baixar os arquivos de que precisa.

dial into *V* **dial in/into**.

die away *vi* passar ou desaparecer aos poucos (especialmente som). *The sound of the shooting **died away**.* ⇨ O som do tiroteio desapareceu aos poucos.

die down 1 *vi* diminuir, amainar. *We can leave now. The wind has **died down**.* ⇨ Podemos ir embora agora. O vento amainou. 2 *vi* apagar. *Finally the fire **died down**.* ⇨ Finalmente, o fogo se apagou.

die off *vi* desaparecer, extinguir-se (povo, animal, planta etc.). *Dinosaurs were large prehistoric animals which **died off** millions of years ago.* ⇨ Os dinossauros eram grandes animais pré-históricos que foram extintos há milhões de anos.

die out *vi* morrer, cair em desuso, extinguir-se. *Some of the old habits of country life **died out** a long time ago.* ⇨ Alguns hábitos antigos da vida no campo caíram em desuso há muito tempo. *The whole tribe **died out** from starvation.* ⇨ A tribo toda morreu de fome.

dig in *vi* começar a comer. *The food is on the table. Let's **dig in**!* ⇨ A comida está na mesa. Vamos começar a comer!

dig into 1 *vt* enfiar a mão em algo (bolso, bolsa, saco etc.). *Paul **dug into** his pocket to see if the key was still there.* ⇨ Paul enfiou a mão no bolso para ver se a chave ainda estava lá. 2 *vt* começar a comer, atacar. *I'm going to **dig into** the ham first.* ⇨ Eu vou atacar primeiro o pernil. 3 *vt* utilizar parte de algo (dinheiro ou suprimentos poupados). *I had to **dig into** my savings in order to help Helen, who is unemployed.* ⇨ Eu tive de utilizar parte das minhas economias a fim de ajudar Helen, que está desempregada.

dig up 1 *vt* colher (algo que está debaixo da terra). *We **dug up** fifty kilos of potatoes yesterday.* ◆ *We **dug** fifty kilos of potatoes **up** yesterday.* ⇨ Nós colhemos cinquenta quilos de batata ontem. 2 *vt* desenterrar, exumar. *The police **dug up** the body.* ◆ *The police **dug** the body **up**.* ⇨ A polícia desenterrou o corpo. 3 *vt* encontrar, desenterrar. *The archaeologists **dug up** some prehistoric ceramic vases at that site near Cairo.* ◆ *The archaeologists **dug** some prehistoric ceramic vases **up** at that site near Cairo.* ⇨ Os arqueólogos encontraram alguns vasos de cerâmica pré-históricos naquele sítio arqueológico, perto do Cairo. 4 *vt+vi* descobrir ou revelar algo novo. *Paul **dug up** some interesting facts about senator Grant's past.* ⇨ Paul revelou alguns fatos interessantes a respeito do passado do senador Grant. **5** *vt* quebrar. *They are **digging up** the road to put in new telephone wires.* ♦ *They are **digging** the road **up** to put in new telephone wires.* ⇨ Eles estão quebrando a estrada para instalar novos cabos telefônicos.

dip into 1 *vt pop* ler algo parcialmente ou por cima. *I have **dipped into** two or three books on discourse analysis.* ⇨ Eu li, por cima, dois ou três livros sobre análise do discurso. **2** *vt* gastar parte do dinheiro economizado. *I had to **dip into** my vacation money to pay the dentist's bill.* ⇨ Eu tive de gastar parte do dinheiro economizado para as férias, para pagar a conta do dentista. **3** *vt* molhar ou mergulhar algo (em líquido ou substância pastosa). *The brush is almost dry. **Dip** it **into** the paint.* ⇨ O pincel está quase seco. Molhe-o na tinta. *Now you have to **dip** the cookies **into** the melted chocolate.* ⇨ Agora, você tem de mergulhar os biscoitinhos no chocolate derretido.

dish out 1 *vt pop* distribuir, entregar. *The committee will **dish out** the medals in May.* ♦ *The committee will **dish** the medals **out** in May.* ⇨ O comitê irá distribuir as medalhas em maio. **2** *vt* servir (prato de comida). *Jane is going to **dish out** beef stew and potatoes to the children.* ♦ *Jane is going to **dish** beef stew and potatoes **out** to the children.* ⇨ Jane vai servir carne ensopada com batatas às crianças.

dish up 1 *vt* servir, pôr (comida no prato). *My grandma usually **dishes up** the food straight out of the pan.* ♦ *My grandma usually **dishes** the food **up** straight out of the pan.* ⇨ Minha avó geralmente serve a comida diretamente da panela. **2** *vt pop* apresentar, produzir (geralmente algo malfeito). *Some writers **dish up** screenplays which have to be rewritten.* ♦ *Some writers **dish** screenplays **up** which have to be rewritten.* ⇨ Alguns escritores produzem roteiros malfeitos que precisam ser reescritos.

divide up 1 *vt* separar ou dividir algo (em partes menores). *The teacher **divided up** the class into six research groups.* ♦ *The teacher **divided** the class **up** into six research groups.* ⇨ O professor dividiu a classe em seis grupos de pesquisa. **2** *vt* dividir algo (entre um grupo de pessoas). *I suggest that we **divide up** the bill among the men only.* ♦ *I suggest that we **divide** the bill **up** among the men only.* ⇨ Eu sugiro que a gente divida a conta somente entre os homens.

dole out *vt pop* distribuir ou dar algo (a vários indivíduos). *Joseph and Cathy are out on the streets **doling out** soup to the homeless.* ♦ *Joseph and Cathy are out on the streets **doling** soup **out** to the homeless.* ⇨ Joseph e Cathy estão nas ruas distribuindo sopa aos sem-teto. *When we go to the zoo, the children **dole out** bread crusts to the ducks.* ♦ *When we go to the zoo, the children **dole** bread crusts **out** to the ducks.* ⇨ Quando nós vamos ao zoológico, as crianças dão casca de pão aos patos.

doll up *refl* embonecar-se, enfeitar-se. *Sandra always **dolls** herself **up** on special occasions.* ⇨ Sandra sempre se emboneca em ocasiões especiais.

do over 1 *vt Amer* redecorar, mudar a decoração de. *We're going to **do over** the living-room.* ♦ *We're going to **do** the living-room **over**.* ⇨ Nós vamos redecorar a sala de visitas. **2** *vt Amer* refazer, fazer de novo. *She'll have to **do over** the report. It's full of mistakes.* ♦ *She'll have to **do** the report **over**. It's full of mistakes.* ⇨ Ela terá de refazer o relatório. Está cheio de erros. **3** *vt* roubar, depenar (geralmente na voz passiva). *In this neighborhood some of the houses have been **done over** lately.* ⇨ Nesta vizinhança, algumas casas foram roubadas ultimamente.

dope up *vt+vi* dopar, administrar droga. *The doctor **doped up** Mary with*

dope up with

medication. ♦ *The doctor **doped** Mary **up** with medication.* ⇨ O médico dopou Mary com medicamentos. *He was so **doped up** that he did not recognize me.* ⇨ Ele estava tão dopado que não me reconheceu.

dose up with *vt* administrar uma dose exagerada de medicamento. *The nurse **dosed** him **up with** tranquilizers.* ⇨ A enfermeira administrou-lhe uma dose exagerada de tranquilizante.

double back *vi* retornar, voltar atrás (pelo mesmo caminho). *When nobody was watching, we **doubled back**.* ⇨ Quando ninguém estava olhando, nós voltamos atrás.

double up 1 *vi* dobrar-se ou dobrar o corpo para a frente (ao dar risada ou sentir dor). *The joke was so funny that it made her **double up** with laughter.* ⇨ A piada foi tão engraçada, que ela se dobrou de tanto rir. **2** *vi* dividir um quarto com alguém (por não haver outro lugar disponível). *Since the hotel is full, we'll have to **double up**.* ⇨ Uma vez que o hotel está lotado, nós teremos de dividir um quarto.

do up 1 *vt* reformar, modernizar (especialmente casa ou prédio). *Paul is going to **do up** that old building.* ♦ *Paul is going to **do** that old building **up**.* ⇨ Paul vai reformar aquele prédio antigo. **2** *vt* fixar, prender. *Please **do up** your seat belt.* ♦ *Please **do** your seat belt **up**.* ⇨ Por favor, prenda o cinto de segurança. **3** *vt* embrulhar algo (especialmente presentes). *Thelma always **does up** her gifts in a very nice way.* ♦ *Thelma always **does** her gifts **up** in a very nice way.* ⇨ Thelma sempre embrulha seus presentes de um jeito legal. **4** *refl* produzir-se, embonecar-se. *She doesn't have to **do** herself **up**. We're only going to the supermarket.* ⇨ Ela não precisa se embonecar. Nós só vamos ao supermercado.

doze off *vi pop* cochilar, dormitar. *She **dozes off** in front of the TV every night.* ⇨ Ela cochila na frente da TV todas as noites. *John **dozed off** at the wheel and caused an accident.* ⇨ John cochilou ao volante e provocou um acidente.

drag away *vt pop* tirar, afastar alguém (de uma atividade para fazer algo diferente). *I'll try to **drag** Paul **away** from his studies and then we can all go dancing.* ⇨ Eu tentarei tirar Paul dos seus estudos e então todos nós poderemos sair para dançar.

drag down *vt* deixar para baixo, sentir-se infeliz ou deprimido. *All the conflicts with her former husband and her son's illness have **dragged** Nancy **down**.* ⇨ Todos os conflitos com o ex-marido e a doença do filho deixaram Nancy para baixo. *I felt really **dragged down** by the obligations I had at work.* ⇨ Eu me sentia realmente deprimido com todas as obrigações que tinha no trabalho.

drag in/into 1 *vt+vi* envolver forçosamente alguém ou algo (em uma situação difícil ou desagradável). *It's a terrible scandal. Don't let him **drag** you **in** too.* ⇨ É um escândalo terrível. Não permita que ele o envolva também. ⇨ *I believe they will try to **drag** Helen **into** the scandal.* ⇨ Eu acredito que eles tentarão envolver Helen no escândalo. **2** *vt* mencionar ou incluir alguém ou algo (completamente alheio ou irrelevante, em uma discussão). *Stop **dragging in** her name. She has nothing to do with this.* ♦ *Stop **dragging** her name **in**. She has nothing to do with this.* ⇨ Pare de envolver o nome dela. Ela não tem nada a ver com isso. ⇨ *Every time we have an argument you **drag** my past **into** it.* ⇨ Toda vez que nós temos uma discussão, você menciona coisas irrelevantes do meu passado.

drag into *V* **drag in/into**.

drag on *vi* arrastar-se, continuar de maneira lenta e entediante (algo ruim ou desagradável). *I think the war might*

drag on *for years.* ⇨ Eu acho que a guerra pode se arrastar por anos. *The negotiation **dragged on** for hours. It was really tiresome.* ⇨ A negociação se arrastou por horas. Foi realmente cansativo.

drag out *vt* alongar, encompridar (conversa, discussão, atividade etc.). *I see no point in **dragging out** the debate any further.* ◆ *I see no point in **dragging** the debate **out** any further.* ⇨ Eu não vejo motivo para alongar ainda mais o debate.

drag up *vt* falar sobre coisas desagradáveis do passado. *There is no need to **drag up** Sophia's past errors again.* ◆ *There is no need to **drag** Sophia's past errors **up** again.* ⇨ Eu não vejo necessidade de falar sobre os erros do passado de Sophia novamente.

draw back 1 *vi* recuar, afastar-se, retroceder. *She **drew back** from the door when she heard somebody arriving.* ⇨ Ela afastou-se da porta quando ouviu alguém chegando. **2** *vt* desistir de fazer algo (por temer as consequências). *He has **drawn back** from doing it because of the high costs involved.* ⇨ Ele desistiu de fazê-lo por causa dos altos custos envolvidos.

draw into 1 *vt* envolver-se, tomar parte em (geralmente na voz passiva). *She really doesn't want to be **draw into** that scandal.* ⇨ Ela realmente não quer se envolver naquele escândalo. **2** *vi* chegar em, atingir certo lugar (trem). *The train **drew into** the station a little late.* ⇨ O trem chegou à estação um pouco atrasado.

draw on *vi* aproximar-se, chegar (dia, noite, estação do ano). *As the night **drew on** we built a fire near the tent.* ⇨ Quando a noite chegou, nós fizemos uma fogueira perto da barraca.

draw out 1 *vt* ajudar alguém, que é tímido ou reservado, a sentir-se mais à vontade. *Paul is trying to **draw out** Mary.* ◆ *Paul is trying to **draw** Mary **out**.* ⇨ Paul está tentando ajudar Mary a se sentir mais à vontade. **2** *vt* prolongar ou alongar algo desnecessariamente. *The sales manager **drew out** the meeting for another hour without adding anything new.* ◆ *The sales manager **drew** the meeting **out** for another hour without adding anything new.* ⇨ O gerente de vendas alongou a reunião por mais uma hora, sem acrescentar nada de novo.

draw up 1 *vt* esboçar, redigir algo. *Tom is in his office **drawing up** a contract.* ◆ *Tom is in his office **drawing** a contract **up**.* ⇨ Tom está no escritório redigindo um contrato. **2** *vi* parar (veículos), estacionar. *The car **drew up** in front of the police station and the guys started shooting.* ⇨ O carro parou em frente à delegacia e os caras começaram a atirar. **3** *vt* aproximar ou puxar um móvel (geralmente cadeira ou banquinho) para perto de alguém ou de alguma coisa. *The children were so enthusiastic about the chess game that I **drew up** a chair to watch them playing.* ◆ *The children were so enthusiastic about the chess game that I **drew** a chair **up** to watch them playing.* ⇨ As crianças estavam tão entusiasmadas com o jogo de xadrez, que eu puxei uma cadeira para vê-los jogar.

dream away *vt+vi* devanear, fantasiar. *John, you're **dreaming** your life **away**. You have to get a real job.* ⇨ John, você está fantasiando a sua vida. Você precisa conseguir um emprego de verdade. ⇨ *Paul is a typical dreamer. He **dreams** most of his time **away**.* ⇨ Paul é um sonhador típico. Ele passa quase o tempo todo devaneando.

dream up *vt* conceber ou criar (ideia, plano, roteiro, esquema etc.). *I wish I could **dream up** a script that would please them.* ◆ *I wish I could **dream** a script **up** that would please them.* ⇨ Eu gostaria de poder criar um roteiro que lhes agradasse.

dress up 1 *vt+vi* vestir-se formalmente, arrumar-se todo. *Mrs. Newman **dresses up** her little daughter every Sunday.* ♦ *Mrs. Newman **dresses** her little daughter **up** every Sunday.* ⇨ A Sra. Newman veste a filhinha formalmente todos os domingos. *She always **dresses up** to go to church.* ⇨ Ela sempre se arruma toda para ir à igreja. **2** *vt+vi* fantasiar-se de, vestir-se como. *I'm going to **dress up** Jason as a clown.* ♦ *I'm going to **dress** Jason **up** as a clown.* ⇨ Eu vou fantasiar Jason de palhaço. *She enjoys **dressing up** as her mother.* ⇨ Ela gosta de se vestir como a mãe.

drink up *vt* beber, tomar tudo ou todo. *Please, **drink up** your medicine.* ♦ *Please, **drink** your medicine **up**.* ⇨ Por favor, tome todo o remédio.

drive away 1 *vt* afugentar, afastar. *We **drove away** the mosquitoes with insecticide.* ♦ *We **drove** the mosquitoes **away** with insecticide.* ⇨ Nós afugentamos os mosquitos com inseticida. *Water pollution **drove away** a lot of tourists from our beaches.* ♦ *Water pollution **drove** a lot of tourists **away** from our beaches.* ⇨ A poluição das águas afastou muitos turistas das nossas praias. **2** *vt* deixar de lado, esquecer. *Sylvia **drove away** all her troubles with a trip to Europe.* ♦ *Sylvia **drove** all her troubles **away** with a trip to Europe.* ⇨ Sylvia esqueceu todos os problemas com uma viagem à Europa.

drive off 1 *vt* rechaçar, repelir, expulsar. *The police **drove off** the rioters with tear gas.* ♦ *The police **drove** the rioters **off** with tear gas.* ⇨ A polícia repeliu os baderneiros com gás lacrimogêneo. **2** *vt* expulsar, fazer sair. *Mr. Martin called in the police to **drive off** the squatters from his farm.* ♦ *Mr. Martin called in the police to **drive** the squatters **off** from his farm.* ⇨ O Sr. Martin chamou a polícia para expulsar os invasores sem-terra de sua fazenda.

drive out *vt* expulsar, fazer sair. *They **drove out** the invaders of their lands.* ♦ *They **drove** the invaders of their lands **out**.* ⇨ Eles expulsaram os invasores de suas terras. *We need a medium to **drive out** evil spirits of our home.* ♦ *We need a medium to **drive** evil spirits **out** of our home.* ⇨ Nós precisamos de um médium para afastar os maus espíritos da nossa casa.

drop around/round 1 *vi Brit pop* fazer uma visitinha, dar um pulo na casa de alguém. *I'm going to **drop around/round** sometime, to chat a little bit.* ⇨ Qualquer hora eu vou te fazer uma visitinha, para batermos um papo. **2** *vt pop* entregar algo. *I'll **drop around/round** the parcel on Friday morning.* ♦ *I'll **drop** the parcel **around/round** on Friday morning.* ⇨ Eu entregarei o pacote na sexta de manhã.

drop behind 1 *vt+vi* ficar atrás, ficar para trás, atrasar-se. *Charles **dropped behind** the other kids in the race because his shoes were pinching his feet.* ⇨ Charles ficou atrás das outras crianças na corrida porque os sapatos machucaram seus pés. *Our horse is gradually **dropping behind**.* ⇨ O nosso cavalo está, aos poucos, ficando para trás. **2** *vt+vi* progredir menos, ficar para trás. *They **dropped behind** their competitors, especially in technology.* ⇨ Eles progrediram menos do que os concorrentes, especialmente em tecnologia. *Peter is **dropping behind** in his work.* ⇨ Peter está ficando para trás no seu trabalho.

drop by *vi pop* fazer uma visitinha, dar um pulo na casa de alguém. *On Sunday, we might **drop by** to see the photos.* ⇨ No domingo, é provável que nós daremos um pulo a sua casa para ver as fotos.

drop in 1 *vt pop* entregar, deixar. *I'll **drop** the papers **in** at the office if you wish.* ⇨ Se você quiser, eu entregarei os documentos no escritório. **2** *vi* passar em, ir rapidamente a um lugar. *I have to drop in at a drugstore to get some aspirins.* ⇨ Eu preciso passar em uma farmácia para comprar aspirinas.

drop off 1 *vt* levar, deixar (alguém ou algo) em algum lugar, geralmente de carro. *Tony is going to drop off Helen and Nancy at the post office.* ♦ *Tony is going to drop Helen and Nancy off at the post office.* ⇨ Tony vai levar Helen e Nancy de carro ao correio. **2** *vi* pop pegar no sono, dormir. *Grandma always drops off in front of the TV.* ⇨ A vovó sempre pega no sono na frente da TV. **3** *vi* cair, diminuir (venda, produção, qualidade, número etc.). *Sales have dropped off lately.* ⇨ As vendas caíram ultimamente.

drop out (of) 1 *vt+vi* desistir, não prosseguir (num intento). *Peter dropped out of the contest after the first phase.* ⇨ Peter desistiu do concurso depois da primeira fase. *Kate was going to travel to London with us, but she dropped out because her son got sick.* ⇨ Kate ia viajar a Londres conosco, mas desistiu porque o filho ficou doente. **2** *vt+vi* desistir, abandonar (escola, curso ou disciplina). *She dropped out of college and went back to her hometown.* ⇨ Ela desistiu da faculdade e voltou para sua cidade natal. *There are only twenty students in our group. Eleven dropped out last semester.* ⇨ Há somente vinte alunos no nosso grupo. Onze desistiram no semestre passado. **3** *vi* retirar-se, isolar-se da sociedade, geralmente sem ter atividade profissional. *He dropped out some years ago and lives in a monastery in Nepal.* ⇨ Ele se retirou da sociedade há alguns anos e mora num monastério no Nepal.

drop round *V* **drop around/round.**

dry off *vt+vi+refl* secar(-se), enxugar(-se). *You can use this cloth to dry off the table.* ♦ *You can use this cloth to dry the table off.* ⇨ Você pode usar este pano para enxugar a mesa. *The dog likes to dry off in the sun.* ⇨ O cachorro gosta de se secar ao sol. *You're completely sooked. Dry yourself off with this towel.* ⇨ Você está completamente ensopado. Enxugue-se com esta toalha.

dry out 1 *vt+vi* secar, tornar-se seco. *Low temperatures and low humidity levels dry out my skin.* ♦ *Low temperatures and low humidity levels dry my skin out.* ⇨ As baixas temperaturas e os baixos índices de umidade secam a minha pele. *She's waiting for her wet clothes to dry out.* ⇨ Ela está esperando que suas roupas molhadas sequem. **2** *vi* parar de beber, deixar de ser alcoólatra. *They sent Joe to a special clinic to dry out.* ⇨ Eles internaram Joe numa clínica especializada, para que deixe de beber.

dry up 1 *vt* enxugar a louça. *Tell Louise to dry up the dishes for me.* ♦ *Tell Louise to dry the dishes up for me.* ⇨ Diga a Louise para enxugar a louça para mim. **2** *vi* secar (olho d'água, fonte, riacho, poço etc.). *Because of the long drought, the creek on our farm has dried up.* ⇨ Por causa do longo período de seca, o riacho da nossa fazenda secou. **3** *vi* parar de falar por ter um branco. *The mayor dried up for a few seconds during his speech.* ⇨ Durante a palestra, o prefeito teve um branco e parou de falar por alguns segundos.

duck out of *vi pop* cair fora, tirar o corpo fora (de algo que se espera das pessoas). *He was supposed to direct the school play, but he ducked out of it.* ⇨ Ele deveria dirigir a peça da escola, mas tirou o corpo fora.

dude up *refl Amer pop* produzir-se, embonecar-se. *Sandra told me she's going to dude herself up for the party.* ⇨ Sandra me disse que vai se produzir toda para a festa.

dust down/off 1 *vt+refl* sacudir, bater para limpar (poeira ou sujeira, especialmente da roupa). ***Dust down/off** your coat! You're covered in chalk.* ◆ ***Dust** your coat **down/off**! You're covered in chalk.* ⇨ Sacuda o casaco! Você está coberto de giz. *When Paul realized he was covered in cement, he **dusted** himself **down/off** and went on with his work.* ⇨ Quando Paul percebeu que estava coberto de cimento, sacudiu-se e voltou ao trabalho. **2** *refl pop* dar a volta por cima, recuperar-se de um problema ou de uma experiência negativa. *After a short period of depression for having lost his job and wife, James **dusted** hismself **down/off** and is back to a normal life.* ⇨ Depois de um curto período de depressão, por ter perdido o emprego e a esposa, James deu a volta por cima e voltou à vida normal.

dust off *V* **dust down/off.**

e

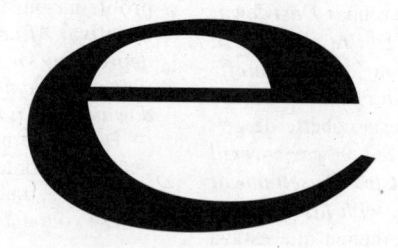

ease off 1 *vi* tornar-se menos intenso. *Because of the rain the traffic only eases off after eight.* ⇨ Por causa da chuva, o tráfego só se torna menos intenso depois das oito. **2** *vi* trabalhar menos. *I've been working hard for months. It's time to ease off a little.* ⇨ Eu tenho trabalhado duro há meses. Está na hora de trabalhar um pouco menos. **3** *vi* aliviar, tornar-se menos severa (dor). *After taking the medicine the pain eased off.* ⇨ Depois de tomar o remédio, a dor aliviou.

ease up (on) *vt+vi* tratar alguém com menos rigor; maneirar. *The teacher should ease up on the kids. She's very severe.* ⇨ A professora deveria tratar as crianças com menos rigor. Ela é muito severa. *Can't you ease up a little? You've been complaining for hours.* ⇨ Você poderia maneirar um pouco? Você está reclamando há horas.

eat away *vt* corroer ou destruir (algo) aos poucos. *Termites have eaten away the legs of the piano.* ◆ *Termites have eaten the legs of the piano away.* ⇨ Os cupins destruíram os pés do piano aos poucos.

eat away at 1 *vt* consumir ou corroer (alguém). *Paula's guilty feelings eat away at her insides.* ⇨ Os sentimentos de culpa de Paula a corroem por dentro. **2** *vt* destruir (algo) aos poucos. *The sea has been eating away at the coast for years.* ⇨ Há anos que o mar está destruindo a costa aos poucos.

eat into 1 *vt* consumir, acabar com (tempo, energia, economias, recursos etc.). *The lawyer's bill ate into my savings.* ⇨ A conta do advogado acabou com minhas economias. **2** *vt* corroer ou destruir (a superfície de algo). *The acid has eaten into the metal.* ⇨ O ácido destruiu a superfície do metal.

eat out 1 *vi* comer fora, almoçar ou jantar num restaurante. *We're going to eat out tonight.* ⇨ Nós vamos comer fora hoje à noite. **2** *vt Amer gír* comer o rabo de (alguém), repreender (alguém) severamente. *Mr. Fields eats out all his employees, so don't worry about it.* ◆ *Mr. Fields eats all his employees out, so don't worry about it.* ⇨ O Sr. Fields come o rabo de todos os empregados, portanto não se preocupe com isso.

eat up 1 *vt* comer tudo, comer toda a comida que foi servida. *You're not going anywhere until you have eaten up your meal.* ◆ *You're not going anywhere until you have eaten your meal up.* ⇨ Você não vai a lugar nenhum até que termine toda a refeição. **2** *vt pop* comer, consumir. *Betting at the racetrack is eating up most of John's salary every month.* ◆ *Betting at the racetrack is eating most of John's salary up every month.* ⇨ Apostar nas corridas de cavalo está comendo a maior parte do salário de John todos os meses.

ebb away *vi* enfraquecer ou desaparecer aos poucos. *Because of the illness, Paul's vitality is **ebbing away**.* ⇨ Por causa da doença, a vitalidade de Paul está desaparecendo aos poucos.

edit out *vt* cortar algo (escrito, gravado ou filmado) antes de editar. *I think we should **edit out** this paragraph.* ♦ *I think we should **edit** this paragraph **out**.* ⇨ Eu acho que deveríamos cortar este parágrafo. *He always **edits out** scenes of graphic violence.* ♦ *He always **edits** scenes of graphic violence **out**.* ⇨ Ele sempre corta as cenas de violência explícita.

egg on *vt* encorajar ou instigar alguém a fazer algo, geralmente ilegal ou perigoso. *The boys **egged on** Frank to drink more than ten shots of tequila.* ♦ *The boys **egged** Frank **on** to drink more than ten shots of tequila.* ⇨ Os rapazes encorajaram Frank a beber mais de dez doses de tequila. ***Egged on** by his friends, Bill robbed the poor guy.* ⇨ Instigado pelos amigos, Bill roubou o pobre rapaz.

embark on/upon *vt* dar início a algo, começar (especialmente coisas novas e importantes). *The government has **embarked on/upon** a new program of political reform.* ⇨ O governo deu início a um novo programa de reforma política.

embark upon *V* **embark on/upon.**

empty out *vt+vi* esvaziar, tornar vazio, ficar vazio. *The boy suspected of stealing the money **emptied out** his pockets, but nothing was found.* ♦ *The boy suspected of stealing the money **emptied** his pockets **out**, but nothing was found.* ⇨ O garoto, suspeito de roubar o dinheiro, esvaziou os bolsos, mas nada foi encontrado. *Most of the cottages **empty out** when winter comes.* ⇨ A maioria dos chalés fica vazia quando chega o inverno.

end in *vt* acabar em (geralmente um desfecho ruim). *Their marriage will sooner or later **end in** divorce.* ⇨ Mais cedo ou mais tarde, o casamento deles acabará em divórcio.

end up *vi* acabar, ir parar em. *The way Helen behaves, she'll probably **end up** pregnant.* ⇨ Do jeito que Helen se comporta, ela provavelmente acabará grávida. *I took the wrong road and **ended up** in Chicago.* ⇨ Eu peguei a estrada errada e fui parar em Chicago.

even out *vt* distribuir ou dividir algo (trabalho, responsabilidade, pagamento etc.) igualmente (entre pessoas ou num período). *We're going to **even out** the responsibility among you all.* ♦ *We're going to **even** the responsibility **out** among you all.* ⇨ Nós vamos distribuir a responsabilidade entre todos vocês. *The creditor **evened out** over the debt twelve months.* ♦ *The creditor **evened** the debt **out** over twelve months.* ⇨ O credor dividiu o débito em doze meses.

even up *vt* ajustar contas com, haver-se com. *I'll **even up** with him as soon as possible.* ⇨ Eu ajustarei contas com ele assim que possível.

explain away *vt* justificar, de modo convincente, uma ação ou algo considerado ruim. *I'm anxious to see how he will **explain away** the theft.* ♦ *I'm anxious to see how he will **explain** the theft **away**.* ⇨ Eu estou ansioso para ver como ele irá justificar o roubo de modo convincente.

eye up 1 *vt Brit pop* paquerar, olhar com interesse amoroso. *Robert has been **eyeing up** Mary for a long time.* ♦ *Robert has been **eyeing** Mary **up** for a long time.* ⇨ Robert está paquerando Mary há bastante tempo. **2** *vt Brit pop* olhar com desejo (para algo). *I saw the children **eyeing up** the strawberry pie.* ♦ *I saw the children **eyeing** the strawberry pie **up**.* ⇨ Eu vi as crianças olhando para a torta de morango com desejo.

f

face off *vi* discutir, brigar. *Peter and Paul faced off in the classroom and were suspended.* ⇨ Peter e Paul brigaram na sala de aula e foram suspensos.

face on to *vt* dar para, ter vista para (posição). *My bedroom faces on to a small square.* ⇨ Meu quarto dá para uma pracinha.

face up to 1 *vt* encarar ou admitir algo. *She should face up to the fact that she's not qualified for the position.* ⇨ Ela deveria encarar o fato de que não é qualificada para o cargo. **2** *vt* enfrentar ou encarar algo. *He faces up to adversity bravely.* ⇨ Ele enfrenta a adversidade corajosamente.

fade away 1 *vi* ficar fraco gradualmente, até tornar-se inaudível ou parar (som). *That strange noise finally faded away.* ⇨ Finalmente, aquele ruído estranho parou. **2** *vi* definhar até a morte. *My grandma was taken to hospital and faded away within five days.* ⇨ Minha avó foi levada ao hospital e definhou até a morte em cinco dias.

fade out *vt+vi* diminuir gradualmente até sumir (som ou imagem de gravação ou filme). *I'll fade out the music when Mary appears on stage.* • *I'll fade the music out when Mary appears on stage.* ⇨ Eu diminuirei a música, gradualmente, quando Mary aparecer no palco. *At the end of the movie, the image of the hero fades out as he leaves the castle.* ⇨ No final do filme, a imagem do herói diminui gradualmente, até sumir, quando ele sai do castelo.

fake out *vt Amer* enganar, ludibriar (alguém). *She faked out everyone with a pack of lies.* • *She faked everyone out with a pack of lies.* ⇨ Ela enganou a todos com um monte de mentiras.

fall apart 1 *vi* desmanchar-se, despedaçar-se. *Would you look at his car. It's falling apart.* ⇨ Dê uma olhada no carro dele. Ele está se desmanchando. **2** *vi* arrasar-se, ficar arrasado. *My mother simply fell apart after my father's death.* ⇨ Minha mãe ficou simplesmente arrasada com a morte do meu pai. **3** *vi* desmoronar, ruir (império, organização, sistema). *They don't realize the organization is falling apart.* ⇨ Eles não percebem que a organização está desmoronando. **4** *vi* fracassar, acabar (relacionamento). *Their marriage fell apart because she found out her husband was unfaithful.* ⇨ O casamento deles fracassou porque ela descobriu que o marido era infiel.

fall away 1 *vi* cair, desprender-se. *Since the house is very old, the plaster is falling away in some rooms.* ⇨ Como a casa é muito velha, o gesso está caindo em alguns quartos. **2** *vi* desaparecer, sumir. *After a few days his insecurity fell away and he is* *comfortable now.* ⇨ Depois de alguns dias, sua insegurança desapareceu, e ele se sente à vontade agora. **3** *vi Brit* diminuir, cair. *Our profit has **fallen away** lately.* ⇨ O nosso lucro tem diminuído ultimamente.

fall back *vi* recuar, bater em retirada. *When the police came to control the riot, the crowd **fell back** in fear.* ⇨ Quando a polícia chegou para controlar o tumulto, a multidão recuou de medo. *Our troops **fell back** in confusion, surprised by the enemy's offensive.* ⇨ Nossas tropas bateram em retirada de forma confusa, surpresas pela ofensiva do inimigo.

fall back on/upon *vi* recorrer a. *If I need money I can always **fall back on/upon** my parents.* ⇨ Se eu precisar de dinheiro, sempre posso recorrer aos meus pais.

fall back upon *V* **fall back on/upon**.

fall behind 1 *vt+vi* perder terreno, ficar para trás. *Our company has **fallen behind** our competitors because we're still using old machines.* ⇨ Nossa empresa perdeu terreno em relação aos concorrentes porque ainda usamos máquinas antigas. *The children tried to follow the adults, but they **fell behind**.* ⇨ As crianças tentaram acompanhar os adultos, mas ficaram para trás. **2** *vi* ficar em desvantagem no placar. *Tony managed to beat his opponent after **falling behind** in the first set.* ⇨ Tony conseguiu vencer seu adversário, depois de ficar em desvantagem no placar no primeiro *set*.

fall down 1 *vi* cair; desmoronar. *Susan **fell down** on the street and broke her right foot.* ⇨ Susan caiu na rua e quebrou o pé direito. *The building **fell down** during the earthquake.* ⇨ O prédio desmoronou durante o terremoto. **2** *vi* falhar, fracassar. *The measures to control inflation will certainly **fall down** if there is another devaluation.* ⇨ As medidas para controlar a inflação certamente fracassarão se houver outra desvalorização.

fall for 1 *vt pop* ficar caidinho; sentir-se fascinado por alguém ou algo. *Norma **fell for** Brad the first time she saw him.* ⇨ Norma ficou caidinha por Brad na primeira vez em que o viu. *I **fell for** opera when I was a student in Milan.* ⇨ Eu me senti fascinado por ópera quando era estudante em Milão. **2** *vt* cair como um patinho, deixar-se enganar. *I told her I slept at a friend's house and she **fell for** it.* ⇨ Eu disse a ela que dormi na casa de um amigo, e ela caiu como uma patinha.

fall in 1 *vi* ruir, desabar (telhado ou teto). *The roof of the church is about to **fall in**.* ⇨ O telhado da igreja está prestes a desabar. **2** *vi* enfileirar-se, entrar em forma. *As the captain told the soldiers to march, they **fell in**.* ⇨ Assim que o capitão mandou os soldados marcharem, eles entraram em forma.

fall into 1 *vt* adquirir um hábito ou costume. *I **fell into** the habit of taking a nap after lunch a long time ago.* ⇨ Eu adquiri o hábito de tirar uma soneca depois do almoço há muito tempo. **2** *vt* entrar em algo (conversa, debate etc.). *Peter **fell into** the conversation just to clarify things.* ⇨ Peter entrou na conversa apenas para esclarecer as coisas. **3** *vt* dividir-se em (partes, fases ou períodos). *Picasso's work **falls into** three distinct phases.* ⇨ O trabalho de Picasso se divide em três fases distintas. **4** *vi* cair acidentalmente. *Charles slipped and **fell into** the river.* ⇨ Charles escorregou e caiu no rio. **5** *vt* entrar ou cair num estado (condições físicas). *Right after the accident, he **fell into** a coma.* ⇨ Logo depois do acidente, ele entrou em coma. *With this injection, he will **fall into** a deep sleep.* ⇨ Com esta injeção, ele cairá num sono profundo.

fall in with 1 *vi pop* ficar ou tornar-se amigo de alguém. *I **fell in with** Paul at work right away.* ⇨ Eu fiquei amigo de Paul no trabalho, quase de imediato. **2** *vt* concordar, aceitar (plano, ideia, projeto etc.). *We **fell in with** his project because it saves time and money.* ⇨ Nós concordamos com o projeto dele porque economiza tempo e dinheiro.

fall off 1 *vi* diminuir, cair. *The number of students in our school **fell off** drastically.* ⇨ Na nossa escola, o número de alunos diminuiu drasticamente. **2** *vi* piorar, cair de qualidade ou padrão. *We stopped eating at that Hungarian restaurant because the quality has **fallen off** recently.* ⇨ Nós deixamos de comer naquele restaurante húngaro, porque a qualidade caiu recentemente.

fall on *vt* cair em (dia da semana). *Next year your birthday **falls on** a Saturday.* ⇨ No ano que vem, o seu aniversário cai num sábado.

fall on/upon 1 *vt* recair sobre (tarefa ou responsabilidade). *The responsibility to buy all the things we need **fell on/upon** James.* ⇨ A responsabilidade de comprar todas as coisas de que precisamos recaiu sobre James. **2** *vt* atacar, investir contra. *He furiously **fell on/upon** Bob with a knife.* ⇨ Furiosamente, ele atacou Bob com uma faca. **3** *vt* lançar-se sobre (alimento), começar a comer avidamente. *The poor boys **fell on/upon** the meal as if they had not eaten for a long time.* ⇨ Os pobres meninos lançaram-se sobre a refeição como se não tivessem comido havia muito tempo.

fall out 1 *vt+vi* brigar ou desentender-se e romper relações. *Elizabeth left home after **falling out** with her mother.* ⇨ Elizabeth saiu de casa depois de brigar e romper relações com a mãe. *Someone told me that Peter and Mary **fell out** recently.* ⇨ Alguém me disse que Peter e Mary se desentenderam e romperam relações recentemente. **2** *vi* cair (cabelo ou dente). *Lilly was six when her first milk tooth **fell out**.* ⇨ Lilly tinha seis anos quando o seu primeiro dente de leite caiu. *My hair began to **fall out** some years ago.* ⇨ Meu cabelo começou a cair há alguns anos.

fall over 1 *vi* cair no chão. *Suddenly Linda missed her footing and **fell over**.* ⇨ De repente, Linda virou o pé e caiu no chão. **2** *vi* cair ou pender para o lado. *Listen, if you build the sand castle too high it will certainly **fall over**.* ⇨ Vejam, se vocês fizerem o castelo de areia muito alto, certamente ele vai pender para o lado.

fall through *vi* fracassar, vir abaixo (plano, projeto, acordo etc.). *My plan to buy a new home **fell through** because of the high interest rates.* ⇨ O meu plano de comprar uma casa nova veio abaixo por causa das altas taxas de juro.

fall under 1 *vt* classificar-se; distribuir em categorias ou grupos. *Those movies **fall under** "war movies".* ⇨ Aqueles filmes são classificados como "filmes de guerra". **2** *vt* ficar sob o controle, domínio ou influência de. *At the end of the Korean war, the northern part of the country **fell under** communist control.* ⇨ Com o fim da guerra na Coreia, o norte do país ficou sob o domínio dos comunistas.

fall upon *V* **fall on/upon.**

fancy up *vt Amer pop* decorar ou enfeitar algo. *The children are going to **fancy up** the garage for the party.* ♦ *The children are going to **fancy** the garage **up** for the party.* ⇨ As crianças vão decorar a garagem para a festa.

fart about/around *vi vulg* coçar o saco, perder tempo sem fazer algo útil. *Instead of **farting about/around** all day, he should help his father.* ⇨ Em vez de ficar coçando o saco o dia todo, ele deveria ajudar o pai.

fart around *V* **fart about/around.**

fasten on to *vt pop* grudar em alguém, pegar no pé de alguém. *Doris **fastens on to** people and keeps asking them* *a lot of questions.* ⇨ Doris gruda nas pessoas e fica fazendo um monte de perguntas.

fasten up *vt Brit* fechar ou abotoar algo (casaco, jaqueta, parca etc.). *It's really cold. **Fasten up** your coat.* ♦ *It's really cold. **Fasten** your coat **up**.* ⇨ Está realmente frio. Feche o casaco.

fatten up *vt* engordar, tornar gordo (animal). *I'm **fattening up** the pigs to sell them in the market.* ♦ *I'm **fattening** the pigs **up** to sell them in the market.* ⇨ Eu estou engordando os porcos para vendê-los no mercado.

feed off *vt* alimentar-se de. *Felines, except domestic cats, **feed off** animal flesh.* ⇨ Os felinos, com exceção dos gatos domésticos, se alimentam de carne de animais. *Tabloids **feed off** any kind of scandal.* ⇨ Os tabloides se alimentam de todo tipo de escândalo.

feed on *vt* alimentar com. *I can't afford **feeding** my children **on** meat every day.* ⇨ Eu não tenho recursos para alimentar meus filhos com carne todo dia.

feed up *vt Brit* alimentar muito bem (pessoas ou animais doentes ou convalescentes). *You should **feed up** the baby because he is extremely weak.* ♦ *You should **feed** the baby **up** because he is extremely weak.* ⇨ Você deveria alimentar o bebê muito bem, pois ele está extremamente fraco.

feel for *vt* tornar-se solidário com, solidarizar-se com. *I **feel for** Paul in such a difficult situation.* ⇨ Eu me solidarizo com Paul numa situação tão difícil.

feel up *vt pop* bolinar (sem permissão). *That tall man usually **feels up** girls on the bus.* ♦ *That tall man usually **feels** girls **up** on the bus.* ⇨ Aquele homem alto geralmente bolina as garotas no ônibus.

fence in 1 *vt* cercar, isolar com cerca. *We decided to **fence in** the garden to protect the flowers.* ♦ *We decided to **fence** the garden **in** to protect the flowers.* ⇨ Decidimos cercar o jardim para proteger as flores. 2 *vt* confinar, encerrar (geralmente na voz passiva). *Now the animals are **fenced in** at night.* ⇨ Agora os animais ficam confinados à noite.

ferret out *vt* encontrar, descobrir (depois de procurar cuidadosamente). *Mary **ferreted out** my address and wrote me a letter.* ♦ *Mary **ferreted** my address **out** and wrote me a letter.* ⇨ Mary descobriu meu endereço e me escreveu uma carta.

fight back 1 *vt+vi* defender-se, responder a um ataque de alguém. *He **fought back** the robbers bravely.* ⇨ Ele se defendeu dos assaltantes corajosamente. *Charles **fought back** and managed to escape from the mugger.* ⇨ Charles se defendeu e conseguiu escapar do assaltante. 2 *vt* conter, controlar (emoções). *Alice **fought back** her anger and didn't say anything.* ♦ *Alice **fought** her anger **back** and didn't say anything.* ⇨ Alice conteve a raiva e não disse nada.

fight it out 1 *vt* lutar ou combater até o fim. *The soldiers **fought it out** with the enemy.* ⇨ Os soldados lutaram contra os inimigos até o fim. 2 *vt* resolver, decidir. *Never interfere in a conjugal conflict. Let husband and wife **fight it out** between themselves.* ⇨ Nunca interfira num conflito conjugal. Deixe o marido e a mulher resolverem a questão entre si.

fight off 1 *vt* repelir, rechaçar (inimigos). *The farmers had to **fight off** several indian attacks last year.* ♦ *The farmers had to **fight** several indian attacks **off** last year.* ⇨ Os fazendeiros tiveram de repelir vários ataques de índios no ano passado. 2 *vt* lutar contra (geralmente doença). *She has been **fighting off** a serious illness for years.* ♦ *She has been **fighting** a serious illness **off** for*

figure on *years.* ⇨ Ela tem lutado contra uma doença séria há anos.

figure on *vt Amer* contar com, esperar. *We figure on about ten people to help in the campaign.* ⇨ Nós contamos com mais ou menos dez pessoas para ajudar na campanha. *People didn't figure on a flood at this time of year.* ⇨ As pessoas não esperavam uma enchente nessa época do ano.

figure out 1 *vt* calcular, estimar. *We still have to figure out the trip expenses.* ⇨ Nós ainda precisamos calcular as despesas de viagem. **2** *vt* imaginar, conceber na imaginação. *I can't figure out a solution to the problem.* ⇨ Eu não consigo imaginar uma solução para o problema.

file away *vt* arquivar, colocar no arquivo. *Please file away this correspondence.* ◆ *Please file this correspondence away.* ⇨ Por favor, arquive esta correspondência.

fill in 1 (também **fill out** e **fill up**) *vt* preencher, escrever em, completando os claros (ficha, formulário, questionário). *Please fill in this questionnaire and give it back to Helen.* ◆ *Please fill this questionnaire in and give it back to Helen.* ⇨ Por favor, preencha este questionário e devolva-o a Helen. **2** *vt* cobrir, tapar. *Tell Paul to fill in all the cracks in the wall with plaster.* ◆ *Tell Paul to fill all the cracks in the wall in with plaster.* ⇨ Diga a Paul para tapar todas as trincas da parede com massa.

fill out *V* fill in, 1.

fill up 1 *vt* tornar cheio ou repleto (com líquido). *Let's stop at the next gas station to fill up the tank.* ◆ *Let's stop at the next gas station to fill the tank up.* ⇨ Vamos parar no próximo posto de gasolina para encher o tanque. **2** *vi* ficar cheio ou repleto (de pessoas). *We'd better go now. The pizza house usually fills up after nine.* ⇨ É melhor irmos agora. A pizzaria normalmente fica cheia depois das nove. **3** *vt* encher (o estômago), fartar. *Pasta and bread fill up people.* ◆ *Pasta and bread fill people up.* ⇨ Massa e pão enchem o estômago das pessoas. **4** *V* fill in, 1.

filter out 1 *vt* filtrar, eliminar por filtragem. *That device filters out any sort of impurity in the rum.* ◆ *That device filters any sort of impurity out in the rum.* ⇨ Aquele dispositivo elimina, por filtragem, qualquer tipo de impureza do rum. **2** *vt* eliminar, descartar. *The first phase of the test filters out those who are not qualified.* ◆ *The first phase of the test filters those who are not qualified out.* ⇨ A primeira fase do teste elimina aqueles que não são qualificados.

find out *vt+vi* descobrir, ficar sabendo. *They found out the whole truth.* ◆ *They found the whole truth out.* ⇨ Eles descobriram toda a verdade. *Learning Arabic is not easy, you'll soon find out.* ⇨ Você logo descobrirá que aprender árabe não é fácil.

finish off 1 *vt* concluir, terminar. *I'm going to finish off this report before going out for lunch.* ◆ *I'm going to finish this report off before going out for lunch.* ⇨ Eu vou concluir este relatório antes de sair para o almoço. **2** *vt* acabar com (comida ou bebida). *Let's finish off the salad and eat the main course.* ◆ *Let's finish the salad off and eat the main course.* ⇨ Vamos acabar com a salada e comer o prato principal. **3** *vt* matar, acabar com (especialmente pessoa ou animal já ferido). *They finished off the prisoner without mercy.* ◆ *They finished the prisoner off without mercy.* ⇨ Eles mataram o prisioneiro ferido sem compaixão. **4** *vt* exaurir, esgotar completamente. *The last round of the fight finished off John.* ◆ *The last round of the fight finished John off.* ⇨ O último *round* da luta esgotou John completamente.

finish up 1 *vt Brit* ir parar em, terminar com. *If he keeps dealing with drugs, he'll finish up in jail.* ⇨ Se ele continuar lidando com drogas, irá parar na cadeia. *We got lost and finished up in a lovely village near Florence.* ⇨ Nós nos perdemos e fomos parar num vilarejo adorável perto de Florença. **2** *vt* terminar ou acabar (de beber ou comer) tudo. *Finish up your lunch and then you can play with your friends.* ◆ *Finish your lunch up and then you can play with your friends.* ⇨ Termine todo o seu almoço e então você poderá brincar com os seus amigos.

fire off *vt* disparar, desfechar (arma de fogo). *They invaded the building and started firing off shots into the air.* ◆ *They invaded the building and started firing shots off into the air.* ⇨ Eles invadiram o prédio e começaram a disparar tiros para o ar.

fire up 1 *vt* enfurecer, causar fúria a. *The violence of the policemen fired up the crowd.* ◆ *The violence of the policemen fired the crowd up.* ⇨ A violência dos policiais enfureceu a multidão. **2** *vt Amer* acender, levar fogo a. *Could you please fire up my cigarette?* ◆ *Could you please fire my cigarette up?* ⇨ Por favor, você poderia acender o meu cigarro? *Tell Paul to fire up the barbecue.* ◆ *Tell Paul to fire the barbecue up.* ⇨ Diga a Paul para acender a churrasqueira.

fish for *vt pop* tentar obter, tentar descolar (informação, resposta, convite etc.) (não é usado na voz passiva). *The police are fishing for information about the suspects.* ⇨ A polícia está tentando obter informações a respeito dos suspeitos. *She was desperately fishing for an invitation to the Oscar ceremony.* ⇨ Ela estava tentando descolar desesperadamente um convite para a festa do Oscar.

fish out 1 *vt pop* tirar ou retirar (alguém ou algo) da água. *The firefighters went to the lake and fished out the bodies.* ◆ *The firefighters went to the lake and fished the bodies out.* ⇨ Os bombeiros foram ao lago e retiraram os corpos. **2** *vt pop* tirar ou retirar algo de algum lugar (bolso, bolsa, saco, sacola etc.). *She put her hand into a shopping bag and fished out a present for me.* ◆ *She put her hand into a shopping bag and fished a present out for me.* ⇨ Ela enfiou a mão na sacola de compras e tirou um presente para mim.

fit in 1 *vt* combinar, harmonizar-se. *That armchair doesn't really fit in with the decoration of the living room.* ⇨ Aquela cadeira de braço realmente não combina com a decoração da sala de visitas. **2** *vt* encaixar, colocar entre outras pessoas. *I'll see if I can fit in Mrs. Morgan on Monday.* ⇨ Eu vou ver se consigo encaixar a Sra. Morgan na segunda-feira. **3** *vi* adaptar-se, ajustar-se. *When I was at law school I couldn't really fit in.* ⇨ Quando eu estava na faculdade de Direito, eu realmente não consegui me adaptar. **4** *vi* sentir-se bem, sentir-se à vontade. *My stay in France was okay, but I really didn't fit in.* ⇨ A minha estada na França foi o.k., mas não me senti bem. **5** *vt+vi* pôr, encaixar. *I can't fit the VCR in such a small place.* ⇨ Eu não consigo pôr o videocassete num espaço tão pequeno.

fit out *vt* equipar ou fornecer algo (especialmente para soldados e embarcações). *We're going to fit out our boat for the new expedition.* ◆ *We're going to fit our boat out for the new expedition.* ⇨ Nós vamos equipar nosso barco para a nova expedição. *They're going to fit out the soldiers in combat uniforms.* ◆ *They're going to fit the soldiers out in combat uniforms.* ⇨ Eles vão fornecer uniformes de combate aos soldados.

fit up 1 *vt Brit* instalar, montar. *I'm going to fit up that old shelf in the garage.* ◆ *I'm going to fit that old shelf up in the garage.* ⇨ Eu vou montar aquela estante velha na garagem. **2** *vt Brit pop* forjar ou plantar provas (contra alguém inocente). *Helen is sure they are trying to **fit up** her husband on a false theft charge.* ◆ *Helen is sure they are trying to **fit** her husband **up** on a false theft charge.* ⇨ Helen tem certeza de que eles estão tentando forjar provas contra o seu marido numa falsa acusação de roubo.

fix on *vt* escolher, decidir-se por (alguém ou algo). *Have you **fixed on** a date for the wedding yet?* ⇨ Vocês já escolheram a data do casamento? *Alice hasn't **fixed on** the people for the project yet.* ⇨ Alice ainda não se decidiu pelas pessoas para trabalhar no projeto.

fix up 1 *vt* reformar ou adaptar (imóvel ou parte dele para um fim específico). *Mr. Newman is **fixing up** an old house to be used as a rest-home.* ◆ *Mr. Newman is **fixing** an old house **up** to be used as a rest-home.* ⇨ O Sr. Newman está adaptando uma casa velha para ser usada como casa de repouso. **2** *vt* marcar, determinar algo (reunião, almoço, viagem etc.). *Mr. Clinton would like to **fix up** a meeting with all the managers.* ◆ *Mr. Clinton would like to **fix** a meeting **up** with all the managers.* ⇨ O Sr. Clinton gostaria de marcar uma reunião com todos os gerentes. **3** *vt Amer* resolver, solucionar (problema ou questão). *Have you **fixed up** that problem with your builder yet?* ◆ *Have you **fixed** that problem with your builder **up** yet?* ⇨ Você já resolveu aquele problema com o seu construtor? **4** *vt* alojar, acomodar. *I can **fix** you **up** with the sofa for the night if you'd like to stay.* ⇨ Caso você queira ficar, eu posso acomodá-lo no sofá, por esta noite. **5** *refl Amer pop* arrumar-se, ajeitar-se. *Alice put on a new dress and **fixed** herself **up** to go out.* ⇨ Alice pôs um vestido novo e se arrumou para sair.

flake out *vi pop* cair no sono (por exaustão), desmaiar de cansaço. *I was so exhausted that I **flaked out** in church.* ⇨ Eu estava tão exausto, que desmaiei de cansaço na igreja.

flare up 1 *vi* enfurecer-se, tornar-se colérico. *He was about to **flare up** and tell Helen to mind her own business.* ⇨ Ele estava prestes a se enfurecer e mandar Helen se preocupar com sua própria vida. **2** *vi* voltar, repetir-se (doença). *If your headache **flares up** again, you must see a doctor.* ⇨ Se a dor de cabeça se repetir, você precisa ir ao médico.

flash back *vt* trazer à memória (algo do passado). *My thoughts **flashed back** to the day I first saw her.* ⇨ Meus pensamentos me trouxeram à memória o dia em que a vi pela primeira vez.

flick through 1 *vt* folhear, ler apressadamente. *He spent the whole day **flicking through** some magazines.* ⇨ Ele passou o dia todo folheando revistas. **2** *vt* trocar rapidamente de canal (TV) ou de estação (rádio). *I have been **flicking through** the channels, but there's nothing interesting to watch.* ⇨ Eu estou mudando rapidamente de um canal para outro, mas não há nada interessante para ver.

flip off *vt Amer gír* mostrar ou dar o dedo, fazer um sinal obsceno com o dedo médio. *Peter became furious and **flipped off** the guy.* ◆ *Peter became furious and **flipped** the guy **off**.* ⇨ Peter ficou furioso e mostrou o dedo médio para o sujeito.

flood in/into *vt+vi* chegar em grande quantidade (pessoas ou coisas). *More and more people **flooded in/into** Salt Lake City for the Winter Olympics.* ⇨ Mais e mais pessoas chegavam a Salt Lake City para as Olimpíadas de Inverno. *Donations have been **flooding in** since our appeal on TV.* ⇨ As doações têm chegado em grande quantidade depois do nosso apelo pela TV.

flood into *V* **flood in/into.**

flood out *vt* desabrigar, forçar as pessoas a abandonarem suas casas (por causa de inundações). *That rain that had been pouring down for days flooded out hundreds of families.* ◆ *That rain that had been pouring down for days flooded hundreds of families out.* ⇨ Aquela chuva que caiu durante dias desabrigou centenas de famílias.

fluff up *vt* tufar, aumentar o volume de. *The macaw fluffed up its feathers and gave me a peck.* ◆ *The macaw fluffed its feathers up and gave me a peck.* ⇨ A arara tufou as penas e me deu uma bicada. *I'm going to make the beds and fluff up the pillows.* ◆ *I'm going to make the beds and fluff the pillows up.* ⇨ Eu vou arrumar as camas e tufar os travesseiros.

flunk out *vi Amer pop* ser desligado de uma escola (por apresentar baixo rendimento). *Tony is going to flunk out if he doesn't study harder.* ⇨ Tony vai ser desligado da escola se não estudar muito.

flush out *vt* desentocar, tirar da toca ou cova. *The kids flushed out the squirrel from its hole.* ◆ *The kids flushed the squirrel out from its hole.* ⇨ As crianças tiraram o esquilo da toca.

fly about/around *vi* correr, espalhar-se (boato, fofoca, acusação etc.). *There's a serious accusation about John flying about/around the company.* ⇨ Há uma acusação séria contra John se espalhando pela empresa.

fly around *V* fly about/around.

fly at *vt* avançar em ou contra, atacar (alguém). *He lost control of himself and flew at the boys.* ⇨ Ele perdeu o controle e avançou nos garotos.

fly into *vt* ter um acesso ou ímpeto (geralmente de raiva ou pânico). *Susan flew into a rage and began breaking everything.* ⇨ Susan teve um acesso de raiva e começou a quebrar tudo.

focus on/upon 1 *vt* concentrar(-se), dar mais atenção a. *Jane stopped working in order to focus on/upon her doctorate.* ⇨ Jane deixou de trabalhar a fim de se concentrar no seu doutorado. **2** *vt* focalizar, pôr em foco. *I'm going to focus the camera on/upon the children now.* ⇨ Eu vou focalizar a câmera nas crianças agora.

focus upon *V* focus on/upon.

fold in/into *vt Cul* misturar algo a outros ingredientes. *The recipe says to fold in the whipped cream and serve immediately.* ◆ *The recipe says to fold the whipped cream in and serve immediately.* ⇨ A receita diz para misturar o creme *chantilly* aos outros ingredientes e servir imediatamente. *Now I'm going to fold the beaten eggs into the dough.* ⇨ Agora eu vou misturar os ovos batidos na massa.

fold into *V* fold in/into.

fold up *vt* dobrar algo para torná-lo menor ou portátil. *Please fold up the garden chairs and place them in the garage.* ◆ *Please fold the garden chairs up and place them in the garage.* ⇨ Por favor, dobre as cadeiras do jardim e coloque-as na garagem.

follow out 1 *vt* executar, levar a cabo (ordem ou pedido). *I'm sure they will follow out your orders.* ⇨ Tenho certeza de que eles executarão suas ordens. **2** *vt* seguir, observar (instruções). *If you follow out my instructions you won't miss the exit to Miami.* ⇨ Se você seguir as minhas instruções, você não errará a saída para Miami.

follow up 1 *vt* explorar, desenvolver. *Don't rest on your laurels. Follow up your success and start looking for new projects.* ◆ *Don't rest on your laurels. Follow your success up and start looking for new projects.* ⇨ Não se acomode com as vitórias. Explore o seu sucesso e comece a procurar novos projetos. **2** *vt* descobrir ou investigar

| **fool around (with)** | 54 | **frighten away/off** |

mais sobre algo. *The public defender decided to **follow up** those leads in the fraud case.* ◆ *The public defender decided to **follow** those leads **up** in the fraud case.* ⇨ O defensor público decidiu investigar mais aquelas pistas do processo de fraude.

fool around (with) **1** *vt+vi* brincar ou lidar de forma irresponsável com algo. *I told you before that children should never **fool around with** matches.* ⇨ Eu já lhe disse antes que crianças não devem brincar com fósforos. *Why don't you stop **fooling around** and get to work?* ⇨ Por que você não para de brincar e começa a trabalhar? **2** *vi* ficar vagabundeando, ficar sem fazer nada. *On summer vacations the children simply **fool around** at the country club.* ⇨ Nas férias de verão, as crianças simplesmente ficam vagabundeando pelo clube. **3** *vt+vi* transar, manter relações sexuais. *Everybody in town knows that Sheila **fools around with** a married man.* ⇨ A cidade inteira sabe que Sheila transa com um homem casado. *We were **fooling around** when someone opened the door.* ⇨ Nós estávamos transando, quando alguém abriu a porta. **4** *vi* pular a cerca, trair. *She thinks her husband is **fooling around**.* ⇨ Ela acha que o marido anda pulando a cerca.

fool with *vt Amer pop* brincar com coisas perigosas. *Children should never **fool with** matches!* ⇨ Crianças nunca devem brincar com fósforos!

force on/upon *vt* forçar ou impelir algo a alguém. *I wasn't going to drink anything, but they **forced** a glass of wine **on/upon** me.* ⇨ Eu não ia beber nada, mas eles me forçaram a tomar um copo de vinho.

force up *vt* causar ou provocar aumento (de preço ou do custo de vida). *Inflation is **forcing up** the cost of living. Inflation is **forcing** the cost of living **up**.* ⇨ A inflação está provocando aumento do custo de vida.

force upon *V* **force on/upon**.

freak out 1 *vi pop* surtar, pirar. *The boy **freaked out** completely and attacked Paul and Mary.* ⇨ O garoto surtou completamente e atacou Paul e Mary. **2** *vi gír* ter ou curtir um barato (com uso de drogas). *They used some kind of drug and really **freaked out**.* ⇨ Eles usaram algum tipo de droga e tiveram mesmo um barato.

freeze out *vt* colocar na geladeira, deixar alguém de lado. *They decided to **freeze out** Nancy because she's rather arrogant.* ◆ *They decided to **freeze** Nancy **out** because she's rather arrogant.* ⇨ Eles decidiram colocar Nancy na geladeira, porque ela é muito arrogante.

freeze over *vi* congelar, ficar com a superfície coberta de gelo (lago, lagoa, rio). *Last winter even the lake **froze over**.* ⇨ No inverno passado, até o lago congelou.

freeze up 1 *vi* congelar, ficar bloqueado com gelo (cano, fechadura, estrada, rio etc.). *The cold was so intense that the pipes **froze up**.* ⇨ O frio foi tão intenso, que os canos congelaram. **2** *vi* ficar paralisado (de medo ou nervosismo). *When Helen saw the robbers she **froze up** completely.* ⇨ Quando Helen viu os assaltantes, ela ficou completamente paralisada.

freshen up 1 *vi* refrescar-se, lavar-se. *I'm going to the bathroom to **freshen up** and change my shirt.* ⇨ Eu vou ao banheiro para me lavar e trocar de camisa. **2** *vt* tornar (algo) mais bonito ou atraente. *I think we should **freshen up** the living room.* ◆ *I think we should **freshen** the living room **up**.* ⇨ Eu acho que deveríamos tornar a sala de visitas mais bonita.

frighten away/off *vt* afugentar, afastar (pessoas ou animais). *If you keep talking you're going to **frighten away/off** the rabbits.* ◆ *If you keep talking you're going to **frighten** the rabbits*

frighten off   55   fuss over

away/off. ⇨ Se você continuar falando, vai afugentar os coelhos.

frighten off *V* **frighten away/off.**

frown on/upon *vt* desaprovar, reprovar (algo). *Many people still **frown on/upon** abortion.* ⇨ Muitas pessoas ainda desaprovam o aborto.

frown upon *V* **frown on/upon.**

fuck about/around **1** *vi vulg* ficar à toa, vagabundear; comportar-se de forma irresponsável. *Why don't you stop **fucking about/around** and find yourself a job?* ⇨ Por que você não deixa de vagabundear e procura um emprego? **2** *vt vulg* ferrar; tratar mal. *You shouldn't **fuck** Paul **about/around** the way you do.* ⇨ Você não deveria ferrar Paul desse jeito.

fuck around *V* **fuck about/around.**

fuck off **1** *vt vulg* encher o saco, aporrinhar. *Nothing **fucks** me **off** as much as arrogant people.* ⇨ Nada me enche mais o saco do que gente arrogante. **2** *vi vulg* cair fora, puxar o carro (sempre uma ordem). *Tell him to **fuck off** and leave me alone.* ⇨ Diga a ele para puxar o carro e me deixar em paz.

fuck over *vt Amer vulg* foder (alguém), aprontar com alguém. *Tony **fucked over** his partner when he ran away with the money.* ♦ *Tony **fucked** his partner **over** when he ran away with the money.* ⇨ Tony fodeu o sócio ao fugir com o dinheiro.

fuck up *vt vulg* foder com, acabar com, arruinar. *He really **fucked up** Mary's reputation with a pack of lies.* ♦ *He really **fucked** Mary's reputation **up** with a pack of lies.* ⇨ Ele realmente fodeu com a reputação de Mary com um monte de mentiras.

fuel up *vi* encher o tanque (de veículo). *Before getting on the highway we need to **fuel up**.* ⇨ Antes de pegar a estrada, precisamos encher o tanque.

fuss over **1** *vt* prestar atenção exagerada (a alguém ou algo). *Jane **fusses over** unimportant details.* ⇨ Jane presta uma atenção exagerada em detalhes sem importância. **2** *vt* mostrar muita consideração ou afeição por alguém. *Peter will certainly **fuss over** you at the party.* ⇨ Peter certamente mostrará muita consideração por você na festa.

g

gang up (on) *vt+vi* unir-se (formar gangue) para atacar ou opor-se a alguém. *It was terrible! Some hooligans **ganged up on** a guy after the game and beat him up.* ⇨ Foi terrível! Alguns baderneiros formaram uma gangue depois do jogo e espancaram um cara. *The old employees **ganged up** and had the new supervisor fired.* ⇨ Os velhos empregados formaram um grupo de oposição e fizeram com que o novo supervisor fosse demitido.

gas up *vt+vi* encher com gasolina (veículo). *I **gassed up** the car yesterday.* ♦ *I **gassed** the car **up** yesterday.* ⇨ Enchi o tanque do carro com gasolina ontem. *Let's **gas up** before we leave.* ⇨ Vamos encher o tanque antes de sair.

gather around/round *vt+vi* agrupar-se ou chegar em volta de algo ou alguém. *A crowd of people **gathered around/round** the accident victim.* ⇨ Um multidão agrupou-se em volta da vítima do acidente. ***Gather around/round** and I'll tell you a funny joke I heard yesterday.* ⇨ Cheguem aqui e eu lhes contarei uma piada engraçada que ouvi ontem.

gather round *V* gather around/round.

gather up *vt* juntar várias coisas espalhadas. *Help me **gather up** these dirty clothes.* ♦ *Help me **gather** these dirty clothes **up**.* ⇨ Ajude-me a juntar estas roupas sujas. *Children, **gather up** your toys – it's time for bed!* ⇨ Crianças, juntem os brinquedos – está na hora de dormir!

get about 1 *vi* viajar para muitos lugares. *I'm head of European sales so I **get about** Europe quite a lot in the course of my work.* ⇨ Eu sou chefe de vendas na Europa, então viajo para muitos lugares por conta do meu trabalho. **2** *vi* locomover-se. *Since she broke her hip she hasn't been able to **get about** on her own.* ⇨ Desde que ela quebrou o quadril, não consegue se locomover sozinha. **3** *vi* espalhar (informação, notícias). *News about her divorce **got about** so quickly that it was in all the papers the next day.* ⇨ A notícia do divórcio dela espalhou-se tão rápido que saiu em todos os jornais no dia seguinte. **4** *vi* ter relações sexuais com diferentes pessoas. *I envy Tom and the way he **gets about**.* ⇨ Eu tenho inveja do Tom pelo fato de ele transar com tantas mulheres.

get across *vt* comunicar uma ideia com sucesso para alguém, fazer-se compreender. *Patrick has no trouble **getting across** his ideas.* ♦ *Patrick has no trouble **getting** his ideas **across**.* ⇨ Patrick não tem dificuldade em comunicar suas ideias.

get ahead *vi* ter sucesso e progredir na carreira. *To **get ahead** in this company you have to show team spirit and get along with management.* ⇨ Para ter sucesso e progredir nessa empresa, você tem de mostrar espírito de grupo e ter bom relacionamento com a gerência.

get along 1 *vi* dar-se bem com alguém. *I spent a week in Mexico with Sam and we **got along** very well.* ⇨ Eu passei uma semana no México com Sam e nos demos muito bem. *I don't **get along** with my neighbour.* ⇨ Eu não me dou bem com o vizinho. **2** *vi* sair-se bem, progredir, passar bem. *How are you **getting along** at your new job?* ⇨ Como você está se saindo no seu novo emprego?

get around/round 1 *vi* viajar para muitos lugares. *Timothy is a pilot for Varig so he **gets around/round** quite a lot.* ⇨ Timothy é piloto da Varig, então ele viaja para muitos lugares. **2** *vi* locomover-se. *Since she broke her hip she hasn't been able to **get around/round** on her own.* ⇨ Desde que ela quebrou o quadril, não consegue se locomover sozinha. *You need a car to **get around/round** and see the city.* ⇨ Você precisa de um carro para se locomover e conhecer a cidade. **3** *vi* espalhar (boatos, informações, notícias). *News of her divorce **got around/round** quickly.* ⇨ A notícia do divórcio dela espalhou-se rapidamente. **4** *vt* lidar com um problema (geralmente evitando-o). *It's hard to **get around/round** paying taxes, but some people manage to.* ⇨ É difícil evitar pagar impostos, mas alguns conseguem. **5** *vi* ter relações sexuais com diferentes pessoas. *I envy Tom and the way he **gets around/round**.* ⇨ Eu tenho inveja do Tom pelo fato de ele transar com tantas mulheres.

get around/round to *vt* fazer algo após postergar por muito tempo. *I finally **got around/round to** developing those photos.* ⇨ Eu finalmente revelei aquelas fotos depois de postergar por muito tempo.

get at 1 *vt* alcançar algo, conseguir pegar (algo, alguém). *I'd like to **get at** the person who scratched my car!* ⇨ Eu gostaria de pegar a pessoa que arranhou meu carro! **2** *vt* criticar. *My boss **gets at** me every chance he has.* ⇨ Meu chefe me critica a cada oportunidade que ele tem. **3** *vt* descobrir informações ou a verdade sobre algo. *I can't **get at** the reason why he left his job.* ⇨ Eu não consigo descobrir o motivo de ele sair do emprego. **4** *vi* solicitar esclarecimento, pedir a alguém para ir direto ao assunto (sempre interrogativa e no gerúndio). *I don't understand. What are you **getting at**?* ⇨ Eu não entendi. O que você quer dizer exatamente?

get away 1 *vi* sair de um lugar. *Let's **get away** from city for the weekend.* ⇨ Vamos sair da cidade no fim de semana. **2** *vi* escapar, fugir. *The robber **got away** from the police.* ⇨ O ladrão fugiu da polícia. **3** *vi pop* viajar, sair em férias. *We like to **get away** at least twice a year.* ⇨ Nós gostamos de viajar pelo menos duas vezes por ano.

get away with 1 *vt* escapar impunemente. *The mayor is **getting away with** robbery!* ⇨ O prefeito está roubando impunemente! *He's rude to his boss and **gets away with** it.* ⇨ Ele fala grosso com seu chefe e não é punido. **2** *vt* fazer algo mesmo que não seja a melhor opção. *Maybe we can **get away with** only one kilo of beef for the barbecue.* ⇨ Mesmo que não seja a melhor opção, talvez possamos servir apenas um quilo de carne no churrasco.

get back 1 *vi* voltar (para um lugar) *When did you **get back** from your trip?* ⇨ Quando você voltou de viagem? **2** *vt* ter, receber de volta. *Tim will be lucky if he **gets back** his wallet.* ◆ *Tim will be lucky if he **gets** his wallet **back**.* ⇨ Tim será sortudo se receber de volta a carteira. **3** *vi* afastar-se de algo (espe-

get back at

cialmente perigo) (sempre imperativo). ***Get back!** It's about to explode!* ⇨ Afaste-se! Está prestes a explodir! **4** *vt* vingar-se de. *I'll **get** him **back** one day.* ⇨ Eu me vingo dele um dia.

get back at *vt* vingar-se de. *He wants to **get back at** me for taking his girlfriend away from him.* ⇨ Ele quer vingar-se de mim por eu ter tomado a sua namorada.

get back to 1 *vt* comunicar novamente mais tarde (especialmente por telefone). *I'll **get back to** you tomorrow with my answer.* ⇨ Eu voltarei a me comunicar com você amanhã, com a minha resposta. *Can I **get back to** you later? I'm busy now.* ⇨ Posso telefonar mais tarde? Estou ocupado neste momento. **2** *vt* voltar novamente ao assunto (conversação, reunião). *Let's **get back to** the point of this meeting.* ⇨ Vamos voltar ao assunto dessa reunião.

get behind 1 *vi* atrasar (pagamento, trabalho). *We have lots of bills to pay and we're **getting behind**.* ⇨ Temos muitas contas a pagar e estamos atrasando os pagamentos. *Let's get to work or we'll **get behind**.* ⇨ Vamos trabalhar senão nos atrasaremos no trabalho. **2** *vt* apoiar alguém ou algo (ideia, campanha, movimento etc.). *Few senators are **getting behind** the new tax bill.* ⇨ Poucos senadores estão apoiando a nova proposta de impostos. *I'll **get behind** any presidential candidate who will fight corruption.* ⇨ Eu apoiarei qualquer candidato a presidente que lutar contra a corrupção.

get by (on) 1 *vt+vi* conseguir sobreviver com pouco dinheiro, virar-se. *I can just barely **get by on** 800 dollars a month.* ⇨ Eu mal consigo sobreviver com 800 dólares por mês. *I don't earn much money, but it's enough to **get by**.* ⇨ Eu não ganho muito dinheiro, mas dá para eu me virar. **2** *vi* ter o mínimo (conhecimento, tempo etc.) para funcionar. *I don't know much about computers, but I can **get by** at work.* ⇨ Eu não sei muito sobre computadores, mas eu consigo me virar no trabalho.

get down 1 *vt* deixar triste, desanimar. *This rain is **getting** me **down**.* ⇨ Esta chuva está me deixando triste. **2** *vt* anotar. *Let me **get down** your phone number.* ♦ *Let me **get** your phone number **down**.* ⇨ Deixe-me anotar seu número de telefone. **3** *vi* abaixar-se (usado muito como ordem). ***Get down** or they'll see us!* ⇨ Abaixe-se ou eles vão nos ver!

get down on *vt* criticar (alguém, algo). *She's always **getting down on** me for being late.* ⇨ Ela está sempre me criticando por estar atrasado.

get down to *vt* começar a fazer, pôr a mão na massa. *Let's **get down to** work.* ⇨ Vamos trabalhar. *Quit wasting time and **get down to** it!* ⇨ Chega de perder tempo e ponha a mão na massa!

get in 1 *vi* chegar (em casa ou no trabalho). *I usually **get in** before my husband.* ⇨ Eu chego em casa geralmente antes do meu marido. *You'll be fired if you keep **getting in** late.* ⇨ Você será demitido se continuar a chegar no escritório sempre atrasado. **2** *vi* chegar (trem, avião, ônibus etc.). *When does your train **get in**?* ⇨ Quando chega o seu trem? **3** *vi* conseguir entrar (casa, prédio). *The bank is crowded – you won't **get in**.* ⇨ O banco está lotado – você não conseguirá entrar. **4** *vi* conseguir entrar (escola, universidade, organização). *David applied to Harvard University, but he didn't **get in**.* ⇨ David passou pelo processo seletivo para Harvard University, mas não conseguiu entrar. **5** *vi* ser eleito. *I don't think the current mayor will **get in** again.* ⇨ Eu não acho que o atual prefeito será eleito novamente. **6** *vi* mandar chamar. *Let's **get** a doctor **in** to see her.* ⇨ Vamos chamar um médico para examiná-la. **7** *vt* conseguir entrar numa conversação, interromper. *Roberta wouldn't stop* talking long enough for anyone to **get in** a word. ♦ Roberta wouldn't stop talking long enough for anyone to **get** a word **in**. ⇨ Roberta não parava de falar um minuto e ninguém conseguia falar uma palavra. **8** vt conseguir fazer algo apesar de faltar tempo. I'll try to **get in** an hour of sleep before going to work. ♦ I'll try to **get** an hour of sleep **in** before going to work. ⇨ Eu vou ver se consigo arranjar uma hora para dormir antes de ir trabalhar.

get in on vt incluir-se, envolver-se numa atividade já em andamento. Do you want to **get in on** organizing the office Christmas party? ⇨ Você quer incluir-se no grupo para organizar a festa de Natal da empresa?

get into 1 vt entrar em, ingressar em (escola, universidade, organização). David hopes to **get into** Harvard University next year. ⇨ David espera entrar na Universidade de Harvard no próximo ano. **2** vt começar a interessar-se por (atividade, assunto). I **got into** collecting Peruvian pottery years ago. ⇨ Eu comecei a me interessar em colecionar cerâmica peruana anos atrás. **3** vt meter-se em confusão, entrar numa situação difícil. I **got into** trouble at school. ⇨ Eu me meti numa confusão na escola.

get it on (with) vt+vi Amer gír trepar, ter relações sexuais com. Did you **get it on with** her after the party? ⇨ Você trepou com ela depois da festa? She came over to my house and we **got it on**. ⇨ Ela veio para minha casa e nós trepamos.

get off 1 vt+vi sair, desembarcar (de meio de transporte). I'm going to **get off** the train in Kingston. ⇨ Eu vou desembarcar do trem em Kingston. I'm going to **get off** in Kingston. ⇨ Eu vou desembarcar em Kingston. **2** vt+vi sair de, cumprir horário de (trabalho, escola). I **get off** school at four. ⇨ Eu saio da escola às quatro. What time do you **get off** today? ⇨ A que horas você sai hoje? **3** vt+vi escapar de castigo, ajudar alguém a escapar de pena ou castigo. He killed his wife but his lawyer **got** him **off** with a plea of insanity. ⇨ Ele matou a mulher, mas o advogado ajudou-o a escapar da pena com uma alegação de insanidade. I'm shocked to see how many criminals **get off**. ⇨ Estou chocado em ver quantos criminosos escapam das penas. **4** vi partir, começar viagem. We **got off** at eight. ⇨ Começamos a viagem às oito. **5** vt+vi parar de usar (telefone). Can you **get off** the phone now? ⇨ Você pode parar de usar o telefone agora? I have to **get off**, Sam. Bye. ⇨ Preciso desligar, Sam. Tchau. **6** vt despachar, enviar (carta, pacote etc.). I'll **get** that parcel **off** on Monday. ⇨ Eu enviarei aquele pacote na segunda-feira. **7** vi Amer gír gozar, ter orgasmo. She screamed as she **got off**. ⇨ Ela gritou quando gozou.

get off on vt gír sentir prazer com, curtir (drogas, música, livros etc.). I really **get off on** the Rolling Stones. ⇨ Eu realmente curto os Rolling Stones. Back then teenagers **got off on** LSD. ⇨ Naquele tempo, adolescentes curtiam LSD.

get on 1 vt+vi embarcar (meio de transporte). We **got on** the bus at Times Square. ⇨ Nós embarcamos no ônibus em Times Square. Children **get on** for free. ⇨ Crianças embarcam de graça. **2** vt proceder, avançar (trabalho, atividade). **Get on** with your work. ⇨ Avance com o seu trabalho. **3** vi dar-se bem com. Vera and her sister **get on** very well. ⇨ Vera e a irmã se dão muito bem. **4** vt+vi prosperar, progredir (trabalho, atividade). She's **getting on** well with her studies. ⇨ Ela está progredindo nos estudos. How is she **getting on** at school? ⇨ Como ela está progredindo na escola? **5** vi ficar velho (sempre no gerúndio). Grampa's **getting on** but he still goes out dancing. ⇨ O vovô está ficando velho, mas continua a sair para dançar.

get on to/onto 1 *vt* começar um assunto (conversa). *She gets on to/onto my ex-girlfriends every time we argue.* ⇨ Ela começa o assunto sobre as minhas antigas namoradas toda vez que brigamos. **2** *vt* aparecer (na televisão), falar (no rádio). *I got on to/onto the news when I won the São Paulo marathon.* ⇨ Eu apareci no noticiário quando ganhei a maratona de São Paulo. **3** *vt* descobrir a verdade. *The police got on to/onto him soon after he robbed the bank.* ⇨ A polícia descobriu a verdade logo após ele ter roubado o banco.

get onto V **get on to/onto**.

get out 1 *vi* sair de, descer (veículo). *I'll get out at the next corner.* ⇨ Eu vou descer na próxima esquina. **2** *vi* sair de casa para divertir-se. *I don't get out much since the baby was born.* ⇨ Eu não saio muito para me divertir desde que o bebê nasceu. **3** *vi* escapar, vazar (informação, segredo). *Word got out that Nancy was having an affair with her boss.* ⇨ A notícia de que Nancy estava tendo um caso com o chefe vazou. **4** *vi* sair daqui (ordem). *Get out! Can't you see I'm busy?* ⇨ Saia daqui! Não dá para ver que estou ocupado? **5** *vi* escapar. *Don't let the dog get out while I'm gone.* ⇨ Não deixe o cachorro escapar enquanto eu estiver fora. **6** *vt* remover, tirar de. *Laundry soap will get out this tomato stain.* • *Laundry soap will get this tomato stain out.* ⇨ Sabão em pó removerá esta mancha de tomate. **7** *vt* lançar (produto, livro). *We want to get out a product to compete with the Japanese.* • *We want to get a product out to compete with the Japanese.* ⇨ Queremos lançar um produto para competir com os japoneses.

get out of 1 *vt* livrar-se de (obrigação ou dever). *I got out of paying taxes when I lived abroad.* ⇨ Eu escapei de pagar impostos quando morava fora. **2** *vt* tirar com força ou persuasão (verdade, dinheiro etc.). *My lawyer finally got the money out of them, but it took two years.* ⇨ O meu advogado finalmente tirou o dinheiro deles, mas demorou dois anos. **3** *vt* ter prazer ou alegria. *I get a lot of pleasure out of my dogs.* ⇨ Eu tenho muito prazer na convivência com meus cachorros.

get over 1 *vt* recuperar-se, restabelecer-se. *Janet hasn't got over her divorce yet.* ⇨ Janet ainda não se recuperou do divórcio. *Have you got over your cold?* ⇨ Você melhorou do resfriado? **2** *vt* superar problemas. *Tim got over his financial problems.* ⇨ Tim superou seus problemas financeiros. **3** *vt* comunicar-se. *Some advertisements don't get over their message clearly.* • *Some advertisements don't get their message over clearly.* ⇨ Algumas propagandas não comunicam claramente a sua mensagem.

get over with *vt* completar, fazer até o fim (especialmente algo desagradável). *I like to get the house work over with early Saturday morning so I can enjoy the rest of the weekend.* ⇨ Eu gosto de completar o serviço doméstico cedo, no sábado, para ter o resto do final de semana para me divertir.

get round V **get around/round**.

get round to V **get around/round to**.

get through 1 *vi* conseguir falar, ligar (telefone). *I got through but the maid said Jeff had left.* ⇨ Eu consegui ligar, mas a empregada disse que Jeff tinha ido embora. **2** *vt+vi* terminar, concluir (atividade, tarefa). *He'll go to university when he gets through high school.* ⇨ Ele irá cursar a universidade quando terminar o colegial. *Read this report and tell me what you think when you get through.* ⇨ Leia este relatório e me diga o que você pensa quando acabar de lê-lo. **3** *vt* superar uma experiência difícil (nunca na voz passiva). *I got through my divorce with the help of an analyst.* ⇨ Eu superei meu divórcio com a ajuda de um analista. *How can we help Jerry get through this terrible ordeal?* ⇨ Como podemos ajudar Jerry

get through to   61   give in

a superar essa experiência terrível? **4** *vt* gastar (dinheiro). *We **got through** half our savings before I found a new job.* ⇨ Nós gastamos a metade da nossa poupança antes que eu encontrasse um novo emprego. **5** *vi* passar (lei). *The new tax bill will never **get through**.* ⇨ A nova proposta de lei sobre impostos nunca passará.

get through to *vt* conseguir fazer alguém entender. *I've tried, but I can't **get through to** him.* ⇨ Eu tentei, mas não consigo fazê-lo entender.

get to 1 *vt* alcançar, chegar. *I **got to** the airport on time.* ⇨ Eu cheguei ao aeroporto na hora. *When will her bus **get to** Rio?* ⇨ Quando o ônibus dela chegará ao Rio? **2** *vt* irritar, aborrecer alguém. *The way she talks so loud really **gets to** me.* ⇨ O jeito de ela falar tão alto realmente me irrita. *If you want to **get to** him, just ask about his ex-girlfriend, Susy.* ⇨ Se você quer aborrecê-lo, é só perguntar sobre a sua ex-namorada, Susy. **3** *vt* começar a fazer algo. *I **got to** liking jazz when I lived in the States.* ⇨ Eu comecei a gostar de jazz quando eu morei nos Estados Unidos. **4** *vt* (especialmente em perguntas) onde está? *Where have the kids **got to**?* ⇨ Onde estão as crianças? *I don't know where my other shoe has **got to**.* ⇨ Eu não sei onde está o outro sapato.

get together 1 *vt+vi* reunir(-se) (pessoas). *Let's **get together** some friends and have a party!* ♦ *Let's **get** some friends **together** and have a party!* ⇨ Vamos reunir alguns amigos para uma festa! *I **get together** with my friends on Sundays to play soccer.* ⇨ Eu me reuno com meus amigos aos domingos para jogar futebol. **2** *vi* começar um namoro. *When did you and Eric **get together**?* ⇨ Quando você e Eric começaram a namorar? **3** *refl* controlar-se, acalmar-se. ***Get** yourself **together** and stop crying.* ⇨ Controle-se e pare de chorar. **4** *vt* arrumar, juntar. *He **got together** his things in a bag and left.*

♦ *He **got** his things **together** in a bag and left.* ⇨ Ele arrumou as coisas na mala e se foi. **5** *vt* preparar, fazer algo. *I can **get together** a quick dinner if you'd like to stay.* ♦ *I can **get** a quick dinner **together** if you'd like to stay.* ⇨ Eu posso preparar um jantar rápido se você quiser ficar.

get up 1 *vt+vi* levantar-se, tirar da cama. *I **get** the kids **up** at seven for school.* ⇨ Eu tiro as crianças da cama às sete para irem à escola. *I don't like to **get up** early.* ⇨ Eu não gosto de me levantar cedo. **2** *vi* levantar-se, ficar em pé. *Harold **got up** and left the living room.* ⇨ Harold levantou-se e saiu da sala de estar.

get up to *vt* fazer ou aprontar algo (especialmente o que os outros acham errado), aprontar. *The children are too quiet – they must be **getting up to** something.* ⇨ As crianças estão quietas demais – elas devem estar aprontando algo.

give away 1 *vt* dar ou distribuir de graça (algo). *They are **giving away** concert tickets on the radio program.* ⇨ No programa de rádio eles estão distribuindo ingressos de graça para um concerto. **2** *vt* revelar algo. *I hate it when someone **gives away** the end of a novel before I finish reading it.* ⇨ Eu detesto quando alguém revela o final de um romance antes que eu termine de lê-lo. *The problem with office romances is that your behaviour always **gives** you **away**.* ⇨ O problema de namorar no escritório é que o seu comportamento sempre revela esse segredo.

give back *vt* devolver. ***Give back** my pen when you finish using it.* ♦ ***Give** my pen **back** when you finish using it.* ⇨ Devolva minha caneta quando você acabar de usá-la.

give in 1 *vi* ceder, render-se (depois de resistir algum tempo). *I finally **gave in** and agreed to lend him the money.* ⇨ Eu finalmente cedi e aceitei emprestar-lhe o dinheiro. *We have been arguing*

give in to *for days about where to go on holiday but neither of us will **give in**.* ⇨ Faz dias que estamos discutindo aonde ir nas férias, mas nenhum de nós quer ceder. **2** *vt* entregar (trabalho escrito). *My teacher asked me to **give in** my science report on Monday.* ♦ *My teacher asked me to **give** my science report **in** on Monday.* ⇨ O professor pediu para eu entregar meu trabalho de ciência na segunda-feira. *Don't forget to **give in** your tax return on time.* ⇨ Não esqueça de entregar sua declaração de imposto de renda no prazo.

give in to *vt* entregar-se a (fortes emoções, desejos). *An ex-alcoholic lives with the fear of **giving in to** the desire to have a drink.* ⇨ Um ex-alcoólatra vive com medo de entregar-se ao desejo de beber novamente.

give off 1 *vt* exalar, emitir (cheiro, calor, luz, gás). *It must be the drain **giving off** that terrible smell in the kitchen.* ♦ *It must be the drain **giving** that terrible smell **off** in the kitchen.* ⇨ Deve ser o ralo exalando esse cheiro horrível na cozinha. **2** *vt* dar a impressão de ser (pessoa). *Although she never finished school she **gives off** the air of an intellectual.* ⇨ Apesar de nunca ter terminado a escola, ela dá a impressão de ser uma intelectual.

give out 1 *vt* distribuir (algo) (especialmente para muitas pessoas). *The teacher **gave out** a xerox in class.* ♦ *The teacher **gave** a xerox **out** in class.* ⇨ A professora distribuiu um xerox na sala. **2** *vi* acabar, esgotar. *When the firewood **gives out** I don't know what we'll burn.* ⇨ Quando acabar a lenha, eu não sei o que nós vamos queimar. *My strength **gave out** before we reached the summit of the mountain.* ⇨ Minha força se esgotou antes de chegarmos ao topo da montanha. **3** *vi* quebrar, parar de funcionar. *The air conditioner **gave out** on the hottest day of the year.* ⇨ O ar condicionado quebrou no dia mais quente do ano.

give up 1 *vt* parar de fazer algo. *John **gave up** smoking last year.* ♦ *John **gave** smoking **up** last year.* ⇨ John parou de fumar no ano passado. *My doctor said I had to **give up** red meat.* ♦ *My doctor said I had to **give** red meat **up**.* ⇨ Meu médico disse que eu preciso parar de comer carne vermelha. **2** *vt* abandonar, largar. *I **gave up** my art classes when I started studying at night.* ♦ *I **gave** my art classes **up** when I started studying at night.* ⇨ Eu abandonei minhas aulas de arte quando comecei a estudar à noite. **3** *vt* deixar de usar ou possuir, ceder. *We seldom see young people today **giving up** their seats to women on the bus.* ♦ *We seldom see young people today **giving** their seats **up** to women on the bus* ⇨ Hoje em dia, raramente vemos jovens cedendo seus lugares para mulheres no ônibus. **4** *vi* desistir de tentar achar a resposta (de pergunta, piada, enigma). *I **give up**! What's the answer?* ⇨ Eu desisto! Qual é a resposta? **5** *refl* entregar-se às autoridades. *After a month of hiding from the police, the kidnaper **gave** himself **up**.* ⇨ Depois de um mês escondendo-se da polícia, o sequestrador se entregou.

give up on *vt* parar de ter esperanças. *His doctors didn't **give up on** him even when the cancer had spread to the rest of his body.* ⇨ Os médicos dele não pararam de ter esperança, mesmo quando o câncer espalhou-se pelo corpo inteiro. *I **gave up on** ever marrying him after he moved to Europe.* ⇨ Eu perdi a esperança de me casar com ele depois que ele se mudou para a Europa.

glance over *vt* olhar por cima, dar uma olhada. *He **glances over** the reports before sending them to the director.* ⇨ Ele dá uma olhada nos relatórios antes de mandá-los para o diretor.

gloss over *vt* tratar o assunto de maneira superficial (geralmente para tentar evitar um assunto). *I've asked for raises in the*

glue to

past, but he **glosses over** my successes and emphasizes my errors. ⇨ Eu já pedi aumentos no passado, mas ele trata os meus acertos de maneira superficial e enfatiza os meus erros.

glue to vt grudar os olhos, não conseguir tirar os olhos de (especialmente televisão). He's in the living room with his eyes **glued to** the television. ⇨ Ele está na sala e não consegue tirar os olhos da televisão. Your eyes were **glued to** her all night. Do you know her? ⇨ Você não desgrudou seus olhos dela. Você a conhece?

gnaw at vt atormentar, inquietar. He appears honest, so why do I have deep feeling of suspicion **gnawing at** me? ⇨ Ele parece ser honesto; então por que tenho este profundo sentimento de dúvida sobre ele me atormentando?

go about 1 vt fazer, proceder (numa situação). I would fix the washing machine if I knew how to **go about** it. ⇨ Eu consertaria a máquina de lavar roupas se soubesse como fazê-lo. **2** vt continuar com (atividade). The best thing to do in a recession is **go about** your business, only better. ⇨ A melhor coisa a fazer numa recessão é continuar com seu trabalho, porém melhor que antes. **3** vi espalhar (doença). Doctors are warning there is a strong flu **going about**. ⇨ Os médicos estão avisando que há uma gripe forte se espalhando. **4** vt+vi espalhar, circular (notícias). News of his affair is **going about** town. ⇨ Notícias do seu relacionamento estão circulando pela cidade. I don't want this secret to **go about**. ⇨ Eu não quero que este segredo se espalhe.

go after 1 vt seguir (alguém). The police went **after** the mugger on foot. ⇨ A polícia seguiu o ladrão a pé. **2** vt tentar alcançar objetivos, correr atrás de (algo). If you want the job, you'll have to **go after** it. ⇨ Se você quer o emprego, você precisa correr atrás dele.

go at

go against 1 vt ser contra. I couldn't watch them feed the lions because it **goes against** zoo regulations. ⇨ Eu não pude vê-los alimentando os leões porque isso é contra o regulamento do zoológico. **2** vt ir contra, fazer o contrário de (pedido, aviso, desejo). I went **against** my parents' wishes and moved to Hollywood. ⇨ Eu fui contra os desejos dos meus pais e me mudei para Hollywood.

go ahead vi começar imediatamente, continuar. **Go ahead** with your work. ⇨ Continue com o seu trabalho.

go along with vt apoiar, concordar com (ideia, plano, projeto etc.). They will **go along with** the proposal if we offer them more money. ⇨ Eles apoiarão a proposta se oferecermos mais dinheiro.

go around/round 1 vi pop andar fazendo (especialmente algo errado). He is **going around/round** telling people a pack of lies about me. ⇨ Ele anda dizendo um monte de mentiras sobre mim. **2** vi espalhar (doença). Doctors are warning there is a strong flu **going around/round**. ⇨ Os médicos estão avisando que há uma gripe forte se espalhando. **3** vt+vi espalhar, circular (notícias). There is a rumour about Barbara **going around/round** town. ⇨ Há uma fofoca sobre Barbara se espalhando pela cidade. It's **going around/round** that you've started drinking again. ⇨ Estão espalhando que você está bebendo de novo. **4** vi fazer visita (em casa, no trabalho). Let's **go around/round** and say hello to Peter after the movie. ⇨ Vamos fazer uma visita para cumprimentar o Peter depois do cinema. **5** vi ter o suficiente. Do you think there's enough wine to **go around/round** at dinner? ⇨ Você acha que há vinho suficiente para o jantar?

go at 1 vt fazer algo com entusiasmo e energia. He could **go at** his work a little more. ⇨ Ele poderia fazer seu trabalho com um pouco mais de entusiasmo e energia. **2** *vt* discutir agressivamente. *They **went at** it in front of everyone at the party.* ⇨ Eles discutiram agressivamente na frente de todos na festa. **3** *vt* atacar alguém (especialmente de repente). *She grabbed a kitchen knife and **went at** the burgler to defend herself.* ⇨ Ela pegou uma faca de cozinha e atacou o ladrão para se defender.

go away 1 *vi* sair de um lugar (especialmente ordem). ***Go away** and let me work in peace.* ⇨ Saia daqui e me deixe trabalhar em paz. **2** *vi* viajar. *We are **going away** for the weekend.* ⇨ Nós vamos viajar no fim de semana. **3** *vi* desaparecer, sumir (doenças, dores, sintomas etc.). *Has your headache **gone away**?* ⇨ Sua dor de cabeça desapareceu? *I wish this pimple on my chin would **go away** soon.* ⇨ Eu gostaria que esta espinha no meu queixo sumisse logo.

go back 1 *vi* voltar. *I forgot my wallet at home. I'll **go back** and get it.* ⇨ Eu esqueci minha carteira em casa. Eu voltarei para pegá-la. *We loved our stay in Rio and we want to **go back** again.* ⇨ Nós adoramos nossa estada no Rio e queremos voltar. **2** *vi* manter (relação com alguém). *Sam and I **go back** 12 years.* ⇨ Eu conheço Sam há 12 anos. *Our friendship **goes back** to when we were children.* ⇨ Nossa amizade se mantém desde quando éramos crianças.

go back on *vt* não cumprir (palavra, promessa). *He said he would pay for the damage but he **went back on** his word.* ⇨ Ele disse que pagaria pelos danos, mas não cumpriu a palavra. *I never **go back on** a promise.* ⇨ Eu nunca deixo de cumprir uma promessa.

go back to 1 *vt* voltar a fazer algo. *He said he wants to **go back to** writing books.* ⇨ Ele disse que quer voltar a escrever livros. **2** *vt* voltar a um assunto (conversação). *Let's **go back to** the main issue of the meeting.* ⇨ Vamos voltar ao assunto principal da reunião. **3** *vt* voltar (estado). *My leg should **go back to** normal after the operation.* ⇨ Minha perna deve voltar ao normal depois da cirurgia. *When the cold front passes it will **go back to** normal summer temperatures.* ⇨ Quando passar a frente fria, as temperaturas normais de verão voltarão. **4** *vt* originar-se, datar de (ano, época, século etc.). *This vase **goes back to** the fifteenth-century.* ⇨ Este vaso data do século XV.

gobble down *V* **gobble up/down**.

gobble up *vt* comprar (empresa menor). *The few computer manufacturing giants have managed to **gobble up** most of their smaller competitors.* ♦ *The few computer manufacturing giants have managed to **gobble** most of their smaller competitors **up**.* ⇨ Os poucos gigantes na área de computadores conseguiram comprar a maioria dos seus competidores menores.

gobble up/down *vt* devorar (comida). *The kids didn't eat the broccoli but they **gobbled up/down** the ice cream.* ⇨ As crianças não comeram o brócolis, mas devoraram o sorvete.

go before *vt* comparecer diante do juiz (num julgamento). *Tom **goes before** the judge Tuesday morning.* ⇨ Tom vai comparecer diante do juiz para o julgamento na terça-feira de manhã.

go by 1 *vi* passar (tempo). *As time **goes by** I worry less and enjoy life more.* ⇨ Com o passar do tempo, eu me preocupo menos e curto mais a vida. *How many years have **gone by** since we last met?* ⇨ Quantos anos se passaram desde a última vez em que nos encontramos? **2** *vt* obedecer ou seguir (lei, regra, norma etc.). *If we **go by** the recipe, it's two cups of flour and two eggs.* ⇨ Se seguirmos a receita, são duas xícaras de farinha e dois ovos. *I want my police officers to **go by** the book when they conduct investigations.*

⇨ Eu quero que os meus policiais obedeçam às normas quando fazem as investigações. **3** *vt Amer* parar no caminho para pegar algo ou alguém. *I'll go by John's on the way to work to get your book.* ⇨ Eu vou parar na casa do John para pegar o seu livro a caminho do trabalho. *Don't forget to go by the school at four to pick up the kids.* ⇨ Não se esqueça de passar na escola às quatro para buscar as crianças.

go down 1 *vi* abaixar, diminuir, decrescer (qualidade). *The quality of their products is going down.* ⇨ A qualidade dos seus produtos está diminuindo. **2** *vi* abaixar, diminuir, decrescer (preço). *It seems the price of oil never goes down.* ⇨ Parece que o preço do petróleo nunca diminui. **3** *vi* abaixar, diminuir, decrescer (nível, quantidade). *The amount of Argentine wine exported went down last year.* ⇨ A quantidade de vinho argentino exportado diminuiu no ano passado. **4** *vi* pôr-se (sol). *The sun goes down at six in the winter.* ⇨ O sol se põe às seis no inverno. **5** *vi* afundar (navio), cair (aeronave). *The Titanic went down near the coast of Canada.* ⇨ O Titanic afundou perto da costa do Canadá. *Where exactly did the plane go down?* ⇨ Onde exatamente caiu o avião? **6** *vt* ir ou viajar para o sul. *He went down south in 1998.* ⇨ Ele foi para o sul em 1998. *I'm going down to Florida in December.* ⇨ Eu vou para a Flórida em dezembro. **7** *vi Amer gír* acontecer, rolar. *What's going down?* ⇨ O que está rolando? *The party goes down tomorrow night.* ⇨ A festa acontecerá amanhã à noite. **8** *vi* pifar (computador); sair do ar (rede). *Can I use your computer? Mine has gone down.* ⇨ Posso usar o seu computador? O meu pifou. *I can't access my e-mails because the network went down.* ⇨ Eu não consigo acessar os meus e-mails porque a rede saiu do ar. **9** *vi* descer bem (bebida, comida). *Nothing goes down better than a cold beer after work.* ⇨ Nada desce melhor que uma cerveja gelada depois do trabalho.

go down on 1 *vt* ajoelhar-se, ficar de quatro. *I went down on my hands and knees and begged her not to leave me.* ⇨ Eu me ajoelhei e pedi para ela não me deixar. *I went down on one knee to propose to Mary.* ⇨ Eu me ajoelhei para pedir Mary em casamento. **2** *vt* fazer sexo oral com. *She didn't want to go down on him in the car.* ⇨ Ela não quis fazer sexo oral com ele no carro.

go for 1 *vt* escolher (algo). *I think I'll go for the roast beef plate. And you?* ⇨ Eu acho que vou escolher o prato de carne assada. E você? **2** *vt* custar (valor). *This car goes for twelve thousand dollars at the dealership.* ⇨ Este carro custa doze mil dólares na concessionária. **3** *vt* tentar (conseguir), ir atrás de (algo, alguém). *I'm going for the position of manager in the company.* ⇨ Estou tentando conseguir o cargo de gerente na empresa. *Are you going for Sally? She's married!* ⇨ Você está indo atrás de Sally? Ela é casada! **4** *vt pop* vá em frente!, vá firme! (imperativo para expressar incentivo). *Go for it! I know you can do it!* ⇨ Vá em frente! Eu sei que você consegue! **5** *vt* ser atraído por. *I go for those quiet, shy girls.* ⇨ Eu sou atraído pelas garotas quietas e tímidas. *I really go for science fiction novels.* ⇨ Eu sou realmente atraído pelos romances de ficção científica. **6** *vt* atacar (alguém). *He went for me with a knife.* ⇨ Ele me atacou com uma faca.

go forward (with) *vt+vi* começar, realizar (atividade planejada). *Terry will go forward with his marriage even though his parents are against it.* ⇨ Terry vai realizar o seu casamento apesar de seus pais serem contra isso. *Now that we have found the money, the building of the new modern art museum can go forward.* ⇨ Agora que nós achamos o dinheiro, a construção do novo museu de arte moderna pode começar.

go in 1 *vi* entrar (lugar). *We **went in** and had coffee and cake.* ⇨ Nós entramos e tomamos café com bolo. 2 *vi* ir ao (trabalho). *I don't feel like **going in** today.* ⇨ Eu não quero ir ao trabalho hoje. 3 *vi* ir para (hospital). *Sue's **going in** for a small operation.* ⇨ Sue vai para o hospital para uma pequena cirurgia. 4 *vi* entrar (gol). *Derek's shot on net **went in** just over the goalkeeper's head.* ⇨ O chute de Derek entrou na rede pouco acima da cabeça do goleiro. 5 *vi* caber, entrar (lugar). *My briefcase is small and this book won't **go in**.* ⇨ Minha pasta executiva é pequena, e este livro não cabe nela.

go in for *vt* gostar (jogo, atividade, esporte etc.). *I used to **go in for** hockey when I was a child.* ⇨ Eu gostava de *hockey* quando era criança.

go into 1 *vt* entrar (lugar). *Robert **went into** his office and closed the door.* ⇨ Robert entrou no escritório e fechou a porta. 2 *vt* entrar em, ir a (trabalho, hospital). *Are you **going into** the office on Saturday?* ⇨ Você irá ao escritório no sábado? *Joshua **went into** hospital yesterday.* ⇨ Joshua foi ao hospital ontem. 3 *vt* ir a (cidade ou centro da cidade). *I have to **go into** town to do the shopping.* ⇨ Eu preciso ir à cidade para fazer compras. 4 *vt* entrar (em estado) (nunca na voz passiva). *He will **go into** an even deeper depression if you tell him the truth.* ⇨ Ele entrará numa depressão ainda mais profunda se você falar a verdade. 5 *vt* investigar, analisar ou ver (em detalhes). *I find him superficial and unable to **go into** important company issues in depth.* ⇨ Eu o acho superficial e incapaz de analisar profundamente assuntos importantes da empresa. 6 *vt* bater em (veículo). *The car **went into** a tree at 60 km/h.* ⇨ O carro bateu numa árvore a 60 km/h. 7 *vt* investir (dinheiro, tempo, esforço). *Two years of work **went into** this house.* ⇨ Dois anos de trabalho foram investidos nesta casa. *A lot of money and time is **going into** the new museum of modern art.* ⇨ Muito dinheiro e tempo estão sendo investidos no novo museu de arte moderna.

go in with *vt* entrar em sociedade com (em negócio). *Paul has asked me to **go in with** him and open an Italian restaurant.* ⇨ Paul pediu que eu entrasse em sociedade com ele para abrir um restaurante italiano.

goof around *vi gír* ficar à toa. *Why don't you look for a job instead of **goofing around** all day?* ⇨ Por que você não procura um emprego em vez de ficar à toa o dia inteiro?

go off 1 *vi* ir para (lugar). *Wendy is **going off** to China to teach English.* ⇨ Wendy irá para a China para ensinar inglês. *John just left. He **went off** to the bank.* ⇨ John acabou de sair. Ele foi ao banco. 2 *vi* estragar, ficar estragado (comida). *Throw out the leftover lasagna at the back of the fridge. It has **gone off**.* ⇨ Jogue fora a sobra de lasanha do fundo da geladeira. Ela estragou. 3 *vi* parar de funcionar (eletricidade, luz, máquina etc.). *The power **went off** again.* ⇨ Acabou a força de novo. *If the generator **goes off** just call me.* ⇨ Se o gerador parar de funcionar é só me chamar. *The air conditioning **goes off** at night and comes on again in the morning.* ⇨ O ar-condicionado para de funcionar à noite e começa a funcionar de novo de manhã. 4 *vi* tocar (alarme, despertador). *I usually wake up before the alarm clock **goes off**.* ⇨ Geralmente eu acordo antes que o despertador toque. *The fire alarm **went off**.* ⇨ O alarme de incêndio tocou. 5 *vi* explodir (bomba), disparar (arma). *A bomb **went off** in front of the bank just before it opened.* ⇨ Uma bomba explodiu na frente do banco pouco antes de ele abrir. *His gun **went off** by accident and injured his foot.* ⇨ A arma dele disparou acidentalmente e feriu-lhe o pé. 6 *vt* deixar de gostar (de algo ou alguém). *Haven't you **gone off** Wendy a little since she started seeing that arrogant lawyer?* ⇨ Você não deixou de gostar de Wendy um pouco depois que ela se juntou àquele advogado arrogante? *I **went off** hot dogs after I visited the factory where they are made.* ⇨ Eu deixei de gostar de cachorro-quente depois de visitar a fábrica onde são feitos.

go off with 1 vt deixar um parceiro para ficar com outra pessoa. *Ronald is crazy to leave his wife and **go off with** his secretary.* ⇨ Ronald está louco para deixar a esposa e ficar com a secretária. **2** vt roubar, levar embora, sumir com (algo). *I left my magazine here and someone has **gone off with** it.* ⇨ Eu dexei a minha revista aqui e alguém a levou.

goof off vi gír evitar trabalho, ficar à toa. *I prefer to **goof off** than work.* ⇨ Eu prefiro ficar à toa a trabalhar.

goof up vt+vi gír ir mal ou fazer algo malfeito. *Did you **goof up** your math test again, Mario? Did you **goof** your math test **up** again, Mario?* ⇨ Você foi mal na prova de matemática de novo, Mario? *Look, those are the doors I want painted. See if you don't **goof up**!* ⇨ Olha, aquelas são as portas que eu quero pintadas. Vê se você não faz o trabalho malfeito!

go on 1 vt+vi continuar. *They **go on** working, even through the Christmas holidays.* ⇨ Eles continuam trabalhando, mesmo durante os feriados de Natal. *Please, **go on**.* ⇨ Por favor, continue. **2** vt+vi acontecer, existir. *The meeting will **go on** tomorrow.* ⇨ A reunião acontecerá amanhã. *What's **going on**?* ⇨ O que está acontecendo? *This problem has **gone on** too long.* ⇨ Este problema existe há tempo demais. **3** vi falar irritado, reclamar (de algo ou alguém). *Martha is at the bank **going on** about the money missing from her savings account.* ⇨ Martha está no banco reclamando do dinheiro que sumiu de sua poupança. **4** vi falar sem parar, falar além do necessário. *I wanted to leave, but he **went on** for hours.* ⇨ Eu queria sair, mas ele falou sem parar por horas. **5** vi começar a funcionar (eletricidade, luz, máquina etc.). *The electricity won't **go on** before they finish fixing the transformer.* ⇨ A força não voltará antes de consertarem o transformador. *The air conditioner **goes on** automatically when it reaches 25 degrees.* ⇨ O ar condicionado começa a funcionar automaticamente quando chega a 25 graus. **6** vi pop vá! (para encorajar ou animar alguém). ***Go on!** You can do it!* ⇨ Vá! Você vai conseguir! ***Go on** and ask her for her telephone number.* ⇨ Vá e peça o seu número de telefone. **7** vt proceder com (informação, pista, dica etc.). *The police have no clues to **go on**.* ⇨ A polícia não tem pistas com que proceder. *I'm not sure how to assemble it. I'm **going on** what's written in the user's manual.* ⇨ Eu não sei ao certo como montá-lo. Estou procedendo com base nas informações escritas no manual do usuário. **8** vt gastar com (dinheiro ou tempo). *His money **goes on** rent and groceries.* ⇨ O dinheiro dele é gasto com aluguel e comida. **9** vt aproximar-se de, chegar a (idade) (sempre no gerúndio). *Monica is **going on** forty, but she looks much younger.* ⇨ Monica está se aproximando dos quarenta anos, mas parece mais jovem.

go on at vt criticar demais (alguém). *I said I'm sorry. You don't have to **go on at** me.* ⇨ Eu pedi desculpas. Você não precisa me criticar mais.

go out 1 vi sair (especialmente à noite). *Let's **go out** tonight and do something fun.* ⇨ Vamos sair à noite e fazer algo divertido. **2** vi sair da moda. *Large hats **went out** years ago. Nowadays no one uses them.* ⇨ Chapéus grandes saíram de moda há anos. Hoje ninguém os usa. **3** vi apagar, extinguir (luz, fogo, vela). *Don't let the fire **go out**, it's cold.* ⇨ Não deixe o fogo se apagar, está frio. *The lights **went out** after lightning hit the transformer.* ⇨ As luzes se apagaram depois que um raio atingiu o transformador. **4** *vi* divulgar (mensagem, aviso, notícia etc.). *A warning **went out** before the hurricane hit the coast.* ⇨ Um aviso foi divulgado antes de o furacão atingir a costa.

go out for *vt* tentar entrar em (time, grupo). *Peter is **going out** for the university hockey team.* ⇨ Peter está tentando entrar no time universitário de *hockey*.

go out together *vi* namorar. *Are they **going out together** or are they just friends?* ⇨ Eles estão namorando ou são apenas amigos?

go out with *vt* namorar. *Are you **going out with** anyone?* ⇨ Você está namorando alguém?

go over 1 *vt* revisar, rever, examinar com cuidado. *Let's **go over** the report again before submitting it.* ⇨ Vamos examinar de novo com cuidado o relatório antes de entregá-lo. **2** *vt+vi* fazer uma visita, visitar (alguém). *I **went over** to Janet's house to have tea.* ⇨ Eu fui à casa de Janet para tomar chá. *I think I'll **go over** and say hello to Judy and Doug.* ⇨ Eu acho que vou visitar Judy e Doug para cumprimentá-los. **3** *vi* ser bem ou mal recebido ou percebido. *The chef's lobster ravioli is **going over** well with the customers.* ⇨ O ravioli de lagosta do chefe está sendo bem recebido pelos clientes. *I don't want to **go over** as old-fashioned.* ⇨ Eu não quero ser visto como antiquado.

go over to 1 *vt* mudar para (sistema, ideia, maneira etc.). *We **went over** to the DVD system and sold our old VCR.* ⇨ Nós mudamos para o sistema DVD e vendemos o vídeo velho. *Peter **went over** to a vegetarian diet and feels much healthier.* ⇨ Peter mudou para um regime vegetariano e se sente muito mais saudável. **2** *vt* mudar para (grupo, partido, time). *He **went over** to the conservative party, where he had more support.* ⇨ Ele mudou para o partido conservador, onde tinha mais apoio.

go round V **go around/round.**

go round together *vi* andar junto com (alguém). *George and my cousin started **going round together** after they entered Concordia University.* ⇨ George e meu primo começaram a andar juntos após entrarem na Concordia University.

go round with *vt* andar com (alguém). *I used to **go round with** some interesting people when I lived in Chicago.* ⇨ Eu andava com algumas pessoas interessantes quando morava em Chicago.

go through 1 *vt* passar por (experiência difícil ou desagradável). *I **went through** some very hard times growing up in Recife.* ⇨ Eu passei por uns períodos muito difíceis quando era criança em Recife. **2** *vt* passar por, completar (processo, etapa). *She **went through** medical school.* ⇨ Ela passou pela escola de medicina. *Soldiers **go through** six months of training.* ⇨ Os soldados passam por seis meses de treinamento. **3** *vt* examinar cuidadosamente. *The thief **went through** my drawers looking for valuables.* ⇨ O ladrão examinou cuidadosamente minhas gavetas, procurando coisas de valor. **4** *vt* gastar muito ou tudo (dinheiro, comida etc.). *What? We **went through** a bottle of shampoo in a week?* ⇨ O quê? Nós gastamos um frasco inteiro de xampu numa semana? *I **went through** a lot of money on holiday in France.* ⇨ Eu gastei muito dinheiro nas férias na França. **5** *vi* ser aceito, passar (lei, proposta, plano etc.). *The California anti-pollution law **went through** in 1985.* ⇨ A lei antipoluição da Califórnia passou em 1985.

go through with *vt* fazer algo desagradável até o fim. *I don't know if he will **go through with** the treatment.* ⇨ Eu não sei se ele fará o tratamento até o fim.

go together *vi* combinar, harmonizar. *Your striped tie and plaid shirt don't go together.* ⇨ Sua gravata listrada e a camisa xadrez não combinam.

go under 1 *vi* afundar. *The ship went under after it hit a reef.* ⇨ O navio afundou depois de bater num recife. **2** *vi* falir (empresa). *Rick's family business went under.* ⇨ A empresa da família de Rick faliu.

go up 1 *vi* subir, aumentar (preço, temperatura, juros etc.). *The price of gas will go up again next week.* ⇨ O preço da gasolina aumentará de novo na próxima semana. *Interest rates went up.* ⇨ A taxa de juros subiu. **2** *vi* construir. *There is a building going up beside our house.* ⇨ Há um prédio sendo construído ao lado da nossa casa. **3** *vt* pegar fogo de repente. *The car hit a truck and they both went up in flames.* ⇨ O carro bateu num caminhão e os dois pegaram fogo de repente. **4** *vi* ir ou viajar para (o norte). *Mark went up to Canada to visit some friends.* ⇨ Mark foi para o Canadá para visitar alguns amigos. **5** *vt+vi* aproximar-se (de alguém ou algo), chegar à frente de. *I went up to the counter to ask for information.* ⇨ Eu me aproximei do balcão para pedir informação. *She went up and kissed me.* ⇨ Ela chegou à minha frente e me beijou.

go up against *vt* enfrentar, encarar (alguém ou algo). *You go up against a lot of difficulties climbing Mt. Everest.* ⇨ Você enfrenta muitas dificuldades ao escalar o monte Everest. *We're going up against the Brazilian volleyball team tomorrow.* ⇨ Nós enfrentaremos o time brasileiro de vôlei amanhã.

go with 1 *vt* combinar com, harmonizar--se com. *A bottle of Bordeaux should go with the lamb very well.* ⇨ Uma garrafa de vinho Bordeaux deve combinar muito bem com o carneiro. **2** *vt* acompanhar. *Let's have a salad to go with the fish.* ⇨ Vamos comer uma salada para acompanhar o peixe. **3** *vt* aceitar, suportar (plano, proposta, pessoa). *I'm afraid I can't go with the new proposal. I just don't agree with it.* ⇨ Eu lamento não poder aceitar a nova proposta. Eu simplesmente não estou de acordo. *Who will go with me on this?* ⇨ Quem vai me apoiar nessa? **4** *vt* sair com, namorar. *Lucy has been going with Paul for months.* ⇨ Lucy está namorando Paul há meses.

go without *vt+vi* ficar sem, passar sem. *My grandparents went without enough food during the war.* ⇨ Meus avós ficaram sem comida suficiente durante a guerra. *There's no milk for our coffee. We'll have to go without.* ⇨ Não há leite para o nosso café. Teremos de passar sem ele.

grapple with *vt* lutar com, lidar com (problemas, dificuldades). *Randy has been grappling with his income tax return all afternoon.* ⇨ Randy está lutando com o formulário de imposto de renda a tarde inteira.

grasp at *vt* tentar agarrar ou pegar (com a mão). *I grasped at the fleeing thief but he escaped.* ⇨ Eu tentei agarrar o ladrão, mas ele escapou.

grind away (at) *vt+vi* trabalhar em algo repetitivo ou chato. *I grind away at these monthly reports and no one reads them.* ⇨ Eu trabalho nesses relatórios mensais chatos e ninguém os lê. *He's been years grinding away in a factory assembling radios.* ⇨ Ele está há anos fazendo um trabalho repetitivo numa fábrica, montando rádios.

grind out *vt* produzir em série ou massa (especialmente algo de má qualidade). *The Chinese film industry grinds out a monumental number of films every year.* ♦ *The Chinese film industry grinds a monumental number of films out every year.* ⇨ A indústria cinematográfica chinesa produz um número monumental de filmes todo ano.

gross out 1 *vt gír* cometer vulgaridade, fazer algo nojento, enojar alguém. *I grossed her out when I spat out my hamburger.* ⇨ Eu a enojei quando cuspi fora meu hambúrguer. **2** *vt gír* sentir nojo de. *The sight of blood grosses me out.* ⇨ Ao ver sangue, eu sinto nojo.

grow apart *vi* perder a amizade aos poucos, ficar distante de. *We grew apart after she married and stopped going to the pubs with us.* ⇨ Nós perdemos a amizade aos poucos, depois que ela se casou e parou de ir aos bares conosco.

grow away from *vt* perder amizade aos poucos, distanciar-se de. *I grew away from Sarah over the years and now we scarcely phone each other.* ⇨ Eu me distanciei de Sarah, e agora quase não nos telefonamos mais.

grow into *vt* crescer até caber em (roupas). *He'll grow into that sweater soon.* ⇨ Ele crescerá até caber naquele suéter logo.

grow on *vt* subir na estima de, gostar mais de (algo ou alguém). *That red jacket isn't so ugly after all. It's growing on me more and more.* ⇨ Aquela jaqueta vermelha não é tão feia afinal. Estou gostando dela cada vez mais. *Nobody likes Dan at first, but he grows on you.* ⇨ Ninguém gosta de Dan de início, mas você acaba gostando dele aos poucos.

grow out of 1 *vt* perder roupas por crescer. *Kids grow out of their clothes so quickly at this age.* ⇨ As crianças perdem roupas rapidamente nessa idade. **2** *vt* surgir de (especialmente ideias). *The book grew out of an article I wrote for a magazine.* ⇨ O livro surgiu de um artigo que escrevi para uma revista.

grow up 1 *vi* crescer (pessoa). *Sam grew up in Kansas.* ⇨ Sam cresceu no Kansas. *The kids are growing up so quickly.* ⇨ As crianças estão crescendo tão rápido. **2** *vi* crescer, tornar-se maior ou mais importante (cidade, empresa, organização). *Los Angeles grew up with the help of the film industry.* ⇨ Los Angeles cresceu com a ajuda da indústria do cinema.

grow up on *vt* crescer com, ter na infância (algo). *We grew up on Corn Flakes cereal and Mickey Mouse cartoons.* ⇨ Nós crescemos com o cereal Flocos de Milho e os desenhos do Mickey Mouse.

guess at *vt* adivinhar, tentar imaginar. *I can only guess at what she thinks of me.* ⇨ Eu só posso adivinhar o que ela pensa sobre mim.

gun down *vt* matar a tiro. *The police gunned down the bank robber when he tried to escape.* ♦ *The police gunned the bank robber down when he tried to escape.* ⇨ A polícia matou o ladrão do banco a tiros quando ele tentou escapar.

gussy up 1 *vt+vi Amer pop* enfeitar, vestir(-se) chique. *I can't understand why you gussy up the kids every time you take them out.* ♦ *I can't understand why you gussy the kids up every time you take them out.* ⇨ Eu não entendo porque você veste as crianças chique cada vez que sai com elas. *The room was all gussied up for the dance.* ⇨ A sala estava toda enfeitada para a dança. **2** *refl* vestir-se chique. *Tell Helen she doesn't have to gussy herself up for the dinner tonight.* ⇨ Avise a Helen que ela não precisa vestir-se chique para o jantar hoje à noite.

h

hack around *vi Amer gír* perder tempo sem fazer nada, ficar à toa. *He should work instead of **hacking around** all day.* ⇨ Ele deveria trabalhar em vez de ficar à toa o dia inteiro.

hack into *vt* entrar ilegalmente em (sistema de computadores). *They **hacked into** the telephone company's computer system and deleted important information.* ⇨ Eles entraram ilegalmente no sistema de computadores da companhia telefônica e deletaram informações importantes.

hammer away at *vt* trabalhar com esforço em. *I have been **hammering away at** my homework since early this morning.* ⇨ Eu estou trabalhando com esforço nas minhas lições de casa desde hoje cedo.

hammer in *vt* martelar, repetir algo frequentemente. *The advertisement keeps **hammering in** the name of the product.* ⇨ O anúncio publicitário fica martelando o nome do produto.

hammer into *vt* martelar, insistir em algo até que se chegue à compreensão. *You have to **hammer** the rules **into** the students' heads.* ⇨ Você tem de martelar estas regras na cabeça dos alunos.

hammer out *vt* discutir até resolver (acordo, diferença, problema). *Tim and Sue **hammered out** the details of their divorce.* ◆ *Tim and Sue **hammered** the details of their divorce **out**.* ⇨ Tim e Sue discutiram até resolverem os detalhes do divórcio.

ham up *vt* gesticular de propósito, fazer gracinhas (especialmente para uma plateia ou câmera). *He was **hamming it up** in front of the camera.* ⇨ Ele estava fazendo gracinhas na frente da câmera.

hand back *vt* devolver. *Don't forget to **hand back** those library books tomorrow.* ◆ *Don't forget to **hand** those library books **back** tomorrow.* ⇨ Não se esqueça de devolver aqueles livros para a biblioteca amanhã.

hand down 1 *vt* transmitir ou passar por gerações (tradições, coisas). *These wooden sculptures are **handed down** from father to son.* ⇨ Estas esculturas de madeira são passadas de pai para filho. **2** *vt* passar por baixo. *I'll go up the ladder and **hand down** the boxes.* ◆ *I'll go up the ladder and **hand** the boxes **down**.* ⇨ Eu vou subir a escada e passar as caixas por baixo. **3** *vt* dar veredicto. *The judge **handed down** his verdict.* ◆ *The judge **handed** his verdict **down**.* ⇨ O juiz deu-lhe o veredicto.

hand in 1 *vt* entregar (trabalho escrito). *The teacher told us to **hand in** our essays on Monday.* ◆ *The teacher told us to **hand** our essays **in** on Monday.*

hand out

⇨ A professora nos disse para entregarmos nossos ensaios na segunda-feira. **2** *vt* entregar para as autoridades (documentos, armas). *Foreigners have to* **hand in** *their documents at the border.* ♦ *Foreigners have to* **hand** *their documents* **in** *at the border.* ⇨ Os estrangeiros precisam entregar seus documentos na fronteira.

hand out *vt* distribuir. *The teacher* **handed out** *exercises in class.* ♦ *The teacher* **handed** *exercises* **out** *in class.* ⇨ A professora distribuiu exercícios na sala de aula.

hand over 1 *vt* entregar (algo). *The investigator asked him to* **hand over** *his documents.* ♦ *The investigator asked him to* **hand** *his documents* **over.** ⇨ O investigador pediu a ele para entregar seus documentos. **2** *vt* entregar (responsabilidade, poder, controle). *He will* **hand over** *the presidency to his successor tomorrow.* ♦ *He will* **hand** *the presidency* **over** *to his successor tomorrow.* ⇨ Ele entregará a presidência ao seu sucessor amanhã.

hang about *V* **hang around/round/about.**

hang about together *V* **hang around/round/about together.**

hang about with *V* **hang around/round/about with.**

hang around/round/about 1 *vi pop* ficar à toa, esperar acontecer (algo). *I've been* **hanging around/round/about** *all day waiting for a phone call.* ⇨ Eu fiquei o dia inteiro à toa esperando um telefonema. **2** *vi pop* passar ou matar tempo num lugar. *We used to* **hang around/round/about** *the mall looking in store windows and talking to girls.* ⇨ A gente passava o tempo no *shopping* com amigos olhando as lojas e paquerando as garotas.

hang around/round/about together *vt pop* andar junto com. *Jessey and I* **hung around/round/about together** *a lot when we were at school.* ⇨ Jessey e eu andávamos muito juntos quando estávamos na escola.

hang around/round/about with *vt pop* andar junto com. *Do you still* **hang around/round/about with** *the guys from the club?* ⇨ Você ainda anda junto com os caras do clube?

hang in *vi* insistir, persistir (especialmente em algo difícil). *I wanted to quit university, but my parents asked me to* **hang in** *at least until the end of the semester.* ⇨ Eu queria desistir da universidade, mas meus pais me pediram para eu insistir pelo menos até o fim do semestre.

hang on 1 *vi* esperar, aguardar. *Hang on, I'll be ready in a few minutes.* ⇨ Aguarde, estarei pronto em alguns minutos. **2** *vt+vi* segurar (em algo ou alguém). *Hang on to this rope while you climb the tree.* ⇨ Segure-se nesta corda enquanto você sobe na árvore. *We're going to gallop now, so* **hang on!** ⇨ Nós vamos galopar agora; então, se segure!

hang onto 1 *vt* segurar (em algo ou alguém). *She* **hung onto** *his arm as they crossed the bridge.* ⇨ Ela segurou o braço dele enquanto eles atravessavam a ponte. **2** *vt* guardar (especialmente algo de valor). *We should* **hang onto** *the stocks until the market goes up.* ⇨ Nós devemos guardar as ações até o mercado subir.

hang out 1 *vt+vi pop* passar o tempo em um lugar. *They usually* **hang out** *at a bar near work.* ⇨ Eles geralmente passam o tempo num bar perto do trabalho. **2** *vt* pendurar para secar (roupas). *She* **hung out** *the laundry.* ⇨ Ela pendurou as roupas para secar.

hang out with *vt pop* passar o tempo com, andar com (alguém). *Sue* **hangs out** *with her friends from work.* ⇨ Sue passa o tempo com as amigas do trabalho.

hang round *V* hang around/round/about.

hang round together *V* hang around/round/about together.

hang round with *V* hang around/round/about with.

hang up 1 *vt+vi* desligar (telefone). *Sam **hung up** the phone and left the room.* ♦ *Sam **hung** the phone **up** and left the room.* ⇨ Sam desligou o telefone e saiu da sala. **2** *vt* pendurar (algo). *She **hung up** her towel to dry.* ♦ *She **hung** her towel **up** to dry.* ⇨ Ela pendurou sua toalha para secar.

hang up on 1 *vt* desligar o telefone na cara de alguém. *She **hung up on** me!* ⇨ Ela desligou na minha cara! **2** *vt* ficar preocupado com, ter obsessão por (algo ou alguém). *She's completely **hung up on** this guy.* ⇨ Ela está completamente obcecada por este cara.

hang with *vt Amer pop* andar com, passar o tempo com. *I used to **hang with** Peter at school.* ⇨ Eu costumava andar com o Peter na escola.

hanker after *V* hanker for/after.

hanker for/after *vt* desejar ou querer muito algo. *I'm **hankering for/after** chocolate but I'm on a diet.* ⇨ Eu estou querendo muito um chocolate, mas estou de regime.

happen upon *vt* encontrar ou achar por acaso. *I **happened upon** this old photograph in my drawer.* ⇨ Eu achei, por acaso, esta fotografia antiga na minha gaveta.

harp on *vi* insistir em falar sobre um assunto (especialmente algo chato). *My father keeps **harping on** that I don't have a job.* ⇨ Meu pai insiste em falar sobre o meu desemprego.

hash over *vt Amer* discutir por muito tempo ou várias vezes (assunto). *We **hashed over** the problem for weeks before finding a solution.* ⇨ Nós discutimos muito, durante semanas, antes de achar uma solução para o problema.

haul off *vt* retirar ou levar alguém à força. *He was **hauled off** the stage during the show.* ⇨ Ele foi retirado do palco à força durante o show.

have against *vt* ter algo contra (alguém), ser contra (algo). *I **have** nothing **against** her.* ⇨ Eu não tenho nada contra ela. *Do you **have** something **against** my idea or are you just being disagreeable?* ⇨ Você tem algo contra a minha ideia ou está apenas sendo desagradável?

have around/round *vt* receber em casa (visita). *Let's **have around/round** Mark and Julia for dinner on Saturday.* ♦ *Let's **have** Mark and Julia **around/round** for dinner on Saturday.* ⇨ Vamos receber Mark e Julia em casa para jantar, no sábado.

have in *vt* receber em casa (visita). *I had Morris **in** for a drink last night.* ⇨ Eu recebi Morris para tomar um drinque ontem à noite.

have off *vt* ter férias ou folga. *I **have** a week **off** from work.* ⇨ Eu tenho uma semana de folga do trabalho. *Do you **have** tomorrow **off**?* ⇨ Você tem folga amanhã?

have on 1 *vt* ter vestido ou colocado (roupas, joias, óculos etc.). *I don't **have on** my glasses. I don't **have** my glasses **on**.* ⇨ Eu não coloquei os meus óculos. **2** *vt* ter ligado (luz, motor, rádio etc.). *He **has** the radio **on**.* ⇨ Ele tem o rádio ligado. **3** *vt* ter agendado, planejado. *Do you **have** anything **on** for Tuesday night?* ⇨ Você tem algo agendado para terça-feira à noite? **4** *vt* ter algo (em mãos). *I don't **have** any money **on** me.* ⇨ Eu não tenho dinheiro comigo. **5** *vt* ter algo incriminatório sobre alguém (informação, evidência, prova etc.). *The police must **have** something **on** him if they arrested him.* ⇨ A polícia deve ter alguma prova contra ele se eles o levaram preso. **6** *vt* enganar alguém. *It's not true, I'm having you on!* ⇨ Não é verdade, estou te enganando!

have out with *vt* explicar-se com, discutir para esclarecer (diferença de opinião, situação). *I had it out with him and we settled our differences.* ⇨ Eu me expliquei e nós resolvemos as nossas diferenças de opinião.

have over *vt* receber em casa (visita). *Let's have over Sam and Judy for dinner on Friday.* ♦ *Let's have Sam and Judy over for dinner on Friday.* ⇨ Vamos receber Sam e Judy em casa para jantar, na sexta-feira.

have round *V* have around/round.

head off *vt* interceptar (alguém, algo) especialmente para mudar o rumo ou direção de. *The police were able to head off the bank robbers before they reached the border.* ♦ *The police were able to head the bank robbers off before they reached the border.* ⇨ A polícia conseguiu interceptar os ladrões antes que eles alcançassem a fronteira.

head off/out *vi* começar (viagem, jornada). *We'll head off/out at six o'clock tomorrow.* ⇨ Nós começaremos a viagem amanhã às seis horas.

head out *V* head off/out.

head up *vt* liderar, comandar, ser responsável por (comitê, projeto, organização). *Morris is heading up the ethics committee.* ⇨ Morris está comandando o comitê de ética.

hear from *vt* ter notícias ou informação de. *Have you heard from Mark?* ⇨ Você tem notícias de Mark?

hear of 1 *vt* ouvir falar de. *I've heard of the band but I've never heard their music.* ⇨ Eu ouvi falar da banda, mas nunca ouvi as suas músicas. **2** *vt* permitir (sempre negativo). *I won't hear of you paying the restaurant bill.* ⇨ Eu não permito que você pague a conta do restaurante.

hear out *vt* ouvir uma pessoa até o fim. *Just hear me out before you decide.* ⇨ Apenas me ouça até o final antes de decidir.

heat up 1 *vt* esquentar (comida). *I can heat up the chicken if you'd like some.* ♦ *I can heat the chicken up if you'd like some.* ⇨ Eu posso esquentar o frango se você quiser um pouco. **2** *vi* esquentar(-se). *The motor is heating up. Better turn it off.* ⇨ O motor está esquentando. É melhor desligá-lo. **3** *vt* esquentar (situação, briga, conflito etc.). *Discussions between the union and management are heating up and may result in a strike.* ⇨ Discussões entre o sindicato e a gerência estão esquentando e podem resultar em greve.

hedge against *vt* agir para prevenir, tomar providências para proteger-se (contra problemas financeiros). *I keep some of my capital abroad to hedge against national economic crises.* ⇨ Eu guardo um pouco do meu capital fora do país para me proteger contra possíveis perdas em crises econômicas nacionais.

help along 1 *vt* ajudar a concluir. *I will help my sister along in her math homework.* ⇨ Eu ajudarei minha irmã a completar sua lição de casa de matemática. **2** *vt* favorecer. *The lack of rain helped along the forest fires.* ♦ *The lack of rain helped the forest fires along.* ⇨ A falta de chuva favoreceu os incêndios da floresta a se espalharem.

help out *vt* ajudar alguém (com dinheiro, doações, comida etc.). *The local church helps out the poor by serving free meals.* ♦ *The local church helps the poor out by serving free meals.* ⇨ A igreja do bairro ajuda os pobres com refeições gratuitas.

help to 1 *vt pop* servir alguém (comida ou bebida). *Let me help you to another plate of spaghetti.* ⇨ Deixe-me servi-lo com mais um prato de espaguete. **2** *refl* servir-se. *Help yourself to more food.* ⇨ Sirva-se de mais comida.

hem in 1 *vt* restringir, impedir movimentos ou liberdades de (geralmente na voz passiva). *We would do much more but we're **hemmed in** by rules and regulations.* ⇨ Nós faríamos muito mais, porém estamos restringidos por regras e regulamentos. **2** *vt* cercar (geralmente na voz passiva). *Our garden is **hemmed in** by lines of pine trees.* ⇨ Nosso jardim é cercado por fileiras de pinheiros.

hide away 1 *vt* esconder (algo). *My grandfather used to **hide away** his money under his matress.* ♦ *My grandfather used to **hide** his money **away** under his matress.* ⇨ Meu avô costumava esconder seu dinheiro embaixo do colchão. **2** *vi* esconder-se (especialmente para não ser atrapalhado). *When I need to think I usually **hide away** in the park.* ⇨ Quando eu preciso pensar, geralmente me escondo no parque.

hide out *vi* esconder-se (especialmente das autoridades). *The robbers were **hiding out** in the forest.* ⇨ Os ladrões estavam se escondendo na floresta.

hike up 1 *vt* aumentar muito (preço). *I stopped buying imported wines after the stores **hiked up** the prices.* ♦ *I stopped buying imported wines after the stores **hiked** the prices **up**.* ⇨ Eu parei de comprar vinhos importados depois que as lojas aumentaram muito os preços. **2** *vt* levantar (roupa). *She **hiked up** her shirt for everyone to see.* ♦ *She **hiked** her shirt **up** for everyone to see.* ⇨ Ela levantou a blusa para todo mundo ver.

hint at *vt* aludir a, fazer referência indireta a. *I didn't say I wanted a raise, but I **hinted at** it.* ⇨ Eu não disse que queria um aumento de salário, mas aludi a isso.

hire out 1 *vt* alugar. *We **hire out** cars with chauffeurs for tourists.* ⇨ Nós alugamos carros com motoristas para os turistas. **2** *vt* terceirizar (mão de obra, serviços). *It's cheaper to **hire out** an accountant than keep one on salary.* ⇨ É mais barato terceirizar um contador do que manter um com salário.

hit back *vt* retaliar. *He hit me so I **hit** him **back**.* ⇨ Ele me bateu, então eu retaliei e bati de volta. *The mayor **hit back** at his critics in a newspaper article.* ⇨ O prefeito retaliou contra seus críticos num artigo de jornal.

hit off (sempre com **it** entre os formativos) *vt* dar-se bem com (de imediato). *Helena and I **hit** it **off** the first time we met.* ⇨ Helena e eu nos demos muito bem no primeiro encontro.

hit on 1 *vt Amer gír* tentar seduzir. *George was **hitting on** my wife at the party.* ⇨ George estava tentando seduzir minha mulher na festa. **2** *vt* pedir algo (especialmente dinheiro). *My brother-in-law always **hits on** me for money.* ⇨ Meu cunhado sempre me pede dinheiro.

hit up *vt Amer gír* pedir algo (especialmente dinheiro). *There is always someone at the bus station to **hit** you **up** for some money.* ⇨ Há sempre alguém na estação de ônibus te pedindo dinheiro.

hit with *vt* pegar de surpresa com (notícias ou conta a pagar). *I was **hit with** the news of his death at the hospital.* ⇨ Eu fui pego de surpresa com a notícia de sua morte no hospital. *The plumber **hit** me **with** a bill of two-hundred dollars.* ⇨ O encanador me pegou de surpresa com uma conta de duzentos dólares.

hoard away *vt* guardar algo num lugar seguro, para usá-lo no futuro. *Janet is **hoarding away** her money.* ♦ *Janet is **hoarding** her money **away**.* ⇨ Janet está guardando seu dinheiro para usar no futuro.

hoard up *vt* estocar, acumular, poupar (dinheiro, comida). *We're **hoarding up** food for the winter.* ♦ *We're **hoarding** food **up** for the winter.* ⇨ Estamos estocando comida para o inverno.

hold back 1 *vt* reter, segurar (algo ou alguém). *I **held back** my dog when the man entered the garden.* ◆ *I **held** my dog **back** when the man entered the garden.* ⇨ Eu segurei meu cão quando o homem entrou no jardim. 2 *vt* reter ou impedir progresso de (trabalho). *The lack of equipment in schools is **holding back** our students.* ◆ *The lack of equipment in schools is **holding** our students **back**.* ⇨ A falta de equipamento nas escolas está impedindo o progresso dos nossos alunos. 3 *vt* reter informação de. *The police know he's **holding back** information about the crime.* ◆ *The police know he's **holding** information **back** about the crime.* ⇨ A polícia sabe que ele está retendo informação sobre o crime. 4 *vt* conter, segurar (emoção, comentário, lágrimas etc.). *She **held back** her tears.* ◆ *She **held** her tears **back**.* ⇨ Ela conteve as lágrimas. *I **held back** my comments until the end of the meeting.* ◆ *I **held** my comments **back** until the end of the meeting.* ⇨ Eu segurei meus comentários até o final da reunião. 5 *refl* conter-se, segurar-se (emoção, comentário, lágrimas etc.). *I wanted to laugh in his face but I **held** myself **back**.* ⇨ Eu queria dar risada na cara dele, mas me segurei.

hold down 1 *vt* manter (emprego). *Richard can't **hold down** a job for more than six months.* ◆ *Richard can't **hold** a job **down** for more than six months.* ⇨ Richard não consegue manter um emprego por mais de seis meses. 2 *vt* segurar no lugar. *When it's windy I use my cup to **hold down** the papers on my desk.* ◆ *When it's windy I use my cup to **hold** the papers on my desk **down**.* ⇨ Quando está ventando, eu uso minha xícara para manter meus papéis no lugar, na mesa. 3 *vt* manter baixo (preços, inflação, juros etc.). *The government is **holding down** interest rates to stimulate the economy.* ◆ *The government is **holding** interest rates **down** to stimulate the economy.* ⇨ O governo está mantendo a taxa de juros baixa para estimular a economia. 4 *vt Amer pop* abaixar ou parar de fazer barulho (geralmente ordem). ***Hold down** that loud music! I'm trying to read!* ◆ ***Hold** that loud music **down**! I'm trying to read!* ⇨ Abaixe essa música alta! Estou tentando ler! 5 *vt* manter no estômago (comida). *I've been vomiting since yesterday and I can't **hold down** any food.* ◆ *I've been vomiting since yesterday and I can't **hold** any food **down**.* ⇨ Eu estou vomitando desde ontem e não consigo manter a comida no estômago.

hold off 1 *vt* impedir ou manter à distância (atacante). *We **held off** the dogs with sticks.* ◆ *We **held** the dogs **off** with sticks.* ⇨ Nós impedimos o ataque dos cachorros com paus. 2 *vt* vencer ataque de competidor (esporte). *Brazil's football team **held off** the Uruguyan team and won yesterday's game.* ◆ *Brazil's football team **held** the Uruguyan team **off** and won yesterday's game.* ⇨ O time brasileiro venceu o ataque do time uruguaio e ganhou o jogo de ontem. 3 *vt* adiar temporariamente. *We decided to **hold off** getting married until next year.* ⇨ Nós decidimos adiar o nosso casamento até o próximo ano.

hold on 1 *vi* esperar, aguardar. *She asked me to **hold on** while she fetched her coat.* ⇨ Ela pediu para eu aguardar enquanto foi pegar o casaco. 2 *vi* segurar-se (em alguém ou algo). *We're going to gallop now so **hold on**!* ⇨ Nós vamos galopar agora; então, se segure!

hold on to/onto 1 *vt* segurar-se (em alguém ou algo). *I **held on to/onto** the rope as I climbed the hill.* ⇨ Eu segurei na corda enquanto subia o morro. 2 *vt* manter, guardar algo (especialmente algo de valor). *They **hung on to/onto** beach house even though they needed the money.* ⇨ Eles mantiveram a casa de praia, apesar de precisar do dinheiro. 3 *vt* manter (ideia, convicção, princípio etc.). *She still **hangs on to/***

hold onto *onto her childhood dream of becoming a Hollywood actress.* ⇨ Ela ainda mantém o seu sonho de infância de ser atriz de Hollywood.

hold onto *V* **hold on to/onto.**

hold out 1 *vi* resistir, sobreviver. *The missing campers can't hold out much longer without food and water.* ⇨ Os campistas desaparecidos não conseguirão sobreviver por muito mais tempo sem comida e água. **2** *vi* aguentar, durar (comida, dinheiro etc.). *My money didn't hold out long in France and I soon returned.* ⇨ Meu dinheiro não durou muito tempo na França, e logo voltei. **3** *vt* estender (mão), segurar com os braços estendidos (algo). *She held out her hand for me to kiss.* ♦ *She held her hand out for me to kiss.* ⇨ Ela estendeu a mão para eu beijá-la.

hold out against *vt* resistir a, não aceitar (proposta, ideia). *The union is holding out against management's proposal.* ⇨ O sindicato está resistindo à proposta da gerência.

hold out for *vt* persistir (em demandas), esperar por (algo que se quer). *We are holding out for a wage increase and won't go back to work until we get it.* ⇨ Nós estamos persistindo em nossa demanda por um aumento de salário e não vamos voltar a trabalhar antes de recebê-lo.

hold out on *vt* ocultar fatos ou informação, não revelar a verdade. *He won't tell me the truth. He's holding out on me.* ⇨ Ele não me dirá a verdade. Ele está ocultando algo de mim.

hold over 1 *vi* adiar. *Let's hold over the meeting until Wednesday.* ♦ *Let's hold the meeting over until Wednesday.* ⇨ Vamos adiar a reunião até quarta-feira. **2** *vt* prorrogar, estender (espetáculo, mostra, filme). *They're holding over the Picasso exhibit another week.* ♦ *They're holding the Picasso exhibit over another week.* ⇨ Eles estão prorrogando a mostra de Picasso por mais uma semana. **3** *vt* usar informação incriminatória para ameaçar alguém. *These accountants help you commit tax fraud and then hold it over you to get more money.* ⇨ Esses contadores o ajudam a declarar o imposto de renda fraudulento e depois usam esta informação incriminatória para tirar mais dinheiro de você.

hold together *vt* manter junto ou unido (grupo de pessoas, especialmente diante de dificuldades). *Love is the cement that holds a family together.* ⇨ O amor é o cimento que mantém uma família unida.

hold up 1 *vt* erguer, levantar. *He held up the baby for everyone to see.* ♦ *He held the baby up for everyone to see.* ⇨ Ele levantou o bebê para todos o verem. **2** *vt* atrasar, retardar (alguém ou algo). *The traffic usually holds up Lucy in the morning.* ♦ *The traffic usually holds Lucy up in the morning.* ⇨ O trânsito geralmente atrasa Lucy de manhã. *Stop holding me up and let me work!* ⇨ Pare de me atrasar e me deixe trabalhar! **3** *vt* assaltar (à mão armada), roubar. *Tom was held up in New York.* ⇨ Tom foi assaltado em Nova York. *They often hold up older people in Miami.* ♦ *They often hold older people up in Miami.* ⇨ Frequentemente eles assaltam pessoas de idade em Miami. **4** *vi* permanecer em estado saudável ou vantajoso. *The car industry is holding up well despite the recession.* ⇨ A indústria de automóveis está permanecendo saudável apesar da recessão.

hold up as *vt* apresentar como exemplo ou modelo. *Pelé is held up as a role model for young Brazilians.* ⇨ Pelé é apresentado aos jovens brasileiros como um modelo a seguir.

hole up *vi* esconder num lugar (especialmente para evitar um situação desagradável). *We'll hole up until the police stop looking for us.* ⇨ Nós nos esconderemos em algum lugar até a polícia parar de nos procurar.

hook up *vt* conectar, ligar (computador, telefone, som etc.). *I've **hooked up** my VCR but I can't get it to work.* ◆ *I've **hooked** my VCR **up** but I can't get it to work.* ⇨ Eu liguei meu vídeo, mas não consigo fazê-lo funcionar.

horse about/around *vi* brincar, pregar peças. *Go outside if you want to **horse about/around**.* ⇨ Vá lá fora se você quiser brincar.

horse around *V* **horse about/around**.

hunt down *vt* perseguir até capturar ou matar. *The police promise to **hunt down** the kidnappers no matter how long it takes.* ◆ *The police promise to **hunt** the kidnappers **down** no matter how long it takes.* ⇨ A polícia promete perseguir os sequestradores até capturá-los, sem importar o tempo que isso possa levar.

hurry along *vt* fazer acelerar, apressar (alguém ou algo). *I hurry along the children at breakfast.* ◆ *I hurry the children along at breakfast.* ⇨ Eu apresso as crianças no café da manhã.

hurry up *vt+vi* apressar-se. *If we **hurry up** dinner we'll make it to the cinema on time.* ◆ *If we **hurry** dinner **up** we'll make it to the cinema on time.* ⇨ Se apressarmos o jantar, chegaremos ao cinema na hora. *We're late. **Hurry up**!* ⇨ Estamos atrasados. Apresse-se!

hush up *vt* encobrir, silenciar a respeito de. *The senator's son was arrested but they managed to **hush up** the affair.* ◆ *The senator's son was arrested but they managed to **hush** the affair **up**.* ⇨ O filho do senador foi preso, mas eles conseguiram encobrir o acontecimento.

hype up *vt* promover ao falar maravilhas de. *The producers are **hyping up** his latest film before it hits the cinemas.* ◆ *The producers are **hyping** his latest film **up** before it hits the cinemas.* ⇨ Os produtores estão promovendo seu último filme, falando maravilhas, antes que chegue aos cinemas.

i

ice down *vt* pôr ou colocar gelo (em inchaço ou machucado). *You should ice down your foot to reduce the swelling.* ♦ *You should ice your foot down to reduce the swelling.* ⇨ Você deveria pôr gelo no pé para reduzir o inchaço.

ice over *vi* congelar, cobrir-se com uma camada de gelo. *It was so cold that even the pond iced over during the night.* ⇨ Estava tão frio que até a lagoa congelou durante a noite.

ice up *vi* cobrir-se de gelo e parar de funcionar. *I can't work today because the tractor's engine has iced up.* ⇨ Eu não posso trabalhar hoje porque o motor do trator cobriu-se de gelo e parou de funcionar.

idle away *vt* matar, gastar sem proveito (tempo). *Helen is idling away the day listening to music.* ♦ *Helen is idling the day away listening to music.* ⇨ Helen está matando o dia ouvindo música.

invalid out (of) *vt* aposentar-se ou reformar-se por invalidez (geralmente na voz passiva). *Paul joined the navy in 1986 and was invalided out five years later.* ⇨ Paul entrou na marinha em 1986 e foi reformado por invalidez cinco anos depois. *Alice was invalided out of the Department of Agriculture three years ago.* ⇨ Alice foi aposentada por invalidez do Departamento de Agricultura há três anos.

invite in/over *vt* convidar alguém à sua casa. *I invited in/over Paul and Mary for dinner on Saturday.* ♦ *I invited Paul and Mary in/over for dinner on Saturday.* ⇨ Eu convidei Paul e Mary para jantarem em casa no sábado.

invite out *vt* convidar alguém para sair. *Frank invited out Lucy for dinner.* ♦ *Frank invited Lucy out for dinner.* ⇨ Frank convidou Lucy para jantar fora.

invite over *V* **invite in/over**.

iron out *vt* resolver, solucionar (pequenos problemas ou dificuldades). *I'll have to iron out some problems with my former wife.* ♦ *I'll have to iron some problems out with my former wife.* ⇨ Eu terei de resolver alguns probleminhas com a minha ex-esposa.

itch for *vt pop* estar louco por, desejar ardentemente. *I'm itching for a beer.* ⇨ Eu estou louco por uma cerveja.

j

jack off *vi Amer vulg* bater punheta, masturbar-se. *The principal caught two students **jacking off** in the bathroom.* ⇨ O diretor pegou dois alunos batendo punheta no banheiro.

jack up 1 *vt Amer* suspender, levantar (geralmente veículo), com o uso do macaco. *Tony is going to **jack up** the car to change the tire.* ◆ *Tony is going to **jack** the car **up** to change the tire.* ⇨ Tony vai levantar o carro para trocar o pneu. **2** *vt pop* aumentar, majorar (preço, salário, taxa etc.). *They **jacked up** the price of gas yesterday.* ◆ *They **jacked** the price of gas **up** yesterday.* ⇨ Eles aumentaram o preço da gasolina ontem.

jam on *vt pop* frear, brecar (veículo) abruptamente. *He **jammed on** the brakes and avoided an accident.* ◆ *He **jammed** the brakes **on** and avoided an accident.* ⇨ Ele brecou o carro abruptamente e evitou um acidente.

jam up *vt* encher, lotar (sempre na voz passiva). *The stadium was completely **jammed up**.* ⇨ O estádio estava completamente lotado. *The street was all **jammed up** with police cars because of the bank robbery.* ⇨ A rua estava toda cheia de viaturas policiais, por causa do assalto ao banco.

jerk off 1 *vi vulg V* **jack off. 2** *vi Amer vulg* enrolar, tapear. *He's always **jerking off** and never doing anything useful.* ⇨ Ele está sempre enrolando e nunca faz nada útil.

jibe with *vt* coincidir, estar de acordo com. *Tony's account of what happened **jibes with** what Mary has declared.* ⇨ O relato de Tony sobre o que aconteceu coincide com aquilo que Mary declarou.

join in *vt+vi* participar, tomar parte. *We want all the children to **join in** the celebration.* ⇨ Nós queremos que todas as crianças participem da comemoração. *Liza watches other people dancing, but she never **joins in**.* ⇨ Liza observa as outras pessoas dançando, mas nunca participa.

join up (with) 1 *vt* alistar ou entrar para as forças armadas. *Frank **joined up with** the airforce ten years ago.* ⇨ Frank entrou na aeronáutica há dez anos. **2** *vt+vi* juntar-se; associar-se (empresas, coisas ou pessoas). *We're going to **join up with** some other people before taking the boat.* ⇨ Nós vamos nos juntar a outras pessoas antes de tomar o barco. *The two companies **joined up** to create a modern and competitive enterprise.* ⇨ As duas empresas se associaram para criar um empreendimento moderno e competitivo.

jot down *vt* anotar ou escrever algo rapidamente. *That lady has **jotted**

down *the licence plate number of the car involved in the accident.* ♦ *That lady has **jotted** the licence plate number **down** of the car involved in the accident.* ⇨ Aquela senhora anotou o número da placa do carro que se envolveu no acidente.

juice up *vt Amer gír* abastecer (veículo), pôr gasolina. *We have to **juice up** the car for the trip.* ♦ *We have to **juice** the car **up** for the trip.* ⇨ Nós precisamos abastecer o carro para a viagem.

jumble up *vt* bagunçar ou misturar em desordem (coisas). *Don't **jumble up** your socks and briefs now that I have organized your drawer.* ♦ *Don't **jumble** your socks and briefs **up** now that I have organized your drawer.* ⇨ Não misture as suas meias com as cuecas, agora que arrumei a sua gaveta.

jump at *vt* aceitar, pegar ou agarrar imediatamente (oferta, oportunidade etc.). *I'm sure he will **jump at** my offer.* ⇨ Eu tenho certeza de que ele vai aceitar a minha oferta imediatamente.

jump in *vi* interromper a conversa de alguém, cortar a palavra de alguém. *Norman **jumped in** just to contradict me.* ⇨ Norman interrompeu a conversa só para me contradizer.

jump on *vt pop* cair de pau em, criticar. *Sylvia **jumped on** Charles again because he treats people badly.* ⇨ Sylvia caiu de pau em Charles novamente porque ele trata mal as pessoas.

jump up *vi* levantar-se de repente. *The kids **jumped up** and ran to the door to meet their father.* ⇨ As crianças levantaram-se de repente e correram em direção à porta, para receber o pai.

k

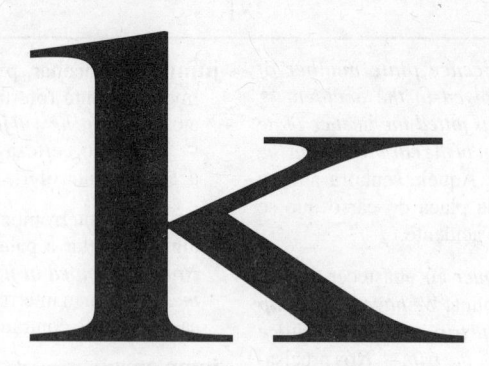

keel over *vi* virar, tombar (barco, lancha, navio). *The boat keeled over, but fortunately there were no casualties.* ⇨ O barco virou, mas felizmente não houve vítimas.

keep after *vt Amer* perseguir, caçar (alguém). *The police kept after the bank robbers for days and arrested them in Nashville.* ⇨ Durante vários dias, a polícia perseguiu os assaltantes do banco e os prendeu em Nashville.

keep ahead (of) *vt* manter-se na dianteira, manter-se à frente de alguém. *If you want to keep ahead of your competitors you should modernize your factory.* ⇨ Se você pretende manter-se à frente dos seus concorrentes, você deve modernizar a sua fábrica. *Don't try to keep ahead in the race with the children.* ⇨ Não tente manter a dianteira na corrida com as crianças.

keep away (from) *vt* manter-se afastado, afastar(-se), evitar. *I'm doing my best to keep Paul away from drugs.* ⇨ Eu estou fazendo o possível para manter Paul afastado das drogas. *She takes a lot of pills every morning to keep away diseases.* ♦ *She takes a lot of pills every morning to keep diseases away.* ⇨ Ela toma um monte de comprimidos toda manhã para evitar doenças.

keep back 1 *vt* reter, deter. *The mayor promised to build a barrier to keep back the flood water.* ♦ *The mayor promised to build a barrier to keep the flood water back.* ⇨ O prefeito prometeu construir uma barreira para deter a água da enchente. **2** *vt* esconder ou manter algo (segredo, informação etc.). *I'm sure John is keeping back something.* ♦ *I'm sure John is keeping something back.* ⇨ Eu tenho certeza de que John está escondendo algo. **3** *vt* reservar, pôr de lado. *Tell Lucy to keep back some cream to make the topping.* ♦ *Tell Lucy to keep some cream back to make the topping.* ⇨ Diga a Lucy para reservar um pouco de creme para fazer a cobertura. **4** *vt* controlar (emoções), conter(-se). *She was really touched and could not keep back her tears.* ♦ *She was really touched and could not keep her tears back.* ⇨ Ela estava realmente emocionada e não conseguiu conter as lágrimas.

keep down 1 *vt* manter, conservar (algo). *I have to work out three days a week to keep down my weight.* ♦ *I have to work out three days a week to keep my weight down.* ⇨ Eu tenho de malhar três vezes por semana para manter o peso. **2** *vt* opinar, reprimir. *In some Arab countries, men keep down women.* ♦ *In some Arab countries, men keep women down.* ⇨ Em alguns países árabes, os homens oprimem as mulheres. **3** *vt* acabar com, matar (animais). *It's hard to keep down the flies* *during the summer.* ♦ *It's hard to **keep** the flies **down** during the summer.* ⇨ É difícil acabar com as moscas no verão. **4** *vt* manter ou reter no estômago. *The poor child can't **keep down** anything.* ♦ *The poor child can't **keep** anything **down**.* ⇨ A pobre criança não consegue manter nada no estômago.

keep from 1 *vt* esconder de, não revelar a. *I think he's **keeping** the truth **from** the police.* ⇨ Eu acho que ele está escondendo a verdade da polícia. **2** *vt* tirar ou afastar alguém de uma atividade. *I won't stay long because I don't want to **keep** you **from** your work.* ⇨ Eu não vou ficar por muito tempo, pois não quero tirá-lo do seu trabalho.

keep in 1 *vt* manter de castigo (na escola) após a aula. *The principal kept John **in** for bad behavior last Monday.* ⇨ Na segunda-feira passada, o diretor manteve John de castigo após a aula, por mau comportamento. **2** *vt* manter no hospital, manter internado. *The doctor will **keep** Tonya **in** for observation until tomorrow.* ⇨ O médico irá manter Tonya no hospital, em observação, até amanhã.

keep off 1 *vt* afastar-se de, manter(-se) à distância de. *I wish you'd **keep** your dog **off** my grass.* ⇨ Eu quero que você mantenha o seu cachorro afastado do meu gramado. **2** *vt* evitar; proteger(-se) de. *In summer, Alice always wears a straw hat to **keep off** the sun.* ♦ *In summer, Alice always wears a straw hat to **keep** the sun **off**.* ⇨ No verão, Alice sempre usa um chapéu de palha para proteger-se do sol. **3** *vt* abster-se de; não consumir (droga, bebida, cigarro etc.); não comer. *I **keep off** red meat and fatty things because of my high cholesterol level.* ⇨ Eu não como carne vermelha e coisas gordurosas por causa do meu alto nível de colesterol.

keep on 1 *vi* continuar, prosseguir. *We'll **keep on** working until midnight.* ⇨ Nós continuaremos a trabalhar até a meia-noite. **2** *vt* insistir em repetir algo, matracar. *Jane **kept on** about her trip to France.* ⇨ Jane insistiu em repetir sobre sua viagem à França. **3** *vt* manter trabalhando, manter no emprego. *The company fired most of the employees, but **kept on** some people.* ♦ *The company fired most of the employees, but **kept** some people **on**.* ⇨ A empresa demitiu a maioria dos empregados, mas manteve algumas pessoas trabalhando.

keep out 1 *vt* afastar, manter à distância. *We have a guard dog to **keep out** intruders.* ♦ *We have a guard dog to **keep** intruders **out**.* ⇨ Nós temos um cão de guarda para afastar os intrusos. **2** *vi* expressão equivalente a "não se aproxime" ou "perigo". *High voltage. **Keep out!*** ⇨ Alta voltagem. Perigo!

keep out of *vt* não envolver(-se), manter (-se) fora. *Try to **keep out of** trouble at school.* ⇨ Tente não se envolver em confusão na escola. *We should **keep** Donna **out of** this scandal.* ⇨ Nós deveríamos manter Donna fora desse escândalo.

keep to 1 *vt* ficar, permanecer. *Tell the children to **keep to** the shade.* ⇨ Diga às crianças para ficarem na sombra. **2** *vt* seguir ou observar algo. *We expect everyone to **keep to** the original plan.* ⇨ Nós esperamos que todos sigam o plano original. **3** *vt* manter, cumprir (promessa ou plano). *Susan finds **keeping to** her diet really difficult.* ⇨ Susan acha realmente difícil manter a dieta. **4** *vt* restringir-se a, limitar-se a (assunto, ideia, ponto). *I wish you'd **keep to** the point.* ⇨ Eu gostaria que você se restringisse ao assunto principal. **5** *refl* manter em segredo, guardar para si. *She asked me to **keep** her confidences **to** myself.* ⇨ Ela me pediu para manter suas confidências em segredo. *John usually **keeps** his opinions **to** himself.* ⇨ Geralmente, John guarda suas opiniões para si mesmo.

keep under 1 *vt* oprimir, causar opressão. *The invaders kept the population under for a few months.* ⇨ Os invasores oprimiram a população durante alguns meses. 2 *vt* manter (em observação). *The doctors kept him under observation just before operating.* ⇨ Os médicos mantiveram-no em observação antes da cirurgia. 3 *vt* sedar, manter alguém inconsciente com drogas (usado na voz passiva). *In order to avoid strong pains, the patient was kept under with morphine.* ⇨ A fim de evitar dores fortes, o paciente foi sedado com morfina.

keep up 1 *vt+vi* acompanhar, seguir (com a mesma velocidade). *John is running so fast that Paul can't keep up with him.* ⇨ John está correndo tão depressa, que Paul não consegue acompanhá-lo. *Try to keep up, you're going too slow.* ⇨ Tente acompanhar, você está indo muito devagar. 2 *vt* manter, conservar (algo). *I try to keep up my sense of humor in every situation.* • *I try to keep my sense of humor up in every situation.* ⇨ Eu tento manter o meu senso de humor em todas as situações. 3 *vt* continuar algo sem cessar. *People must keep up the pressure on the government to provide free education at all levels.* • *People must keep the pressure on the government up to provide free education at all levels.* ⇨ O povo deve continuar a pressionar o governo para ter educação gratuita em todos os níveis. 4 *vt* praticar, exercitar. *I keep up my English with my American friends.* • *I keep my English up with my American friends.* ⇨ Eu pratico inglês com os meus amigos americanos. 5 *vt* preservar, manter em boas condições (imóvel). *The government spends a lot of money to keep up the old colonial buildings.* • *The government spends a lot of money to keep the old colonial buildings up.* ⇨ O governo gasta muito dinheiro para preservar os prédios coloniais antigos. 6 *vt* manter alguém acordado. *It's really late. I apologize for keeping you up.* ⇨ É realmente tarde. Eu peço desculpas por mantê-lo acordado.

keep up with 1 *vt* ter contato com, comunicar-se com. *We have kept up with each other since we left college.* ⇨ Nós continuamos tendo contato desde que terminamos a faculdade. 2 *vt* estar à altura de, manter-se no mesmo nível de (geralmente de amigos ou vizinhos). *Paul and Joan try to keep up with their neighbors.* ⇨ Paul e Joan tentam estar à altura de seus vizinhos. 3 *vt* manter em dia (trabalho ou estudo). *Tony always keeps up with his studies.* ⇨ Tony sempre mantém seus estudos em dia.

key in *vt* digitar. *I spent two days keying in data for the new project.* • *I spent two days keying data in for the new project.* ⇨ Eu levei dois dias para digitar os dados do novo projeto.

kick about/around *vt pop* maltratar, tratar mal. *Mr. Newman kicks all his employees about/around.* ⇨ O Sr. Newman maltrata todos os seus empregados.

kick around *V* **kick about/around.**

kick back 1 *vi Amer pop* relaxar, diminuir a tensão. *After working long hours I want to kick back and listen to music.* ⇨ Depois de trabalhar horas seguidas, eu quero relaxar e ouvir música. 2 *vt Amer pop* dar, por baixo do pano, uma gratificação a alguém que ajudou num negócio. *I had to kick back part of my commission to the guy who introduced the client to me.* ⇨ Eu tive de dar, por baixo do pano, parte da minha comissão ao cara que me apresentou ao cliente.

kick down *vt* arrombar, pôr abaixo (porta). *The policemen threatened to kick down the door if we didn't open it.* • *The policemen threatened to kick the door down if we didn't open it.* ⇨ Os policiais ameaçaram arrombar a porta se nós não a abríssemos.

kick off 1 *vi* dar o pontapé inicial (futebol ou rúgbi). *The mayor is going to **kick off**.* ⇨ O prefeito vai dar o pontapé inicial. **2** *vi* começar, iniciar. *The rock concert is going to **kick off** at nine.* ⇨ O concerto de rock vai começar às nove. **3** *vi* bater as botas, morrer. *She was on vacation in France when she **kicked off**.* ⇨ Ela estava em férias na França, quando bateu as botas.

kick out *vt* botar para fora, chutar para fora (de algum lugar, empresa ou entidade). *The sales manager **kicked out** Paul because he complained about everything.* ♦ *The sales manager **kicked** Paul **out** because he complained about everything.* ⇨ O gerente de vendas botou Paul para fora porque ele reclamava de tudo.

kick over *vi Amer pop* pegar, funcionar (motor). *I have to call a mechanic. The engine isn't **kicking over**.* ⇨ Eu tenho de chamar um mecânico. O motor não está pegando.

kick up 1 *vt* levantar poeira ou areia (ao andar ou correr). *The camels **kicked up** a cloud of sand.* ♦ *The camels **kicked** a cloud of sand **up**.* ⇨ Os camelos levantaram uma nuvem de areia. **2** *vt pop* armar um barraco, fazer uma confusão. *Paul **kicked up** a big stink about the poor quality of the food.* ⇨ Paul armou um grande barraco por causa da péssima qualidade da comida.

kid about/around *vi Amer pop* brincar, fazer brincadeiras. *I want you to stop **kidding about/around** and pay attention to me!* ⇨ Eu quero que você pare de brincar e preste atenção em mim.

kid around *V* kid about/around.

kill off 1 *vt* matar, destruir (em grande número). *The invaders **killed off** all the inhabitants on the island.* ♦ *The invaders **killed** all the inhabitants **off** on the island.* ⇨ Os invasores mataram todos os habitantes da ilha. *The frost **killed off** all the apple-blossoms on Tony's farm.* ♦ *The frost **killed** all the apple-blossoms **off** on Tony's farm.* ⇨ A geada destruiu toda a floração das macieiras na fazenda de Tony. **2** *vt Amer pop* acabar com (bebida ou comida). *There's a little rum left. Who is going to **kill off** the bottle?* ♦ *There's a little rum left. Who is going to **kill** the bottle **off**?* ⇨ Sobrou um pouco de rum. Quem vai acabar com a garrafa?

kiss off *vi Amer gír* dar o fora, puxar o carro. *If I win the lottery, I'll tell my boss to **kiss off** immediately.* ⇨ Se eu ganhar na loteria, mandarei o meu chefe dar o fora imediatamente.

kiss up to *vt Amer pop* puxar o saco de, bajular (para conseguir algo). *I really want that part in the play, but I won't **kiss up to** Bob to get it.* ⇨ Eu realmente quero aquele papel na peça, mas não vou puxar o saco de Bob para consegui-lo.

kneel down *vi* ajoelhar-se, ficar de joelhos. *Helen **knelt down** to pray.* ⇨ Helen ajoelhou-se para rezar.

knit together *vi* unir, ligar, juntar. *It will take three months for the two parts of the broken femur to **knit together**.* ⇨ Levará três meses para as duas partes do fêmur quebrado se ligarem.

knock about 1 *vt pop* andar ou ficar muito com alguém (por serem amigos ou manterem um relacionamento). *John is now **knocking about** with Paul and Bill.* ⇨ John está agora andando muito com Paul e Bill. **2** *vt* espancar, agredir com pancadas. *Joseph was arrested because he **knocked about** his wife.* ♦ *Joseph was arrested because he **knocked** his wife **about**.* ⇨ Joseph foi preso porque espancou a esposa.

knock back 1 *vt pop* enxugar ou beber rapidamente (bebida alcoólica). *Frank **knocked back** his beer.* ♦ *Frank **knocked** his beer **back**.* ⇨ Frank enxugou rapidamente a cerveja. **2** *vt* surpreender, chocar. *Paul's involvement in organized crime **knocked** Nancy **back**.* ⇨ O envolvimento de Paul com o crime organizado chocou Nancy.

knock down 1 *vt* atropelar, derrubar por impacto, causando contusão ou morte (geralmente na voz passiva). *The little girl was **knocked down** while crossing the street.* ⇨ A garotinha foi atropelada ao atravessar a rua. *The van **knocked down** an old lady at the intersection.* • *The van **knocked** an old lady **down** at the intersection.* ⇨ A van atropelou uma senhora idosa no cruzamento **2** *vt Amer* derrubar alguém (com golpe ou empurrão). *Peter **knocked down** his aggressor with a punch in the face.* • *Peter **knocked** his aggressor **down** with a punch in the face.* ⇨ Peter derrubou o agressor com um soco na cara. **3** *vt* devolver, derrubar. *They're going to **knock down** the old house and build a new one.* • *They're going to **knock** the old house **down** and build a new one.* ⇨ Eles vão demolir a casa velha e construir uma nova. **4** *vt pop* reduzir o preço de algo. *Unfortunately I can't **knock down** the price of the car.* • *Unfortunately I can't **knock** the price of the car **down**.* ⇨ Infelizmente, eu não posso reduzir o preço do carro. **5** *vt* desmontar algo, a fim de facilitar o transporte. *First we're going to **knock down** the wardrobes.* • *First we're going to **knock** the wardrobes **down**.* ⇨ Inicialmente, nós vamos desmontar os guarda-roupas. **6** *vt* derrubar, anular (argumentos, ideias etc.). *We can easily **knock down** his arguments.* • *We can easily **knock** his arguments **down**.* ⇨ Nós podemos, facilmente, derrubar os argumentos dele.

knock it off! *vt pop* expressão equivalente a "pare com isso" ou "corta essa" (sempre uma ordem). ***Knock it off**, Jane! I can't stand you complaining all the time.* ⇨ Pare com isso, Jane! Eu não aguento você reclamando o tempo todo.

knock off 1 *vt* dar um desconto, reduzir o preço. *The salesman said he will **knock off** twenty dollars on the bike.* • *The salesman said he will **knock** twenty dollars **off** on the bike.* ⇨ O vendedor disse que dará um desconto de vinte dólares na bicicleta. **2** *vt* sair do trabalho, parar de trabalhar. *What time does Mary **knock off** on Saturdays?* ⇨ A que horas Mary sai do trabalho aos sábados? **3** *vt gír* roubar algo ou roubar um lugar. *Someone **knocked off** my bike.* • *Someone **knocked** my bike **off**.* ⇨ Alguém roubou a minha bicicleta. *Some guys **knocked off** a couple of computers from Mr. Russel's shop.* • *Some guys **knocked** a couple of computers **off** from Mr. Russel's shop.* ⇨ Uns caras roubaram vários computadores da loja do Sr. Russel. **4** *vt Amer pop* piratear, fazer cópia de um produto. *He claims he can **knock off** any brand of perfume.* • *He claims he can **knock** any brand of perfume **off**.* ⇨ Ele afirma que consegue piratear qualquer marca de perfume. **5** *vt gír* matar, assassinar. *He was arrested for **knocking off** his wife.* • *He was arrested for **knocking** his wife **off**.* ⇨ Ele foi preso por matar a esposa.

knock out 1 *vt* nocautear, deixar (alguém) inconsciente. *The Cuban boxer **knocked out** his challenger.* • *The Cuban boxer **knocked** his challenger **out**.* ⇨ O boxeador cubano nocauteou o seu desafiante. *This sleeping pill will **knock out** Mary for about twelve hours.* • *This sleeping pill will **knock** Mary **out** for about twelve hours.* ⇨ Este comprimido para dormir deixará Mary inconsciente por aproximadamente doze horas. **2** *vt pop* impressionar, provocar admiração. *Alice is a wonderful pianist. She really **knocked out** the audience.* • *Alice is a wonderful pianist. She really **knocked** the audience **out**.* ⇨ Alice é uma pianista maravilhosa. Ela realmente impressionou a plateia. **3** *vt pop* chocar, agredir. *The news about Steve has really **knocked** me **out**.* ⇨ As notícias sobre Steve realmente me chocaram. **4** *refl Amer pop* ficar podre, cansar muito. *I **knocked** myself **out** doing the housework.* ⇨ Eu fico podre fazendo o trabalho doméstico.

knock out of *vt* eliminar, tirar (de competição). *Manchester United **knocked** Real Madrid **out of** the European Cup.* ⇨ O Manchester United eliminou o Real Madrid da Copa da Europa.

knock over 1 *V* **knock down, 1. 2** *vt Amer gír* assaltar, praticar roubo à mão armada. *Yesterday a gang **knocked over** our store.* • *Yesterday a gang **knocked** our store **over**.* ⇨ Ontem, uma quadrilha assaltou a nossa loja.

knock up 1 *vt Brit* bater à porta, para acordar alguém. *Every Sunday, I **knock up** Bill at nine.* • *Every Sunday, I **knock** Bill **up** at nine.* ⇨ Todo domingo, às nove horas, eu bato à porta para acordar o Bill. **2** *vt Amer gír* embarrigar, engravidar. *Monica's parents still don't know who **knocked** her **up**.* ⇨ Os pais de Mônica ainda não sabem quem a embarrigou. **3** *vt* preparar rapidamente (refeição). *I'm going to **knock up** a meal.* • *I'm going to **knock** a meal **up**.* ⇨ Eu vou preparar uma refeição rapidamente.

know from *vt* saber ou reconhecer a diferença entre duas coisas (usado na forma negativa). *Liza told you she's a good driver, but she was kidding. She doesn't **know** a car **from** a washing machine.* ⇨ Liza disse a você que é uma boa motorista, mas ela estava brincando. Ela não sabe a diferença entre um carro e uma lavadora.

knuckle down (to) *vt+vi* dedicar-se a algo seriamente; esforçar-se mais. *Don't you think you should **knuckle down** to serious studying?* ⇨ Você não acha que deveria dedicar-se seriamente aos estudos? *I realize I have to **knuckle down**.* ⇨ Eu tenho consciência de que preciso me esforçar mais.

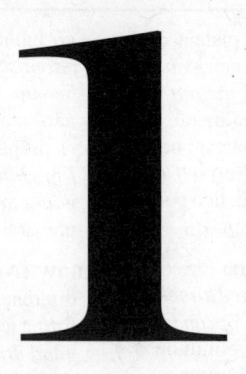

labor over *vt* trabalhar com afinco (em tarefa difícil). *I labored over my doctoral thesis all night long.* ⇨ Eu trabalhei a noite toda com afinco na minha tese de doutorado.

lace into *vt* criticar, censurar (alguém). *She laces into me every time I make a mistake.* ⇨ Ela me critica sempre que cometo um erro. *The teacher is going to lace into us for being sloppy.* ⇨ A professora vai nos censurar por sermos desmazelados.

lace up *vt* amarrar (sapatos, botas); dar laço (em roupas). *Don't forget to lace up your shoes.* ◆ *Don't forget to lace your shoes up.* ⇨ Não se esqueça de amarrar os sapatos. *Doris, lace up the girls' dresses, please.* ◆ *Doris, lace the girls' dresses up, please.* ⇨ Doris, dê os laços nos vestidos das meninas, por favor.

lace with *vt* batizar; pôr, às escondidas, álcool ou droga em bebida ou comida (usado na voz passiva). *He gave Helen a soft drink laced with rum.* ⇨ Ele deu a Helen um refrigerante batizado com rum.

lag behind *vi* ficar para trás, mover-se com menos velocidade que a normal. *The kids were so tired that they lagged behind.* ⇨ As crianças estavam tão cansadas, que ficaram para trás.

land up 1 *vi pop* chegar em (lugar). *After a series of misunderstandings and accidents, they landed up in Dakar.* ⇨ Depois de uma série de desentendimentos e acidentes, eles chegaram a Dacar. **2** *vi* acabar (lugar ou situação). *If he keeps threatening her, he will land up in prison.* ⇨ Se ele continuar a ameaçá-la, vai acabar na cadeia. *She tried to be a novelist, but landed up teaching literature.* ⇨ Ela tentou ser romancista, mas acabou dando aula de literatura.

lap up 1 *vt* lamber, ingerir lambendo (algo próprio de animais). *The little dog lapped up all the milk from the bowl.* ◆ *The little dog lapped all the milk from the bowl up.* ⇨ O cachorrinho lambeu todo o leite da tigela. **2** *vt* gostar muito de algo (lugar, ideia, sugestão). *They walked around London and lapped up the atmosphere.* ⇨ Eles passearam por Londres e gostaram muito da atmosfera da cidade. *The audience was so receptive that they lapped up everything he said.* ⇨ A plateia foi tão receptiva, que gostou muito de tudo o que ele disse.

lash into *vt* repreender (alguém ou algo) severamente. *The principal lashed into Alice for arriving late every day.* ⇨ O diretor repreendeu Alice severamente por chegar atrasada todos os dias.

lash out (on) 1 *vt* tentar atingir ou golpear alguém (rápida e violentamente). *When cornered, the black horse lashes*

latch on (to) *out* with successive kicks. ⇨ Ao ser encurralado, o cavalo preto tenta atingir as pessoas, rápida e violentamente, com sucessivos coices. *Barbara **lashed out** at the burglar as he came in through the window.* ⇨ Bárbara tentou golpear o arrombador quando ele entrou pela janela. **2** *vt* esbanjar (dinheiro), gastar à toa. *Jane told me he's **lashing out** his money.* ⇨ Jane me disse que ele está gastando o dinheiro dele à toa. *Paul always **lashes out on** presents for the whole family.* ⇨ Paul sempre esbanja dinheiro em presentes para toda a família.

latch on (to) *vt+vi Brit* entender, compreender. *It took me some time to **latch on to** his argument.* ⇨ Eu levei algum tempo para entender o argumento dele. *If you don't speak slowly she'll never **latch on**.* ⇨ Se você não falar devagar, ela nunca entenderá.

laugh off *vt* não levar (algo) a sério; tratar (algo) com pouca importância. *Susan tried to **laugh off** his criticism, but she seems to be hurt.* ◆ *Susan tried to **laugh** his criticism **off**, but she seems to be hurt.* ⇨ Susan tentou não levar a sério a crítica dele, mas parece que ficou magoada.

launch into *vt* iniciar fala ou discurso de maneira inflamada. *The mayor **launched into** his speech about violence, but the audience did not believe in his promises.* ⇨ O prefeito iniciou o seu discurso sobre a violência de maneira inflamada, mas o público não acreditou nas suas promessas.

lay aside 1 *vt* economizar, poupar (geralmente dinheiro). *We're **laying aside** money to renovate the house.* ◆ *We're **laying** money **aside** to renovate the house.* ⇨ Nós estamos economizando dinheiro para reformar a casa. **2** *vt* deixar de lado, abandonar (responsabilidade, sentimento, plano ou coisas materiais). *She should **lay aside** her inhibition and join in the dance.* ◆ *She should **lay** her inhibition **aside** and join in the dance.* ⇨ Ela deveria deixar a inibição de lado e cair na dança.

lay down 1 *vt* depor, render (armas). *Both sides **laid down** their arms after the armistice.* ◆ *Both sides **laid** their arms **down** after the armistice.* ⇨ Ambos os lados depuseram suas armas depois do armistício. **2** *vt* indicar, determinar. *They want us to **lay down** all the instructions in the booklet.* ◆ *They want us to **lay** all the instructions **down** in the booklet.* ⇨ Eles querem que nós indiquemos todas as instruções no folheto. **3** *vt* estabelecer, instituir (regras ou regulamentos). *The Brazilian government has **laid down** new policies for foreign trade.* ◆ *The Brazilian government has **laid** new policies **down** for foreign trade.* ⇨ O governo brasileiro estabeleceu novas diretrizes para o comércio exterior.

lay in *vt* estocar algo para uso futuro. *We need to **lay in** wood for winter.* ◆ *We need to **lay** wood **in** for winter.* ⇨ Nós precisamos estocar lenha para o inverno.

lay into 1 *vt pop* atacar alguém violentamente. *Sharon **laid into** her husband with a baseball bat.* ⇨ Sharon atacou violentamente o marido com um taco de beisebol. **2** *vt pop* pichar, cair de pau. *Maria really **laid into** the manager's new plans.* ⇨ Maria realmente pichou os novos planos do gerente.

lay off 1 *vt* demitir, despedir (diante de uma crise). *Because of the recession some companies are **laying off** workers.* ◆ *Because of the recession some companies are **laying** workers **off**.* ⇨ Por causa da recessão, algumas empresas estão demitindo trabalhadores. **2** *vt+vi* parar de encher o saco, deixar de importunar (geralmente uma ordem). ***Lay off** your mother and go to your bedroom.* ⇨ Pare de encher o saco da sua mãe e vá para o seu quarto. ***Lay off**! Can't you see I'm trying to read?* ⇨ Pare de encher o saco! Você não vê que estou tentando ler?

lay on 1 *vt* exagerar (fato, história). *Shirley told me about her childhood, **laying** it **on** thick about how difficult it was.* ⇨ Shirley me contou sua infância, exagerando suas dificuldades. **2** *vt Amer* revelar, contar (notícias chocantes, surpreendentes ou inesperadas). *When she **laid on** the news of her pregnancy I almost fainted.* ⇨ Quando ela contou que estava grávida eu quase desmaiei. **3** *vt* delegar a alguém (tarefa difícil ou desagradável). *Someone has to fire Peter, and I'm **laying** this task **on** you, Arthur.* ⇨ Alguém precisa demitir Peter, e eu estou delegando esta tarefa a você, Arthur.

lay out 1 *vt* arranjar, colocar (numa mesa ou superfície plana). *I'll **lay out** lunch for us.* • *I'll **lay** lunch **out** for us.* ⇨ Eu vou colocar o almoço na mesa para nós. *He **laid out** the photographs on the table for us to see.* • *He **laid** the photographs **out** on the table for us to see.* ⇨ Ele arranjou as fotografias na mesa para nós vermos. **2** *vt* projetar, desenhar (planta arquitetônica) (geralmente na voz passiva). *The new municipal library was **laid out** by a famous architect.* ⇨ A nova biblioteca municipal foi projetada por um arquiteto famoso. **3** *vt* diagramar página (de jornal, propaganda, livro etc.). *Today we use computers to **lay out** newspapers.* • *Today we use computers to **lay** newspapers **out**.* ⇨ Hoje em dia usamos computadores para diagramar páginas de jornais. **4** *vt* apresentar claramente (plano, ideia, proposta). *Peter **laid out** his proposal in a letter to the director.* • *Peter **laid** his proposal **out** in a letter to the director.* ⇨ Peter apresentou sua proposta claramente numa carta ao diretor. **5** *vt* gastar, desembolsar (especialmente em algo caro). *I **laid out** thirty thousand dollars to make the swimming pool.* • *I **laid** thirty thousand dollars **out** to make the swimming pool.* ⇨ Eu gastei trinta mil dólares para fazer a piscina. **6** *vt* nocautear. *Peter **laid** him **out** in the first round.* ⇨ Peter o nocauteou no primeiro assalto.

lay up (with) *vt+vi* ficar de cama (doente) (sempre na voz passiva). *I was **laid up with** malaria almost a month.* ⇨ Eu fiquei de cama quase um mês com malária. *Shirley was **laid up** and missed a week of work.* ⇨ Shirley estava de cama e perdeu uma semana de trabalho.

laze about/around *vi* relaxar, descansar. *On Sundays I usually **laze about/around** at home.* ⇨ Aos domingos, eu, geralmente, descanso em casa.

laze around *V* **laze about/around.**

lead into *vt* seguir, levar a, terminar em (assunto de conversação). *We started talking about the weather which naturally **led into** gardening.* ⇨ Nós começamos a falar sobre o tempo, o que, naturalmente, nos levou ao assunto de jardinagem.

lead off *vt* iniciar, começar (tópico ou assunto). *He will **lead off** the meeting with the sales report.* • *He will **lead** the meeting **off** with the sales report.* ⇨ Ele iniciará a reunião com o relatório de vendas.

lead on 1 *vt* incentivar ou encorajar alguém a fazer algo. *He didn't want to smoke the cigarette, but the older kids **led** him **on**.* ⇨ Ele não queria fumar o cigarro, mas as crianças mais velhas o incentivaram. **2** *vt* enganar, fazer acreditar em. *He's not a real doctor, he just **leads** everyone **on**.* ⇨ Ele não é médico de verdade, ele só engana as pessoas. *Wake up! She's **leading** you **on**.* ⇨ Acorda! Ela está te enganando.

lead to *vt* causar, provocar. *The improper use of pesticides can **lead to** cancer.* ⇨ O uso impróprio de pesticidas pode causar câncer. *An increase in oil prices will **lead to** inflation.* ⇨ Um aumento no preço do petróleo causará inflação.

lead up to 1 *vt* levar a, conduzir a. *We are studying the events that **led up to**

the First World War. ⇨ Estamos estudando os acontecimentos que levaram à Primeira Guerra Mundial. **2** *vt* preparar ou abrir o caminho para falar sobre um determinado assunto. *You can't ask for a raise right away. You have to **lead up to** it by talking about your good work.* ⇨ Você não pode pedir um aumento de imediato. Você tem de preparar o caminho primeiro, falando do seu bom trabalho na empresa.

leaf through *vt* folhear (livro, revista, jornal). *I **leaf through** the newspaper on the bus to work.* ⇨ A caminho do trabalho, eu folheio o jornal, no ônibus.

leak out *vi* escapar, tornar público (segredo, informação confidencial). *News of their divorce **leaked out** before it was made official.* ⇨ Notícias do divórcio deles escaparam antes de serem oficializadas.

lean on *vt* apoiar-se (em algo ou alguém). *We all need friends to **lean on** during difficult times.* ⇨ Nós todos precisamos de amigos para nos apoiarem em momentos difíceis. *When you're abroad you can generally **lean on** English if you don't speak the language of the country.* ⇨ Quando você está viajando, geralmente você pode se apoiar no inglês, se você não falar a língua do país.

leap at *vt* aceitar avidamente (oferta, oportunidade). *He offered me the job and I **leapt at** it.* ⇨ Ele me ofereceu o emprego e eu o aceitei avidamente. *I would **leap at** the chance to work in Hollywood.* ⇨ Eu aceitaria avidamente uma oportunidade para trabalhar em Hollywood.

leave aside *vt* deixar de lado (especialmente um determinado assunto). *Leaving aside ethics for a moment, cloning human beings is entirely possible.* ⇨ Deixando de lado a ética por um momento, a clonagem de seres humanos é inteiramente possível.

leave behind 1 *vt* esquecer, deixar. *I **left behind** my wallet and I have to go back to get it.* ♦ *I **left** my wallet **behind** and I have to go back to get it.* ⇨ Eu esqueci minha carteira e preciso voltar para buscá-la. *I'm going away for a week on business, but I'm **leaving behind** my wife to take care of the kids.* ♦ *I'm going away for a week on business, but I'm **leaving** my wife **behind** to take care of the kids.* ⇨ Eu farei uma viagem de negócios de uma semana, mas vou deixar minha esposa para cuidar das crianças. **2** *vt* deixar para trás (situação ou atividade). *Susy finally **left behind** her suffering and got on with her life.* ⇨ Susy, finalmente, deixou para trás o sofrimento e tocou a vida pra frente. *We were happy to **leave** the storm **behind**.* ⇨ Ficamos felizes em deixar a tempestade para trás. **3** *vt* deixar para trás (em conhecimento, tecnologia, habilidade). *When it comes to making watches, the Swiss **leave** the others **behind**.* ⇨ Quando se fala de fazer relógios, os suíços deixam os outros para trás.

leave off 1 *vi* parar. *Her next novel will continue the story where this one **leaves off**.* ⇨ Seu próximo romance continuará a história onde este parou. *Where did I **leave off** last class?* ⇨ Onde eu parei na última aula? **2** *vt* parar de fazer algo. *Why don't you **leave off** smoking?* ⇨ Por que você não para de fumar?

leave out *vt* tirar, excluir (algo ou alguém). *I decided to **leave out** this paragraph in my novel.* ♦ *I decided to **leave** this paragraph **out** in my novel.* ⇨ Eu decidi tirar este parágrafo no meu romance. *The wedding was held in a small church so a lot of people were **left out**.* ⇨ O casamento aconteceu numa igreja pequena, então muitas pessoas foram excluídas.

leave over *vi* sobrar (comida, dinheiro). *Why don't you take home some of the food that's **left over** from the party?*

⇨ Por que você não leva para casa um pouco da comida que sobrou da festa? *I bought a new suit and there was enough money **left over** to buy a pair of shoes.* ⇨ Eu comprei um terno novo e sobrou dinheiro suficiente para comprar um par de sapatos.

lend out *vt* emprestar. *This is the first time the museum has **lent out** its Picasso collection.* ♦ *This is the first time the museum has **lent** its Picasso collection **out**.* ⇨ Esta é a primeira vez que o museu emprestou sua coleção de Picasso. *The bank **lends out** money to help new businesses.* ♦ *The bank **lends** money **out** to help new businesses.* ⇨ O banco empresta dinheiro para ajudar novas empresas.

let down 1 *vt* desapontar, decepcionar, deixar na mão. *Don't **let down** David. He's counting on your help.* ♦ *Don't **let** David **down**. He's counting on your help.* ⇨ Não decepcione David. Ele está contando com sua ajuda. *In the middle of the harvest the tractor **let me down**.* ⇨ No meio da colheita, o trator me deixou na mão. **2** *vt* dar más notícias a alguém de maneira suave. *I fired Samantha, **letting** her **down** as gently as possible.* ⇨ Eu demiti Samantha, dando a má notícia da maneira mais suave possível. **3** *vt* encompridar, abaixar a barra (roupa). *She **let down** the hem of her skirt.* ♦ *She **let** the hem of her skirt **down**.* ⇨ Ela abaixou a barra da saia.

let in 1 *vt* deixar entrar (em sala, casa, prédio). ***Let in** Mr. Davis and send him to my office.* ♦ ***Let** Mr. Davis **in** and send him to my office.* ⇨ Deixe Mr. Davis entrar e o encaminhe a minha sala. *Who **let in** the dog?* ♦ *Who **let** the dog **in**?* ⇨ Quem deixou o cachorro entrar? **2** *vt* deixar entrar (água, ar etc.). *That broken window **lets in** cold air.* ♦ *That broken window **lets** cold air **in**.* ⇨ Aquela janela quebrada deixa o ar frio entrar.

let in for *refl* arranjar encrenca, envolver-se em dificuldades. *Those people are Mafia. You're **letting** yourself **in for** trouble if you deal with them.* ⇨ Aquelas pessoas são da máfia. Você está arranjando encrenca ao lidar com eles.

let in on *vt* deixar saber (segredo), deixar partilhar de (atividade, grupo). *Don't **let** anyone **in on** this secret.* ⇨ Não deixe ninguém saber deste segredo. *I want to **let** Doris **in on** the deal. She's honest.* ⇨ Eu quero deixar Doris participar do negócio. Ela é honesta.

let into 1 *vt* deixar entrar (em sala, casa, prédio). *She **let** the visitors **into** her apartment.* ⇨ Ele deixou os convidados entrarem no seu apartamento. **2** *vt* deixar saber (segredo). *Why did you **let** him **into** the secret?* ⇨ Por que você o deixou saber do segredo?

let off 1 *vt* deixar impune, perdoar. *The judge **let off** the thief because there was no room for him in jail.* ♦ *The judge **let** the thief **off** because there was no room for him in jail.* ⇨ O juiz deixou o ladrão impune porque não havia lugar para ele na cadeia. *The children were **let off** with a warning.* ⇨ As crianças foram perdoadas com uma advertência. **2** *vt* livrar de obrigação (especialmente algo desagradável). *The maid has just arrived, so I'm **letting** you **off** doing the dishes.* ⇨ A empregada acabou de chegar, então eu estou te livrando de lavar a louça. **3** *vt* disparar (arma), detonar (bomba). *Someone in the crowd **let off** a shot, and soon everyone was running for cover.* ♦ *Someone in the crowd **let** a shot **off**, and soon everyone was running for cover.* ⇨ Alguém na multidão disparou uma arma e, em seguida, todos correram para um lugar seguro. *Terrorists **let off** a bomb outside the consulate.* ♦ *Terrorists **let** a bomb **off** outside the consulate.* ⇨ Terroristas detonaram uma bomba do lado de fora do consulado.

let on *vi* revelar, divulgar (segredo). *He knows where the bank robbers are hiding, but he won't **let on**.* ⇨ Ele sabe onde os assaltantes de banco estão escondidos, mas não o revelará.

let out 1 *vt* deixar sair (alguém, animal). *She **let out** the visitors.* ♦ *She **let** the visitors **out**.* ⇨ Ela deixou os convidados saírem. *ced **Let out** the cat, he's scratching the door.* ♦ *Let the cat **out**, he's scratching the door.* ⇨ Deixe o gato sair, ele está arranhando a porta. **2** *vt* deixar escapar (segredo). *I'm sorry, I **let out** the secret without thinking.* ♦ *I'm sorry, I **let** the secret **out** without thinking.* ⇨ Desculpe-me, eu deixei escapar o segredo sem pensar. **3** *vt* deixar escapar (grito, choro, riso, gargalhada etc.). *She **let out** a cry of surprise when she opened the present.* ♦ *She **let** a cry of surprise **out** when she opened the present.* ⇨ Ela deixou escapar um grito de surpresa quando abriu o presente. *I **let out** a laugh so loud that everyone turned and looked at me.* ♦ *I **let** a laugh **out** so loud that everyone turned and looked at me.* ⇨ Eu deixei escapar uma gargalhada tão alta que todos se viraram e olharam para mim. **4** *vt Brit* alugar (casa, apartamento, prédio etc.). *I spent the summer in France and **let out** my London apartment.* ♦ *I spent the summer in France and **let** my London apartment **out**.* ⇨ Eu passei o verão na França e aluguei meu apartamento em Londres. **5** *vt* alargar (roupas). *I **let out** this jacket because it was too tight.* ♦ *I **let** this jacket **out** because it was too tight.* ⇨ Eu alarguei esta jaqueta porque estava apertada demais.

let up *vi* acabar ou acalmar (mau tempo). *When the rain **lets up** we'll run to our car.* ⇨ Quando a chuva acabar nós correremos para o carro. *The wind **let up** a little this morning.* ⇨ O vento acalmou um pouco hoje de manhã.

level at 1 *vt* apontar uma arma para (alguém ou algo). *He **levelled** the gun **at** my chest and demanded my wallet.* ⇨ Ele apontou a arma para o meu peito e pediu minha carteira. **2** *vt* levantar acusação contra (alguém). *Harold lost his job after charges of corruption were **levelled at** him.* ⇨ Harold perdeu o emprego depois que acusações de corrupção foram levantadas contra ele.

level off 1 *vi* estabilizar-se, nivelar-se. *Oil prices have **levelled off** after months of speculation in the market.* ⇨ O preço do petróleo estabilizou-se depois de meses de especulação no mercado. **2** *vt* nivelar-se (aeronave). *Captain Douglass **levelled off** the plane at 8,000 meters.* ♦ *Captain Douglass **levelled** the plane **off** at 8,000 meters.* ⇨ O Comandante Douglass nivelou o avião a 8.000 metros.

level with *vt* ser franco e aberto com (alguém). *I'm going to **level with** you. Your work isn't what I had expected.* ⇨ Eu vou ser franco e aberto com você. Seu trabalho não é o que eu esperava.

lie about/around *vi pop* ficar à toa, deitado ou sentado. *He just **lies about/around** all day in front of the television.* ⇨ Ele fica à toa em casa, deitado em frente da televisão.

lie around *V* lie about/around.

lie back *vi* sentar em posição muito inclinada. *In first class you can **lie back** so far in your seat it's like a bed.* ⇨ Na primeira classe, você consegue deitar tanto o seu assento que parece uma cama.

lie behind *vt* ser a razão para algo (verdadeira ou oculta). *I can't figure out what **lies behind** his decision to quit school.* ⇨ Eu não consigo entender qual é a razão verdadeira por trás da decisão dele de abandonar a escola.

lie down *vi* deitar-se. *I think I'll **lie down** for an hour after lunch.* ⇨ Eu acho que vou me deitar por uma hora, depois do almoço.

lie in 1 *vt* residir em, encontrar-se em. *His success **lies in** his dedication to his*

lift off   94   **line up**

company. ⇨ O sucesso dele reside na sua dedicação à empresa. **2** *vi Brit* ficar na cama até tarde. *I love Sundays, it's the only day I can lie in.* ⇨ Eu adoro domingos, é o único dia em que posso dormir até tarde.

lift off *vi* decolar verticalmente (foguete, espaçonave). *The rocket lifted off on time.* ⇨ O foguete decolou na hora. *People waited to see the Challenger lift off.* ⇨ As pessoas esperaram para ver a Challenger decolar.

lighten up 1 *vt* deixar (algo) alegre ou descontraído. *Some colourful paintings on the wall will lighten up the atmosphere of the bar.* ♦ *Some colourful paintings on the wall will lighten the atmosphere of the bar up.* ⇨ Alguns quadros coloridos deixarão o ambiente do bar mais alegre. **2** *vi* parar de ser tão sério (imperativo). *Lighten up! You're such a bore these days.* ⇨ Pare de ser tão sério! Você está tão chato estes dias.

light on/upon *vt* encontrar por acaso. *I was cleaning out my desk and I lighted on/upon this old photograph from our childhood.* ⇨ Eu estava limpando minha escrivaninha e encontrei esta fotografia antiga da nossa infância.

light out (of) *vt+vi Amer gír* sair depressa, fugir. *They saw the police and lit out of the house as fast as they could.* ⇨ Eles avistaram a polícia e fugiram da casa o mais rápido que puderam. *When the film ends let's light out before the crowd.* ⇨ Quando acabar o filme, vamos sair depressa, antes da multidão.

light up 1 *vt* iluminar (algo). *At night they light up the old buildings in the center of town.* ♦ *At night they light the old buildings up in the center of town.* ⇨ À noite, eles iluminam os prédios antigos no centro da cidade. *The full moon lit up the garden.* ♦ *The full moon lit the garden up.* ⇨ A lua cheia iluminou o jardim. **2** *vi* brilhar (olhos), mostrar interesse. *Her eyes lit up as I put the ring on her finger.* ⇨ Os olhos dela brilharam quando eu coloquei o anel no seu dedo. *His face lit up when I mentioned her name.* ⇨ Ele mostrou interesse quando mencionei o nome dela. **3** *vt+vi* acender (cigarro), fumar. *She lit up a cigarette.* ♦ *She lit a cigarette up.* ⇨ Ela acendeu um cigarro. *You can't light up inside the restaurant.* ⇨ Você não pode fumar no restaurante. **4** *vi* acender, piscar (luz de funcionamento). *The temperature warning lit up so we turned off the machine.* ⇨ O aviso de alta temperatura se acendeu, então nós desligamos a máquina.

light upon *V* light on/upon.

limber up *vi* fazer exercícios leves para aquecer os músculos antes de fazer exercícios ou malhar. *I always limber up before I start working out.* ⇨ Eu sempre faço exercícios para aquecer, antes de malhar. *The players walked around the field to limber up before the game.* ⇨ Os jogadores andaram em volta do campo para se aquecerem antes do jogo.

line up 1 *vi* formar fila, ficar em fila, fazer fila. *We lined up for hours at the bank.* ⇨ Nós ficamos na fila por horas no banco. *Let's line up to buy tickets for the concert.* ⇨ Vamos fazer fila para comprar os ingressos para o concerto. **2** *vt* expor, arranjar (algo) em linha ou fileira. *Her perfume collection is lined up in a cabinet.* ⇨ A coleção de perfumes dela está exposta em fileiras, num armário. *Marvin lined up his empty beer bottles on the table.* ♦ *Marvin lined his empty beer bottles up on the table.* ⇨ Marvin colocou suas garrafas vazias de cerveja numa fileira, na mesa. **3** *vt* agendar (shows, espetáculos, eventos). *I lined up a show for Jerry's band at a night club where I know the owner.* ♦ *I lined a show up for Jerry's band at* *a night club where I know the owner.* ⇨ Eu agendei um show para a banda de Jerry numa boate em que conheço o dono.

link up (with) 1 *vt+vi* conectar para funcionar juntamente (sistemas, transporte). *They intend to **link up** the national telephone system **with** cable TV.* ♦ *They intend to **link** the national telephone system **up with** cable TV.* ⇨ Eles pretendem conectar o sistema nacional de telefones com a TV a cabo. *The railroads **link up** in such a way that most large cities have access.* ⇨ As ferrovias estão conectadas de tal maneira que a maioria das grandes cidades tem acesso. 2 *vt+vi* encontrar (em lugar determinado). *We'll **link up** with Susan and Doug at the restaurant after the film.* ⇨ Nós nos encontraremos com Susan e Doug no restaurante depois do filme. *I'll be in town on the weekend. Let's try to **link up**.* ⇨ Eu estarei na cidade no fim de semana. Vamos tentar nos encontrar.

listen in (on) *vt+vi* escutar a conversa de outros. *I discovered the truth by **listening in on** her telephone calls.* ⇨ Eu descobri a verdade escutando os seus telefonemas. *The people at the next table are **listening in**.* ⇨ As pessoas da mesa ao lado estão escutando nossa conversa.

listen up *vi Amer pop* escute (imperativo). ***Listen up!*** *I'm only going to say this once.* ⇨ Escute! Eu vou dizer isso apenas uma vez.

live by *vt* viver de acordo com (convicção, crença, leis, regras etc.). *I **live by** my beliefs and let them guide me.* ⇨ Eu vivo de acordo com minhas convicções e me deixo guiar por elas. *He doesn't **live by** the law.* ⇨ Ele não vive de acordo com a lei.

live for *vt* ter como razão de viver, viver para (alguém ou algo). *Nancy **lives for** her children.* ⇨ Nancy tem como razão de viver os filhos. *I would say* *Paul **lives for** pleasure and not for his work.* ⇨ Eu diria que Paul vive para o prazer e não para o trabalho.

live in *vi* morar (no lugar de trabalho ou estudo). *The maid doesn't **live in**, but she comes every day.* ⇨ A empregada não mora no trabalho, mas vem todos os dias.

liven up *vt* alegrar, tornar interessante. *Music will **liven up** the party.* ♦ *Music will **liven** the party **up**.* ⇨ A música vai alegrar a festa. *Laura's amusing stories soon **livened up** the dinner guests.* ♦ *Laura's amusing stories soon **livened** the dinner guests **up**.* ⇨ As histórias engraçadas de Laura logo alegraram os convidados para o jantar.

live off *vt* viver de, viver à custa de (alguém ou algo). *Laura **lives off** her rich uncle in Los Angeles.* ⇨ Laura vive à custa de um tio rico em Los Angeles. *I **live off** my investment income.* ⇨ Eu vivo da renda de meus investimentos.

live on 1 *vt* viver com (uma determinada quantia de dinheiro). *Richard has to **live on** eight hundred dollars a month.* ⇨ Richard tem de viver com oitocentos dólares por mês. 2 *vt* viver de, alimentar-se de (uma determinada comida). *We **lived on** fresh fish when we lived in Hawaii.* ⇨ Nós vivíamos de peixe fresco quando morávamos no Havaí. 3 *vi* permanecer na memória. *His name will **live on** long after his death.* ⇨ Seu nome permanecerá na memória muito tempo após sua morte.

live out 1 *vt* permanecer ou passar a vida num lugar ou estado. *I think I'd like to **live out** the rest of my life on a tropical island.* ♦ *I think I'd like to **live** the rest of my life **out** on a tropical island.* ⇨ Eu acho que gostaria de passar o resto da minha vida numa ilha tropical. *Harold **lived out** his last days in hospital in a coma.* ♦ *Harold **lived** his last days **out** in hospital in a coma.* ⇨ Harold passou os seus últimos dias em coma no hospital. 2 *vt* realizar (fantasia, sonho,

live through

desejo, ambição). *Sarah never **lived out** her dream of being a Hollywood star.* ♦ *Sarah never **lived** her dream **out** of being a Hollywood star.* ⇨ Sarah nunca realizou seu sonho de ser atriz em Hollywood. **3** *vi* morar fora (de lugar de trabalho ou estudo). *The maid **lives out**, but she comes every day.* ⇨ A empregada mora fora, mas vem todos os dias.

live through *vt* superar, sobreviver (situação difícil). *They **lived through** the war hiding in the French countryside.* ⇨ Eles sobreviveram à guerra se escondendo no interior da França. *I don't know how I **lived through** my divorce.* ⇨ Eu não sei como superei meu divórcio.

live together *vi* morar juntos (como casados). *They have been **living together** for a year and now they're ready for marriage.* ⇨ Eles moram juntos há um ano e agora estão prontos para se casar.

live up (sempre com *it* entre os formativos) *vt* divertir-se. *Why don't we go out and **live** it **up** tonight?* ⇨ Por que não saímos à noite e nos divertimos?

live up to *vt* corresponder às expectativas, viver à altura de. *Trevor never quite managed to **live up to** his father's expectations.* ⇨ Trevor nunca conseguiu corresponder às expectativas do pai. *The book didn't **live up to** the hype it had received.* ⇨ O livro não correspondeu às maravilhas ditas sobre ele.

load up *vt* carregar (veículo), encher (máquina). *They **loaded up** the truck. They **loaded** the truck **up**.* ⇨ Eles carregaram o caminhão. *Don't forget to **load up** the fridge with beer before the game starts.* ♦ *Don't forget to **load** the fridge **up** with beer before the game starts.* ⇨ Não se esqueça de encher a geladeira com cervejas antes do jogo.

loaf about/around *vi pop* ficar à toa, ficar sem fazer nada. *I spent the weekend at home **loafing about/ around**.* ⇨ Eu passei o fim de semana em casa sem fazer nada.

loaf around *V* loaf about/around.

loan out *vt* emprestar. *I stopped **loaning out** my car after I bought a new one.* ♦ *I stopped **loaning** my car **out** after I bought a new one.* ⇨ Eu parei de emprestar o meu carro depois de comprar um novo. *The bank won't **loan out** that much money.* ♦ *The bank won't **loan** that much money **out**.* ⇨ O banco não emprestará tanto dinheiro.

lock away 1 *vt* guardar em lugar seguro e trancado (algo). *The valuable jewelry is **locked away**.* ⇨ As joias de valor estão guardadas a chave. *Lock away the cash in the safe before you close the shop.* ♦ *Lock the cash away in the safe before you close the shop.* ⇨ Guarde o dinheiro trancado no cofre antes de fechar a loja. **2** *vt* encarcerar, colocar na cadeia. *I hope they **lock away** the murderer for a long time.* ♦ *I hope they **lock** the murderer **away** for a long time.* ⇨ Eu espero que eles coloquem o assassino na cadeia por um bom tempo. **3** *refl* isolar-se (temporariamente para fazer algo). *I have to **lock** myself **away** in the bathroom if I want to read the newspaper in peace.* ⇨ Eu preciso me trancar no banheiro se quiser ler o jornal em paz.

lock in *vt* trancar dentro (alguém ou algo). *Treatment for drug addicts sometimes involves **locking** them **in** rooms for the first 48 hours.* ⇨ Tratamentos para drogados, às vezes, envolve trancá-los dentro de um quarto nas primeiras 48 horas. *I've gone and **locked** my keys **in** the car again!* ⇨ Eu tranquei as chaves dentro do carro novamente!

lock out 1 *vt* deixar de fora (alguém). *The hotel **locks out** guests if they arrive after midnight.* ♦ *The hotel **locks** guests **out** if they arrive after midnight.* ⇨ O hotel deixa de fora seus hóspedes se eles chegam depois da meia-noite. **2** *refl* trancar-se fora (de casa). *Tim locked himself out by accident and had to break a window to get in.* ⇨ Tim se trancou fora de casa sem querer e precisou quebrar uma janela para entrar. **3** *vt* impedir a entrada de funcionários em local de trabalho para os pressionar a aceitar algo (condições, salário, termos). *British Airways locked out its maintenance workers until they accepted a wage cut.* ♦ *British Airways locked its maintenance workers out until they accepted a wage cut.* ⇨ A British Airways impediu a entrada dos funcionários da manutenção até eles aceitarem um corte de salário.

lock up 1 *vt+vi* trancar as portas e janelas (de casa) trancar ou fechar (estabelecimento comercial). *I started locking up the house at night after my neighbour's house was robbed.* ♦ *I started locking the house up at night after my neighbour's house was robbed.* ⇨ Eu comecei a trancar as portas e janelas de casa, à noite, depois que a casa do vizinho foi assaltada. *He locked up the shop and went home.* ♦ *He locked the shop up and went home.* ⇨ Ele trancou a porta da loja e foi para casa. *On quiet days I lock up at five o'clock.* ⇨ Em dias de pouco movimento, eu fecho às cinco horas. **2** *vt* guardar em lugar seguro e trancado (algo). *Sharon locks up her art collection because it's very valuable.* ♦ *Sharon locks her art collection up because it's very valuable.* ⇨ Sharon tranca sua coleção de arte, em lugar seguro, porque é muito valiosa. **3** *vt* encarcerar, colocar na cadeia. *Why don't they lock up the senator if everyone knows he's corrupt?* ♦ *Why don't they lock the senator up if everyone knows he's corrupt?* ⇨ Por que eles não colocam o senador na cadeia se todos sabem que ele é corrupto? **4** *vt* colocar em hospital psiquiátrico. *They should lock him up, he's completely crazy!* ⇨ Eles deveriam colocá-lo num hospital psiquiátrico, ele está completamente louco! **5** *vt* ser aplicado em investimentos de longo prazo (dinheiro) (sempre na voz passiva). *Most of my money is locked up in the stock market.* ⇨ A maior parte do meu dinheiro está aplicada, no longo prazo, na bolsa de valores.

log in/on *vi* fornecer nome e/ou senha (computador, rede). *Before I can read my e-mails I have to log in/on.* ⇨ Antes de ler meus e-mails, preciso fornecer meu nome e senha.

log into/onto *vt* entrar num computador ou rede (com nome do usuário e/ou senha). *I can log into/onto the company network from my computer at home.* ⇨ Eu posso entrar na rede da empresa, em casa, do meu computador.

log off *vt+vi* sair de sistema operacional de computador ou rede. *I read my e-mails in the morning and then log off the network.* ⇨ Eu leio meus e-mails de manhã e depois saio da rede. *Don't forget to log off before you turn off your computer.* ⇨ Não se esqueça de sair da rede, antes de desligar o computador.

log on *V* **log in/on**.

log onto *V* **log into/onto**.

look after 1 *vt* cuidar de, tomar conta de (alguém ou algo). *When mom's away I look after my brother.* ⇨ Quando mamãe está fora eu cuido do meu irmão. *Can you look after my bag while I go to the bathroom?* ⇨ Você pode tomar conta da minha mala enquanto vou ao banheiro? **2** *refl* cuidar-se. *You should look after yourself better. You look terrible.* ⇨ Você deveria se cuidar melhor. Você está com uma cara horrível. **3** *vt* ser responsável por, cuidar de (algo, serviço, operação etc.). *I look after the accounting at the company.* ⇨ Eu sou responsável pela contabilidade na empresa.

look ahead *vi* pensar no futuro. *Sales are slow now, but **looking ahead** I think we can turn this around by next year.* ⇨ As vendas estão devagar agora, mas pensando no futuro eu acho que podemos mudar a situação para o próximo ano.

look around/round 1 *vt* olhar em torno, examinar (ao redor). *I have enough time to **look around/round** the museum before lunch.* ⇨ Eu tenho tempo suficiente para olhar o museu antes do almoço. **2** *vt+vi* procurar (em vários lugares). *Paul is **looking around/round** for a good used car.* ⇨ Paul está procurando um bom carro usado. *You have to **look around/round** if you want a cheap flight to Europe at this time of year.* ⇨ Você tem de procurar, se quiser um voo barato para a Europa nesta época do ano.

look at 1 *vt* examinar, olhar (texto, documento). *Have a **look at** this report and see if there are any spelling mistakes.* ⇨ Dê uma olhada neste relatório e veja se tem erros ortográficos. *I **looked at** the contract quickly before I gave it to my lawyer to examine.* ⇨ Eu dei uma olhada por cima no contrato, antes de dá-lo para o advogado examinar. **2** *vt* examinar, avaliar (situação). *We're **looking at** the advantages the new software may bring to our accounting system.* ⇨ Estamos examinando as vantagens que o novo programa pode trazer ao nosso sistema de contabilidade. **3** *vt* examinar (por profissional). *You should get a dermatologist to **look at** your rash.* ⇨ Você deveria pedir a um dermatologista para examinar a irritação na sua pele. *They brought an engineer in to **look at** the damaged building.* ⇨ Eles trouxeram um engenheiro para examinar o prédio danificado. **4** *vt* ver algo ou alguém de determinada maneira. *Sure it's expensive, but **look at** it this way: it's built to last forever.* ⇨ Claro que é caro, mas veja dessa maneira: é feito para durar para sempre. *Everyone thinks John is a failure, but I don't **look at** him that way.* ⇨ Todos acham que John é um fracasso, mas eu não o vejo dessa maneira.

look back (at) *vt+vi* lembrar de, relembrar (o passado). *When I **look back at** my childhood I think I was very fortunate.* ⇨ Quando eu me lembro da minha infância, acho que tive muita sorte. *Susan has to stop **looking back** and start thinking about her future.* ⇨ Susan precisa parar de relembrar o passado e começar a pensar no futuro.

look down on *vt* tratar com menosprezo, assumir ares de superioridade. *Jacob **looks down on** his employees, and treats them like servants.* ⇨ Jacob vê com menosprezo seus funcionários e os trata como serventes. *Mary **looks down on** everyone just because her family is wealthy.* ⇨ Mary assume ares de superioridade só porque a sua família é rica.

look for *vt* procurar (alguém ou algo). *I have been **looking for** you all morning. Where were you?* ⇨ Eu procurei você a manhã inteira. Onde você estava? *Hugh is **looking for** his dictionary.* ⇨ Hugh está procurando o dicionário dele.

look forward to *vt* esperar ansiosamente, aguardar com interesse. *We're **looking forward to** the party on Friday.* ⇨ Estamos esperando ansiosamente a festa de sexta-feira. *I loved her first novel and I **look forward to** her next one.* ⇨ Eu adorei seu primeiro romance e aguardo com interesse o próximo.

look in on *vt* visitar alguém (geralmente quando se está a caminho para outro lugar). *I'll be in New York next week and I'll **look in on** Doug and Kelly.* ⇨ Eu estarei em Nova York na próxima semana e visitarei Doug e Kelly. *I **looked in on** Francis at the hospital on my way home.* ⇨ Eu visitei Francis no hospital, no caminho de casa.

look into *vt* investigar, examinar (situação, problema). *The police are **looking into** the murder case and hope to solve it soon.* ⇨ A polícia está investigando o assassinato e espera solucioná-lo logo. *It's a matter that must be **looked into** right away.* ⇨ É um assunto que precisa ser examinado imediatamente.

look on 1 *vi* assistir a (ser mero espectador). *A fight broke out and everyone **looked on** instead of stopping it.* ⇨ Uma luta começou e todos assistiram-na em vez de apartá-la. **2** *vi Amer* ler compartilhando um livro com alguém (em sala de aula). *I forgot my textbook. Can I sit beside you and **look on** with you?* ⇨ Eu esqueci o meu livro de texto. Posso me sentar ao seu lado e ler compartilhando o seu livro?

look on/upon *vt* ver de uma determinada maneira (situação, pessoa). *Some people **look on/upon** the tax system as the root of poverty in this country.* ⇨ Algumas pessoas veem o sistema tributário como a causa da pobreza neste país. *I don't **look on/upon** her as my teacher, but rather as a friend.* ⇨ Eu não a vejo como minha professora, porém mais precisamente como uma amiga.

look out 1 *vi* estar alerta, prestar atenção. *I don't think you left it here, but I'm **looking out** and I'll let you know if I find your necklace.* ⇨ Eu acho que você não o deixou aqui, mas estou alerta e ligarei para você se achar seu colar. **2** *vi* tome cuidado!, preste atenção! (sempre imperativo). ***Look out!** He's got a gun!* ⇨ Tome cuidado! Ele tem uma arma. ***Look out** or you'll cut yourself with that knife.* ⇨ Preste atenção ou você se cortará com essa faca.

look out for 1 cuidar de, proteger (especialmente alguém frágil ou menor). *She's a nice girl so I **look out for** her at the office.* ⇨ Ele é uma boa garota, então eu cuido dela no escritório. **2** *refl* cuidar-se, proteger-se. *She could think of others instead of **looking out for** herself first.* ⇨ Ela poderia pensar nos outros em vez de sempre se cuidar primeiro. **3** *vt* tomar cuidado com (alguém ou algo perigoso). *You should **look out for** him. He's not someone you can trust.* ⇨ Tome cuidado com ele. Ele não é uma pessoa em quem se pode confiar. *I warned you to **look out for** cheap alternatives. Now you've wasted your money!* ⇨ Eu o avisei para tomar cuidado com alternativas baratas. Agora você jogou fora o seu dinheiro! **4** *vt* procurar com atenção, ficar atento para. *Sarah's train arrives at ten. **Look out for** a girl wearing a green dress.* ⇨ O trem de Sarah chega às dez. Procure uma garota de vestido verde.

look over *vt* examinar rapidamente (alguém ou algo). *I **looked over** Karen quickly, and there doesn't seem to be any broken bones.* ♦ *I **looked** Karen **over** quickly, and there doesn't seem to be any broken bones.* ⇨ Eu examinei Karen rapidamente, e parece que não há ossos quebrados. *I've **looked over** your proposal and it looks good.* ♦ *I've **looked** your proposal **over** and it looks good.* ⇨ Eu examinei rapidamente a sua proposta e me parece boa.

look round *V* **look around/round.**

look through 1 *vt* olhar através. *If you **look through** these binoculars you can see the mountains.* ⇨ Se você olhar através deste binóculo, você consegue ver as montanhas. **2** *vt* examinar o conteúdo. *I've been **looking through** this old photo album to see if I find a picture of grandma.* ⇨ Eu estava examinando o conteúdo deste álbum de fotografia para ver se acho uma foto da vovó. **3** *vt* ignorar a presença de, fingir que não avistou (alguém). *I said hello to my ex-wife at the party and she **looked through** me as if I weren't there.* ⇨ Eu cumprimentei minha ex-esposa na festa e ela me ignorou, fingindo que não me viu.

look up 1 *vt* procurar referência (no dicionário, na internet). *She **looked up** the word in the dictionary.* ♦ *She **looked** the word **up** in the dictionary.* ⇨ Ela procurou a palavra no dicionário. **2** *vt* visitar após longo intervalo (alguém). *If you go to Montreal you should **look up** Lindsay. You haven't seen him in years.* ♦ *If you go to Montreal you should **look** Lindsay **up**. You haven't seen him in years.* ⇨ Se você for para Montreal, você deveria visitar Lindsay. Faz anos que você não o vê. **3** *vi* tornar-se melhor, melhorar (situação, estado). *Geoffrey has found a job and things are starting to **look up** for him.* ⇨ Geoffrey achou um emprego e as coisas estão se tornando melhores para ele. *With Christmas only a month away, sales are **looking up**.* ⇨ Com o Natal chegando em um mês, as vendas estão melhorando.

look up to *vt* respeitar, venerar, admirar. *Pierre was a great man, and everyone who knew him **looked up to** him.* ⇨ Pierre era um grande homem, e todos que o conheceram o admiravam muito.

look upon *V* **look on/upon.**

loom ahead *vi* assombrar, preocupar-se com o futuro (algo a acontecer). *His trial is **looming ahead**, making it hard to think of anything else.* ⇨ Seu julgamento o está assombrando, ficando difícil pensar em outra coisa.

loosen up 1 *vi Amer pop* descontrair-se, soltar-se, ficar à vontade. *Jerry seems like a bore, but he **loosens up** after a few drinks.* ⇨ Jerry parece chato, mas ele se descontrai depois de alguns drinques. *I always start my classes with a joke to **loosen up** the class.* ♦ *I always start my classes with a joke to **loosen** the class **up**.* ⇨ Eu sempre começo as aulas com uma piada para deixar a sala mais à vontade. **2** *vi* aquecer ou alongar músculos antes de exercício físico. *You should walk for five minutes to **loosen up** before you jog.* ⇨ Você deveria caminhar por cinco minutos para aquecer os músculos antes de correr.

lop off *vt* cortar, podar (especialmente com ação rápida). *In spring I **lop off** the damaged branches of the fruit trees.* ♦ *In spring I **lop** the damaged branches of the fruit trees **off**.* ⇨ Na primavera eu podo os galhos danificados das árvores frutíferas. *Many heads were **lopped off** under the reign of Mary, Queen of Scots.* ⇨ Muitas cabeças foram cortadas durante o reinado de Mary, Rainha dos Escoceses.

lose out *vi* perder vantagem, sair perdendo. *The middle class usually **loses out** when new taxes are created.* ⇨ A classe média geralmente sai perdendo quando novos impostos são criados.

lounge about/around *vi Amer pop* ficar à toa, deitado ou sentado. *He just **lounges about/around** all day in front of the television.* ⇨ Ele fica o dia todo à toa em casa, deitado em frente da televisão.

lounge around *V* **lounge about/around.**

luck into *vt Amer* achar ou conseguir por acaso. *I **lucked into** the job, really. I met the owner of the company at a cocktail party and we got to talking.* ⇨ Eu achei o emprego por acaso. Eu conheci o dono da empresa num coquetel, e ficamos conversando.

luck out *vi Amer* ser sortudo, ter sorte. *I **lucked out** and won two hundred dollars in a poker game.* ⇨ Eu fui sortudo e ganhei duzentos dólares num jogo de pôquer. *I **lucked out** and married the right girl.* ⇨ Eu tive sorte e me casei com a garota certa.

lump together *vt* agrupar, tratar ou considerar globalmente. *Economists **lump together** the developing countries of Asia under the term "Asian tigers".* ♦ *Economists **lump** the developing countries of Asia **together***

under the term "Asian tigers". ⇨ Os economistas agrupam os países asiáticos em desenvolvimento sob o termo de "tigres asiáticos".

lust after 1 *vt* desejar sexualmente (alguém). *I've been **lusting after** her since she started working here.* ⇨ Eu a desejo desde o dia em que ela começou a trabalhar aqui. 2 *vt* desejar intensamente (algo). *He **lusts after** money and power.* ⇨ Ele deseja intensamente dinheiro e poder. *Is Eric still **lusting after** a Ferrari?* ⇨ O Eric continua desejando intensamente uma Ferrari?

m

major in *vt Amer* formar-se em, concentrar os estudos universitários em uma área específica de conhecimento. *Joan majored in English literature at Indiana University.* ⇨ Joan formou-se em literatura inglesa na Universidade de Indiana.

make after *vt* perseguir ou caçar alguém ou algo (não é usado na voz passiva). *The police made after the bank robbers in a helicopter.* ⇨ A polícia perseguiu os ladrões do banco num helicóptero.

make away with *vt* fugir com, roubar. *Some thieves ransacked the store and made away with five thousand dollars in cash.* ⇨ Alguns ladrões vasculharam a loja e fugiram com cinco mil dólares em dinheiro.

make for 1 *vt* dirigir-se a, ir ou seguir em direção a um lugar (não é usado na voz passiva). *Sandra became angry, got up and made for the exit.* ⇨ Sandra ficou zangada, levantou-se e dirigiu-se à saída. **2** *vt* contribuir ou servir para (não é usado na voz passiva e forma progressiva). *Social injustice makes for an increase in poverty and violence.* ⇨ A injustiça social contribui para um aumento da pobreza e da violência.

make into *vt* converter em, transformar em (algo, alguém). *I'm going to make the living room into a guest room.* ⇨ Eu vou converter a sala de visita num quarto de hóspedes. *Mary made Tony into an anti-social person.* ⇨ Mary transformou Tony numa pessoa antissocial.

make of *vt* achar, pensar (geralmente na forma interrogativa). *What do you make of my plans?* ⇨ O que você acha dos meus planos? *I wish I knew what they made of Rita.* ⇨ Eu gostaria de saber o que eles acharam de Rita.

make off *vi* fugir, sair de repente. *The rioters made off as soon as the police appeared.* ⇨ Os baderneiros fugiram assim que a polícia apareceu.

make out 1 *vt* preencher, completar (cheque, formulário, recibo etc.). *Please make out this application.* ♦ *Please make this application out.* ⇨ Por favor, preencha este formulário. **2** *vt* entender, compreender (algo). *We couldn't make out what he was after.* ⇨ Nós não conseguimos entender o que ele estava querendo. **3** *vt* entender, compreender (alguém). *I can't make out Tony at all. He's never satisfied.* ⇨ Eu não consigo entender Tony de modo algum. Ele nunca está satisfeito. **4** *vt* alegar ou declarar algo (falsamente). *Sandra made out to be a doctor, but she's only a nurse.* ⇨ Sandra alegou que é médica, mas ela é simplesmente uma enfermeira. **5** *vt pop* adaptar-se, ajustar-se a novas situações (geralmente na forma interrogativa). *How is Peter making* *out* with his new job? ⇨ Como é que Peter está se adaptando ao novo emprego? **6** *vi Amer pop* malhar, dar um amasso, bolinar. *Frank and Barbara are always **making out** in public.* ⇨ Frank e Bárbara estão sempre dando uns amassos em público.

make over 1 *vt* transferir, transmitir algo a outrem, observando as formalidades legais. *Mr. Green **made over** his fortune to his oldest grandson.* ♦ *Mr. Green **made** his fortune **over** to his oldest grandson.* ⇨ O Sr. Green transferiu sua fortuna ao neto mais velho. **2** *vt* modificar, mudar (alguém ou algo), a fim de dar uma nova aparência. *My hairdresser is going to **make over** Susan.* ♦ *My hairdresser is going to **make** Susan **over**.* ⇨ O meu cabeleireiro vai mudar o visual de Susan. *I intend to **make over** my apartment.* ♦ *I intend to **make** my apartment **over**.* ⇨ Eu pretendo mudar a aparência do meu apartamento.

make up 1 *vt* inventar ou criar algo (história, desculpa, brincadeira). *Sandra is really good at **making up** convincing excuses.* ♦ *Sandra is really good at **making** convincing excuses **up**.* ⇨ Sandra é realmente boa para inventar desculpas convincentes. **2** *vt+refl* maquiar(-se). *Tony is going to **make up** Sylvia as a clown.* ⇨ Tony vai maquiar Sylvia como um palhaço. *Now, I'll have to **make** myself **up**.* ⇨ Agora eu preciso me maquiar. **3** *vi* reconciliar-se. *After a serious quarrel, Paul and Jane **made up** and forgot their differences.* ⇨ Depois de uma briga séria, Paul e Jane se reconciliaram e esqueceram suas diferenças. **4** *vt* preparar algo com vários ingredientes, especialmente comida ou medicamento. *The doctor **made up** this medicine especially for you.* ♦ *The doctor **made** this medicine **up** especially for you.* ⇨ O médico preparou este medicamento especialmente para você. **5** *vt* compor ou constituir parte de algo. *Women **make up** 52% of voters in Brazil.* ⇨ As mulheres constituem 52% dos eleitores no Brasil. **6** *vt* preparar algo para alguém. *My wife **made up** a light meal for you all.* ♦ *My wife **made** a light meal **up** for you all.* ⇨ A minha esposa preparou uma refeição leve para todos vocês. *Leslie is going to **make up** a bed for you on the couch.* ♦ *Leslie is going to **make** a bed **up** for you on the couch.* ⇨ Leslie vai preparar uma cama para você no sofá.

make up for 1 *vt* compensar, contrabalançar. *Hard work can frequently **make up for** a lack of intelligence.* ⇨ O trabalho duro pode frequentemente compensar a falta de inteligência. **2** *vt* reparar, consertar (erro ou falha). *Tony brought me a present to **make up for** his nasty behavior last Saturday.* ⇨ Tony me trouxe um presente para reparar seu comportamento desagradável do sábado passado.

map out *vt* planejar ou organizar algo meticulosamente. *We must **map out** our counter offensive.* ⇨ Nós precisamos organizar a nossa contraofensiva.

mark down 1 *vt* reduzir o preço, remarcar. *We're going to **mark down** men's shoes by 50% this week.* ♦ *We're going to **mark** men's shoes **down** by 50% this week.* ⇨ Nós vamos reduzir os preços dos sapatos masculinos em até 50% esta semana. **2** *vt* anotar, marcar. *Did you **mark down** the license plate of the car?* ♦ *Did you **mark** the license plate of the car **down**?* ⇨ Você anotou a placa do carro? **3** *vt* descontar pontos ou nota em exames ou competições por erros cometidos. *Our teachers **mark down** students who make spelling mistakes.* ♦ *Our teachers **mark** students who make spelling mistakes **down**.* ⇨ Nossos professores descontam nota dos alunos que cometem erros de ortografia.

mark down as *vt* rotular ou tachar alguém de alguma coisa. *Because of*

Paul's radical ideas on politics, he was **marked down as** an anarchist. ⇨ Por causa de suas ideias políticas radicais, Paul foi rotulado de anarquista.

mark off 1 *vt* isolar, bloquear (área). *The police **marked off** the area where the explosion occurred.* ◆ *The police **marked** the area **off** where the explosion occurred.* ⇨ A polícia isolou a área onde ocorreu a explosão. **2** *vt* ticar; assinalar ou eliminar algo, geralmente com um X. *Please **mark off** the items that are missing.* ◆ *Please, **mark** the itens that are missing **off**.* ⇨ Por favor, tique os itens que estão faltando. *I'm going to **mark off** the day to Nancy's wedding on the calendar.* ◆ *I'm going to **mark** the day to Nancy's wedding **off** on the calendar.* ⇨ Eu vou assinalar o dia do casamento de Nancy no calendário.

mark off from *vt* distinguir, diferençar. *It's his natural way of acting that **marks off** James Dean **from** the other actors of his time.* ◆ *It's his natural way of acting that **marks** James Dean **off from** the other actors of his time.* ⇨ É o jeito natural de atuar que distingue James Dean dos outros atores de sua época.

mark out *vt* demarcar ou desenhar as linhas divisórias de algo, geralmente um espaço físico. *Tony is going to **mark out** a tennis court on the ground with a piece of chalk.* ◆ *Tony is going to **mark** a tennis court **out** on the ground with a piece of chalk.* ⇨ Tony vai demarcar as linhas divisórias de uma quadra de tênis com um giz.

mark up 1 *vt* aumentar ou majorar o preço de algo. *The government is going to **mark up** the price of oil.* ◆ *The government is going to **mark** the price of oil **up**.* ⇨ O governo vai aumentar o preço do petróleo. **2** *vt* assinalar ou marcar algo em texto, partitura ou roteiro. *The editor has **marked up** what to delete from the original.* ◆ *The editor has **marked** what to delete **up** from the original.* ⇨ O editor assinalou o que deve ser cortado do texto original. **3** *vt* rabiscar, riscar. *The student was punished for **marking up** a library book.* ◆ *The student was punished for **marking** a library book **up**.* ⇨ O aluno foi punido por rabiscar um livro da biblioteca.

marry above *refl* casar-se com alguém de classe social superior. *Rita is going to **marry above** herself because she's a social climber.* ⇨ Rita vai se casar com um homem de classe social superior porque é uma alpinista social.

marry beneath *refl* casar-se com alguém de classe social inferior. *Nancy's father said he's going to disinherit her if she **marries beneath** herself.* ⇨ O pai de Nancy disse que vai deserdá-la se ela se casar com um homem de classe social inferior.

marry off *vt* arranjar ou escolher marido para a filha. *Oh, mother, stop it! You're always trying to **marry off** Nancy.* ◆ *Oh, mother, stop it! You're always trying to **marry** Nancy **off**.* ⇨ Ah, mamãe, pare com isso. Você está sempre tentando arranjar marido para Nancy.

match up 1 *vt* ligar, estabelecer conexão. *I think the police are having some difficulty in **matching up** the statements of the witnesses with the facts.* ◆ *I think the police are having some difficulty in **matching** the statements of the witnesses **up** with the facts.* ⇨ Eu creio que a polícia está tendo dificuldade em ligar as declarações das testemunhas aos fatos. **2** *vt* emparelhar, unir aos pares. *Tell Paul to **match up** those people with the other guests.* ◆ *Tell Paul to **match** those people **up** with the other guests.* ⇨ Diga a Paul para emparelhar aquelas pessoas aos outros convidados.

match up to *vt* estar à altura de. *Weber's new short stories don't **match up to** his early works.* ⇨ Os novos contos de Weber não estão à altura de seus primeiros trabalhos.

measure against *vt* comparar alguém ou algo com outros padrões. *Our country's economic problems are minor when **measured against** other developing nations.* ⇨ Os problemas econômicos do nosso país são menores, quando comparados aos de outras nações em desenvolvimento.

measure off *vt* medir a extensão de algo, marcar o ponto e cortar (geralmente tecido). *The shop assistant is going to **measure off** three meters from the roll.* ♦ *The shop assistant is going to **measure** three meters **off** from the roll.* ⇨ O vendedor vai medir e cortar três metros do rolo.

measure out *vt* retirar uma pequena quantidade de um todo e, em seguida, pesá-la ou medi-la. *The bartender carefully **measured out** a double whiskey.* ♦ *The bartender carefully **measured** a double whiskey **out**.* ⇨ O barman mediu cuidadosamente um uísque duplo. *Now **measure out** 200 grams of sugar and beat it with the whites.* ♦ *Now **measure** 200 grams of sugar **out** and beat it with the whites.* ⇨ Agora pese 200 gramas de açúcar e bata com as claras.

measure up *vt* medir a extensão de uma área. *He'll **measure up** the floor before ordering new carpets.* ♦ *He'll **measure** the floor **up** before ordering new carpets.* ⇨ Ele irá medir o piso antes de encomendar os novos carpetes.

measure up to *vt* estar à altura de. *John doesn't **measure up to** his position.* ⇨ John não está à altura do seu cargo.

meet up (with) *vt+vi* encontrar-se com, reunir-se com. *I'm going to **meet up with** some friends at the subway station.* ⇨ Eu vou me encontrar com alguns amigos na estação do metrô. *We'll **meet up** later.* ⇨ Nós nos encontraremos mais tarde.

meet with *vt Amer* ter uma reunião com, reunir-se com. *We have to **meet with** the director in order to discuss the new sales strategies.* ⇨ Nós precisamos ter uma reunião com o diretor, a fim de discutir novas estratégias de vendas.

melt away *vi* desaparecer, sumir (pessoas ou coisas). *Mr. Brown entered the room to greet us and then **melted away**.* ⇨ O Sr. Brown entrou na sala para nos cumprimentar e, em seguida, desapareceu. *My suspicions **melted away** as I started analysing all the papers.* ⇨ As minhas suspeitas desapareceram logo que comecei a analisar todos os documentos.

melt down *vt* derreter, fundir (metais). *The thieves have **melted down** Mrs. Hilton's gold jewellery.* ♦ *The thieves have **melted** Mrs. Hilton's gold jewellery **down**.* ⇨ Os ladrões derreteram as joias de ouro da Sra. Hilton.

mess about/around 1 *vi pop* vagabundear, vagar. *I spend my weekends **messing about/around** at the country club.* ⇨ Eu passo os meus fins de semana vagabundeando pelo clube. **2** *vi pop* bagunçar, promover. *I don't want you to **mess about/around** in my bedroom.* ⇨ Eu não quero que você venha bagunçar no meu quarto. **3** *vt pop* galinhar, andar à cata de aventuras amorosas. *Someone told me Nancy likes to **mess about/around** with married men.* ⇨ Alguém me disse que Nancy gosta de galinhar com homens casados.

mess around *V* mess about/around.

mess up 1 *vt* arruinar, estragar. *Your drinking problem is going to **mess up** your career.* ♦ *Your drinking problem is going to **mess** your career **up**.* ⇨ O problema com a bebida vai arruinar a sua carreira. **2** *vt* sujar, emporcalhar. *I don't want you to **mess up** the entire kitchen.* ♦ *I don't want you to **mess** the entire kitchen **up**.* ⇨ Eu não quero que vocês sujem a cozinha toda.

mess with *vt* meter-se com, envolver-se com (algo ou alguém perigoso). *People who mess with drugs are asking for trouble.* ⇨ As pessoas que se metem com drogas estão procurando confusão. *You'd better not mess with him. He's very violent.* ⇨ É melhor você não se meter com ele. Ele é muito violento.

mill about/around *vi* andar ou movimentar-se de maneira desordenada. *There were hundreds of kids milling about/around outside the rock star's home.* ⇨ Havia centenas de garotos se movimentando de maneira desordenada do lado de fora da casa do astro do rock.

mill around *V* mill about/around.

miss out *vi* perder, deixar de ver. *There's a thriller with Andy Garcia on TV tonight and I don't want to miss out.* ⇨ Há um filme de suspense com Andy Garcia na TV, hoje à noite, que eu não quero perder.

mist over *vi* encher-se de lágrimas, marejar-se. *When I asked Mary about her son, her eyes misted over.* ⇨ Quando eu perguntei a Mary sobre o filho, seus olhos se encheram de lágrimas.

mist over/up *vi* embaçar, tornar baço. *Because of the steam my glasses misted over/up.* ⇨ Por causa do vapor, os meus óculos embaçaram.

mist up *V* mist over/up.

mix in 1 *vt* adicionar, acrescentar. *Now mix in the eggs and the whipped cream.* • *Now mix the eggs and the whipped cream in.* ⇨ Agora adicione os ovos e o creme *chantilly*. **2** *vt pop* juntar-se, integrar-se (com pessoas ricas ou de prestígio). *Sheila only mixes in the right company.* ⇨ Sheila só se junta com as pessoas certas. *He has trouble mixing in at parties.* ⇨ Ele tem dificuldade para se integrar em festas.

mix up 1 *vt* confundir-se com, não distinguir (pessoas ou coisas). *I often mix up John and Jason. They're so similar.* • *I often mix John and Jason up. They're so similar.* ⇨ Eu frequentemente me confundo com John e Jason. Eles são tão semelhantes. **2** *vt* misturar, embaralhar (coisas). *Please don't mix up those documents.* • *Please don't mix those documents up.* ⇨ Por favor, não misture aqueles documentos. **3** *vt* misturar, juntar. *Now mix up the chocolate, eggs and whipped cream.* • *Now mix the chocolate, eggs and whipped cream up.* ⇨ Agora misture o chocolate, os ovos e o creme *chantilly*. **4** *vt Amer* confundir alguém, tornar alguém confuso. *Peter mixed up grandma intentionally.* • *Peter mixed grandma up intentionally.* ⇨ Peter confundiu vovó intencionalmente.

mix up with *vt* envolver-se com, geralmente algo ilegal ou imoral (sempre na voz passiva). *We think he's mixed up with drug smugglers.* ⇨ Nós achamos que ele está envolvido com contrabandistas de drogas.

monkey about/around *vi pop* fazer travessuras, brincar com algo perigoso. *The kids were monkeying about/around in the backyard when John fell down and broke his left arm.* ⇨ As crianças estavam fazendo travessuras no quintal quando John caiu e quebrou o braço esquerdo.

monkey around *V* monkey about/around.

mop up 1 *vt* secar ou enxugar com um esfregão ou um pano. *The maid is going to mop the oil up.* ⇨ A empregada vai enxugar o óleo com um pano. **2** *vt* raspar o caldo do prato (sopa ou molho), ao final da refeição, geralmente com pedaços de pão. *Susan loves mopping up sauce with crusts of bread.* • *Susan loves mopping sauce up with crusts of bread.* ⇨ Susan adora raspar o molho do prato com pedaços de pão.

move about/around 1 *vi* deslocar-se de um local para outro. *Mr. Neal is*

move along

an FBI agent. That's why he **moves about/around** from one state to another. ⇨ O Sr. Neal é agente do FBI. É por isso que ele se desloca de um estado para outro. **2** *vt* mudar algo de um lugar para outro. *Sandra is always moving about/around the furniture.* ♦ *Sandra is always moving the furniture about/around.* ⇨ Sandra está sempre mudando os móveis de lugar.

move along 1 *vi* dispersar(-se), abandonar um local. *The police asked the picketers to move along.* ⇨ A polícia solicitou que os piqueteiros se dispersassem. **2** *vi* progredir, avançar de maneira satisfatória. *Our company has hired a new attorney and the case is moving along very nicely.* ⇨ A nossa empresa contratou um novo advogado, e o processo está avançando de maneira bastante satisfatória.

move around V **move about/around.**

move away *vi* mudar-se para outro lugar. *Since this town doesn't offer any job opportunities, my son has moved away.* ⇨ Uma vez que esta cidade não oferece oportunidades de trabalho, meu filho se mudou para outro lugar.

move away from 1 *vt* deixar de usar ou consumir. *All my friends are moving away from eating red meat.* ⇨ Todos os meus amigos estão deixando de consumir carne vermelha. **2** *vt* desistir de usar algo e substituí-lo por outro método, sistema ou tecnologia. *The government intends to move away from nuclear power towards hydroelectric power.* ⇨ O governo pretende desistir da energia nuclear e substituí-la por energia hidrelétrica.

move down 1 *vt* ser transferido (aluno) para um nível inferior. *Students who find the course too difficult can move down to a lower level.* ⇨ Os alunos que acharem o curso muito difícil podem ser transferidos para um nível inferior. **2** *vt* cair ou descer para. *Unfortunately our soccer team moved down to the second division.* ⇨ Infelizmente, nosso time de futebol caiu para a segunda divisão.

move in *vi* mudar-se, alojar-se em um imóvel. *We moved in a few days before Christmas.* ⇨ Nós nos mudamos alguns dias antes do Natal.

move in (with) 1 *vt* mudar-se para a casa de alguém. *Paul has just moved in with his girlfriend.* ⇨ Paul acaba de se mudar para a casa da namorada. **2** *vi* montar casa, ir morar junto. *Mary and Liz moved in together.* ⇨ Mary e Liz montaram uma casa juntas.

move into 1 *vt* entrar, ingressar (em outra área ou ramo). *Peter has moved into a new area of business.* ⇨ Peter entrou num novo ramo de negócio. **2** *vt* mudar-se para (imóvel). *The Browns moved into a bigger house in Brooklyn.* ⇨ Os Browns se mudaram para uma casa maior no Brooklyn.

move off *vi Brit* partir, ir embora. *The train moved off behind schedule.* ⇨ O trem partiu atrasado. *We moved off as fast as possible.* ⇨ Nós fomos embora o mais rápido possível.

move on 1 *vi* ir embora, partir. *We've been here for days. I think it's time to move on.* ⇨ Nós estamos aqui há dias. Eu acho que está na hora de ir embora. **2** *vi* dar o fora, retirar-se. *I had parked my car in front of the bank, but a traffic policeman asked me to move on.* ⇨ Eu tinha estacionado o carro em frente do banco, mas um policial de trânsito me pediu para dar o fora.

move on to *vt* avançar, progredir. *It's about time we moved on to the final phase of the project.* ⇨ Está na hora de avançarmos para a fase final do projeto.

move out (of) 1 *vi* mudar-se, deixar o local onde mora. *We intend to move out by the end of July.* ⇨ Nós pretendemos nos mudar até o fim de julho. *I think it's time we moved out* *of here and found a safer district.* ⇨ Eu acho que está na hora de nos mudarmos daqui e encontrarmos um bairro mais seguro. **2** *vi pop* puxar o carro, dar o fora. *Let's **move out**! The atmosphere here is really unpleasant.* ⇨ Vamos puxar o carro! O ambiente aqui está realmente desagradável. **3** *vt* deixar ou abandonar um ramo de atividade. *She wants to **move out of** schoolteaching and dedicate herself to something more profitable.* ⇨ Ela quer deixar o magistério e se dedicar a algo mais rentável.

move over 1 *vi* deslocar-se para, dar lugar ou abrir espaço para acomodar mais alguém. *If the boys **move over** a little bit, Paul and Mary can sit next to me.* ⇨ Se os garotos se deslocarem um pouquinho, Paul e Mary podem se sentar perto de mim. **2** *vi* dar lugar a (geralmente a alguém mais jovem ou mais experiente). *Mrs. Williams should **move over** and let somebody younger take her post.* ⇨ A Sra. Williams deveria dar lugar a alguém mais jovem para as suas funções.

move over to *vt* transferir-se ou mudar-se para (atividade, grupo, organização, partido político etc.). *John started working as a newspaper reporter and then **moved over to** television.* ⇨ John começou a trabalhar como repórter de um jornal e, em seguida, transferiu-se para a televisão. *Terry **moved over to** the Labor Party some years ago.* ⇨ Terry transferiu-se para o Partido Trabalhista há alguns anos.

move up (to) 1 *vt+vi* subir, progredir. *Mr. Gates **moved up to** sales manager.* ⇨ O Sr. Gates subiu para gerente de vendas. *The Martins have **moved up** in the world.* ⇨ Os Martin subiram na vida. **2** *vt* ser transferido (aluno) para um nível ou estágio superior. *My daughter is doing so well in her French class that she'll **move up to** the next level.* ⇨ Minha filha está indo tão bem no curso de francês, que vai ser transferida para um estágio mais adiantado.

mow down *vt* matar pessoas (geralmente em grande número); exterminar, chacinar (usado na voz passiva). *Twelve students were **mowed down** when a man opened fire at a high school in Boston.* ⇨ Doze estudantes foram mortos quando um homem abriu fogo em um colégio de Boston.

muck up 1 *vt* fazer algo mal feito. *Liza **mucked up** her chemistry test.* ♦ *Liza **mucked** her chemistry test **up**.* ⇨ Liza fez um péssimo exame de química. **2** *vt* estragar, arruinar. *The cold wave has **mucked up** my plans for the weekend on the beach.* ⇨ A frente fria estragou os meus planos para o fim de semana na praia.

muddle up *vt* misturar, embaralhar. *Please don't **muddle up** those papers.* ♦ *Please don't **muddle** those papers **up**.* ⇨ Por favor, não misture aqueles documentos.

mug up *vt pop* rachar, estudar muito, geralmente antes de uma prova. *I need to **mug up** my American literature for a final tomorrow.* ♦ *I need to **mug** my American literature **up** for a final tomorrow.* ⇨ Eu preciso rachar em literatura americana para o exame final de amanhã.

mull over *vt* refletir, meditar. *She said she needs some time to **mull over** our proposal.* ♦ *She said she needs some time to **mull** our proposal **over**.* ⇨ Ela disse que precisa de algum tempo para refletir sobre a nossa proposta.

muscle into *vt pop* forçar a barra para participar de algo, a fim de levar algum tipo de vantagem. *The Russian Mafia is **muscling into** the profitable world of arms trafficking.* ⇨ A máfia russa está forçando a barra para entrar no mundo lucrativo do tráfico de armas.

muss up *vt Amer pop* desarrumar, desalinhar (cabelo ou roupa). *If you don't*

muster up

*stop running you're going to **muss up** your hair.* ◆ *If you don't stop running you're going to **muss** your hair **up**.* ⇨ Se você não parar de correr, você vai desarrumar o cabelo.

muster up *vt* criar, reunir, concentrar (coragem, força, fé etc.). *I **mustered up** enough courage and asked him for a divorce.* ⇨ Eu criei coragem suficiente e pedi-lhe o divórcio. *John is trying to **muster up** his last reserves of strength for the last round.* ◆ *John is trying to **muster** his last reserves of strength **up** for the last round.* ⇨ John está tentando reunir suas derradeiras reservas de energia para o último *round*.

n

nail down 1 *vt* pregar ou fixar algo. *I want you to **nail down** the corner of the carpet.* ◆ *I want you to **nail** the corner of the carpet **down**.* ⇨ Eu quero que você fixe o canto do carpete. **2** *vt pop* pressionar alguém a contar os detalhes de algo ou o que pretende fazer. *In order to get the information we need I have to **nail down** Nancy.* ◆ *In order to get the information we need I have to **nail** Nancy **down**.* ⇨ A fim de conseguir as informações de que precisamos, eu tenho de pressionar Nancy. **3** *vt* entender ou explicar algo com precisão. *Mr. Green was so nervous that he couldn't **nail down** the different phases of the project.* ⇨ O Sr. Green estava tão nervoso, que não conseguiu explicar com precisão as diferentes fases do projeto. *There's something strange about her, but I can't **nail** it **down**.* ⇨ Há algo estranho nela, mas eu não consigo entender o que é.

nail up 1 *vt* pregar, fechar ou lacrar algo com pregos. *I'm going to **nail up** the lid of the barrel.* ◆ *I'm going to **nail** the lid of the barrel **up**.* ⇨ Eu vou pregar a tampa do barril. **2** *vt* pregar ou fixar algo (na parede, no poste, na porta, ou em quadro de avisos). *They're going to **nail up** the eviction notice on the door.* ◆ *They're going to **nail** the eviction notice **up** on the door.* ⇨ Eles vão fixar o aviso de despejo na porta.

narrow down (to) *vt* restringir (a), reduzir (a). *I'm going to **narrow down** the scope of my research.* ◆ *I'm going to **narrow** the scope of my research **down**.* ⇨ Eu vou reduzir a abrangência da minha pesquisa. *The police have **narrowed down** the search for the missing girls **to** the Chicago area only.* ◆ *The police have **narrowed** the search for the missing girls **down to** the Chicago area only.* ⇨ A polícia restringiu a busca das garotas perdidas somente à área de Chicago.

nod off *vi* cochilar, dormitar. *I **nodded off** for a moment and missed the end of the movie.* ⇨ Eu cochilei por um momento e perdi o fim do filme.

nose about/around *vi pop* bisbilhotar, xeretar. *He's always **nosing about/around** here and there.* ⇨ Ele está sempre bisbilhotando aqui e acolá.

nose around *V* nose about/around.

nose in/into *vt* meter o nariz em, intrometer-se. *I hate people who **nose in/into** my business.* ⇨ Eu detesto pessoas que metem o nariz nos meus negócios.

nose into *V* nose in/into.

nose out 1 *vt pop* farejar, descobrir. *I'm not interested in **nosing out** the details of your life.* ◆ *I'm not interested in **nosing** the details of your life **out**.* ⇨

Eu não estou interessado em farejar os detalhes de sua vida. *The dogs have **nosed out** something in that parcel.* ♦ *The dogs have **nosed** something **out** in that parcel.* ⇨ Os cachorros farejaram algo naquele pacote. **2** *vt pop* vencer por pouca diferença, vencer por um nariz (em esporte ou eleição). *Mr. Lyndsay **nosed out** the Socialist candidate.* ♦ *Mr. Lyndsay **nosed** the Socialist candidate **out**.* ⇨ O Sr. Lyndsay venceu o candidato socialista por pouca diferença.

notch up 1 *vt* registrar, alcançar (em esportes). *Manchester United has **notched up** a great number of victories against visiting teams.* ♦ *Manchester United has **notched** a great number of victories **up** against visiting teams.* ⇨ O Manchester United registrou um grande número de vitórias contra times visitantes. **2** *vt* abater, matar. *They **notched up** a lot of wild ducks in a day's shooting.* ♦ *They **notched** a lot of wild ducks **up** in a day's shooting.* ⇨ Eles abateram muitos patos selvagens em um dia de caça.

note down *vt* anotar, registrar por escrito. *The students **noted down** every word the lecturer spoke.* ♦ *The students **noted** every word **down** the lecturer spoke.* ⇨ Os alunos anotaram cada palavra que o conferencista disse.

nurse through *vt* velar, cuidar de enfermos. *Susan **nursed** her father **through** his period of illness until he recovered.* ⇨ Susan velou o pai durante todo o período da enfermidade, até que ele se recuperou.

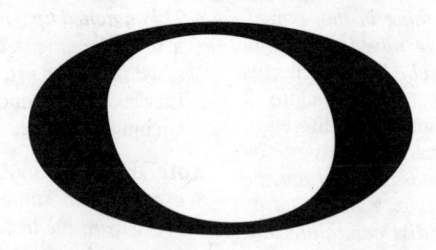

object to *vt* opor-se, apresentar obstáculo. *Nobody **objected to** our plans.* ⇨ Ninguém se opôs aos nossos planos.

occur to *vt* ocorrer, vir à memória. *It never **occurred to** Mary that her father could be alive.* ⇨ Nunca ocorreu a Nancy que o pai pudesse estar vivo.

offend against *vt* ofender, ir contra as regras ou princípios de. *I think she takes pleasure in **offending against** the principles of decency.* ⇨ Eu acho que ela tem prazer em ofender os princípios de decência.

open into *vt* dar para, comunicar com. *Our living room **opens into** a greenhouse.* ⇨ A nossa sala de visitas dá para um jardim de inverno.

open out 1 *vi* alargar-se, abrir-se (estrada, rio, vale etc.). *Close to San Diego, the river **opens out** and becomes a huge reservoir.* ⇨ Perto de San Diego, o rio se alarga e transforma-se numa grande represa. **2** (também **open up**) *vt+vi* Brit abrir o coração, abrir-se. *Shelley is a very introverted person. She never **opens out** to people.* ⇨ Shelley é uma pessoa muito introvertida. Ela nunca se abre às pessoas. *Tony is a reserved person. Generally he doesn't **open out**.* ⇨ Tony é uma pessoa reservada. Geralmente ele não se abre. **3** *vt* começar, iniciar. *The political debate **opened out** into a general discussion on economic problems.* ⇨ O debate político começou com uma discussão geral sobre problemas econômicos. **4** *vt* abrir, desdobrar. *Peter **opened out** the map to locate his home town.* • *Peter **opened** the map **out** to locate his home town.* ⇨ Peter abriu o mapa para localizar sua cidade natal.

open up 1 *vt+vi* abrir, destrancar (porta). *John is on his way to **open up** the building.* • *John is on his way to **open** the building **up**.* ⇨ John está a caminho, para abrir o prédio. ***Open up** or I'll break the door down!* ⇨ Abra a porta ou eu vou arrombá-la! **2** *vt* abrir, montar (negócio). *He intends to **open up** a fast food restaurant.* • *He intends to **open** a fast food restaurant **up**.* ⇨ Ele pretende abrir um restaurante de *fast food*. **3** *vt* propiciar ou criar (oportunidade ou possibilidade). *Cloning **opens up** great possibilities for research.* ⇨ A clonagem propicia inúmeras possibilidades de pesquisa. **4** *vt+vi* V **open out, 2. 5** *vi* abrir fogo, começar a atirar. *The drug dealers **opened up** when they saw the police arriving.* ⇨ Os traficantes de droga abriram fogo quando viram a chegada da polícia. **6** *vt* abrir, cortar. *When the doctor **opened up** his stomach, he found a tumor in it.* • *When the doctor **opened** his stomach **up**, he found a tumor in it.* ⇨ Quando o médico abriu o estômago dele, encontrou um tumor. **7** *vt+vi+refl* abrir-se a. *The former communist countries have **opened***

up their markets to foreign investors. ◆ *The former communist countries have **opened** their markets **up** to foreign investors.* ⇨ Os ex-países comunistas abriram seus mercados para investidores estrangeiros. ⇨ *Cuba is slowly **opening up** and letting foreigners into the country.* ⇨ Cuba está se abrindo lentamente e permitindo que estrangeiros entrem no país. *China has **opened** itself **up** to foreign investors.* ⇨ A China se abriu aos investidores estrangeiros. **8** *vt* abrir, desembrulhar. *She's going to **open up** the package now.* ◆ *She's going to **open** the package **up** now.* ⇨ Ela vai abrir o pacote agora. **9** *vt* destravar, abrir. *Please **open up** the hood and let me see the engine.* ◆ *Please **open** the hood **up** and let me see the engine.* ⇨ Por favor, destrave o capô e me deixe examinar o motor.

opt out (of) *vt+vi* optar por não participar ou tomar parte. *I chose to **opt out of** political affairs.* ⇨ Eu optei por não tomar parte em questões políticas. *Tony thinks that to **opt out** at this critical moment would be disastrous.* ⇨ Tony acha que optar por não participar nesse momento crítico seria desastroso.

order about/around *vt* mandar, dar ordens continuamente. *He's got no right to come here and **order** people **about/around**.* ⇨ Ele não tem o direito de chegar aqui e dar ordens às pessoas o tempo todo.

order around *V* order about/around.

order in *vt Amer* pedir comida, geralmente por telefone, para ser entregue em domicílio ou no local de trabalho. *I decided to stay home watching TV and **ordered in** a pizza.* ◆ *I decided to stay home watching TV and **ordered** a pizza **in**.* ⇨ Eu decidi ficar em casa vendo TV e pedi uma pizza.

order out *vt* enviar, mandar (soldados, tropas). *The government **ordered out** troops to control a riot in Medellín.* ◆ *The government **ordered** troops **out** to control a riot in Medellín.* ⇨ O governo enviou tropas para controlar um tumulto em Medellín.

own up (to) *vt+vi* admitir, confessar (culpa). *Nobody **owned up to** taking the money.* ⇨ Ninguém admitiu ter pego o dinheiro. *Come on, **own up**! Did you do that?* ⇨ Ora essa, confesse! Você fez aquilo?

P

pack away 1 *vt* embalar, empacotar. *Please **pack away** all those glasses and send them to Mr. Newman.* ◆ *Please **pack** all those glasses **away** and send them to Mr. Newman.* ⇨ Por favor, embale todos aqueles copos e mande-os para o Sr. Newman. 2 *vt* guardar, pôr em lugar conveniente. *Tell the children to **pack away** their toys.* ◆ *Tell the children to **pack** their toys **away**.* ⇨ Diga às crianças para guardarem os brinquedos.

pack in *vt pop* amontoar, apinhar. *Sometimes I remember the way we would **pack in** people to see our show.* ◆ *Sometimes I remember the way we would **pack** people **in** to see our show.* ⇨ Às vezes, eu me lembro do jeito como nós amontoávamos as pessoas para ver o nosso show.

pack into *vt* conseguir concentrar ou encaixar várias coisas num intervalo de tempo ou num espaço. *My agent **packed** several interviews **into** my weekend in London.* ⇨ O meu agente conseguiu concentrar várias entrevistas no meu fim de semana em Londres. *It's amazing how much Joan **packs into** that purse of hers.* ⇨ É incrível como Joan consegue encaixar tanta coisa na bolsa dela.

pack off *vt pop* mandar, despachar (alguém para algum lugar). *They are going to **pack off** their son to boarding school.* ◆ *They are going to **pack** their son **off** to boarding school.* ⇨ Eles vão mandar o filho para o internato. ***Pack off** the children to bed!* ◆ ***Pack** the children **off** to bed!* ⇨ Mande as crianças para a cama!

pack up 1 *vt* guardar, recolher. *I'm going to **pack up** my equipment, and then we can leave for lunch.* ◆ *I'm going to **pack** my equipment **up**, and then we can leave for lunch.* ⇨ Eu vou guardar o meu equipamento e, depois disso, podemos sair para o almoço. 2 *vi pop* quebrar, parar de funcionar. *The engine has **packed up** again.* ⇨ O motor parou de funcionar novamente. 3 *vi gír* empacotar, morrer. *Mary's grandma **packed up** last night.* ⇨ A avó de Mary empacotou ontem à noite.

pad out *vt pop* encher linguiça, encompridar um texto sem propósito. *Sandra has a habit of **padding out** her essays with irrelevant quotations.* ◆ *Sandra has a habit of **padding** her essays **out** with irrelevant quotations.* ⇨ Sandra tem o hábito de encher linguiça em seus ensaios, com citações irrelevantes.

page through *vt Amer* folhear, olhar as páginas de um livro ou revista. *I saw Helen at a bookstore, **paging through** a cook book.* ⇨ Eu vi Helen numa livraria, folheando um livro de culinária.

pair off *vt* agrupar aos pares, formar pares. *We're going to **pair off** people according to their age.* ♦ *We're going to **pair** people **off** according to their age.* ⇨ Nós vamos agrupar as pessoas aos pares, de acordo com a faixa etária.

pair off with *vt* apresentar pessoas com a intenção de arranjar um relacionamento amoroso entre elas. *Julie is trying to **pair** Nancy **off with** her cousin.* ⇨ Julie está tentando arranjar um relacionamento amoroso entre Nancy e o primo dela.

pal around (with) *vt+vi Amer pop* andar com, andar junto. *I used to **pal around with** Paul at university.* ⇨ Eu costumava andar com Paul na universidade. *We **palled around** when we were kids.* ⇨ Nós andávamos juntos quando éramos crianças.

pal up with *vt* fazer amizade com. *Sharon's **palled up with** some people from Toronto and is going to spend the weekend there.* ⇨ Sharon fez amizade com umas pessoas de Toronto e vai passar o fim de semana lá.

pan out *vi pop* comportar-se, desenvolver-se (eventos futuros). *I wish I knew how the economy will **pan out** next year.* ⇨ Eu gostaria de saber como a economia vai se comportar no próximo ano.

paper over *vt* encobrir, ocultar. *They are trying to **paper over** the scandal.* ♦ *They are trying to **paper** the scandal **over**.* ⇨ Eles estão tentando encobrir o escândalo.

parcel out *vt Amer* ratear, dividir. *We're going to **parcel out** the profits to everyone.* ♦ *We're going to **parcel** the profits **out** to everyone.* ⇨ Nós vamos ratear os lucros entre todos. *Mr. Michaels **parcelled out** his farm among the local landless peasants.* ♦ *Mr. Michaels **parcelled** his farm **out** among the local landless peasants.* ⇨ O Sr. Michaels dividiu sua fazenda entre os camponeses sem-terra.

parcel up *vt Brit* embalar, empacotar. *Please **parcel up** those toys and send them to Mr. Dean.* ♦ *Please **parcel** those toys **up** and send them to Mr. Dean.* ⇨ Por favor, embale aqueles brinquedos e os envie ao Sr. Dean.

pare down *vt* reduzir algo consideravelmente. *We have to **pare down** travelling expenditures.* ♦ *We have to **pare** travelling expenditures **down**.* ⇨ Nós temos de reduzir consideravelmente as despesas com viagens.

part with *vt* abrir mão de, pôr de parte. *Simon doesn't want to **part with** the money.* ⇨ Simon não quer abrir mão do dinheiro.

pass about/around *vt* passar, fazer circular ou distribuir entre várias pessoas. *Tell Martha to **pass about/around** the photos.* ♦ *Tell Martha to **pass** the photos **about/around**.* ⇨ Diga à Martha para passar as fotos. *I'm going to **pass about/around** the sandwiches.* ♦ *I'm going to **pass** the sandwiches **about/around**.* ⇨ Eu vou distribuir os sanduíches.

pass around *V* **pass about/around.**

pass away *vi* morrer, falecer. *Mr. Martin's wife **passed away** ten years ago.* ⇨ A esposa do Sr. Martin faleceu há dez anos.

pass by 1 *vt* passar por algum lugar, sem se deter. *Tony **passes by** his mother's house almost every day.* ⇨ Tony passa pela casa da mãe quase todos os dias. **2** *vt* passar por algum lugar, geralmente a caminho de outro lugar. *I'll **pass by** the drugstore on my way to work.* ⇨ Eu passarei na farmácia a caminho do trabalho. **3** *vt* evitar alguém, afastar-se de alguém. *Why do you **pass** Helen **by**? She's a very nice person.* ⇨ Por que você evita Helen? Ela é uma pessoa muito legal.

pass down *vt* transmitir, passar (conhecimento, costumes, tradição etc.). *We **pass down** our old customs to our* *children.* ◆ *We **pass** our old customs **down** to our children.* ⇨ Nós transmitimos os nossos costumes antigos às nossas crianças.

pass for *vt* passar por algo que não corresponde à realidade. *Hanna's English is so good that she **passes for** a native speaker.* ⇨ O inglês de Hanna é tão bom que ela passa por uma falante nativa.

pass off as *vt+refl* fazer(-se) passar por. *Peter always tries to **pass off** his wife **as** an aristocrat.* ◆ *Peter always tries to **pass** his wife **off as** an aristocrat.* ⇨ Peter sempre tenta fazer a esposa passar por aristocrata. *Audrey **passes** herself **off as** a doctor, but she's a mere nurse.* ⇨ Audrey faz-se passar por médica, mas é uma simples enfermeira.

pass on **1** *vt* passar, comunicar. *Did you **pass on** Paul's instructions to the other people?* ◆ *Did you **pass** Paul's instructions **on** to the other people?* ⇨ Você passou as instruções de Paul para as outras pessoas? **2** *vt* passar, entregar. *Please **pass on** this report to Mr. Johnson after reading it.* ◆ *Please **pass** this report **on** to Mr. Johnson after reading it.* ⇨ Por favor, entregue este relatório ao Sr. Johnson depois de lê-lo. **3** *vt* passar, transmitir. *Mary **passed on** her cooking skills to all her daughters.* ◆ *Mary **passed** her cooking skills **on** to all her daughters.* ⇨ Mary passou seus dotes culinários a todas as filhas. *Jason has **passed on** chicken-pox to Sue.* ◆ *Jason has **passed** chicken-pox **on** to Sue.* ⇨ Jason passou catapora a Sue. **4** *vt* repassar, passar. *We're going to **pass on** the cost of freight to customers.* ◆ *We're going to **pass** the cost of freight **on** to customers.* ⇨ Nós vamos repassar o custo do frete aos clientes.

pass out **1** *vi* desmaiar, perder os sentidos. *He **passed out** on the street and was sent to a hospital.* ⇨ Ele desmaiou na rua e foi levado a um hospital. **2** *vt* distribuir, passar. *Tell Lucy to **pass out** these forms.* ◆ *Tell Lucy to **pass** these forms **out**.* ⇨ Peça a Lucy para distribuir estes formulários.

pass over **1** *vt* preterir, rejeitar. *Nancy claims she was **passed over** for promotion for being black.* ⇨ Nancy afirma que foi preterida na promoção por ser negra. **2** *vt* fazer vista grossa a, fingir não ver. *The customs officer **passed over** my laptop.* ◆ *The customs officer **passed** my laptop **over**.* ⇨ O fiscal da alfândega fez vista grossa ao meu *laptop*. **3** *vt* ignorar, não tomar conhecimento de. *The public attorney has **passed over** my information on the case.* ◆ *The public attorney has **passed** my information on the case **over**.* ⇨ O promotor público ignorou minhas afirmações sobre o processo. **4** *vi* falecer, morrer. *Mrs. Holden **passed over** five years ago.* ⇨ A Sra. Holden faleceu há cinco anos.

pass up *vt* perder, deixar escapar (oportunidade). *If I were you I wouldn't **pass up** the chance to study in France.* ◆ *If I were you I wouldn't **pass** the chance **up** to study in France.* ⇨ Se eu fosse você, não perderia a oportunidade de estudar na França.

paste up *vt* afixar, colar (anúncios, cartazes). *We are going to **paste up** the posters all over town.* ⇨ Nós vamos colar os cartazes por toda a cidade.

patch up **1** *vt+vi pop* acertar os ponteiros, chegar a um entendimento ou acordo. *After a series of quarrels, they are **patching up** their relationship.* ◆ *After a series of quarrels, they are **patching** their relationship **up**.* ⇨ Depois de uma série de brigas, eles estão chegando a um entendimento no relacionamento. *Come on, let's forget about our quarrel and **patch up**.* ⇨ Ora essa, vamos esquecer as nossas brigas e chegar a um acordo. **2** *vt* consertar algo provisoriamente. *Tony is going to **patch up** the cracks on the wall with plaster.*

pay back

• *Tony is going to **patch** the cracks on the wall **up** with plaster.* ⇨ Tony vai consertar, provisoriamente, as trincas da parede com massa.

pay back 1 *vt* devolver, restituir (dinheiro). *I'll have to **pay back** the money by the end of September.* • *I'll have to **pay** the money **back** by the end of September.* ⇨ Eu terei de devolver o dinheiro até o final de setembro. *She is going to **pay back** Mary on Saturday.* • *She is going to **pay** Mary **back** on Saturday.* ⇨ Ela vai devolver o dinheiro a Mary no sábado. **2** *vt* pagar na mesma moeda, retribuir o mal com o mal. *Liz is going to **pay back** Frank for all those things he did to her.* • *Liz is going to **pay** Frank **back** for all those things he did to her.* ⇨ Liz vai pagar a Frank, na mesma moeda, por todas as coisas ruins que ele lhe fez.

pay for *vt* pagar por, sofrer as consequências por ter feito algo errado. *He has to **pay for** his crimes.* ⇨ Ele tem de pagar pelos crimes.

pay off 1 *vt* saldar, liquidar (dívidas). *I'm going to **pay off** my loan next week.* • *I'm going to **pay** my loan **off** next week.* ⇨ Eu vou saldar o meu empréstimo na semana que vem. **2** *vt* pagar, subornar. *He tried to **pay off** the cops to avoid being arrested.* • *He tried to **pay** the cops **off** to avoid being arrested.* ⇨ Ele tentou subornar os tiras para evitar ser preso. **3** *vt* pagar propina, diante de ameaça. *Mr. Martin **paid off** the gang because they had threatened to attack his bar.* • *Mr. Martin **paid** the gang **off** because they had threatened to attack his bar.* ⇨ O Sr. Martin pagou propina à gangue, porque eles tinham ameaçado atacar o bar dele.

pay out 1 *vt* pagar, desembolsar. *We had to **pay out** two thousand dollars to have the roof fixed.* • *We had to **pay** two thousand dollars **out** to have the roof fixed.* ⇨ Nós tivemos de pagar dois mil dólares para consertar o telhado. **2** *vt* desenrolar, estender (corda, fio, cabo) com cuidado. *Ask John to **pay out** the wire.* • *Ask John to **pay** the wire **out**.* ⇨ Peça a John para desenrolar o fio com cuidado.

pay up 1 *vt Amer* saldar, liquidar. *I've finally **paid up** my loan at the bank.* • *I've finally **paid** my loan **up** at the bank.* ⇨ Eu finalmente saldei meu empréstimo com o banco. **2** *vi* pagar (dívida, empréstimo, indenização), geralmente a contragosto ou sob pressão. *If Bill doesn't **pay up**, I'll kill him.* ⇨ Se Bill não me pagar, eu vou matá-lo.

peel off 1 *vt* descascar, tirar a casca. *I don't need a knife. I can **peel off** the skin with my fingernails.* • *I don't need a knife. I can **peel** the skin **off** with my fingernails.* ⇨ Eu não preciso de uma faca. Eu posso tirar a casca com as unhas. **2** *vi* descascar, escamar. *The paint on the dining room walls is beginning to **peel off**.* ⇨ A tinta das paredes da sala de jantar está começando a descascar. **3** *vt* tirar do corpo, despir vagarosamente. *She **peeled off** her sweater in a sensual way.* • *She **peeled** her sweater **off** in a sensual way.* ⇨ Ela tirou o suéter de maneira sensual.

peep out 1 *vi* surgir, aparecer. *The sun is finally **peeping out** through the clouds.* ⇨ O sol está finalmente aparecendo entre as nuvens. **2** *vi* sair, tornar-se visível. *Tell Paul his handkerchief is **peeping out** of his pocket.* ⇨ Diga a Paul que o lenço dele está saindo do bolso.

peg down *vt* fixar algo ao solo, geralmente com estacas ou pinos. *We have to **peg down** the tent well or else it will come down.* • *We have to **peg** the tent **down** well or else it will come down.* ⇨ Nós temos de fixar bem a barraca ou então ela cairá.

peg out 1 *vt Brit* pôr ou pendurar (roupas) no varal. *I'm going to **peg out** the washing.* • *I'm going to **peg** the

pelt down

washing out. ⇨ Eu vou pôr as roupas no varal. **2** *vi pop* apagar, desmaiar. *I almost* **pegged out** *from pain.* ⇨ Eu quase desmaiei de dor. **3** *vi pop* bater as botas, morrer. *He* **pegged out** *in a car accident.* ⇨ Ele bateu as botas num acidente de carro.

pelt down *vi pop* chover forte. *We can't leave now. It's* **pelting down***.* ⇨ Nós não podemos ir embora agora. Está chovendo forte.

pencil in *vt* agendar alguém ou algo, dependendo de confirmação. *I've* **pencilled in** *Mr. Watson and I'll call him to check if he's available.* ⇨ Eu agendei o Sr. Watson e ligarei para ver se ele está disponível. *He* **pencilled in** *the meeting for Monday, but he'll confirm tomorrow.* • *He* **pencilled** *the meeting* **in** *for Monday, but he'll confirm tomorrow.* ⇨ Ele agendou a reunião para segunda-feira, mas irá confirmar amanhã.

pen in 1 *vt* confinar ou prender, pessoas ou animais, numa pequena área. *They are going to* **pen in** *the terrorists on an island.* • *They are going to* **pen** *the terrorists* **in** *on an island.* ⇨ Eles vão confinar os terroristas em uma pequena área, numa ilha. **2** *vt* enclausurar, prender (usado na voz passiva). *I would never work in an office. I hate the idea of being* **penned in***.* ⇨ Eu jamais trabalharia num escritório. Detesto a ideia de me sentir enclausurado. **3** *vt* preencher, escrever. *I* **penned in** *my name on the form.* • *I* **penned** *my name* **in** *on the form.* ⇨ Eu preenchi o meu nome no formulário.

pension off *vt* aposentar alguém (geralmente contra a vontade). *The new directors* **pensioned off** *some of the oldest employees, in an attempt to modernize their administration.* • *The new directors* **pensioned** *some of the oldest employees* **off***, in an attempt to modernize their administration.* ⇨ Os novos diretores aposentaram alguns dos funcionários mais velhos, numa tentativa de modernizar a administração.

pep up *vt+vi* tornar(-se) mais alegre, atraente ou interessante (algo ou alguém). *Some spices will* **pep up** *this soup.* • *Some spices will* **pep** *this soup* **up***.* ⇨ Alguns temperos tornarão esta sopa mais atraente. *She* **pepped up** *when she heard the good news.* ⇨ Ela se tornou mais alegre quando ouviu as boas notícias.

perk up *vt* animar, recuperar. *A cup of tea will* **perk up** *Richard.* • *A cup of tea will* **perk** *Richard* **up***.* ⇨ Uma xícara de chá animará o Richard.

peter out *vi* esgotar-se gradualmente (energia, entusiasmo, ânimo). *My energy* **petered out** *before noon.* ⇨ Minha energia esgotou-se antes do meio-dia.

phase in *vt* introduzir em estágios ou gradualmente (lei, sistema, plano, processo). *The company will* **phase in** *the new pension plan over the next four years.* • *The company will* **phase** *the new pension plan* **in** *over the next four years.* ⇨ A empresa introduzirá o novo plano de aposentaria durante os próximos quatro anos.

phase out *vt* remover ou parar de usar em estágios ou gradualmente. *Europe is* **phasing out** *the use of certain pesticides.* • *Europe is* **phasing** *the use of certain pesticides* **out***.* ⇨ A Europa está parando de usar certos pesticidas gradualmente. *That product is being* **phased out** *of the market.* ⇨ Aquele produto está sendo retirado do mercado gradualmente.

phone around/round *vi* telefonar para várias pessoas (geralmente procurando informação). *I'll* **phone around/round** *and see if I can find a cheap flight to Mexico in one of the travel agencies.* ⇨ Eu telefonarei para várias agências de viagem para ver se consigo encontrar um voo barato para o México.

phone in *vi* telefonar para o trabalho para avisar que não pode trabalhar por estar doente. *I phoned in today because I had a fever.* ⇨ Eu telefonei para o escritório hoje avisando que não iria trabalhar porque estava com febre.

phone round *V* phone around/round.

phone up *vt* telefonar, ligar. *I'm going to phone up Sue and invite her out.* ♦ *I'm going to phone Sue up and invite her out.* ⇨ Eu vou ligar para Sue e convidá-la para sair.

pick at *vt* beliscar, lambiscar. *Mary ordered lunch, but only picked at her salad.* ⇨ Mary pediu o almoço, mas apenas beliscou a salada.

pick on *vt* atormentar ou perseguir (alguém menor ou mais fraco). *Don't pick on your little brother.* ⇨ Não atormente o seu irmãozinho.

pick out 1 *vt* escolher ou selecionar de um grupo (algo ou alguém). *Pick out a book and I'll buy it for you.* ♦ *Pick a book out and I'll buy it for you.* ⇨ Escolha um livro e eu o comprarei para você. *She was picked out to do a TV commercial.* ⇨ Ela foi escolhida para fazer um comercial de TV. **2** *vt* identificar, distinguir, perceber (de grupo). *It's so well done that you can't pick out the counterfeit dollar bill.* ♦ *It's so well done that you can't pick the counterfeit dollar bill out.* ⇨ É tão bem feita que você não percebe qual é a nota falsa de um dólar. *I picked out Mary among the crowd by her red hair.* ♦ *I picked Mary out among the crowd by her red hair.* ⇨ Eu identifiquei Mary na multidão pelo seu cabelo vermelho.

pick over *vt* olhar com atenção para escolher algo. *We picked over the antique market, looking for something special.* ♦ *We picked the antique market over, looking for something special.* ⇨ Nós olhamos com atenção a feira de antiguidades, procurando algo especial.

pick up 1 *vt* levantar, pegar, erguer do chão. *I picked up my fork.* ♦ *I picked my fork up.* ⇨ Eu peguei meu garfo. **2** *vt* pegar, apanhar (passageiros). *Tim will pick up the children at four o'clock.* ♦ *Tim will pick the children up at four o'clock.* ⇨ Tim pegará as crianças às quatro horas. **3** *vt* adquirir, comprar. *I picked up this sculpture in Guatemala.* ♦ *I picked this sculpture up in Guatemala.* ⇨ Eu adquiri esta escultura na Guatemala. *I picked up a pizza for dinner tonight.* ♦ *I picked a pizza up for dinner tonight.* ⇨ Eu comprei uma pizza para o jantar hoje. **4** *vt* assimilar, aprender. *He picked up a little Portuguese on his trip to Brazil.* ♦ *He picked a little Portuguese up on his trip to Brazil.* ⇨ Ele aprendeu um pouco de português na viagem para o Brasil. **5** *vt* adquirir (hábito, costume, maneira etc.). *He picked up that accent in Australia.* ⇨ Ele adquiriu aquele sotaque na Austrália. **6** *vt* pagar integralmente (conta de restaurante, bar, despesas). *My father took us all out to dinner and picked up the bill.* ⇨ Meu pai convidou todos nós para jantar e pagou a conta. **7** *vt* pegar, contrair (doença). *Where did you pick up malaria?* ♦ *Where did you pick malaria up?* ⇨ Onde você contraiu malária? **8** *vt* sintonizar (rádio), captar (canal de TV). *Sometimes we can pick up Russian radio stations on our radio.* ♦ *Sometimes we can pick Russian radio stations up on our radio.* ⇨ Às vezes, conseguimos sintonizar estações de rádio russas no nosso rádio. *The new antenna picks up a lot more TV channels.* ♦ *The new antenna picks a lot more TV channels up.* ⇨ A nova antena capta muito mais canais de TV. **9** *vt Amer* arrumar (sala, quarto). *The children are picking up their room.* ♦ *The children are picking their room up.* ⇨ As crianças estão arrumando o quarto delas. **10** *vi* recomeçar, retomar. *Let's pick up where we stopped last week.* ⇨ Vamos retomar onde paramos na última semana. **11** *vt* aproximar-se com intenções sexuais. *Herb is trying to **pick up** that blond at the bar.* ⇨ Herb está se aproximando da loira no bar, com segundas intenções. **12** *vt* parar e dar carona. *We **picked up** a hitchhiker.* ♦ *We **picked** a hitchhiker **up**.* ⇨ Nós paramos e demos carona a um caroneiro. **13** *vt* prender para interrogar ou pôr na cadeia. *The police **picked up** a suspect for questioning.* ♦ *The police **picked** a suspect **up** for questioning.* ⇨ A polícia prendeu um suspeito para interrogá-lo. *Kelly was **picked up** last night and held in jail.* ⇨ Kelly foi presa e mantida na cadeia ontem à noite. **14** *vi* melhorar (vendas, mercado). *Sales will **pick up** before Christmas.* ⇨ As vendas melhorarão antes do Natal. *The stock market is **picking up** again.* ⇨ A bolsa de valores está melhorando novamente. **15** *vt+vi* ganhar, aumentar (velocidade). *The train **picked up** speed as it left the station.* ⇨ O trem ganhou velocidade ao sair da estação. *The wind is **picking up**.* ⇨ O vento está aumentando.

pick up (on) *vt* perceber, anotar. *I **picked up** the scent of burnt food and ran to the kitchen.* ⇨ Eu percebi o cheiro de comida queimada e corri para a cozinha. *We wanted her to leave but she didn't **pick up on** our signals.* ⇨ Nós queríamos que ela saísse, mas ela não percebeu os nossos sinais. *I'm **picking up on** resentment here. What did I do wrong?* ⇨ Estou notando um certo ressentimento aqui. O que eu fiz de errado?

pick up after *vt* arrumar, pôr em ordem a desordem de outro. *I'm tired of **picking up after** you at home. Can't you tidy up your own mess?* ⇨ Eu estou cansado de arrumar sua desordem em casa. Você não pode arrumar a sua bagunça?

piece together *vt* tentar entender uma situação (por meio de fragmentos de informação). *Archaeologists are **piecing together** a picture of how the Egyptians lived two thousand years ago.* ⇨ Arqueólogos estão tentando entender como era a vida dos egípcios há dois mil anos.

pig out (on) *vt+vi pop* comer feito louco, comer vorazmente. *First we **pigged out on** pizza and then watched a film on TV.* ⇨ Primeiro nós comemos pizza feito loucos e depois assistimos a um filme na TV. *Sometimes I buy a box of chocolates and **pig out**.* ⇨ Às vezes, eu compro uma caixa de chocolate e como vorazmente

pile in *vt* entrar num lugar ou veículo às pressas (grupo de pessoas). *We **piled in** the car and left for the beach.* ⇨ Nós entramos no carro às pressas e fomos para a praia. *People are **piling in** the stadium to see the game.* ⇨ As pessoas estão entrando no estádio às pressas para ver o jogo.

pile into *vt* bater em, chocar-se contra. *We went off the road and **piled into** a tree.* ⇨ Nós saímos da estrada e batemos numa árvore.

pile on 1 *vt* exagerar, encarecer em demasia. *She **piled on** compliments, trying to seduce me.* ⇨ Ela exagerou os elogios, tentando me seduzir. **2** *vt* aumentar (trabalho, pressão). *They're **piling on** the work at the office and firing employees.* ⇨ Eles estão aumentando o trabalho no escritório e demitindo funcionários. *I'm late with this report and my boss is **piling on** the pressure to finish it by Friday.* ♦ *I'm late with this report and my boss is **piling** the pressure **on** to finish it by Friday.* ⇨ Estou atrasado com este relatório, e o meu chefe está aumentando a pressão para que eu o acabe até sexta-feira.

pile out *vi* sair de um lugar ou veículo às pressas (grupo de pessoas). *They **piled out** of the car and ran to the water.* ⇨ Eles saíram do carro às pressas e correram até a água. *When the bell rang, the children **piled out** of the classroom.* ⇨ Quando tocou o sinal, as crianças saíram às pressas da sala de aula.

pile up 1 *vt* empilhar, amontoar. *We piled up the firewood.* ♦ *We piled the firewood up.* ⇨ Nós empilhamos a lenha. **2** *vi* acumular-se (trabalho, contas a pagar etc.). *There's so much work piling up on my desk.* ⇨ Há tanto trabalho se acumulando na minha mesa. *The unpaid telephone bills piled up until they cut our line.* ⇨ As contas de telefone não pagas se acumularam, até eles cortarem a nossa linha.

pin down 1 *vt* obrigar alguém a comprometer-se ou definir-se (data, posição, valor etc.). *It's hard to get him to pin down his position on the issue.* ♦ *It's hard to get him to pin his position down on the issue.* ⇨ É difícil fazê-lo definir sua posição sobre o assunto. *The gallery is trying to pin down a price for the Picasso.* ♦ *The gallery is trying to pin a price down for the Picasso.* ⇨ A galeria está tentando definir um valor para o Picasso. **2** *vt* prender alguém no chão com as mãos. *The security guard pinned down the bank robber and disarmed him.* ♦ *The security guard pinned the bank robber down and disarmed him.* ⇨ O guarda prendeu o assaltante de banco no chão, com as mãos, e o desarmou.

pin on *vt* pôr a culpa em. *Don't try to pin the blame on me.* ⇨ Não tente pôr a culpa em mim. *He stole the money and then pinned it on his friend.* ⇨ Ele roubou o dinheiro e então pôs a culpa no amigo.

pin up *vt* fixar ou pendurar algo na parede (com percevejo). *I pinned up her picture on my bedroom wall.* ♦ *I pinned her picture up on my bedroom wall.* ⇨ Eu fixei a foto dela na parede do meu quarto.

piss away *vt gír vulg* torrar, dar fim (dinheiro). *He sold his car and pissed away the money on booze and women.* ♦ *He sold his car and pissed the money away on booze and women.* ⇨ Ele vendeu o carro e torrou o dinheiro em bebida e mulheres.

piss off 1 *vi gír vulg* cair fora, ir embora. (sempre no imperativo). *Just piss off and leave me alone.* ⇨ Caia fora e me deixe em paz. **2** *vt gír vulg* aborrecer (-se), irritar(-se). *Your behaviour last night really pissed off Mary.* ♦ *Your behaviour last night really pissed Mary off.* ⇨ O seu comportamento, ontem à noite, realmente aborreceu Mary.

pitch in *vi* ajudar alguém a fazer uma tarefa, cooperar. *We all pitched in to prepare the food for the party.* ⇨ Todos nós ajudamos a fazer a comida para a festa. *Can't you pitch in and help me to clean the kitchen?* ⇨ Você não pode cooperar e me ajudar a limpar a cozinha?

pitch into *vt pop* cair de pau, criticar. *I said something she didn't like and she pitched into me for an hour.* ⇨ Eu disse algo que ela não gostou, e ela caiu de pau em mim por uma hora.

plague with *vt* bombardear alguém com perguntas. *Reporters plagued her with questions about her new film.* ⇨ Os repórteres a bombardearam com perguntas sobre o seu novo filme.

plan ahead *vi* planejar com antecedência. *We planned ahead and bought our tickets weeks before the show.* ⇨ Nós planejamos com antecedência e compramos os ingressos semanas antes do show.

plan on 1 *vt* planejar algo. *We plan on getting married next year.* ⇨ Nós planejamos nos casar no próximo ano. **2** *vt* contar com (geralmente na forma negativa). *We hadn't planned on such cold weather this time of the year.* ⇨ Nós não contávamos com tanto frio nesta época do ano.

plan out *vt* planejar bem. *We planned out our trip to take full advantage of our time in Europe.* ♦ *We planned our trip out to take full advantage of our time in Europe.* ⇨ Nós planejamos bem nossa viagem para aproveitar ao máximo o nosso tempo na Europa.

play about/around 1 *vi* comportar-se de maneira irresponsável, brincar. *If he hadn't **played about/around** all the time he would have passed at university.* ⇨ Se ele não tivesse se comportado de maneira irresponsável o tempo todo, ele teria passado na universidade. *Stop **playing about/around** and eat your lunch.* ⇨ Pare de brincar e coma seu almoço. **2** *vi* trair, ser infiel a. *David's wife knows he **plays about/around**, but she hasn't yet discovered with whom.* ⇨ A esposa do David sabe que ele a trai, mas ainda não descobriu com quem.

play about/around with *vt* brincar com ou mexer de maneira irresponsável com algo (geralmente perigoso ou de outras pessoas). *I've told you not to **play about/around with** my tools. It's dangerous.* ⇨ Eu já disse para você não mexer nas minhas ferramentas. É perigoso.

play along (with) *vt+vi* fingir estar de acordo com (alguém ou algo); concordar com algo para não desagradar alguém. *Even if you don't agree with the new manager's marketing plan, it's better to **play along with** him.* ⇨ Mesmo que você não concorde com o plano de marketing do novo gerente, é melhor fingir que está de acordo com ele. *The Prime Minister changes his mind and all the ministers have to **play along**.* ⇨ O primeiro ministro muda de ideia, e todos os ministros têm de fingir que estão de acordo. *The children told me there was a monster in the kitchen and I **played along with** their joke.* ⇨ As crianças me disseram que havia um monstro na cozinha, e eu concordei com eles na brincadeira.

play around *V* **play about/around.**

play around with *V* **play about/around with.**

play at *vt* fazer de conta. *The boys **played at** being pirates.* ⇨ Os meninos fizeram de conta que eram piratas.

play back *vt* apresentar de novo, mostrar (algo gravado). *Let's **play back** that last recording to hear my guitar solo.* ♦ *Let's **play** that last recording **back** to hear my guitar solo.* ⇨ Vamos apresentar de novo a última gravação para ouvir o meu solo de guitarra. *I filmed the party and **played** it **back** the next day for everyone to see.* ⇨ Eu filmei a festa e mostrei as imagens no dia seguinte para todos verem.

play down *vt* menosprezar, dar menos importância a. *The President is trying to **play down** the possibility of a tax increase.* ♦ *The President is trying to **play** the possibility of a tax increase **down**.* ⇨ O presidente está tentando menosprezar as chances de um aumento de impostos. *You should **play down** your lack of a degree during the interview and emphasize your experience.* ♦ *You should **play** your lack of a degree **down** during the interview and emphasize your experience.* ⇨ Durante a entrevista, você deve dar menos importância a sua falta de diploma e enfatizar sua experiência.

play off against *vt* incentivar pessoas ou grupos a competir ou concorrer para conseguir algo ou tirar alguma vantagem. *I got a few quotes for a computer and then **played off** one store **against** the other to get the best price and warranty.* ♦ *I got a few quotes for a computer and then **played** one store **off against** the other to get the best price and warranty.* ⇨ Eu peguei alguns orçamentos de computadores e depois coloquei as lojas em concorrência para conseguir o melhor preço e garantia.

play on 1 *vi* continuar a jogar (geralmente no imperativo). *The coach ordered them to **play on** in spite of the rain.* ⇨ O técnico mandou-os continuar a jogar apesar da chuva. *I've hurt my leg, but **play on** without me.* ⇨ Eu machuquei a perna, mas continuem jogando sem mim. **2** *vi* continuar a

play on/upon tocar (instrumento musical). *The band played on until the last people left the night club.* ⇨ *A banda continuou a tocar até as últimas pessoas saírem da boate.*

play on/upon *vt* tirar proveito de desejos, medos, ou fraquezas de outros. *She is playing on/upon David's blind love to get everything she can from him.* ⇨ *Ela está tirando proveito do amor cego que David tem por ela para arrancar dele tudo que ela pode. The beach scenes in this horror film work so well because they play on/upon our fear of sharks.* ⇨ *As cenas de praia deste filme de terror funcionam tão bem porque tiram proveito do nosso medo de tubarões.*

play out 1 *vi* acontecer (geralmente algo importante). *The love affairs of Hollywood stars are played out in the public eye, whether they like it or not.* ⇨ *As relações amorosas das estrelas de Hollywood acontecem à vista do publico, querendo ou não.* **2** *refl* acabar, terminar. *The civil war eventually played itself out and the soldiers returned to their homes.* ⇨ *A guerra civil finalmente terminou e os soldados retornaram as suas casas.* **3** *vt* representar, reconstruir (fantasia, cena). *The therapy group helps people confront their fear of flying by playing out typical airplane scenes.* ◆ *The therapy group helps people confront their fear of flying by playing typical airplane scenes out.* ⇨ *O grupo de terapia ajuda as pessoas a enfrentar o medo de andar de avião representando cenas típicas a bordo de aeronaves.* **4** *vt* concluir, terminar jogo (esportes). *We played out the game in spite of the rain.* ⇨ *Nós concluímos o jogo apesar da chuva.*

play up 1 *vt* enfatizar, salientar. *He always plays up that he's from a rich family.* ◆ *He always plays that he's from a rich family up.* ⇨ *Ele sempre enfatiza que é de uma família rica.* **2** *vi* dar problemas, doer (parte do corpo). *My knee plays up when it rains.* ⇨ *Meu joelho dá problemas quando chove.* **3** *vi* dar problemas, funcionar mal (algo mecânico). *If the winch on the tractor keeps playing up, take it in to be fixed.* ⇨ *Se o guincho do trator continuar dando problemas, leve-o para ser consertado.*

play upon *V* play on/upon.

play with 1 *vt* mexer com, tocar em algo (especialmente quando distraído). *He sat there looking into space, playing with his lighter.* ⇨ *Ele ficou lá sentado, olhando para o espaço e mexendo com o seu isqueiro.* **2** *vt* pensar em, refletir sobre (antes de tomar uma decisão). *I'm playing with the idea of going back to university and studying medicine.* ⇨ *Estou refletindo sobre a ideia de voltar à universidade e estudar medicina. He'll never quit his job, though he has been playing with the idea for months.* ⇨ *Ele nunca abandonará o emprego, apesar de estar pensando nisso há meses.* **3** *refl pop* masturbar-se. *Are you going to stay at home playing with yourself or come to the party with us?* ⇨ *Você vai ficar em casa se masturbando ou vai à festa com a gente?*

plod along/on *vi* caminhar lentamente ou trabalhar em ritmo lento e constante. *We plodded along/on for hours looking at the old churches and historic buildings of Rome, until we couldn't any more.* ⇨ *Por horas, nós caminhamos lentamente, olhando as antigas igrejas e prédios históricos de Roma, até não podermos mais. He'll plod along/on until dawn, preparing the report for tomorrow.* ⇨ *Ele trabalhará lenta e constantemente até a madrugada, preparando o relatório para amanhã.*

plod on *V* plod along/on.

plot out *vt* planejar detalhadamente. *We plotted out our trip to Greece.* ◆

We **plotted** our trip to Greece **out**. ⇨ Nós planejamos nossa viagem para a Grécia nos mínimos detalhes.

plough/plow into 1 *vt Amer gír* bater em (com veículo). *They went off the road and **ploughed into** a telephone pole.* ⇨ Eles saíram da estrada e bateram num poste de telefone. **2** *vt* investir muito dinheiro em (especialmente algo fadado ao fracasso). *Poor Howard, he keeps **plowing** money **into** the family business, but it never seems to get better.* ⇨ Coitado do Howard, ele continua investindo dinheiro na empresa da família, mas parece que ela nunca melhora.

plow into *V* plough/plow into.

plug away (at) *vt+vi pop* dar um duro, trabalhar com afinco. *Ralph has been **plugging away at** his doctoral thesis for a year.* ⇨ Há um ano, o Ralph está dando um duro na tese de doutorado. *There's work to be done, and I want to see everyone **plugging away**!* ⇨ Há trabalho para fazer e quero ver todos vocês dando um duro!

plug in *vt* ligar algo na tomada (rádio, TV, computador, micro-ondas etc.). *Did you **plug in** the microwave?* ◆ *Did you **plug** the microwave **in**?* ⇨ Você ligou o micro-ondas na tomada?

plug into *vt* conectar, ligar um equipamento a outro. *You have to **plug** the VCR **into** the TV.* ⇨ Você tem de conectar o vídeo na TV.

plug up 1 *vt* entupir. *Something is **plugging up** the drain.* ◆ *Something is **plugging** the drain **up**.* ⇨ Há algo entupindo o ralo. **2** *vt* tampar (buraco, vazamento). *I **plugged up** the holes with old newspaper.* ◆ *I **plugged** the holes **up** with old newspaper.* ⇨ Eu tampei os buracos com jornal velho.

plunge in 1 *vi* falar (de repente e sem pensar antes). *Don't think about it, just **plunge in** and tell her you want to marry her.* ⇨ Não pense antes, apenas fale logo que você quer se casar com ela. **2** *vi* começar algo (de repente e sem pensar antes). *He never thinks about his actions beforehand. He **plunges in** and trusts his luck.* ⇨ Ele não pensa antes em suas ações. Ele começa algo de repente e confia na sorte.

plunge into 1 *vt* mergulhar, imergir. *I **plunged** the lobsters **into** a pot of boiling water.* ⇨ Eu mergulhei as lagostas numa panela de água fervente. **2** *vt* lançar-se, arrojar-se (em atividade). *He bought an old sailboat and **plunged into** the restoration work with great pleasure.* ⇨ Ele comprou um veleiro antigo e lançou-se no trabalho de reforma com grande prazer. **3** *vt* entrar numa situação difícil (de repente). *The city was **plunged into** chaos after the earthquake.* ⇨ Após o terremoto, a cidade entrou, de repente, num caos.

plunk down 1 *vt Amer pop* pagar ou comprar em dinheiro. *She liked the watch in the window, so he **plunked down** the money on the spot and bought it for her.* ◆ *She liked the watch in the window, so he **plunked** the money **down** on the spot and bought it for her.* ⇨ Ela gostou do relógio na vitrine, então ele o comprou para ela no ato, pagando em dinheiro. **2** *vt* colocar algo na mesa ou no chão pesadamente ou sem cuidado. *Paul took a gulp of beer and **plunked down** his glass on the bar.* ◆ *Paul took a gulp of beer and **plunked** his glass **down** on the bar.* ⇨ Paul tomou um gole de cerveja e colocou o copo pesadamente na mesa. *I went in and **plunked down** my suitcase.* ◆ *I went in and **plunked** my suitcase **down**.* ⇨ Eu entrei e larguei a minha mala no chão, pesadamente e sem cuidado.

ply with 1 *vt* dar muita bebida ou comida (geralmente para persuadir alguém). *He **plied** the girl **with** drinks and then tried to seduce her.* ⇨ Ele deu muitos drinques à garota e depois tentou seduzi-la. *They **ply** people **with** wine and food before asking for donations.* ⇨ Eles dão muito vinho e comida às pessoas antes de pedir doações. **2** *vt* importunar ou incomodar com perguntas. *The reporters **plied** him **with** questions as he tried to enter the building.* ⇨ Os repórteres o importunaram com perguntas enquanto ele tentava entrar no prédio.

point out 1 *vt* chamar a atenção para, salientar (algo). *The guide **pointed out** the beautiful painted angels on the cathedral ceiling.* ◆ *The guide **pointed** the beautiful painted angels **out** on the cathedral ceiling.* ⇨ O guia chamou a atenção para os lindos anjos pintados no teto da catedral. **2** *vt* indicar, informar (fato, problema, dados). *He **pointed out** the logistical problems involved in building a factory in China.* ◆ *He **pointed** the logistical problems involved in building a factory in China **out**.* ⇨ Ele indicou os problemas logísticos envolvidos na constução de uma fábrica na China.

point to/towards *vt* indicar, revelar (previsão ou resultado). *All the data collected **points to/towards** a global temperature increase of two degrees by 2005.* ⇨ Todos os dados coletados indicam um aumento de dois graus na temperatura global até 2005. *The evidence **points to/towards** murder.* ⇨ A evidência indica um provável assassinato.

point towards *V* **point to/towards.**

point up *vt* enfatizar, ressaltar (algo). *The study **pointed up** the role of pesticides in rural cancer rates.* ◆ *The study **pointed** the role of pesticides **up** in rural cancer rates.* ⇨ O estudo enfatizou o papel dos pesticidas nos índices de câncer nas áreas rurais.

poke about/around *vi* procurar algo (tirando ou mudando coisas de lugar). *I was **poking about/around** in my drawers looking for a stapler and I found this photograph.* ⇨ Eu estava procurando um grampeador nas minhas gavetas, remexendo as coisas, e encontrei esta fotografia.

poke around *V* **poke about/around.**

polish off 1 *vt pop* terminar algo rapidamente (trabalho). *I **polished off** the report and left work early.* ◆ *I **polished** the report **off** and left work early.* ⇨ Eu terminei o relatório rapidamente e saí do trabalho cedo. **2** *vt pop* consumir rapidamente e facilmente (bebida, comida). *We **polished off** a bottle of wine with dinner.* ◆ *We **polished** a bottle of wine **off** with dinner.* ⇨ Nós consumimos rapidamente uma garrafa de vinho no jantar.

polish up (on) *vt* praticar ou melhorar (conhecimento, habilidade). *I'm going to the club to **polish up** my tennis for the school tournament next week.* ◆ *I'm going to the club to **polish** my tennis **up** for the school tournament next week.* ⇨ Estou indo ao clube para praticar tênis antes do torneio escolar na próxima semana. *You should **polish up on** your English before your job interview.* ⇨ Você deveria melhorar seu inglês antes da entrevista de emprego.

poop out *vi Amer gír* causar cansaço, ficar sem energia. *I'm **pooped out** from that walk.* ⇨ Eu fiquei sem energia depois dessa caminhada. *The children **pooped** me **out**.* ⇨ As crianças me causaram cansaço.

pop in 1 *vt pop* entrar rapidamente em, dar um pulinho em. *I'll **pop in** the market and get something for dinner on my way home.* ⇨ No caminho de casa, vou entrar rapidamente no mercado e comprar algo para o jantar. **2** *vi* fazer uma visitinha. *I **popped in** to see Geoffrey this morning.* ⇨ Eu fiz uma visitinha para ver Geoffrey esta manhã. ***Pop in** whenever you're in the neighborhood.* ⇨ Faça-nos uma visitinha sempre que estiver nas redondezas.

pop off 1 *vi pop* bater as botas, morrer. *She **popped off** quite suddenly.* ⇨ Ela bateu as botas de repente. **2** *vi* sair e voltar rapidamente. *I'll just **pop off** for a minute and buy some aspirins.* ⇨ Eu vou sair por um minuto e comprar aspirinas.

pop up *vi* aparecer ou surgir inesperadamente. *His name **pops up** sometimes in the social columns.* ⇨ O nome dele aparece, às vezes, nas colunas sociais. *What a surprise. We were in a restaurant in Acapulco and who should **pop up** but Harry.* ⇨ Foi uma surpresa. Nós estávamos num restaurante em Acapulco e quem surgiu inesperadamente foi o Harry.

pore over *vt* examinar cuidadosamente (documento, livro). *The lawyer **pored over** the details of the contract.* ⇨ O advogado examinou cuidadosamente os detalhes do contrato.

pork out (on) *vt+vi Amer pop* comer como um leão, comer vorazmente. *After the movie we **porked out on** ice cream and cake.* ⇨ Depois do filme nós comemos vorazmente sorvete e bolo. *I love to **pork out** at those Brazilian rodízios.* ⇨ Eu adoro comer como um leão naqueles rodízios brasileiros.

pounce on/upon 1 *vt* criticar, censurar. *I can't make a mistake at work or my boss **pounces on/upon** me.* ⇨ Eu não posso cometer um erro no trabalho senão o chefe me critica. **2** *vt* aceitar sem hesitar. *He offered me the job and I **pounced on/upon** it.* ⇨ Ele me ofereceu o emprego e eu o aceitei sem hesitar. *Susan **pounced on/upon** the chance to travel to London with the Williams.* ⇨ Susan aceitou, sem hesitar, a oportunidade de viajar para Londres com os Williams.

pounce upon *V* pounce on/upon.

pour down *vi* chover forte. *Let's go inside. It's **pouring down**.* ⇨ Vamos entrar. Está chovendo forte. *The rain was **pouring down** during the soccer game.* ⇨ Estava chovendo forte durante o jogo de futebol.

pour in *vi* chegar em grande quantidade (pessoas ou coisas). *Complaints are **pouring in** about the new product.* ⇨ Reclamações estão chegando em grande quantidade sobre o novo produto.

pour into *vt* chegar em grande quantidade (pessoas ou coisas) num determinado local. *People keep **pouring into** the square to see the free concert.* ⇨ As pessoas continuam chegando à praça para ver o concerto gratuito.

power up *vt+vi* ligar, acionar (aparelho eletrônico, máquina). *The pilot **powered up** the jet engines and waited for instructions.* ♦ *The pilot **powered** the jet engines **up** and waited for instructions.* ⇨ O piloto ligou os motores do jato e aguardou instruções. *My computer won't **power up**.* ⇨ Meu computador não liga.

press ahead *vi* começar ou continuar algo com energia, apesar das dificuldades. *The farmers **pressed ahead** and harvested the rice in spite of the flooding.* ⇨ Os fazendeiros começaram a colheita de arroz com energia, apesar das enchentes.

press for *vt* persuadir ou pressionar para obter algo. *Paul's children are **pressing** him **for** a trip to Disneyland.* ⇨ Os filhos de Paul o estão persuadindo para uma viagem à Disneyland. *Don't **press** me **for** a decision now.* ⇨ Não me pressione para tomar uma decisão agora.

press on (with) *vt+vi* continuar com determinação, apesar das dificuldades. *We shall **press on with** our work regardless of the obstacles.* ⇨ Nós continuaremos o nosso trabalho com determinação apesar dos obstáculos. *Eric **pressed on** and came in tenth in the marathon.* ⇨ Eric continuou com determinação e acabou em décimo lugar na maratona.

pride on *refl* ter orgulho, orgulhar-se de (qualidade, habilidade). *I pride myself on my good humour.* ⇨ Eu tenho orgulho do meu bom humor. *The restaurant prides itself on the authentic French dishes.* ⇨ O restaurante se orgulha dos seus pratos franceses autênticos.

print out *vt* imprimir (documento ou imagem de computador). *Let's print out a copy to see how it looks on paper.* ♦ *Let's print a copy out to see how it looks on paper.* ⇨ Vamos imprimir uma cópia para ver como fica no papel.

prop up 1 *vt* apoiar e fortalecer com suporte para não cair. *We used bamboo poles to prop up the orange tree.* ♦ *We used bamboo poles to prop the orange tree up.* ⇨ Nós usamos varas de bambu para apoiar a laranjeira e não a deixar cair. **2** *vt* apoiar, sustentar com dinheiro (empresa, organização etc.). *The government props up the cotton industry with large subsidies.* ♦ *The government props the cotton industry up with large subsidies.* ⇨ O governo apoia a indústria de algodão com grandes subsídios. *The bank loan is enough to prop up the company long enough to get back on its feet.* ♦ *The bank loan is enough to prop the company up long enough to get back on its feet.* ⇨ O empréstimo do banco é suficiente para sustentar a empresa o tempo necessário para ela se recuperar. **3** *refl* apoiar-se, sustentar-se com algo (para ficar sentado ou em pé). *She propped herself up with some pillows to watch television.* ⇨ Ela se apoiou com algumas almofadas para assistir à televisão. *The soldier hurt his leg and had to prop himself up with a bamboo pole.* ⇨ O soldado machucou a perna e teve de se sustentar com uma vara de bambu.

provide against *vt* prevenir, afastar. *The new public health program includes a plan to provide against the spread of dengue.* ⇨ O novo programa de saúde pública tem um plano para prevenir o alastramento da dengue.

provide for 1 *vt* sustentar alguém (com comida, alojamento, dinheiro, roupa). *I have two children to provide for.* ⇨ Eu tenho dois filhos para sustentar. *The organization provides for thousands of orphans in Africa.* ⇨ A organização sustenta milhares de órfãos na África. **2** *vt* reservar, guardar (para uma necessidade futura). *We have money put away to provide for the children's university education.* ⇨ Nós temos dinheiro guardado para a educação universitária das crianças no futuro.

prowl about/around *vi* rondar, andar de maneira silenciosa para não ser visto ou ouvido. *She was on a strict diet, but at night, when we were asleep, she would prowl about/around the house looking for sweets to eat.* ⇨ Ela estava fazendo um regime rígido, mas, à noite, quando estávamos dormindo, ela rondava a casa silenciosamente, procurando doces para comer. *The thief was prowling about/around in the garage of the building, looking for a car to steal.* ⇨ O ladrão estava rondando a garagem do prédio à procura de um carro para roubar.

prowl around V **prowl about/around**.

psych out *vt pop* vencer alguém psicologicamente (por meio de atitude agressiva ou muito segura). *Boxers usually try to psych out their opponents before the fight with great shows of bravado and confidence.* ♦ *Boxers usually try to psych their opponents out before the fight with great shows of bravado and confidence.* ⇨ Os lutadores de boxe geralmente tentam vencer psicologicamente seus oponentes, antes da luta, por meio de grandes mostras de bravata e confiança.

psych up *refl pop* preparar-se psicologicamente para algo. *I always psych myself up before writing an exam.* ⇨ Eu sempre me preparo psicologicamente antes de fazer um exame.

puff up *vi* inchar, crescer (bolo, suflê etc.). *Tony's eye puffed up after the fight.* ⇨ O olho de Tony inchou depois da briga. *The cake didn't puff up as it should have.* ⇨ O bolo não cresceu como deveria.

puke up *vt+vi gír* vomitar. *He puked up his lunch on the bus.* • *He puked his lunch up on the bus.* ⇨ Ele vomitou o almoço no ônibus. *When I smell gas I usually puke up.* ⇨ Quando cheiro gasolina, eu geralmente vomito.

pull apart 1 *vt* apartar, separar (os contendores, numa briga). *Peter and Dan started a fight and we had to pull them apart.* ⇨ Peter e Dan começaram uma briga e nós tivemos de apartá-los. *Pull apart those dogs before they kill each other!* • *Pull those dogs apart before they kill each other!* ⇨ Separe aqueles cachorros antes que eles se matem! **2** *vt* criticar ferozmente (alguém, obra literária, peça de teatro, filme etc.). *The press pulled apart his new novel.* • *The press pulled his new novel apart.* ⇨ A imprensa criticou ferozmente seu novo romance. **3** *vt* menosprezar, desprezar. *In front of everyone he pulled her apart.* ⇨ Na frente de todos, ele a menosprezou.

pull away *vi* começar a andar, sair do lugar (veículo). *The car pulled away and turned the corner.* ⇨ O carro começou a andar e virou a esquina. **2** *vi* afastar-se, retirar-se (de alguém). *When I try to comfort her she pulls away.* ⇨ Quando eu tento consolá-la, ela se afasta.

pull back 1 *vt+vi* retirar, recuar. *The captain pulled back his soldiers to await orders.* • *The captain pulled his soldiers back to await orders.* ⇨ O capitão retirou seus soldados para aguardar ordens. *The crowd pulled back when the police arrived.* ⇨ A multidão recuou quando chegou a polícia. **2** *vi Amer* voltar atrás (plano, ideia). *We have decided to pull back and think over the deal.* ⇨ Nós resolvemos voltar atrás e pensar mais sobre o negócio.

pull down *vt* demolir, derrubar (estrutura, prédio etc.). *They pulled down the old building and built a shopping center.* • *They pulled the old building down and built a shopping center.* ⇨ Eles demoliram o prédio velho e construíram um shopping. **2** *vt Amer pop* ganhar (dinheiro). *I know Geoffrey must pull down quite a lot of money at the insurance company.* • *I know Geoffrey must pull quite a lot of money down at the insurance company.* ⇨ Eu sei que Geoffrey deve ganhar um bom dinheiro na empresa de seguros.

pull for *vt* torcer para, apoiar (alguém). *I'm really pulling for Julia to get the job.* ⇨ Eu estou torcendo para que a Júlia consiga o emprego. *I wouldn't be a doctor today if my parents hadn't pulled for me from the beginning.* ⇨ Eu não seria médico hoje, se meus pais não tivessem me apoiado desde o início.

pull in 1 *vt* prender como suspeito ou para interrogatório. *The police pulled in the guy because he fit the description of the bank robber.* • *The police pulled the guy in because he fit the description of the bank robber.* ⇨ A polícia prendeu o cara porque ele se parecia com a descrição do assaltante de banco. **2** *vt* ganhar (dinheiro). *I'm pulling in more money this year.* • *I'm pulling more money in this year.* ⇨ Estou ganhando mais dinheiro este ano. **3** *vi* chegar à estação (trem). *The train pulled in at eight o'clock.* ⇨ O trem chegou à estação às oito horas.

pull into 1 *vt* dirigir um veículo em direção a um lugar e parar. *I pulled into the gas station for gas.* ⇨ Eu dirigi até o posto de gasolina e parei para abastecer. **2** *vt* chegar à estação (trem). *The train pulled into Windsor station at eight o'clock.* ⇨ O trem chegou à estação Windsor às oito horas.

pull off 1 *vt* conseguir, obter sucesso (geralmente algo difícil ou clandestino). *I think I **pulled off** the speech quite well, don't you?* ♦ *I think I **pulled** the speech **off** quite well, don't you?* ⇨ Eu acho que obti sucesso com a palestra, não é? *No one knows how the robbers managed to **pull off** the museum robbery in broad daylight.* ♦ *No one knows how the robbers managed to **pull** the museum robbery **off** in broad daylight.* ⇨ Ninguém sabe como os ladrões conseguiram roubar o museu em plena luz do dia. 2 *vt* tirar (peça de roupa, sapatos, luvas). *I **pulled off** my shoes and lay down.* ♦ *I **pulled** my shoes **off** and lay down.* ⇨ Eu tirei os sapatos e me deitei.

pull on *vt* vestir, pôr. *I **pulled on** my jacket and ran out.* ♦ *I **pulled** my jacket **on** and ran out.* ⇨ Eu vesti minha jaqueta e saí às pressas.

pull out (of) 1 *vt+vi* sair, partir de estação ou ponto (trem, ônibus). *The train **pulled out of** the station at eight o'clock.* ⇨ O trem saiu da estação às oito horas. ⇨ *Hurry! The train is **pulling out**.* ⇨ Depressa! O trem está partindo. 2 *vt+vi* parar de apoiar ou de participar de algo. *I **pulled out of** the debate.* ⇨ Eu parei de participar do debate. *Pull out before you hurt yourself.* ⇨ Pare de participar antes que você se machuque. 2 *vt* retirar (tropas, soldados). *They **pulled** their soldiers **out of** Tibet.* ⇨ Eles retiraram seus soldados do Tibet. *Americans are **pulling out** their troops.* ♦ *Americans are **pulling** their troops **out**.* ⇨ Os americanos estão retirando suas tropas.

pull over 1 *vi* parar no acostamento, encostar no meio-fio. *Pull over. I want to get out here.* ⇨ Pare no acostamento. Eu quero descer aqui. 2 *vt* mandar veículo parar na estrada ou rua. *The police are **pulling over** any cars that look suspicious.* ♦ *The police are **pulling** any cars **over** that look suspicious.* ⇨ A polícia está mandando parar qualquer veículo suspeito. *The police **pulled** her **over** for speeding.* ⇨ A polícia a mandou parar por excesso de velocidade.

pull through 1 *vi* sobreviver, escapar (doença, acidente etc.). *Only a few of the accident victims **pulled through**.* ⇨ Apenas algumas das vítimas do acidente sobreviveram. 2 *vt* recuperar, passar com sucesso por (período difícil da vida). *I don't know how I managed to **pull through** the divorce.* ⇨ Eu não sei como eu consegui me recuperar do divórcio. *With your support, I can **pull through** this crisis.* ⇨ Com o seu apoio, eu consigo passar por esta crise.

pull together 1 *vi* juntar forças, colaborar. *Federal and state police have to **pull together** to fight against drugs.* ⇨ As polícias federal e estadual precisam juntar forças no combate às drogas. 2 *refl* controlar-se, conter-se (forte emoção). *Pull yourself **together** and stop crying.* ⇨ Controle-se e pare de chorar.

pull up 1 *vi* parar veículo num lugar (geralmente por um instante para fazer algo). *He **pulled up** to ask for information.* ⇨ Ele parou para pedir informação. *Pull up here for a minute so I can buy the newspaper.* ⇨ Pare aqui um instante para eu comprar o jornal. 2 *vt* puxar algo (geralmente uma cadeira ou banquinho) para sentar-se perto de alguém ou algo. *Pull up a chair and let's chat.* ♦ *Pull a chair up and let's chat.* ⇨ Puxe uma cadeira aqui perto e vamos conversar.

pump in *vt* investir dinheiro em (empresa, organização). *The government shouldn't **pump in** our tax money to help the banks.* ♦ *The government shouldn't **pump** our tax money **in** to help the banks.* ⇨ O governo não deveria investir o nosso dinheiro de impostos para ajudar os bancos.

pump out 1 *vt* produzir ou fornecer (em série ou grandes quantidades). *GM*

pumps out *five hundred cars a day in this factory.* ♦ *GM **pumps** five hundred cars **out** a day in this factory.* ⇨ A GM produz quinhentos carros por dia nesta fábrica. ⇨ *He **pumps out** a novel a year, and all of them sell well.* ♦ *He **pumps** a novel **out** a year, and all of them sell well.* ⇨ Ele produz um romance por ano e todos eles vendem bem.

pump up 1 *vt* encher (com ar). *George **pumped up** his bicycle tire.* ♦ *George **pumped** his bicycle tire **up**.* ⇨ George encheu o pneu da bicicleta. **2** *vt* aumentar (preço, volume etc.). *Dave **pumped up** the music so loud that the neighbours complained.* ♦ *Dave **pumped** the music **up** so loud that the neighbours complained.* ⇨ Dave aumentou tanto o volume da música que os vizinhos reclamaram. **3** *vt* animar, encorajar (especialmente diante de um desafio). *The coach **pumped up** the players before the game.* ♦ *The coach **pumped** the players **up** before the game.* ⇨ O técnico animou os jogadores antes do jogo.

punch in 1 entrar com dados num computador, digitar números. *At night I **punch in** the day's total sales and turn off the system.* ♦ *At night I **punch** the day's total sales **in** and turn off the system.* ⇨ À noite, eu digito o total de vendas do dia e desligo o sistema. **2** *vi Amer* bater cartão (ao entrar para o trabalho). *Employees have to **punch in** by eight o'clock.* ⇨ Os funcionários têm de bater cartão até as oito horas.

punch out 1 *vt Amer* esmurrar, socar (até fazer o contendor cair). *Peter **punched out** the guy because he made a rude comment.* ♦ *Peter **punched** the guy **out** because he made a rude comment.* ⇨ Peter esmurrou o cara até cair porque ele fez um comentário grosseiro. **2** *vi Amer* bater cartão (ao sair do trabalho). *I usually **punch out** at five o'clock and go home.* ⇨ Eu geralmente bato o cartão às cinco horas e volto para casa.

push about/around/round *vt* dar ordens de maneira insultuosa. *Mr. Smith **pushes about/around/round** his employees.* ♦ *Mr. Smith **pushes** his employees **about/around/round**.* ⇨ O Sr. Smith dá ordens de maneira insultuosa aos seus funcionários.

push around *V* push about/around/round.

push aside *vt* ignorar, não dar importância. *He **pushed aside** Sandra's suggestion and continued his presentation.* ♦ *He **pushed** Sandra's suggestion **aside** and continued his presentation.* ⇨ Ele não deu importância à sugestão de Sandra e continuou a apresentação. *The needs of the poor have been **pushed aside** by government for a long time.* ⇨ Há muito tempo as necessidades dos pobres têm sido ignoradas pelo governo.

push in *vi Brit* furar fila. *Some guy tried to **push in** ahead of me.* ⇨ Um cara tentou furar a fila na minha frente.

push on (with) *vt+vi* continuar (atividade, trabalho, jornada). *Let's **push on with** the gardening and finish before dark.* ⇨ Vamos continuar com a jardinagem e terminar antes de escurecer. *We **pushed on** until we found a place to camp.* ⇨ Nos continuamos até que encontramos um lugar para acampar.

push out *vt* forçar alguém a sair de, maltratar com o objetivo de fazer alguém sair de (grupo, organização). *The new owners of the company **pushed out** the old employees little by little.* ♦ *The new owners of the company **pushed** the old employees **out** little by little.* ⇨ Os novos donos da empresa forçaram os antigos funcionários a saírem aos poucos.

push round *V* push about/around/round.

push through *vt* fazer com que algo seja aceito oficialmente (plano, proposta, lei etc.). *The president **pushed through** the tax reform in spite of opposition.* ◆ *The president **pushed** the tax reform **through** in spite of opposition.* ⇨ O presidente fez com que a reforma tributária fosse aceita, apesar da oposição.

push up *vt* fazer subir ou aumentar (preço, nível). *Conflict in the Middle East is **pushing up** the price of petroleum.* ◆ *Conflict in the Middle East is **pushing** the price of petroleum **up**.* ⇨ O conflito no Oriente Médio está fazendo o preço do petróleo subir.

put across *vt* explicar com clareza. *Jack has trouble **putting across** his ideas.* ◆ *Jack has trouble **putting** his ideas **across**.* ⇨ Jack tem dificuldade em explicar suas ideias com clareza.

put along *vi Amer* andar lento (veículo, geralmente com motor fraco). *I hate being behind those old ladies who **put along** and don't let you pass.* ⇨ Eu detesto ficar atrás daquelas velhinhas que andam devagar e não deixam você ultrapassar.

put aside 1 *vt* poupar, guardar para uso futuro (dinheiro, comida etc.). *We've **put aside** some money for Tommy's education.* ◆ *We've **put** some money **aside** for Tommy's education.* ⇨ Nós poupamos algum dinheiro para as despesas de educação de Tommy. **2** *vt* ignorar provisoriamente, deixar de lado (diferença, conflito, mágoa etc.). *This country will only have peace if people **put aside** their political differences and work for the common good.* ◆ *This country will only have peace if people **put** their political differences **aside** and work for the common good.* ⇨ Este país só terá paz se o povo deixar de lado suas diferenças políticas e trabalhar pelo bem-estar de todos.

put away 1 *vt* guardar, colocar no devido lugar. *The children **put away** their toys before dinner.* ◆ *The children **put** their toys **away** before dinner.* ⇨ As crianças guardam os brinquedos antes do jantar. **2** *vt* poupar, guardar (dinheiro). *Are you **putting away** money for when you retire?* ◆ *Are you **putting** money **away** for when you retire?* ⇨ Você está poupando dinheiro para quando se aposentar? **3** *vt* comer ou beber muito. *John can really **put away** scotch.* ◆ *John can really **put** scotch **away**.* ⇨ John realmente consegue beber muito uísque escocês. **4** *vt* prender, colocar na cadeia. *The judge **put away** the kidnapper for twenty-five years.* ◆ *The judge **put** the kidnapper **away** for twenty-five years.* ⇨ O juiz colocou o sequestrador na cadeia por vinte e cinco anos. *He should be **put away** for what he did!* ⇨ Ele deveria ser colocado na cadeia pelo que fez!

put back 1 *vt* devolver ao devido lugar, recolocar. *You forgot to **put back** my tools.* ◆ *You forgot to **put** my tools **back**.* ⇨ Você se esqueceu de devolver as ferramentas ao devido lugar. *Put the mayonnaise **back** in the fridge.* ⇨ Recoloque a maionese na geladeira. **2** *vt* atrasar o relógio. *At midnight you have to **put back** your clock an hour.* ◆ *At midnight you have to **put** your clock **back** an hour.* ⇨ À meia-noite, você tem de atrasar seu relógio uma hora. **3** *vt* adiar (reunião, evento). *I'm sorry, but I have to **put back** our meeting a week.* ◆ *I'm sorry, but I have to **put** our meeting **back** a week.* ⇨ Desculpe-me, mas eu preciso adiar nossa reunião por uma semana. **4** *vt pop* beber muito álcool, ter capacidade de beber muito. *We **put back** a bottle of whisky before dinner.* ◆ *We **put** a bottle of whisky **back** before dinner.* ⇨ Nós bebemos uma garrafa de uísque antes do jantar. *I can't **put** them **back** like I could when I was younger.* ⇨ Eu não consigo beber tanto como quando eu era mais jovem.

put before 1 *vt* dar prioridade para. *I **put** my children's needs **before** mine.*

⇨ Eu dou prioridade para as necessidades dos meus filhos antes das minhas. **2** *vt* apresentar algo diante de autoridade para avaliação (ideia, proposta, plano etc.). *We will put the proposal before congress tomorrow.* ⇨ Nós apresentaremos a proposta ao congresso amanhã.

put down 1 *vt* criticar em frente de outros. *I won't tolerate you putting down Susan in front of the other employees.* ◆ *I won't tolerate you putting Susan down in front of the other employees.* ⇨ Eu não tolerarei que você critique Susan na frente dos outros funcionários. **2** *vt* pôr para dormir (criança). *Mary put the kids down after dinner.* ⇨ Mary pôs as crianças para dormir depois do jantar. **3** *vt* sacrificar (animal). *The dog was suffering, so I put him down.* ⇨ O cachorro estava sofrendo, então eu o sacrifiquei. **4** *vt* dar uma quantia de dinheiro de entrada. *When we bought the house we put down thirty thousand dollars and financed the balance.* ◆ *When we bought the house we put thirty thousand dollars down and financed the balance.* ⇨ Quando nós compramos a casa, demos trinta mil dólares de entrada e financiamos o saldo. **5** *vt* anotar. *I put down her telephone number on a napkin.* ◆ *I put her telephone number down on a napkin.* ⇨ Eu anotei o número do telefone dela num guardanapo. **6** *vt* inscrever, matricular. *I put down the kids to take art classes.* ◆ *I put the kids down to take art classes.* ⇨ Eu inscrevi as crianças nas aulas de arte. **7** *vt* debelar, dominar (rebelião, insurreição, revolta etc.). *The army put down the insurrection.* ◆ *The army put the insurrection down.* ⇨ O exército debelou a insurreição. **8** *vi* aterrissar, aterrar. *We put down in Frankfurt on the way to Paris.* ⇨ Nós aterrissamos em Frankfurt a caminho de Paris.

put down to *vt* atribuir, imputar. *Daniela's accent can be put down to her Spanish origin.* ⇨ O sotaque da Daniela pode ser atribuído à sua origem espanhola. *She was rude, but I put it down to fatigue.* ⇨ Ela foi grossa, mas eu atribui isso ao cansaço.

put forward 1 *vt* apresentar, propor (ideia, plano, proposta, teoria etc.). *Dr. Kermode put forward an excellent proposal at the meeting.* ◆ *Dr. Kermode put an excellent proposal forward at the meeting.* ⇨ O Dr. Kermode apresentou uma proposta excelente na reunião. **2** *vt* avançar (reunião, evento). *Try to put forward the meeting if you can.* ◆ *Try to put the meeting forward if you can.* ⇨ Tente avançar a reunião, se puder. **3** *vt* adiantar (relógio). *At midnight you have to put forward your clock an hour.* ◆ *At midnight you have to put your clock forward an hour.* ⇨ À meia-noite, você tem de adiantar o relógio uma hora. **4** *vt* sugerir, indicar como candidato. *The university put forward three names as possible deans.* ◆ *The university put three names forward as possible deans.* ⇨ A universidade sugeriu três nomes como candidatos a possíveis reitores.

put in 1 *vt* introduzir, apresentar (oferta, proposta, requerimento). *We put in an offer on the house.* ◆ *We put an offer in on the house.* ⇨ Nós apresentamos uma proposta de compra da casa. *The union will put in a request for a salary increase at tomorrow's meeting.* ◆ *The union will put a request for a salary increase in at tomorrow's meeting.* ⇨ O sindicato apresentará um pedido de aumento de salário na reunião de amanhã. **2** *vt* instalar, colocar aparelho, equipamento etc. (em casa, prédio, jardim). *We put in an air-conditioner at the country house.* ◆ *We put an air--conditioner in at the country house.* ⇨ Nós instalamos um aparelho de ar-condicionado na casa de campo. **3** *vt* interromper (conversa). *May I put in a word now?* ◆ *May I put a word in now?* ⇨ Posso interromper agora? **4** *vt* dedicar-se, aplicar-se. *Terry doesn't* *put in* enough effort at the office. ♦ *Terry doesn't **put** enough effort **in** at the office.* ⇨ Terry não se dedica com empenho no escritório. **5** *vt* gastar, investir (dinheiro). *I **put in** a fortune every year to maintain my yacht.* ♦ *I **put** a fortune **in** every year to maintain my yacht.* ⇨ Eu gasto uma fortuna todo ano para manter meu iate. **6** *vt* eleger um político ou partido político (geralmente na voz passiva). *The democrats hope to be **put in** again in the next election.* ⇨ Os democratas esperam ser eleitos de novo na próxima eleição. **7** *vt* pôr em (escola). *We **put** the children **in** a private school.* ⇨ Nós pusemos as crianças numa escola particular.

put into 1 *vt* despender, gastar (tempo). *Sherry **put** a lot of time and effort **into** preparing the lunch.* ⇨ Sherry despendeu muito tempo e esforço para preparar o almoço. **2** *vi* aportar (navio, barco). *The ship **put into** port for repairs.* ⇨ O navio aportou para a execução de reparos. **3** *vt* pôr em (cadeia). *Judge Martin **put** Paul **into** prison for what he did.* ⇨ O juiz Martin pôs Paul na cadeia pelo que ele fez.

put off 1 *vt* adiar, postergar (encontro, evento, ação etc.). *They **put off** the race because of the rain.* ♦ *They **put** the race **off** because of the rain.* ⇨ Eles adiaram a corrida por causa da chuva. *I'll **put off** the meeting for a week.* ♦ *I'll **put** the meeting **off** for a week.* ⇨ Eu vou postergar a reunião por uma semana. **2** *vt* enrolar, tapear. *Think of some excuse to **put off** the auditor a little longer.* ♦ *Think of some excuse to **put** the auditor **off** a little longer.* ⇨ Pense numa desculpa para enrolar o fiscal um pouco mais. **3** *vt* fazer não gostar de (alguém ou algo); estragar; tirar o prazer de (algo). *His arrogance **puts** me **off**.* ⇨ Sua arrogância faz com que eu não goste dele. *I'd tell you how hot dogs are made, but I wouldn't want to **put** you **off** your lunch.* ⇨ Eu diria como são feitos os cachorros-quentes, mas eu não quero estragar o seu almoço. **4** *vt* dissuadir, desaconselhar. *I've **put** him **off** the idea of quitting school.* ⇨ Eu o dissuadi da ideia de abandonar a escola.

put on 1 *vt* vestir (roupa), pôr (anel, joia, chapéu, perfume, creme etc.), calçar (sapatos, meias ou luvas). ***Put on*** *your coat and let's go out.* ♦ ***Put*** *your coat **on** and let's go out.* ⇨ Vista seu casaco e vamos sair. *Did Mary **put on** a nice necklace for the party?* ♦ *Did Mary **put** a nice necklace **on** for the party?* ⇨ Mary pôs um colar bonito para a festa? *The children **put on** their shoes.* ♦ *The children **put** their shoes **on**.* ⇨ As crianças calçaram seus sapatos. **2** *vt* enganar (alguém). *He's not a real film star, he's **putting** you **on**.* ⇨ Ele não é um ator de cinema de verdade, ele está te enganando. **3** *vt* fingir (sentimento), assumir. *He **puts on** this fake hurt expression whenever I ask him where he was the previous night.* ♦ *He **puts** this fake hurt expression **on** whenever I ask him where he was the previous night.* ⇨ Ele finge que está magoado cada vez que pergunto onde ele estava na noite anterior. *Gerald usually **puts on** a phony British accent at the club.* ♦ *Gerald usually **puts** a phony British accent **on** at the club.* ⇨ Gerald geralmente assume um falso sotaque britânico no clube. **4** *vt* ligar ou acender (luz, rádio, som, televisão etc.). *It's dark. **Put on** the light.* ♦ *It's dark. **Put** the light **on**.* ⇨ Está escuro. Acenda a luz. *I'll **put on** some music if you want to dance.* ♦ *I'll **put** some music **on** if you want to dance.* ⇨ Eu ligarei a música se você quiser dançar. *Who **put on** the TV?* ♦ *Who **put** the TV **on**?* ⇨ Quem ligou a TV? **5** *vt* apresentar (peça de teatro, show). *The children at school **put on** Hamlet for the parents.* ♦ *The children at school **put** Hamlet **on** for the parents.* ⇨ As crianças da escola apresentaram Hamlet para os pais. **6** *vt* organizar e apresentar (festa). *Sandy **put on** a dinner party for the visiting engineers.* ♦ *Sandy* *put a dinner party on for the visiting engineers.* ⇨ Sandy organizou um jantar para os engenheiros visitantes. **7** *vt* pôr para cozinhar ou ferver. *Can you put on the spaghetti for me?* ◆ *Can you put the spaghetti on for me?* ⇨ Você pode pôr o espaguete para cozinhar para mim? *I put on the kettle for tea.* ◆ *I put the kettle on for tea.* ⇨ Eu pus a chaleira para ferver para o chá. **8** *vt* engordar, aumentar (peso). *She's putting on weight.* ◆ *She's putting weight on.* ⇨ Ela está engordando. *Ken put on twelve kilos after he quit smoking.* ◆ *Ken put twelve kilos on after he quit smoking.* ⇨ Ken engordou doze quilos após parar de fumar. **9** *vt* embarcar (alguém), pôr (alguém) dentro de uma embarcação. *I put the kids on the train to New Jersey to visit their grandmother.* ⇨ Eu embarquei as crianças no trem para New Jersey a fim de visitarem a avó. **10** *vt* pôr ao telefone (alguém). *Put mom on the phone for me. I have to talk to her.* ⇨ Põe a mamãe ao telefone para mim. Eu preciso falar com ela. **11** *vt* receitar, indicar (remédio, dieta, regime). *The doctor put her on antibiotics.* ⇨ O médico receitou-lhe antibióticos. *Doctors usually put patients on a low-fat diet to treat hypertension.* ⇨ Os médicos geralmente indicam um regime com baixo teor de gordura para tratar a hipertensão. **12** *vt* apostar dinheiro em. *I've put fifty dollars on the Brazilian team in the World Cup.* ⇨ Eu apostei cinquenta dólares no time brasileiro na Copa do Mundo. *Did you put anything on the horses?* ⇨ Você apostou alguma coisa nos cavalos?

put out 1 *vt* apagar, desligar (luz). *Sergio put out the lights and locked the shop.* ◆ *Sergio put the lights out and locked the shop.* ⇨ Sérgio apagou as luzes e trancou a loja. **2** *vt* extinguir, apagar (fogo, cigarro). *It took hours to put out the fire in the warehouse.* ◆ *It took hours to put the fire out in the warehouse.* ⇨ Levou horas para apagar o fogo no galpão. *Please put out your cigarette.* ◆ *Please put your cigarette out.* ⇨ Por favor, apague seu cigarro. **3** *vt* divulgar, anunciar (informação, mensagem, aviso etc.). *Management put out the word to all employees to be on time for work.* ◆ *Management put the word out to all employees to be on time for work.* ⇨ A gerência divulgou o aviso para que todos os funcionários cheguem na hora ao serviço. *They put out a storm warning on the radio.* ◆ *They put a storm warning out on the radio.* ⇨ Eles anunciaram no rádio que haverá uma tempestade. **4** *vt* publicar, editar. *We put out a weekly magazine on the subject.* ◆ *We put a weekly magazine out on the subject.* ⇨ Nós publicamos uma revista semanal sobre o assunto. **5** *vt* produzir (filme), transmitir (programa de rádio). *Nowadays, India puts out more films than Hollywood.* ◆ *Nowadays, India puts more films out than Hollywood.* ⇨ Hoje em dia, a Índia produz mais filmes do que Hollywood. *They put out an excellent radio program for children on Saturdays.* ◆ *They put an excellent radio program out for children on Saturdays.* ⇨ Eles transmitem um excelente programa de rádio para crianças aos sábados. **6** *vt* pôr para fora de casa (lixo, animal). *Put out the garbage.* ◆ *Put the garbage out.* ⇨ Ponha o lixo para fora. *Can you put out the dog? He's barking.* ◆ *Can you put the dog out? He's barking.* ⇨ Você pode pôr o cachorro para fora? Ele está latindo. **7** *vt* pôr em lugar visível e de fácil acesso. *I put out the expresso machine for the guests.* ◆ *I put the expresso machine out for the guests.* ⇨ Eu pus a máquina de café expresso num lugar visível e de fácil acesso para os convidados. **8** *vt* incomodar, dar trabalho para (alguém). *I'd like to stay the night if it doesn't put you out.* ⇨ Eu gostaria de passar a noite se não for te incomodar. **9** *vt* dar ou aplicar anestesia geral ao paciente. *The surgeon put out the patient.* ◆ *The surgeon put* *the patient out*. ⇨ O cirurgião deu anestesia geral ao paciente. **10** *vi* partir (navio, barco). *The ship will put out to sea in the morning*. ⇨ O navio partirá de manhã.

put through 1 *vt* passar por teste. *The army puts soldiers through very difficult training exercises*. ⇨ O exército faz seus soldados passarem por testes de treinamento muito difíceis. **2** *vt* aprovar, sancionar (lei, medida etc.). *Government will put through the tax reform*. ♦ *Government will put the tax reform through*. ⇨ O governo aprovará a reforma tributária. *The proposal was put through congress*. ⇨ A proposta foi sancionada pelo congresso. **3** *vt* pagar as despesas de estudos (de alguém). *Fred doesn't have the money to put his daughter through university*. ⇨ Fred não tem dinheiro para pagar as despesas da universidade de sua filha. **4** *vt* completar ou fazer ligação telefônica. *Please wait while the operator puts through your call*. ♦ *Please wait while the operator puts your call through*. ⇨ Por favor, espere enquanto a telefonista completa a sua ligação. *I haven't been able to put a call through to her celular phone*. ⇨ Eu não consigo fazer uma ligação para o telefone celular dela.

put together 1 *vt* montar até estar completo (peças de algo). *It takes twenty people to put together the L-200 airplane*. ♦ *It takes twenty people to put the L-200 airplane together*. ⇨ São necessárias vinte pessoas para montar o avião L-200. **2** *vt* reunir, juntar (pessoas, coisas). *We've put together the best scientists to work on the project*. ♦ *We've put the best scientists together to work on the project*. ⇨ Nós reunimos os melhores cientistas para trabalhar no projeto. *David has put together a nice little wine collection*. ♦ *David has put a nice little wine collection together*. ⇨ David fez uma pequena e requintada coleção de vinhos.

put towards *vt* aplicar ou usar dinheiro para um determinado fim. *Our company puts ten percent of its profit towards the employee pension fund*. ⇨ Nossa empresa aplica dez por cento do lucro num fundo de aposentadoria dos funcionários.

put under *vt Amer* dar ou aplicar anestesia geral ao paciente. *The surgeon put the patient under*. ⇨ O cirurgião deu anestesia geral ao paciente.

put up 1 *vt* construir, erguer. *They're going to put up a building on the corner*. ♦ *They're going to put a building up on the corner*. ⇨ Eles vão construir um prédio na esquina. **2** *vt* colocar, pregar algo em parede, poste ou lugar visível (aviso, placa, notícia etc.). *The neighbours put up a sign to sell their house*. ♦ *The neighbours put a sign up to sell their house*. ⇨ Os vizinhos colocaram uma placa para vender a casa. **3** *vt* pendurar (quadro, decoração). *We should put up that painting your sister gave us*. ♦ *We should put that painting your sister gave us up*. ⇨ Nós deveríamos pendurar aquele quadro que sua irmã nos deu. **4** *vt* hospedar, receber. *We put up Helen and Eric for the weekend*. ♦ *We put Helen and Eric up for the weekend*. ⇨ Nós hospedamos Eric e Helen no final de semana. **5** *vt* aumentar (preço, valor). *They've put up the price of milk again*. ♦ *They've put the price of milk up again*. ⇨ Eles aumentaram o preço do leite novamente. **6** *vt* dar (dinheiro), dotar verbas. *Who will put up the money for the new museum?* ♦ *Who will put the money up for the new museum?* ⇨ Quem dará o dinheiro para o novo museu?

put up to *vt* induzir, instigar. *Dave is too honest to do something like that. Someone must have put him up to it*.

⇨ Dave é honesto demais para fazer uma coisa dessas. Alguém deve tê-lo induzido.

put up with *vt* tolerar, aguentar, suportar (alguém, algo). *I don't know how he **puts up with** his wife.* ⇨ Eu não sei como ele aguenta a esposa. *I can **put up with** the heat, but the humidity is what kills me.* ⇨ Eu suporto o calor, mas é a umidade que me mata.

puzzle out *vt* descobrir, apurar. *Have you **puzzled out** how we're going to get to Robert's farm?* ♦ *Have you **puzzled** how we're going to get to Robert's farm **out**?* ⇨ Você descobriu como vamos chegar à fazenda de Robert?

q

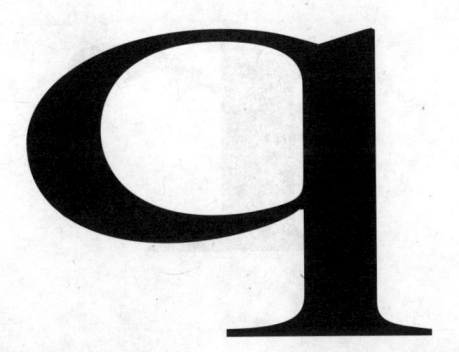

queue up *vi* ficar em fila, formar fila. *We had to **queue up** to get tickets to the new Woody Allen film.* ⇨ Tivemos de ficar em fila para comprar ingressos para o novo filme de Woody Allen.

quiet/quieten down 1 *vi* ficar quieto (usado no imperativo). ***Quiet down** and let me read the newspaper in peace.* ⇨ Fique quieto e deixe-me ler o jornal em paz. **2** *vt* acalmar (alguém). *Sandra reads a story to **quiet down** the children before bed.* ♦ *Sandra reads a story to **quiet** the children **down** before bed.* ⇨ Sandra lê uma história para acalmar as crianças na hora de dormir.

quieten down *V* quiet/quieten down.

quit on 1 *vt* abandonar, largar (empregador). *We couldn't afford to raise the salaries of the engineers, and many of them **quit on** us, just when we needed them most.* ⇨ Nós não pudemos aumentar os salários dos engenheiros, e muitos deles nos abandonaram, justamente quando precisávamos mais deles. **2** *vt* parar de funcionar (motor, máquina). *They spent two days adrift at sea when the motor of the boat **quit on** them.* ⇨ Eles ficaram à deriva no mar, por dois dias, quando o motor do barco parou de funcionar.

r

rack up 1 *vt Amer pop* danificar, causar dano a. *The flood **racked up** the wheat fields.* ◆ *The flood **racked** the wheat fields **up**.* ⇨ A enchente danificou os campos de trigo. **2** *vt* acumular, juntar. *Our company **racked up** losses of fifty thousand dollars last year.* ◆ *Our company **racked** losses of fifty thousand dollars **up** last year.* ⇨ A nossa empresa acumulou perdas de cinquenta mil dólares no ano passado.

raffle off *vt* sortear, rifar. *Now they're going to **raffle off** a bottle of champagne.* ◆ *Now they're going to **raffle** a bottle of champagne **off**.* ⇨ Agora eles vão sortear uma garrafa de champanhe.

rain down *vt* chover, cair em grande quantidade. *A great amount of missiles **rained down** upon Bagdad last night.* ⇨ Choveu uma grande quantidade de mísseis sobre Bagdá na noite passada.

rake in *vt pop* ganhar, arrecadar (dinheiro), geralmente sem muito esforço. *Mr. Newman must be **raking in** a fortune with his invention.* ◆ *Mr. Newman must be **raking** a fortune **in** with his invention.* ⇨ O Sr. Newman deve estar ganhando uma fortuna com sua invenção.

rake over *vt pop* remoer, pensar ou falar muito em. *She should stop **raking over** her past.* ◆ *She should stop **raking** her past **over**.* ⇨ Ela deveria parar de remoer o passado.

rally around/round 1 *vi* mobilizar-se, organizar-se (para defender alguém ou algo). *We all **rallied around/round** when the dean threatened to fire Professor Jones.* ⇨ Todos nós nos mobilizamos quando o reitor ameaçou demitir o professor Jones. **2** *vt* apoiar, dar apoio a. *When Joseph died, all the family friends **rallied around/round** his wife.* ⇨ Quando Joseph morreu, todos os amigos da família apoiaram sua esposa.

rally round *V* **rally around/round**.

rap out *vt* vociferar, falar colericamente. *The boss **rapped out** an order and left the office immediately.* ◆ *The boss **rapped** an order **out** and left the office immediately.* ⇨ O chefe vociferou uma ordem e saiu do escritório imediatamente.

ration out *vt* racionar, repartir regradamente. *We have to **ration out** gas since our stock is really low.* ◆ *We have to **ration** gas **out** since our stock is really low.* ⇨ Nós temos de economizar gasolina, visto que o estoque está realmente baixo.

rat on *vt pop* dedurar, delatar. *I don't approve of students who keep **ratting on** their classmates.* ⇨ Eu censuro os alunos que ficam dedurando seus colegas de classe.

rattle off *vt* desfiar, dizer algo rapidamente. *Peter **rattled off** a few names to the police.* ◆ *Peter **rattled** a few names **off** to the police.* ⇨ Peter desfiou alguns nomes à polícia. *Please don't **rattle off** the poem. Recite it with feeling.* ◆ *Please don't **rattle** the poem **off**. Recite it with feeling.* ⇨ Por favor, não diga o poema rapidamente. Recite-o com sentimento.

rattle through *vt* agilizar, imprimir maior rapidez (ao falar ou fazer algo). *Professor Clinton **rattled through** his lecture because his plane departs at nine.* ⇨ O professor Clinton agilizou a palestra, porque seu avião parte às nove.

reach down *vt Brit* pegar, alcançar com a mão algo que está no alto. *Could you **reach down** that vase from the top of the closet?* ◆ *Could you **reach** that vase **down** from the top of the closet?* ⇨ Você poderia pegar aquele vaso, lá em cima do armário?

reach out *vt* esticar, espichar (a mão ou o braço para pegar algo). *I **reached out** a hand, but couldn't get the running pussycat.* ◆ *I **reached** a hand **out**, but couldn't get the running pussycat.* ⇨ Eu estiquei a mão, mas não consegui pegar o gatinho fujão.

read back *vt* reler, ler novamente. *Would you mind **reading back** the first paragraph?* ◆ *Would you mind **reading** the first paragraph **back**?* ⇨ Você se importaria em ler o primeiro parágrafo novamente?

read into *vt* interpretar algo ou fazer a leitura de algo que não corresponde à intenção do autor. *Please don't **read into** my speech things I didn't put there!* ◆ *Please don't **read** things **into** my speech I didn't put there!* ⇨ Por favor, não interprete a minha palestra com coisas que eu não mencionei nela!

read off *vt* fazer a leitura de um instrumento de medição. *They'll come this afternoon to **read off** the water meter.* ◆ *They'll come this afternoon to **read** the water meter **off**.* ⇨ Eles virão hoje à tarde para fazer a leitura do hidrômetro.

read over *vt* ler algo com cuidado, a fim de eliminar possíveis erros ou entender melhor. *I'm going to **read over** my paper before handing it in.* ◆ *I'm going to **read** my paper **over** before handing it in.* ⇨ Eu vou ler o meu trabalho cuidadosamente antes de entregá-lo.

read up on *vt* ler exaustivamente sobre determinado assunto. *I'll have to **read up on** discourse analysis before my qualification test.* ⇨ Eu terei de ler exaustivamente sobre a análise do discurso antes do meu exame de qualificação.

reason out *vt* chegar a uma conclusão (depois de considerar todos os aspectos relevantes implicados). *Let's try to **reason out** the problem.* ◆ *Let's try to **reason** the problem **out**.* ⇨ Vamos tentar chegar a uma conclusão a respeito do problema.

reason with *vt* tentar convencer alguém a não fazer algo errado ou cometer tolice. *We all know how difficult it is to **reason with** someone who is out of his mind.* ⇨ Nós todos sabemos como é difícil convencer alguém que está fora de si.

reckon on *vt* estimar ou supor algo. *We **reckon on** about three drinks per guest.* ⇨ Nós estimamos cerca de três drinques por convidado. *The boys are **reckoning on** beating the visiting team.* ⇨ Os garotos supõem derrotar o time visitante.

reckon with *vt* contar com, incluir (alguém ou algo) nos planos. *They had to **reckon with** Mr. Gradman to have the project accepted.* ⇨ Eles tiveram de contar com o Sr. Gradman para ter o projeto aprovado. *We had planned every detail of the expedition, but we* *didn't **reckon with** low temperatures.* ⇨ Nós tínhamos planejado cada detalhe da expedição, porém não contávamos com as baixas temperaturas.

reel in 1 *vt* puxar o peixe, enrolando a linha; puxar a linha, enrolando-a. *The old man slowly **reeled in** the marlin.* • *The old man slowly **reeled** the marlin **in**.* ⇨ O velho puxou o marlim vagarosamente. *If you feel there is a fish biting, **reel in** the line with care.* • *If you feel there is a fish biting, **reel** the line **in** with care.* ⇨ Se você perceber que há um peixe mordendo, puxe a linha com cuidado. 2 *vt pop* atrair alguém com algo chamativo. *Mr. Grant's campaign was fantastic. It **reeled in** a lot of guests to our hotel.* • *Mr. Grant's campaign was fantastic. It **reeled** a lot of guests **in** to our hotel.* ⇨ A campanha do Sr. Grant foi fantástica. Ela atraiu muitos hóspedes para o nosso hotel. *The producers expect to **reel in** millions of moviegoers with the new version of Casablanca.* • *The producers expect to **reel** millions of moviegoers **in** with the new version of Casablanca.* ⇨ Os produtores esperam atrair milhões de frequentadores de cinema com a nova versão de Casablanca.

reel off *vt pop* dizer ou repetir algo rapidamente (em geral informação memorizada). *My little son can **reel off** the names of all the capitals of Europe.* • *My little son can **reel** the names of all the capitals of Europe **off**.* ⇨ O meu filho menor sabe dizer rapidamente os nomes de todas as capitais da Europa.

rein in 1 *vt* controlar, conter (emoções, impulsos, raiva etc.). *Sandra couldn't **rein in** her anger and hit Bill over the head with her umbrella.* • *Sandra couldn't **rein** her anger **in** and hit Bill over the head with her umbrella.* ⇨ Sandra não conseguiu conter a raiva e deu na cabeça do Bill com o guarda-chuva. 2 *vt* deter, refrear (cavalo). *The cowboy **reined in** his horse,* dismounted, and ran towards the saloon. • *The cowboy **reined** his horse **in**, dismounted, and ran towards the saloon.* ⇨ O caubói deteve o cavalo, desmontou e correu em direção ao bar.

render into *vt* traduzir, transpor de uma língua para outra. *Mrs. Williams will **render** the report **into** English.* ⇨ A Sra. Williams irá traduzir o relatório para o inglês.

rent out *vt* alugar, locar. *John **rents out** his country house during the summer season.* • *John **rents** his country house **out** during the summer season.* ⇨ John aluga sua casa de campo durante a temporada de verão.

report back *vt* relatar, fazer um relato de. *Frank will attend the meeting and then **report back** on their decisions.* ⇨ Frank assistirá à reunião e depois fará um relato das decisões.

resign to *refl* resignar-se, conformar-se. *She **resigned** herself **to** her loss of vision.* ⇨ Ela resignou-se diante da perda da visão.

resort to *vt* recorrer a, servir-se de (geralmente algo desonesto ou desagradável). *He had to **resort to** deception to get what he wanted.* ⇨ Ele teve de recorrer à trapaça para conseguir o que queria.

rest on/upon *vt* basear-se, apoiar-se. *Tony's reputation as a good actor **rests on/upon** several plays and two movies.* ⇨ A reputação de Tony como bom ator baseia-se em diversas peças e dois filmes.

rest up *vi Amer* descansar bastante, repousar (para reunir energia ou recuperar-se de uma enfermidade). *I want you all to **rest up** before the competition.* ⇨ Eu quero que todos vocês descansem bastante antes da competição. *Laura is really weak. She has to **rest up** for a few days.* ⇨ Laura está realmente fraca. Ela tem de repousar por alguns dias.

rest upon *V* rest on/upon.

rest with *vt* recair sobre, ser da responsabilidade de. *The decision to stay or depart rests with the boys.* ⇨ A decisão de ficar ou partir recai sobre os garotos.

revel in *vt Amer* adorar, gostar muitíssimo de algo. *Liza and Sylvia revel in gossip.* ⇨ Liza e Sylvia adoram fofoca.

revolve around/round *vt* girar em torno de, concentrar-se em. *Peter's life revolves around/round his wife and kids.* ⇨ A vida de Peter gira em torno da esposa e dos filhos. *The discussion revolved around/round three main topics.* ⇨ A discussão se concentrou em três tópicos principais.

revolve round *V* revolve around/round.

rev up 1 *vt* acelerar muito, pisar fundo no acelerador (com o veículo parado). *He revved up the truck before driving off.* ♦ *He revved the truck up before driving off.* ⇨ Ele pisou fundo no acelerador do caminhão antes de partir. **2** *vi+refl* animar-se, entusiasmar-se. *Are you revving up for the dance tonight?* ⇨ Vocês estão se animando para o baile de hoje à noite? *I couldn't rev myself up about a stupid graduation ceremony so I stayed home.* ⇨ Eu não consegui me entusiasmar com uma colação de grau idiota e então fiquei em casa.

ride out *vt* sobreviver a, resistir a (crise ou mau tempo). *Many small businessmen simply could not ride out the recession.* ♦ *Many small businessmen simply could not ride the recession out.* ⇨ Muitos pequenos empresários simplesmente não sobreviveram à recessão. *The little boat didn't ride out the storm and sank.* ♦ *The little boat didn't ride the storm out and sank.* ⇨ O pequeno barco não resistiu à tempestade e afundou.

ride up *vi* subir, deslizar para cima (vestido ou saia). *This dress always rides up when I sit down.* ⇨ Este vestido sempre sobe quando eu me sento.

rid of 1 *vt* livrar, libertar. *The mayor promised to rid the city of drugs.* ⇨ O prefeito prometeu livrar a cidade das drogas. **2** *refl* livrar-se, ficar livre de. *Joan wants to rid herself of her image of a dumb blonde.* ⇨ Joan quer livrar-se da sua imagem de loira burra.

rig up *vt pop* improvisar, preparar ou ajeitar algo às pressas, geralmente por pouco tempo. *We have rigged up a drape with an old blanket to make the bedroom darker.* ♦ *We have rigged a drape up with an old blanket to make the bedroom darker.* ⇨ Nós improvisamos uma cortina com um cobertor velho, a fim de tornar o quarto mais escuro.

ring back *vt+vi Brit* ligar ou telefonar de novo; ligar ou telefonar de volta. *I'll ring Mary back as soon as I finish this report.* ⇨ Eu telefonarei de volta para Mary assim que terminar este relatório. *Would you ring back later? Mr. Jones is in a meeting right now.* ⇨ Você poderia ligar mais tarde? O Sr. Jones está numa reunião agora.

ring in *vi Brit* ligar para o trabalho para justificar a ausência. *Paul has just rung in to say he's going to be late.* ⇨ Paul acabou de ligar para dizer que vai se atrasar.

ring off *vi Brit* desligar o telefone. *I'm late for work. I'll have to ring off now.* ⇨ Eu estou atrasado para o trabalho. Eu preciso desligar agora.

ring up *vt Brit* telefonar, ligar. *I have to ring up my wife right now.* ♦ *I have to ring my wife up right now.* ⇨ Eu tenho de ligar para a minha esposa agora mesmo.

rinse out 1 *vt* enxaguar, passar em segunda água para tirar o sabão. *Liza is going to rinse out the washing now.*

♦ *Liza is going to* **rinse** *the washing out now.* ⇨ Liza vai enxaguar a roupa agora. **2** *vt* enxaguar o interior de algo. *Please* **rinse out** *those glasses and place them on the dish drainer.* ♦ *Please* **rinse** *those glasses* **out** *and place them on the dish drainer.* ⇨ Por favor, enxágue aqueles copos e coloque-os no escorredor de pratos. **Rinse out** *your mouth well.* ♦ **Rinse** *your mouth* **out** *well.* ⇨ Enxágue bem a boca.

rip into 1 *vt pop* criticar ou atacar rudemente. *Some critics* **ripped into** *Larry's last play.* ⇨ Alguns críticos atacaram rudemente a última peça de Larry. **2** *vt* avançar em, investir contra. *The hungry dog* **ripped into** *the piece of meat.* ⇨ O cachorro faminto avançou no pedaço de carne. *The tall man* **ripped into** *his aggressor with lefts and rights.* ⇨ O homem alto investiu contra o agressor com socos de esquerda e de direita.

rip off 1 *vt pop* enganar, cobrar a mais. *Some shopkeepers try to* **rip off** *foreign tourists.* ♦ *Some shopkeepers try to* **rip** *foreign tourists* **off**. ⇨ Alguns lojistas tentam enganar os turistas estrangeiros. **2** *vt* roubar, tirar. *He was arrested for* **ripping off** *stuff from a department store.* ♦ *He was arrested for* **ripping** *stuff* **off** *from a department store.* ⇨ Ele foi preso por roubar coisas de uma loja de departamentos. **3** *vt* arrancar, tirar bruscamente. *Francis* **ripped off** *one end of the envelope and pulled out the money.* ♦ *Francis* **ripped** *one end of the envelope* **off** *and pulled out the money.* ⇨ Francis arrancou uma das pontas do envelope e tirou o dinheiro de dentro dele. *She* **ripped off** *her brassiere and showed her breasts to the audience.* ♦ *She* **ripped** *her brassiere* **off** *and showed her breasts to the audience.* ⇨ Ela arrancou o sutiã e mostrou os peitos para o público.

rip through *vt* destruir, devastar (algo). *The explosion* **ripped through** *the entire house.* ⇨ A explosão destruiu a casa toda. *Last night, a tornado* **ripped through** *a small village in the Philippines.* ⇨ Ontem à noite, um tornado devastou uma aldeia nas Filipinas.

rip up 1 *vt* rasgar, dividir em pedaços. *I'm going to* **rip up** *this form and fill out a new one.* ♦ *I'm going to* **rip** *this form* **up** *and fill out a new one.* ⇨ Eu vou rasgar este formulário e preencher um novo. **2** *vt* desmanchar, desfazer (costura). *I think you should* **rip up** *the seam and sew another one with white thread.* ♦ *I think you should* **rip** *the seam* **up** *and sew another one with white thread.* ⇨ Eu acho que você deveria desmanchar a costura e fazer uma nova com linha branca.

rise above *vt* superar, vencer (dificuldade ou problema). *Doris was really feeble and in continual pain, but she* **rose above** *the illness.* ⇨ Doris estava realmente fraca e com dores contínuas, mas superou a doença.

rise up *vt* revoltar-se, insurgir-se (contra um governo opressor). *Some national leaders called on the people to* **rise up** *against the oppressive king.* ⇨ Alguns líderes nacionais conclamaram o povo a se revoltar contra o rei opressor.

roll about *vi pop* rachar de rir, rachar o bico. *The joke was so funny that we all* **rolled about**. ⇨ A piada foi tão engraçada que todos nós rachamos de rir.

roll back 1 *vt Amer* reduzir o preço ou o custo de algo. *Our company must* **roll back** *costs in order to become more competitive.* ♦ *Our company must* **roll** *costs* **back** *in order to become more competitive.* ⇨ A nossa empresa precisa reduzir os custos, a fim de tornar-se mais competitiva. **2** *vi* recuar, retroceder (exército, tropa, inimigo etc.). *The enemy army* **rolled back** *a little because of the bad weather.* ⇨ O exército inimigo recuou um pouco por causa do mau tempo.

roll in 1 *vi* chover, surgir ou aparecer em abundância: dinheiro, doações, cheques, ofertas, contas etc. (usado nos tempos progressivos). *After our appeal on TV, donations are rolling in.* ⇨ Depois do nosso apelo na TV, estão chovendo doações. **2** *vt* nadar em dinheiro, ter muito dinheiro (usado nos tempos progressivos). *Some years ago, somebody told me they were rolling in money.* ⇨ Há alguns anos, alguém me disse que eles estavam nadando em dinheiro. **3** *vi* aparecer ou surgir em grande número (algo relacionado ao mau tempo: nuvens de chuva, ondas de arrebentação, vagalhões, cerração, neblina). *The rain clouds rolled in and the sky became completely dark.* ⇨ As nuvens de chuva apareceram e o céu ficou completamente escuro. **4** *vi* chegar, aparecer. *She rolled in an hour late and didn't bother to give an excuse for her tardiness.* ⇨ Ela chegou uma hora atrasada e não se deu ao trabalho de apresentar uma desculpa pelo atraso.

roll into *vt pop* chegar folgadamente a um local, geralmente atrasado. *You can't come rolling into work whenever you feel like it.* ⇨ Você não pode chegar assim folgadamente ao trabalho quando bem entende.

roll off *vt* mimeografar, tirar cópias de algo no mimeógrafo. *Please roll off some extra copies of this test.* ⇨ Por favor, mimeografe algumas cópias extras deste teste.

roll on 1 *vi* passar, decorrer (tempo). *The months rolled on and Nancy didn't get even a single note from her boyfriend who was in China.* ⇨ Os meses passavam e Nancy não recebia sequer um bilhete do namorado, que estava na China. **2** *vi* continuar, persistir (acontecimento, incidente, conflito, guerra etc.). *The conflict in the Middle East rolls on with a lot of victims every day.* ⇨ O conflito no Oriente Médio continua com muitas vítimas todos os dias.

roll out *vt Cul* estender (a massa) com um rolo. *Roll the dough out while I fix the salad.* ⇨ Estenda a massa com o rolo enquanto eu preparo a salada.

roll over 1 *vt* revirar ou virar (o corpo) para a posição oposta àquela em que se encontra. *The coroner rolled over the body to examine the holes made by the bullets.* ♦ *The coroner rolled the body over to examine the holes made by the bullets.* ⇨ O médico-legista virou o corpo para a posição oposta àquela em que se encontrava, a fim de examinar as perfurações feitas pelas balas. **2** *vi* revirar-se (na cama). *Every night Susan rolls over and pulls off the comforter to her side.* ⇨ Todas as noites, Susan se revira na cama e puxa o edredom para o lado dela. **3** *vt Amer* rolar, adiar o pagamento de dívida ou empréstimo. *I'm going to ask the bank to roll over my debt.* ♦ *I'm going to ask the bank to roll my debt over.* ⇨ Eu vou pedir ao banco para rolar o pagamento do meu empréstimo.

roll up 1 *vt* enrolar, dobrar em rolo. *He's going to roll up those carpets and take them to the storehouse.* ♦ *He's going to roll those carpets up and take them to the storehouse.* ⇨ Ele vai enrolar aqueles tapetes e levá-los para o depósito. **2** *vt* dobrar, arregaçar (a manga da camisa ou a barra das calças). *He rolled up his sleeves and did the dishes for me.* ♦ *He rolled his sleeves up and did the dishes for me.* ⇨ Ele dobrou as mangas da camisa e lavou a louça para mim. *The boys rolled up their pants in order to ford the creek.* ♦ *The boys rolled their pants up in order to ford the creek.* ⇨ Os garotos arregaçaram as calças, a fim de vadearem o riacho. **3** *vi* afluir, chegar em grande número (pessoas). *People rolled up to see the actors arriving at the film festival in Cannes.* ⇨ As pessoas afluíram em grande número para ver os atores chegarem ao festival de cinema de Cannes.

root about/around *vt+vi* procurar, vasculhar (algo entre outras coisas).

*Mary is **rooting about/around** for her emerald ring.* ⇨ Mary está procurando por seu anel de esmeralda. *I was **rooting about/around** in the cupboard, looking for a corkscrew when Bill arrived.* ⇨ Eu estava vasculhando o armário, à procura de um saca-rolhas, quando Bill chegou.

root around *V* root about/around.

root for *vt pop* torcer por, apoiar. *We're going to see the final to **root for** our team.* ⇨ Nós vamos ver a final, para torcer por nosso time. *In the last election, the racial minorities **rooted for** the democrats.* ⇨ Na última eleição, as minorias raciais apoiaram os democratas.

root out *vt* cortar pela raiz, eliminar. *Our main goal is to **root out** violence.* ⇨ O nosso objetivo principal é cortar a violência pela raiz.

rope in *vt pop* convencer, persuadir (alguém a fazer algo ou a participar de algo). *Since we need some more people to help in the election campaign, I'm trying to **rope in** Joseph and Rita.* ♦ *Since we need some more people to help in the election campaign, I'm trying to **rope** Joseph and Rita **in**.* ⇨ Uma vez que precisamos de mais gente para ajudar na campanha eleitoral, eu estou tentando convencer Joseph e Rita a participarem.

rope off *vt* bloquear, isolar (uma área com cordão de isolamento). *The police **roped off** the area of the crime.* ♦ *The police **roped** the area of the crime **off**.* ⇨ A polícia bloqueou a área do crime com um cordão de isolamento.

rough out *vt* esboçar, delinear (ideia, plano, desenho, pintura etc.). *I've just **roughed out** a screenplay for a thriller.* ♦ *I've just **roughed** a screenplay for a thriller **out**.* ⇨ Eu acabei de esboçar um roteiro para um filme de suspense.

rough up *vt pop* dar porrada, surrar. *A gang of youths **roughed up** Kurt and Jason in a bar last night.* ♦ *A gang of youths **roughed** Kurt and Jason **up** in a bar last night.* ⇨ Ontem à noite, uma gangue de jovens deu umas porradas em Kurt e Jason num bar.

round down *vt* arredondar para baixo (número ou valor). *The salesman said the manager might **round down** the price of the car.* ♦ *The salesman said the manager might **round** the price of the car **down**.* ⇨ O vendedor disse que é bem provável que o gerente arredonde o preço do carro para baixo.

round off 1 *vt* fechar, completar algo satisfatoriamente (evento ou atividade). *Now to **round off** the evening, we could go to a night club.* ♦ *Now to **round** the evening **off**, we could go to a night club.* ⇨ Agora, para fechar a noitada, poderíamos ir a uma boate. **2** *vt* arredondar, tornar redondo. *I'm going to use an electric sander to **round off** the corners of the stool.* ♦ *I'm going to use an electric sander to **round** the corners of the stool **off**.* ⇨ Eu vou usar uma lixadeira elétrica para arredondar os cantos do banquinho. **3** *vt* arredondar, transformar em números redondos. *I **rounded off** all the amounts in order to facilitate the calculations.* ♦ *I **rounded** all the amounts **off** in order to facilitate the calculations.* ⇨ Eu arredondei todos os valores, a fim de facilitar os cálculos.

round on/upon *vt* atacar ou agredir alguém de repente (verbal ou fisicamente). *She **rounded on/upon** Mr. Hilton and told him exactly what she thought about the situation.* ⇨ Ela atacou o Sr. Hilton e disse-lhe exatamente o que achava a respeito da situação. *Tony **rounded on/upon** the reporter with blows and kicks.* ⇨ Tony agrediu o repórter com murros e pontapés.

round out *vt* completar, tornar completo. *This canvas **rounds out** my collection of expressionist paintings.*

* *This canvas **rounds** my collection of expressionist paintings **out**.* ⇨ Esta tela completa a minha coleção de pinturas expressionistas.

round up 1 *vt* reunir(-se), juntar(-se) (pessoas ou animais). *We **rounded up** some old friends for a dinner party at Tina's apartment.* • *We **rounded** some old friends **up** for a dinner party at Tina's apartment.* ⇨ Nós reunimos alguns velhos amigos para um jantar no apartamento de Tina. *Tell John to **round up** the sheep before it gets dark.* • *Tell John to **round** the sheep **up** before it gets dark.* ⇨ Diga a John para reunir os carneiros antes que anoiteça. 2 *vt* arredondar para cima (número ou valor). *I have **rounded up** the travel costs from 2,900 to 3,000 dollars.* • *I have **rounded** the travel costs **up** from 2,900 to 3,000 dollars.* ⇨ Eu arredondei para cima as despesas de viagem de 2.900 para 3.000 dólares.

round upon *V* round on/upon.

rout out 1 *vt* expulsar, fazer sair. *We finally **routed out** the radicals in our party.* • *We finally **routed** the radicals **out** in our party.* ⇨ Nós finalmente expulsamos os radicais do nosso partido. *Mrs. Lovelace **routs out** her children of bed at seven.* • *Mrs. Lovelace **routs** her children **out** of bed at seven.* ⇨ A Sra. Lovelace expulsa os filhos da cama às sete. 2 *vt* desentocar, tirar da toca. *When we were kids we would **rout out** squirrels and chase them.* • *When we were kids we would **rout** squirrels **out** and chase them.* ⇨ Quando nós éramos crianças, costumávamos desentocar esquilos e persegui-los.

rub away *vt* tirar, remover, eliminar algo (por meio de esfrega ou fricção). *Tell the boys to **rub away** the stains of paint on the windowpane.* • *Tell the boys to **rub** the stains of paint on the window-pane **away**.* ⇨ Diga aos rapazes para removerem as manchas de tinta da vidraça. *Here, let me **rub away** your backache.* • *Here, let me **rub** your backache **away**.* ⇨ Ei, me deixe tirar a sua dor nas costas.

rub down 1 *vt* limpar, remover a sujeira de (geralmente com um pano ou uma esponja). ***Rub down** the table while I get the dinner from the oven.* • ***Rub** the table **down** while I get the dinner from the oven.* ⇨ Limpe a mesa com um pano enquanto eu tiro o jantar do forno. 2 *vt+refl* enxugar(-se), secar (-se). *Can I use this old towel to **rub down** the dog?* • *Can I use this old towel to **rub** the dog **down**?* ⇨ Posso usar esta toalha velha para enxugar o cachorro? ***Rub** yourself **down** well after your shower!* ⇨ Enxugue-se bem depois do banho de chuveiro.

rub off 1 *vt* tirar, remover mancha ou sujeira de uma superfície, geralmente esfregando com um pano ou uma esponja. *Dip the tray in the water and **rub off** the dirt with a sponge.* • *Dip the tray in the water and **rub** the dirt **off** with a sponge.* ⇨ Mergulhe a bandeja na água e tire a sujeira com uma esponja. 2 *vt* apagar, eliminar o que está escrito ou desenhado. *I'd better **rub** those dirty words **off** the chalkboard before someone sees them.* ⇨ É melhor eu apagar aqueles palavrões do quadro-negro antes que alguém os veja.

rub off on *vt* passar para, propagar-se (por meio do contato). *Why don't you start hanging around with David and see if some of his good manners don't **rub off on** you?* ⇨ Por que você não começa a sair com David e vê se algumas das boas maneiras dele não passam para você?

rub out 1 *vt* apagar, eliminar o que está escrito ou desenhado, geralmente com uma borracha. *Write the exercises in pencil so you can **rub out** the mistakes.* • *Write the exercises in pencil so you can **rub** the mistakes **out**.* ⇨ Escreva os exercícios a lápis, assim vocês poderão apagar os erros. **2** *vt Amer gír* apagar, matar (alguém). *A drug dealer from the Bronx* **rubbed out** *Steve last night.* ♦ *A drug dealer from the Bronx* **rubbed** *Steve* **out** *last night.* ⇨ Um traficante de drogas do Bronx apagou o Steve ontem à noite.

rub up 1 *vt* polir, lustrar. *The maid has just* **rubbed up** *the silver.* ♦ *The maid has just* **rubbed** *the silver* **up.** ⇨ A empregada acabou de polir a prataria. **2** *vt* aprimorar, melhorar (conhecimento). *You should* **rub up** *your Spanish before the interview.* ♦ *You should* **rub** *your Spanish* **up** *before the interview.* ⇨ Você deveria aprimorar o seu espanhol antes da entrevista.

rule out 1 *vt* descartar, excluir (alguém ou algo). *The FBI did not* **rule out** *Hassan as a suspect in terrorist activities.* ♦ *The FBI did not* **rule** *Hassan* **out** *as a suspect in terrorist activities.* ⇨ O FBI não descartou Hassan como suspeito em atividades terroristas. *The government* **ruled out** *the chance of a new economic package this year.* ♦ *The government* **ruled** *the chance of a new economic package* **out** *this year.* ⇨ O governo descartou a possibilidade de termos um novo pacote econômico este ano. **2** *vt* impedir, tornar impossível (a realização de algo). *This loud music* **rules out** *a conversation.* ♦ *This loud music* **rules** *a conversation* **out.** ⇨ Essa música alta torna impossível uma conversa.

run across 1 *vt* encontrar alguém por acaso. *I* **ran across** *Rhonda in London.* ⇨ Eu encontrei Rhonda por acaso em Londres. **2** *vt* achar ou descobrir algo por acaso. *Sylvia* **ran across** *this pre-Columbian vase in an antique shop in Peru.* ⇨ Sylvia achou por acaso esse vaso pré-colombiano numa loja de antiguidades no Peru.

run after *vt* perseguir, correr atrás de (alguém ou algo). *Ask someone to* **run after** *John and give him this envelope.* ⇨ Peça a alguém para correr atrás do John e entregar-lhe este envelope. *My mother's cat is too old to* **run after** *mice.* ⇨ O gato da minha mãe está muito velho para perseguir ratos. *Lucy spent all her youth* **running after** *a rich husband.* ⇨ Lucy passou toda a juventude correndo atrás de um marido rico.

run around/round *vi* correr incansavelmente para realizar diferentes atividades. *Henry has been* **running around/round** *all week to get everything we need for the meeting.* ⇨ Henry tem corrido incansavelmente, a semana inteira, para conseguir tudo de que precisamos para a reunião.

run away 1 *vi* sair correndo, correr. *The rioters* **ran away** *when they saw the police.* ⇨ Os baderneiros saíram correndo quando viram a polícia. **2** *vi* fugir, escapar. *Some prisoners* **ran away** *from the state penitentiary.* ⇨ Alguns presos fugiram da penitenciária estadual.

run away (with) *vi* fugir de casa, geralmente para casar ou viver com alguém. *Paul and Tina* **ran away** *and got married.* ⇨ Paul e Tina fugiram de casa e se casaram. *Kim deserted her family and* **ran away with** *a gangster.* ⇨ Kim abandonou a família e fugiu com um gângster.

run away with 1 *vt Amer* fugir com, roubar e fugir com. *Mr. Parker's partner* **ran away with** *a fortune.* ⇨ O sócio do Sr. Parker fugiu com uma fortuna. **2** *vt* dominar, tomar conta de (emoção, entusiasmo, imaginação etc.). *You shouldn't let your emotions* **run away with** *you.* ⇨ Você não deve deixar que suas emoções o dominem.

run back 1 *vt* voltar, retroceder (filme, fita, vídeo). *Could you* **run back** *that sex sequence to the beginning?* ♦ *Could you* **run** *that sex sequence* **back** *to the beginning?* ⇨ Você poderia voltar para o início das tomadas de sexo? **2** *vt* rebobinar, enrolar novamente ao ponto inicial (filme, fita, vídeo). *Don't forget to **run back** the video!* ◆ *Don't forget to **run** the video **back**!* ⇨ Não se esqueça de rebobinar o vídeo!

run down 1 *vt pop* malhar, criticar severamente (alguém ou algo). *He's always **running down** his boss.* ◆ *He's always **running** his boss **down**.* ⇨ Ele está sempre malhando o chefe. **2** *vt* atropelar, fazer cair (geralmente na voz passiva). *A black van has just **run down** a little dog.* ◆ *A black van has just **run** a little dog **down**.* ⇨ Uma van preta acabou de atropelar um cachorrinho. *Paula was **run down** crossing the street.* ⇨ Paula foi atropelada ao atravessar a rua. **3** *vt+vi* perder a força, enfraquecer (motor ou bateria). *If you don't put enough water in, you'll **run down** the battery.* ◆ *If you don't put enough water in, you'll **run** the battery **down**.* ⇨ Se você não puser água suficiente, a bateria perde a força. *The engine in my car is **running down**.* ⇨ O motor do meu carro está perdendo a força. **4** *vt pop* encontrar alguém ou algo, depois de muita procura. *The police finally **ran down** the murderer in a cottage near the mountains.* ◆ *The police finally **ran** the murderer **down** in a cottage near the mountains.* ⇨ A polícia finalmente encontrou o assassino numa cabana perto das montanhas.

run for *vi Amer* candidatar-se ou concorrer a cargo eletivo. *Mr. Morris **ran for** mayor five years ago, but he was not elected.* ⇨ O Sr. Morris candidatou-se a prefeito há cinco anos, mas não foi eleito.

run in *vt pop* grampear, prender, deter (geralmente na voz passiva). *The police **ran in** Joe for stealing things from a supermarket.* ◆ *The police **ran** Joe **in** for stealing things from a supermarket.* ⇨ A polícia grampeou Joe por roubar coisas de um supermercado. *Mark was **run in** for dangerous driving last Saturday.* ⇨ Mark foi preso por direção perigosa no sábado passado.

run into 1 *vt* trombar com alguém, encontrar alguém por acaso. *I **ran into** Alice Miller at the supermarket last night.* ⇨ Eu trombei com Alice Miller no supermercado ontem à noite. **2** *vt* bater acidentalmente em outro veículo. *I lost control of my car and **ran into** the car in front.* ⇨ Eu perdi o controle do veículo e bati no carro da frente. **3** *vt* atingir, alcançar (uma determinada quantia ou quantidade). *Our loss **runs into** ten thousand dollars.* ⇨ O nosso prejuízo atinge dez mil dólares. **4** *vt* enfrentar, encontrar (problemas ou dificuldades). *Somebody told me Robert's company is **running into** financial difficulties.* ⇨ Alguém me disse que a empresa de Robert está enfrentando dificuldades financeiras.

run off 1 *vi* sair correndo, fugir correndo. *A guy snatched that lady's purse and **ran off**.* ⇨ Um cara arrancou a bolsa daquela senhora e fugiu correndo. **2** *vi pop* picar a mula, fugir. *When she told him she was pregnant, he **ran off** and never came back again.* ⇨ Quando ela lhe disse que estava grávida, ele picou a mula e nunca mais voltou. **3** *vi pop* cair fora, dar no pé. *I hope you're not going to **run off** and leave everything for me to do.* ⇨ Eu espero que você não caia fora e deixe tudo para eu fazer. **4** *vt* xerocopiar, tirar cópias de. *Could you **run off** ten copies of this poem, please?* ◆ *Could you **run** ten copies **off** of this poem, please?* ⇨ Por favor, você poderia tirar dez cópias deste poema?

run off with 1 *vt* fugir, ir embora (com namorado ou amante). *Debbie's mother left the family and **ran off with** her lover.* ⇨ A mãe de Debbie abandonou a família e fugiu com o amante. **2** *vt* roubar, surrupiar. *Alec **ran off with** a book from the school library.* ⇨ Alec roubou um livro da biblioteca da escola.

run on 1 *vi* continuar, prosseguir (além do previsto). *The hearing **ran on** until 9 p.m. and everyone was exhausted.* ⇨ A audiência continuou até as 21 horas e todos estavam exaustos. **2** *vi* falar demais, tagarelar (geralmente sobre algo enfadonho ou sem interesse comum). *She **runs on** for hours if people give her attention.* ⇨ Ela tagarela durante horas, se as pessoas lhe dão atenção.

run out 1 *vi* sair correndo, sair às pressas. *They **ran out** to the railroad station in order to try to catch the train to Boston.* ⇨ Eles saíram correndo para a estação ferroviária, a fim de tentar pegar o trem para Boston. **2** *vi* expirar, vencer (contrato). *When does the lease of the apartment **run out**?* ⇨ Quando expira o contrato do apartamento? **3** *vi* esgotar-se, acabar (algo). *You'd better tell her that my patience is **running out**.* ⇨ É melhor você dizer a ela que a minha paciência está se esgotando. *Our food **ran out** and some people are starving.* ⇨ A nossa comida acabou e algumas pessoas estão famintas.

run out of *vi* ficar sem, não ter mais (algo). *We are **running out of** gas.* ⇨ Nós estamos ficando sem gasolina. *They have **run out of** provisions and are really desperate.* ⇨ Eles não têm mais mantimentos e estão realmente desesperados. *At the end of the game, the players were **running out of** gas.* ⇨ Ao final do jogo, os jogadores estavam sem gás.

run out on *vt* abandonar, deixar (alguém que precisa de ajuda ou apoio). *Felicia's husband **ran out on** her when she was pregnant.* ⇨ O marido de Felícia a abandonou quando ela estava grávida. *Senator Ford's allies have **run out on** him because he lost his chance to run for President.* ⇨ Os aliados do senador Ford o abandonaram, porque ele perdeu a oportunidade de concorrer a presidente.

run over 1 *vt* atropelar, fazer cair (geralmente na voz passiva). *A bus has just **run over** an old lady in front of the gas station.* ♦ *A bus has just **run** an old lady **over** in front of the gas station.* ⇨ Um ônibus acabou de atropelar uma senhora idosa em frente ao posto de gasolina. *Two children were **run over** at this intersection yesterday morning.* ⇨ Duas crianças foram atropeladas neste cruzamento ontem de manhã. **2** *vi* transbordar, vazar. *If you fill the bucket too full, it is going to **run over**.* ⇨ Se você encher muito o balde, ele vai transbordar. **3** *vt* explicar rapidamente algo. *I'm going to **run over** the main points of my project.* ⇨ Eu vou explicar rapidamente os pontos principais do meu projeto. **4** *vt* recapitular, rever sumariamente (em voz alta ou silenciosamente). *You'd better **run over** what you are going to say to the judge.* ⇨ É melhor você recapitular o que vai dizer ao juiz. *Nancy **ran over** in her mind what she would like to say in the introduction to her lecture.* ⇨ Nancy recapitulou mentalmente o que ela gostaria de dizer na introdução da sua palestra.

run round *V* **run around/round**.

run through 1 *vt* espalhar-se, dispersar-se rapidamente (ideia, notícia, emoção, energia etc.). *I felt that a positive energy **ran through** the audience.* ⇨ Eu senti que uma energia positiva se espalhou rapidamente pela plateia. **2** *vt* ensaiar, praticar. *I'm going to **run through** my lines before starting shooting.* ⇨ Eu vou ensaiar as minhas falas antes de começar a filmagem. **3** *vt* mencionar ou ler algo rapidamente. *She **ran through** the list of activities and asked me if I wanted to add anything else.* ⇨ Ela mencionou rapidamente a lista de atividades e me perguntou se eu queria acrescentar algo mais. **4** *vt* esbanjar, dilapidar (dinheiro, fortuna, herança). *William **ran through** the fortune his family left him in a few* *years.* ⇨ William esbanjou a fortuna que a família lhe deixou em poucos anos. **5** *vt* estar sempre presente, permear. *Crime and punishment* **runs through** *all his plays.* ⇨ Crime e castigo estão sempre presentes em suas peças. *Unfortunately, corruption* **runs through** *the political scene in every society.* ⇨ Infelizmente, a corrupção permeia o cenário político em qualquer sociedade.

run to 1 *vt* chegar a, atingir quantia ou quantidade (não é usado na forma progressiva). *Mr. Hill's debt to the bank* **runs to** *half a million dollars.* ⇨ O débito do Sr. Hill com o banco chega a meio milhão de dólares. *My doctoral dissertation* **ran to** *about 400 pages.* ⇨ A minha tese de doutorado atingiu aproximadamente 400 páginas. **2** *vt* recorrer, pedir ajuda (quando deveria resolver os próprios problemas). *Every time she has a financial problem, she* **runs to** *her father, even though she is thirty-five and lives by herself.* ⇨ Sempre que ela tem um problema financeiro recorre ao pai, embora tenha trinta e cinco anos e more sozinha.

run up 1 *vt* acumular, juntar (débito, dívida, contas). *Herman* **ran up** *a lot of bills while he was out of a job.* ⇨ Herman acumulou um monte de contas enquanto esteve sem emprego. **2** *vt* hastear algo, elevar algo ao cimo de um mastro (bandeira, faixa, estandarte). *The platoon* **ran up** *a white flag and surrendered.* ♦ *The platoon* **ran** *a white flag* **up** *and surrendered.* ⇨ O pelotão hasteou uma bandeira branca e se rendeu. **3** *vt* construir algo rapidamente com o material de que se dispõe. *We're going to* **run up** *a shelter close to the mountains.* ♦ *We're going to* **run** *a shelter* **up** *close to the mountains.* ⇨ Nós vamos construir rapidamente um abrigo próximo das montanhas.

run up against *vt* encontrar, enfrentar (dificuldade, obstáculo, problema etc.). *You're going to* **run up against** *difficulties for being new in the community.* ⇨ Você vai encontrar algumas dificuldades por ser novo na comunidade.

rush into *vt* atirar-se à, precipitar-se em. *They should not* **rush into** *an armed fight.* ⇨ Eles não deveriam se atirar à luta armada. *If I were you, I wouldn't* **rush into** *marriage.* ⇨ Se eu fosse você, não me precipitaria em um casamento.

rush through *vt* aprovar ou sancionar depressa. *The government* **rushed through** *the new labor legislation before the summer recess.* ♦ *The government* **rushed** *the new labor legislation* **through** *before the summer recess.* ⇨ O governo aprovou depressa a nova legislação trabalhista, antes do recesso de verão.

rustle up *vt pop* providenciar ou preparar algo rapidamente para alguém comer, usando-se o que se tem à disposição em casa. *I'm going to* **rustle up** *an omelette for you.* ♦ *I'm going to* **rustle** *an omelette* **up** *for you.* ⇨ Eu vou preparar rapidamente uma omelete para você.

S

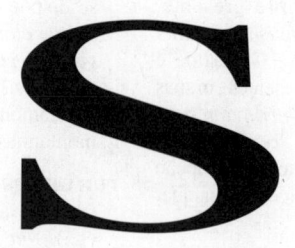

saddle up *vt+vi* selar cavalo, pôr sela em cavalo. *Andy **saddled up** his horse and left.* ◆ *Andy **saddled** his horse **up** and left.* ⇨ Andy selou o cavalo e partiu. *Can you help me to **saddle up**?* ⇨ Você pode me ajudar a pôr a sela?

saddle with *vt* encarregar (com tarefa difícil), colocar responsabilidade excessiva sobre alguém. *Chris was **saddled with** the job of organizing the office party.* ⇨ Chris ficou encarregado da tarefa de organizar a festa do escritório.

sail through *vt* passar com facilidade (prova, exame). *I **sailed through** my physics test.* ⇨ Eu passei com facilidade na prova de física.

salt away *vt* guardar, poupar (dinheiro). *Charlie is **salting away** money for his retirement.* ◆ *Charlie is **salting** money **away** for his retirement.* ⇨ Charlie está guardando dinheiro para usar quando se aposentar.

save on *vt* evitar usar algo, ou usar pouco, a fim de economizar dinheiro. *We use fluorescent lights to **save on** our electricity bill.* ⇨ Nós usamos luzes fluorescentes para economizar na conta de luz. *To **save** money **on** dog food, Victor feeds his dog with leftovers from dinner.* ⇨ Para economizar dinheiro com ração, Victor alimenta seu cachorro com as sobras do jantar.

save up 1 *vt+vi* economizar ou poupar dinheiro aos poucos para comprar ou realizar algo. *If you **save up** your money, you can buy a new television.* ◆ *If you **save** your money **up**, you can buy a new television.* ⇨ Se você economizar seu dinheiro, aos poucos, você pode comprar uma televisão nova. *I'm **saving up** to go to Italy next summer.* ⇨ Eu estou economizando para ir à Itália no próximo verão. **2** *vt* juntar, guardar algo. *The kids are **saving up** Parmalat labels to get a stuffed animal.* ◆ *The kids are **saving** Parmalat labels **up** to get a stuffed animal.* ⇨ As crianças estão juntando rótulos da Parmalat para ganhar um bichinho de pelúcia.

scale back *V* scale down/back.

scale down/back *vt* diminuir o tamanho de (projeto, produção, grupo, orçamento etc.). *We had to **scale down/back** our sales team due to the slump in the economy.* ◆ *We had to **scale** our sales team **down/back** due to the slump in the economy.* ⇨ Nós tivemos de diminuir a equipe de vendas por causa da recessão da economia.

scare away/off *vt* espantar, afugentar (pessoa, animal). *How did you manage to **scare off** the bear?* ◆ *How did you manage to **scare** the bear **off**?* ⇨ Como você conseguiu espantar o urso? *Political instability in Argentina* *is **scaring away** foreign investors.* ◆ *Political instability in Argentina is **scaring** foreign investors **away**.* ⇨ A instabilidade política na Argentina está afugentando os investidores estrangeiros.

scare off *V* scare away/off.

scare up *vt Amer* obter ou achar algo. *See if you can **scare up** Sally's telephone number.* ◆ *See if you can **scare** Sally's telephone number **up**.* ⇨ Veja se você consegue achar o número do telefone de Sally. *It was hard, but I managed to **scare up** two tickets to the show tonight.* ◆ *It was hard, but I managed to **scare** two tickets **up** to the show tonight.* ⇨ Foi difícil, mas eu consegui obter dois ingressos para o show de hoje à noite.

scarf down *vt Amer pop* comer ou beber com rapidez, devorar. *The kids **scarfed down** their lunch and went back out to play.* ◆ *The kids **scarfed** their lunch **down** and went back out to play.* ⇨ As crianças devoraram o almoço e saíram de novo para brincar.

scout about/around *vt+vi* procurar algo ou alguém, geralmente em vários lugares. *Did you **scout about/around** the classified ads to see about a job?* ⇨ Você procurou nos anúncios classificados para encontrar um emprego? *Scout about/around and see if you can find Sam. I know he's around here somewhere.* ⇨ Procure em vários lugares e veja se você pode encontrar Sam. Eu sei que ele está por aqui, em algum lugar.

scout around *V* scout about/around.

scout out *vt* procurar, buscar (algo necessário). *We asked the travel agent to **scout out** a hotel for us in Istanbul.* ◆ *We asked the travel agent to **scout** a hotel **out** for us in Istanbul.* ⇨ Nós pedimos ao agente de viagem para procurar um hotel para nós em Istambul.

scrape along *vi* viver com pouco dinheiro, sobreviver. *Most actors **scrape along** for the first years in their career.* ⇨ A maioria dos atores vive com pouco dinheiro nos primeiros anos de carreira.

scrape by (on) *vt+vi* viver com pouco dinheiro, sobreviver (de algo). *Nancy manages to **scrape by on** only two hundred dollars a week.* ⇨ Nancy consegue viver com apenas duzentos dólares por semana. *It was a tough time for our company, but we **scraped by**.* ⇨ Foi um tempo difícil para a nossa empresa, mas nós sobrevivemos.

scrape through *vt* passar ou terminar com dificuldade, passar raspando (curso, exame, seleção etc.). *Roger **scraped through** law school.* ⇨ Roger terminou a faculdade de direito raspando.

scrape together 1 *vt* juntar com dificuldade (dinheiro). *Henry **scraped together** enough money to buy a used car.* ◆ *Henry **scraped** enough money **together** to buy a used car.* ⇨ Com dificuldade, Henry juntou dinheiro suficiente para comprar um carro usado. **2** *vt* juntar algo com dificuldade. *The Police finally **scraped together** enough evidence to convict him.* ◆ *The Police finally **scraped** enough evidence **together** to convict him.* ⇨ A polícia finalmente juntou provas suficientes para condená-lo.

scream out *vt+vi* gritar algo, soltar um grito. *Jane **screamed out** my name when she saw me.* ◆ *Jane **screamed** my name **out** when she saw me.* ⇨ Jane gritou meu nome quando me viu. *Jeff **screamed out** when the doctor moved his leg.* ⇨ Jeff soltou um grito quando o médico mexeu na sua perna.

screen off *vt* separar ambiente com divisória. *Dr. Unger made a waiting room by **screening off** part of his room with Japanese paper curtains.* ◆ *Dr. Unger made a waiting room by **screening** part of his room **off** with Japanese paper* *curtains.* ⇨ Dr. Unger fez uma sala de espera, separando uma parte da sala com uma cortina de papel japonesa.

screen out 1 *vt* proibir, impedir (alguém ou um tipo de pessoa de realizar algo). *The immigration policies of the country* **screen out** *Asians.* ♦ *The immigration policies of the country* **screen** *Asians* **out.** ⇨ A política de imigração do país impede a entrada de asiáticos. **2** *vt* impedir a entrada de algo (especialmente luz), filtrar. *This car has special windows to* **screen out** *ultraviolet light.* ♦ *This car has special windows to* **screen** *ultraviolet light* **out.** ⇨ Este carro tem janelas especiais para impedir a entrada de luz ultravioleta. *The firemen wear masks to* **screen out** *dangerous gases.* ♦ *The firemen wear masks to* **screen** *dangerous gases* **out.** ⇨ Os bombeiros usam máscaras para filtrar gases perigosos.

screw around *vi gír vulg* trepar à vontade, fazer sexo à vontade. *Jack used to* **screw around** *a lot before he married Sally.* ⇨ Jack trepava à vontade antes de se casar com Sally.

screw around on *vt gír vulg* cornear, trair. *He has been* **screwing around on** *his wife for years.* ⇨ Ele está corneando a esposa há muitos anos.

screw down *vt* prender ou fixar com parafusos (geralmente tampas, chapas, coisas soltas). *Remember to* **screw down** *the lid of the water tank.* ♦ *Remember to* **screw** *the lid of the water tank* **down.** ⇨ Lembre-se de fixar a tampa da caixa d'água com parafusos.

screw up 1 *vt gír* fazer algo errado, danificar (algo). *I* **screwed up** *my job interview at the bank.* ♦ *I* **screwed** *my job interview* **up** *at the bank.* ⇨ Eu estraguei a entrevista de emprego no banco. *Terry* **screwed up** *his knee playing soccer.* ♦ *Terry* **screwed** *his knee* **up** *playing soccer.* ⇨ Terry danificou o joelho jogando futebol. **2** *vt gír* confundir (algo). *I* **screwed up** *the schedule and missed the plane to Rome.* ♦ *I* **screwed** *the schedule* **up** *and missed the plane to Rome.* ⇨ Eu confundi o horário e perdi o avião para Roma. *The Kennedy twins are so similar that I always* **screw** *them* **up.** ⇨ Os gêmeos Kennedy são tão semelhantes que eu sempre os confundo. **3** *vt+vi gír* estar confuso, deixar alguém confuso ou afetado psicologicamente. *Lucy is so* **screwed up** *these days that she doesn't know if she's happy or sad any more.* ⇨ Lucy está tão confusa nesses dias que ela não sabe mais se está feliz ou triste. *They say her parents used to lock her in the basement and that's what* **screwed up** *Daisy.* *They say her parents used to lock her in the basement and that's what* **screwed** *Daisy* **up.** ♦ ⇨ Dizem que os pais a trancavam no porão e foi isso que deixou Daisy psicologicamente afetada.

scribble down *vt* escrever ou anotar rapidamente. *The professor spoke very quickly, but I managed to* **scribble down** *most of what he said.* ♦ *The professor spoke very quickly, but I managed to* **scribble** *most of what he said* **down.** ⇨ O professor falou muito depressa, mas eu consegui anotar rapidamente a maior parte do que ele disse.

scrounge around *vi Amer* procurar algo em vários lugares. *We spent Sunday* **scrounging around** *in antique stores looking for a nice dining room table.* ⇨ Nós passamos o domingo procurando uma mesa de jantar bonita nos antiquários.

scrounge up *vt Amer* conseguir juntar ou achar com dificuldade (algo ou alguém). *Daniel can barely* **scrounge up** *his rent money at the end of the month.* ♦ *Daniel can barely* **scrounge** *his rent money* **up** *at the end of the month.* ⇨ O Daniel mal consegue juntar o dinheiro do aluguel no final do mês. *We finally* **scrounged up** *a guide to take us into the caves.* ♦ *We* finally **scrounged** a guide **up** to take us into the caves. ⇨ Nós finalmente achamos, com dificuldade, um guia para nos levar às cavernas.

scrub out *vt* lavar esfregando (forno, banheira, armário etc.). *Kelly* ***scrubbed out*** *the oven while I washed the floor.* ♦ *Kelly* ***scrubbed*** *the oven* ***out*** *while I washed the floor.* ⇨ Kelly esfregou o forno com água e sabão enquanto eu lavei o chão.

seal off *vt* isolar uma área, impedindo que pessoas entrem ou saiam. *Doctors are* ***sealing off*** *this part of the hospital due to the risk of contamination from the Ebola virus.* ♦ *Doctors are* ***sealing*** *this part of the hospital* ***off*** *due to the risk of contamination from the Ebola virus.* ⇨ Os médicos estão isolando esta parte do hospital, por causa do risco de contaminação do vírus ebola.

see about *vt* fazer algo, resolver algo, chamar alguém. *Can you* ***see about*** *reserving a hotel for me?* ⇨ Você pode fazer uma reserva de hotel para mim? *We have to* ***see about*** *that leaking sink.* ⇨ Nós temos de resolver o vazamento daquela pia. *Have you called a mechanic to* ***see about*** *fixing your car?* ⇨ Você chamou um mecânico para consertar o seu carro?

see in 1 *vt* ver alguma qualidade em alguém (virtude, característica). *Just what is it you* ***see in*** *Jeff?* ⇨ O que é, exatamente, que você vê em Jeff? *I don't* ***see*** *any of his father's loyalty and kindness* ***in*** *Laurence.* ⇨ Eu não vejo nem a bondade e nem a lealdade do pai em Laurence. **2** *vt* acompanhar alguém (até uma sala ou um edifício). ***See*** *Mr. Norton* ***in*** *and then close the door, please.* ⇨ Acompanhe o Sr. Norton até a sala e depois feche a porta, por favor.

seek out *vt* procurar algo ou alguém (por muito tempo). *We have been* ***seeking out*** *a nice, affordable apartment to rent for almost six months.* ♦ *We have been* ***seeking*** *a nice, affordable apartment to rent* ***out*** *for almost six months.* ⇨ Há quase seis meses, estamos procurando um bom apartamento para alugar, que não seja muito caro. *I* ***sought out*** *an old school mate while I was in Houston.* ⇨ Eu procurei um velho amigo de escola quando estava em Houston.

see off *vt* embarcar alguém, acompanhar alguém até o embarque. *Aren't you going to the train station to* ***see off*** *William?* ♦ *Aren't you going to the train station to* ***see*** *William* ***off****?* ⇨ Você não vai à estação ferroviária para embarcar o William?

see out 1 *vt* acompanhar alguém até a porta. *Miss Jameson will* ***see*** *you* ***out****.* ⇨ A senhorita Jameson acompanhará você até a porta. **2** *vt* continuar atividade até o fim, levar até o fim (geralmente apesar de dificuldades). *I don't think I have the strength to* ***see out*** *the harvest.* ♦ *I don't think I have the strength to* ***see*** *the harvest* ***out****.* ⇨ Eu acho que não tenho forças para continuar a colheita até o final. *Laura started the project, and she's determined to* ***see*** *it* ***out*** *in spite of the difficulties.* ⇨ Laura começou o projeto e está determinada a levá-lo até o fim, apesar das dificuldades.

see through 1 *vt* perceber a verdadeira situação, não se deixar iludir. *Nancy may appear kind and helpful at the office, but I can* ***see through*** *her. She's after my job.* ⇨ Nancy pode parecer boa e prestativa no escritório, mas eu percebi a verdadeira situação. Ela quer o meu cargo. **2** *vt* ajudar ou auxiliar alguém a superar um momento difícil. *Mary was there to* ***see*** *me* ***through*** *the death of my father.* ⇨ Mary estava lá para me ajudar a superar a morte do meu pai. *I hope we have enough in savings to* ***see*** *us* ***through*** *until George finds another job.* ⇨ Eu espero termos o suficiente na poupança para nos ajudar até o George encontrar um novo emprego. **3** *vt* continuar uma atividade até o fim, levar algo até o fim (geralmente difícil). *Gerald is writing a book and he's determined to **see** it **through**.* ⇨ Gerald está escrevendo um livro e está determinado a levá-lo até o final.

see to *vt* cuidar de algo, tomar conta de alguém. *Do you want me to **see to** lunch, or shall we go out to eat?* ⇨ Você quer que eu cuide do almoço ou vamos comer fora? *Janet **sees to** our Asian customers.* ⇨ A Janet toma conta dos nossos clientes asiáticos.

seize on/upon *vt* aproveitar uma oportunidade sem hesitar. *I **seized on/upon** the opportunity to work in Geneva.* ⇨ Eu aproveitei, sem hesitar, a oportunidade de trabalhar em Genebra. *The President is **seizing on/upon** his current popularity and calling an early election.* ⇨ O presidente está aproveitando sua popularidade do momento e antecipando a eleição.

seize up *vi* travar (motor ou parte do corpo). *The motor **seized up** after the oil leaked out.* ⇨ O motor travou depois que o óleo vazou. *Geoffrey was swimming and suddenly his leg **seized up**.* ⇨ Geoffrey estava nadando e, de repente, a sua perna travou.

seize upon *V* seize on/upon.

sell off 1 *vt* vender, liquidar (geralmente para livrar-se de algo). *We **sold off** the old machinery when we bought the factory.* ◆ *We **sold** the old machinery **off** when we bought the factory.* ⇨ Para nos livrarmos da maquinaria velha, nós a vendemos quando compramos a fábrica. **2** *vt* vender (empresa). *The government is **selling off** the telephone company to an American group.* ◆ *The government is **selling** the telephone company **off** to an American group.* ⇨ O governo está vendendo a companhia telefônica para um grupo americano.

sell on 1 *vt* gostar de algo ou aprovar algo sem reserva (geralmente na voz passiva). *Helen is **sold on** the idea of buying a new car.* ⇨ Helen gosta da ideia de comprar um carro novo. *I think the proposal is interesting, but I'm not **sold on** it yet.* ⇨ Eu acho a proposta interessante, mas eu ainda não a aprovo sem reserva. **2** *vt* convencer alguém a aceitar algo (ideia, proposta, plano). *Did you **sell** your wife **on** the idea of going to Canada for the holidays?* ⇨ Você convenceu sua esposa a aceitar a ideia de ir para o Canadá nas férias?

sell out 1 *vt* vender tudo, liquidar. *The store **sold out** of computers and had to order more.* ⇨ A loja vendeu todos os computadores e teve de encomendar mais. *Tickets for the Rolling Stones show are **sold out**.* ⇨ Todos os ingressos para o show dos Rolling Stones foram vendidos. **2** *vi* vender parte ou toda uma empresa. *We **sold out** to a German company.* ⇨ Nós vendemos a empresa para uma companhia alemã. **3** *vi* vender-se, contrariando seus próprios princípios, a fim de obter dinheiro. *I think John **sold out** when he took a high-paying job at a chemical weapons company.* ⇨ Eu acho que John se vendeu quando aceitou um emprego com boa remuneração numa empresa de armas químicas. **4** *vt* entregar, delatar (alguém). *Norman **sold out** the rest of the group when the police interrogated him.* ◆ *Norman **sold** the rest of the group **out** when the police interrogated him.* ⇨ Norman entregou o resto do grupo quando a polícia o interrogou. **5** *vt* trair, deixar de apoiar alguém. *The union **sold out** the airline workers in the negotiations.* ◆ *The union **sold** the airline workers **out** in the negotiations.* ⇨ O sindicato traiu os funcionários da empresa aérea nas negociações.

send away for *vt* enviar carta a uma organização para solicitar algo (informação, catálogo, brinde etc.), ou comprar pelo correio. *We **sent away** to Harrod's **for** their catalogue.* ⇨ Nós enviamos um carta à Harrod's solicitando o seu catálogo. *Chris sent*

send back

away for a Spiderman T-shirt. ⇨ Chris comprou uma camisa do Homem-Aranha pelo correio.

send back *vt* devolver mercadoria (geralmente por apresentar defeito). *You should send back the blender if it isn't working perfectly.* ◆ *You should send the blender back if it isn't working perfectly.* ⇨ Você deve devolver o liquidificador se não está funcionando perfeitamente.

send down *vt Brit* colocar na cadeia, prender (geralmente na voz passiva). *They will send down Peter for murder if they can find a witness.* ◆ *They will send Peter down for murder if they can find a witness.* ⇨ Eles colocarão o Peter na cadeia por assassinato, se conseguirem achar uma testemunha.

send for *vt* chamar, mandar buscar (alguém). *Timmy isn't well. You had better send for a doctor.* ⇨ Timmy não está bem. Você deveria chamar um médico.

send in *vt* enviar ou despachar grupo de especialistas para solucionar algo difícil (polícia, exército etc.). *The mayor sent in the police to control the riot.* ◆ *The mayor sent the police in to control the riot.* ⇨ O prefeito enviou a polícia para controlar o tumulto.

send off *vt* mandar ou enviar pelo correio (carta, pacote etc.). *Yesterday I sent off a letter to Helen.* ◆ *Yesterday I sent a letter off to Helen.* ⇨ Ontem, eu mandei uma carta para a Helen pelo correio.

send off for *vt* enviar carta a uma organização para solicitar algo (informação, catálogo, brinde etc.), ou comprar algo pelo correio. *We sent off to Ford for the repair manual of our car.* ⇨ Nós enviamos um carta para a Ford solicitando o manual técnico do nosso carro. *I never use my credit card when I send off for books.* ⇨ Eu nunca uso o meu cartão de crédito quando compro livros pelo correio.

send on (to) *vt* remeter, encaminhar correspondência a alguém. *Can you send my mail on to me while I'm in Scotland?* ⇨ Você pode me remeter minha correspondência enquanto eu estiver na Escócia? *After you receive it, send on the memorandum to your employees.* ◆ *After you receive it, send the memorandum on to your employees.* ⇨ Depois de recebê-lo, encaminhe o memorando para os seus funcionários.

send out 1 *vt* enviar pelo correio (geralmente propaganda comercial). *We send out a pamphlet to our customers every week.* ◆ *We send a pamphlet out to our customers every week.* ⇨ Nós mandamos um panfleto aos nossos clientes todos as semanas. **2** *vt* emitir (luz, som, sinal). *Most stars don't send out enough light to be seen with the naked eye.* ◆ *Most stars don't send enough light out to be seen with the naked eye.* ⇨ A maioria das estrelas não emite luz suficiente que possa ser vista a olho nu.

send out for *vt* pedir comida pelo telefone para ser entregue em domicílio. *Why don't we send out for Chinese food tonight?* ⇨ Por que não pedimos comida chinesa pelo telefone para hoje à noite?

serve out 1 *vt* cumprir pena ou contrato. *He'll serve out his sentence in a maximum security prison.* ◆ *He'll serve his sentence out in a maximum security prison.* ⇨ Ele cumprirá a pena numa prisão de segurança máxima. **2** *vt* servir comida a alguém. *They're serving out sandwiches in the waiting room.* ◆ *They're serving sandwiches out in the waiting room.* ⇨ Eles estão servindo sanduíches na sala de espera.

serve up *vt* servir comida a alguém. *The hotel is serving up a lovely buffet for the guests.* ◆ *The hotel is serving a lovely buffet up for the guests.* ⇨ O hotel está servindo um bufê ótimo para os hóspedes.

set about *vt* começar a fazer algo (geralmente uma tarefa cansativa ou demorada). *As soon as the plane lands in Casablanca, we had better **set about** finding a reasonable hotel.* ⇨ Assim que o avião pousar em Casablanca, deveremos começar a procurar um hotel razoável.

set against 1 *vt* opôr-se, ser contra (algo). *Francis is completely **set against** his daughter's marriage to David.* ⇨ Francis é completamente contra o casamento de sua filha com o David. **2** *vt* ocorrer, acontecer – filme, peça, romance (sempre na voz passiva). *It's a love story **set against** the First World War.* ⇨ É uma história de amor que ocorre durante a Primeira Guerra Mundial. **3** *vt* comparar, contrastar. *What are the benefits of the proposal **set against** the costs?* ⇨ Quais são os benefícios da proposta se comparados aos custos? *The yellow sofa looks lovely **set against** the blue of the wall paper.* ⇨ O sofá amarelo fica bonito contrastando com o azul do papel de parede. **4** *vt* colocar contra ou em conflito. *The union has **set** the workers **against** management.* ⇨ O sindicato colocou os funcionários contra a gerência.

set ahead *vt* Amer adiantar (relógio). *At midnight you have to **set** your clock **ahead** one hour.* ⇨ À meia-noite, você tem de adiantar seu relógio uma hora.

set aside 1 *vt* reservar um tempo especialmente para uma atividade. *Helen **sets aside** an hour a day to study French.* ◆ *Helen **sets** an hour a day **aside** to study French.* ⇨ Helen reserva uma hora por dia para estudar francês. **2** *vt* reservar, pôr de lado (dinheiro) para um determinado fim. *I **set aside** the money to pay my bills before I spend my salary.* ◆ *I **set** the money to pay my bills **aside** before I spend my salary.* ⇨ Eu reservo o dinheiro para pagar as minhas contas antes de gastar meu salário. **3** *vt* pôr de lado (emoção, opinião). *I have decided to **set aside** my dislike of Ken and work with him on the radio program.* ◆ *I have decided to **set** my dislike of Ken **aside** and work with him on the radio program.* ⇨ Eu resolvi pôr de lado a minha antipatia por Ken e trabalhar com ele no programa de rádio.

set back 1 *vt* atrasar (projeto, plano, obra etc.). *The rain will **set back** the completion of the new stadium.* ◆ *The rain will **set** the completion of the new stadium **back**.* ⇨ A chuva atrasará o término do novo estádio. *Kelly's car accident **set** her **back** months in her work.* ⇨ O acidente de Kelly a atrasou meses no seu trabalho. **2** *vt pop* custar (geralmente usado quando o valor é alto). *That trip to France **set** me **back** three thousand dollars, but it was worth it.* ⇨ Aquela viagem à França me custou três mil dólares, mas valeu a pena. **3** *vt Amer* atrasar (relógio). *On Sunday you **set back** your clock one hour.* ◆ *On Sunday you **set** your clock **back** one hour.* ⇨ No domingo, você atrasa seu relógio uma hora.

set down 1 *vt* escrever, pôr no papel (especialmente ideias, sentimentos, rascunhos). *I **set down** an outline of the book last week.* ◆ *I **set** an outline of the book **down** last week.* ⇨ Eu escrevi um esboço do livro na semana passada. *That's a great idea for a film. You should **set** it **down** on paper.* ⇨ Esta é uma ótima ideia para um filme. Você deveria colocá-la no papel. **2** *vt+vi* aterrissar, pousar (aeronave). *The pilot **set** the plane **down** with great skill.* ⇨ O piloto aterrissou o avião com muita habilidade. *We'll **set down** in Washington on the way to Los Angeles.* ⇨ Nós aterrissaremos em Washington a caminho de Los Angeles.

set forth 1 *vt* mostrar, anunciar claramente (ideia, opinião etc.). *Dr. Montreau **set forth** his theory in an article.* ⇨ Dr. Montreau mostrou claramente sua teoria num artigo. **2** *vi* começar uma jornada. *The group **set**

set in

forth to explore the island. ⇨ O grupo começou a jornada para explorar a ilha.

set in *vi* começar, principiar. *Winter set in with the usual severe storms.* ⇨ O inverno começou com as tempestades fortes de sempre.

set off 1 *vi* partir, começar uma viagem ou jornada. *Rick set off on a long trip to Africa.* ⇨ Rick partiu numa longa viagem à África. **2** *vt* explodir, estourar (bomba, fogos de artifício). *Someone set off a bomb near the embassy.* ♦ *Someone set a bomb off near the embassy.* ⇨ Alguém explodiu uma bomba perto da embaixada. **3** *vt* ativar (alarme). *The bank robbers set off the alarm.* ♦ *The bank robbers set the alarm off.* ⇨ Os assaltantes do banco ativaram o alarme. **4** *vt* iniciar, principiar (ação, atividade). *The fall in the stock market set off a wave of panic among investors.* ⇨ A queda na bolsa de valores iniciou uma onda de pânico entre os investidores.

set on *vt* atiçar, instigar (cão). *Get out, or I'll set the dogs on you for trespassing!* ⇨ Saia daqui, ou eu atiçarei os cães para atacar você, por entrar aqui ilegalmente!

set out 1 *vi* partir, começar uma viagem ou jornada. *We set out early to arrive there before lunch.* ⇨ Nós partimos cedo para chegar lá antes do almoço. **2** *vi* empenhar-se, esforçar-se. *The government has set out to eliminate malaria in the Amazon within two years.* ⇨ O governo empenhou-se para erradicar a malária na região amazônica em dois anos. **3** *vt* mostrar, apresentar detalhadamente (ideia, plano, proposta etc.). *The sales manager will set out the new marketing strategy in tomorrow's meeting.* ♦ *The sales manager will set the new marketing strategy out in tomorrow's meeting.* ⇨ O gerente de vendas apresentará detalhadamente a nova estratégia de marketing na reunião de amanhã.

settle down 1 *vt+vi* fixar residência, estabelecer-se (num lugar). *Tina and John moved around a lot, but they finally settled down in Chicago.* ⇨ Tina e John mudaram-se muitas vezes, mas finalmente fixaram residência em Chicago. *When are you going to settle down in one place?* ⇨ Quando você vai se estabelecer num lugar? **2** *vt+vi* acalmar, sossegar (alguém), acalmar-se, sossegar-se. *Try and settle down the kids and put them to bed.* ♦ *Try and settle the kids down and put them to bed.* ⇨ Tente acalmar as crianças e pô-las na cama para dormir. *John settled down after a while.* ⇨ John acalmou-se depois de um tempo.

settle for *vt* aceitar algo ou alguém (apesar de não ser o preferível). *There isn't any coffee, we'll have to settle for tea.* ⇨ Não há café, teremos de aceitar chá. *Regina wants to marry a rich man, and she won't settle for less.* ⇨ Regina quer se casar com um homem rico e não aceitará outro qualquer.

settle into *vt* adaptar-se, acostumar-se (em um novo lugar). *We're still settling into the new house.* ⇨ Nós ainda estamos nos adaptando à casa nova.

settle on *vt* decidir, escolher (algo). *I settled on sending the kids to a private school this year.* ⇨ Eu decidi colocar as crianças numa escola particular este ano. *We saw lots of different models and finally settled on a station wagon.* ⇨ Nós vimos vários modelos diferentes e finalmente escolhemos uma perua.

settle up *vt+vi* acertar, pagar (conta, dívida). *Have you settled up your bill at the hardware store?* ⇨ Você acertou a sua conta na loja de ferragens? *Nancy settled up and left the restaurant.* ⇨ Nancy pagou a conta e deixou o restaurante.

set up 1 *vt* montar, começar (empresa, organização). *Sergio and Victor set up a consulting firm after they graduated* *from college.* ⇨ Sérgio e Victor montaram uma firma de consultaria depois que terminaram a faculdade. **2** *vt* montar, armar (estante, barraca). *Let's **set up** the tent beside the river.* ♦ *Let's **set** the tent **up** beside the river.* ⇨ Vamos armar a barraca ao lado do rio. **3** *vt* agendar, marcar (encontro ou reunião). ***Set up** a meeting with their lawyer for next Monday.* ♦ ***Set** a meeting **up** with their lawyer for next Monday.* ⇨ Agende uma reunião com o advogado deles para a próxima segunda-feira. **4** *vt* fazer uma armação para incriminar alguém. *The murderer stole Frank's gun and left it beside the victim to **set up** Frank.* ♦ *The murderer stole Frank's gun and left it beside the victim to **set** Frank **up**.* ⇨ O assassino roubou a arma de Frank e a deixou ao lado da vítima numa armação para pôr a culpa em Frank. **5** *refl* começar a trabalhar por conta própria. *I left the company and **set** myself **up** as a consultant.* ⇨ Eu saí da empresa e comecei a trabalhar por conta própria como consultor.

sew up 1 *vt* fechar com costura. *Here, let me **sew up** that rip in your jacket.* ♦ *Here, let me **sew** that rip **up** in your jacket.* ⇨ Dê aqui, deixe-me costurar o rasgo na sua jaqueta. **2** *vt* pop fechar um negócio (geralmente na voz passiva). *Eric is trying to **sew up** the deal with the cigar company now.* ♦ *Eric is trying to **sew** the deal **up** with the cigar company now.* ⇨ Eric está tentando fechar o negócio com a empresa de charutos agora. *I should have the deal **sewn up** by next week.* ⇨ Eu devo ter o negócio fechado até a próxima semana. **3** *vt* controlar, dominar mercado de negócios (geralmente na voz passiva). *If we merged with the Swedes we could **sew up** the turbine market in Europe.* ♦ *If we merged with the Swedes we could **sew** the turbine market **up** in Europe.* ⇨ Se nós nos associarmos aos suecos, poderíamos controlar o mercado de turbinas na Europa. *The lucrative cement market is **sewn up** by three large companies.* ⇨ O lucrativo mercado de cimento é controlado por três grandes empresas.

shack up *vi Amer pop* morar provisoriamente, ficar por pouco tempo (na casa de alguém ou num hotel). *I'm **shacking up** at my brother's house until I find an apartment.* ⇨ Eu estou morando provisoriamente na casa do meu irmão até encontrar um apartamento.

shack up with/together *vt+vi pop* morar junto com (namorado, namorada). *My ex-wife is **shacking up with/together** our lawyer.* ⇨ Minha ex-esposa está morando junto com o nosso advogado. *We **shacked up with/together** for a year before we decided to get married.* ⇨ Nós moramos um ano juntos antes de decidirmos nos casar.

shake off 1 *vt* livrar-se de (doença, imagem, reputação). *I feel fine, but I haven't been able to **shake off** this cough.* ♦ *I feel fine, but I haven't been able to **shake** this cough **off**.* ⇨ Eu me sinto bem, mas não consigo me livrar dessa tosse. *Georgia is trying to **shake off** her dumb blonde image.* ♦ *Georgia is trying to **shake** her dumb blonde image **off**.* ⇨ Georgia está tentando se livrar da imagem de loira burra. **2** *vt* escapar de (perseguidor). *Drive faster, or we'll never **shake off** the police!* ♦ *Drive faster, or we'll never **shake** the police **off**!* ⇨ Dirija mais rápido, senão nunca escaparemos da polícia! **3** *vt* tirar, livrar-se de (peça de roupa). *Doris **shook off** her dress and stepped into the shower.* ♦ *Doris **shook** her dress **off** and stepped into the shower.* ⇨ Doris tirou o vestido e entrou no chuveiro.

shake up 1 *vt* agitar, misturar bem. *Before you add the vodka, **shake up** the other ingredients with the ice.* ♦ *Before you add the vodka, **shake** the other ingredients **up** with the ice.* ⇨ Antes de acrescentar a vodca, agite os outros ingredientes com o gelo. **2** *vt* mudar radicalmente (quadro de funcionários, empresa, organização etc.). *They called in an American to run the company and **shake up** the sales team.* ♦ *They called in an American to run the company and **shake** the sales team **up**.* ⇨ Eles chamaram um americano para dirigir a empresa e mudar radicalmente a equipe de vendas. **3** *vt* chocar, abalar, assustar – ao passar por uma experiência desagradável (geralmente na voz passiva). *The death of his friend really **shook up** Ronald.* ♦ *The death of his friend really **shook** Ronald **up**.* ⇨ A morte do amigo realmente chocou Ronald. *That stray bullet has **shaken** us all **up**. It could have killed one of us!* ⇨ Aquela bala perdida nos assustou. Ela poderia ter matado um de nós!

shape up 1 *vi* progredir, desenvolver (de maneira positiva). *Our team is **shaping up** better than expected.* ⇨ O nosso time está progredindo mais do que o esperado. **2** *vi* melhorar, aplicar-se (no trabalho). *You can tell David if he doesn't **shape up** he'll be looking for a new job tomorrow!* ⇨ Você pode dizer ao David que se ele não melhorar ele pode procurar um novo emprego amanhã! ***Shape up** or ship out!* ⇨ Melhore ou procure outro emprego!

sharpen up *vt* afiar, melhorar (habilidade, língua) por meio da prática. *You had better **sharpen up** your chess playing before you take me on again.* ♦ *You had better **sharpen** your chess playing **up** before you take me on again.* ⇨ Você deveria melhorar o seu jogo de xadrez antes de me desafiar novamente. *Larry is **sharpening up** his French for his trip to France.* ♦ *Larry is **sharpening** his French **up** for his trip to France.* ⇨ Larry está afiando o francês para a viagem à França.

shave off *vt* reduzir um pouco (preço, peso, quantia). *The store might **shave off** a few dollars, but don't count on it.* ♦ *The store might **shave** a few dollars **off**, but don't count on it.* ⇨ A loja talvez reduza alguns dólares, mas não conte com isso. *After two weeks on diet I've only managed to **shave** half a kilo **off** my weight.* ⇨ Depois de duas semanas de regime, eu só consegui reduzir meio quilo do meu peso.

shell out *vt+vi pop* pagar, dar dinheiro (geralmente contra a vontade), enfiar a mão no bolso. *I have to **shell out** two thousand dollars to fix my boat.* ♦ *I have to **shell** two thousand dollars **out** to fix my boat.* ⇨ Eu preciso pagar dois mil dólares para consertar meu barco. *My kids expect me to **shell out** twenty dollars every time they go out with their friends.* ♦ *My kids expect me to **shell** twenty dollars **out** every time they go out with their friends.* ⇨ Meus filhos acham que eu devo dar-lhes vinte dólares toda vez que saem com os amigos. *Henry never **shells out** when the restaurant bill arrives.* ⇨ O Henry nunca enfia a mão no bolso quando chega a conta do restaurante.

shine out 1 *vi* brilhar muito (luz). *Mr. Flemming's house is the one **shining out** at the top of the hill.* ⇨ A casa do Sr. Flemming é aquela que está brilhando no topo do morro. **2** *vi* brilhar-se, destacar-se (por causa da excelência). *The students that really **shine out** receive scholarships.* ⇨ Os alunos que realmente se destacam recebem bolsas de estudos.

shine through *vt+vi* destacar-se, sobressair(-se) (qualidade). *Helen's courage **shines through** her work at the Cancer Hospital.* ⇨ A coragem de Helen se destaca no seu trabalho no Hospital do Câncer. *The soccer team's confidence **shines through** at their games.* ⇨ A confiança do time de futebol sobressai nos jogos

ship off 1 *vt* despachar, mandar por navio (algo, alguém). *We'll **ship off** the parts for the turbine on Wednesday.* ♦

We'll **ship** the parts for the turbine **off** on Wednesday. ⇨ Nós despacharemos as peças para a turbina na quarta-feira. *During the war the English **shipped off** many orphans to Canada.* ♦ *During the war the English **shipped** many orphans **off** to Canada.* ⇨ Durante a guerra, os ingleses mandaram de navio muitos órfãos para o Canadá. **2** *vt pop* mandar alguém para um lugar. *Why don't you **ship off** the kids to summer camp for a week?* ♦ *Why don't you **ship** the kids **off** to summer camp for a week?* ⇨ Por que você não manda as crianças para um acampamento de férias de verão por uma semana? *I was **shipped off** to my grandfather's house for a few weeks every year.* ⇨ Eu era mandado para a casa do meu avô por algumas semanas todo ano.

ship out 1 *vt* mandar, despachar de navio para algum lugar (algo, alguém). *The company **ships out** carpets to most of the world.* ♦ *The company **ships** carpets **out** to most of the world.* ⇨ A empresa manda tapetes por navio para a maior parte do mundo. **2** *vi pop* cair fora, puxar o carro. *Judy **shipped out** an hour ago.* ⇨ Judy caiu fora há uma hora.

shoot down 1 *vt* derrubar a tiros (avião). *The Americans **shot down** another plane today.* ♦ *The Americans **shot** another plane **down** today.* ⇨ Os americanos derrubaram a tiros mais um avião hoje. **2** *vt* criticar severamente (ideia, proposta, sugestão, teoria etc.). *The media **shot down** his new book before it hit the bookstores.* ♦ *The media **shot** his new book **down** before it hit the bookstores.* ⇨ A mídia criticou severamente seu novo livro antes de ele chegar às livrarias. **3** *vt* matar a tiros (geralmente pessoas desarmadas). *The soldier **shot down** some journalists by mistake.* ♦ *The soldier **shot** some journalists **down** by mistake.* ⇨ O soldado matou a tiros alguns jornalistas por engano. *He was **shot down** as he left his office.* ⇨ Ele foi morto a tiros quando saía do escritório.

shoot for *vt Amer pop* tentar atingir, obter ou alcançar (objetivo). *I'm **shooting for** first place in the competition.* ⇨ Eu estou tentando alcançar o primeiro lugar na competição. *The Green Party is **shooting for** twenty percent of the New York vote.* ⇨ O Partido Verde está tentando obter vinte por cento dos votos em Nova York.

shoot up 1 *vi* subir repentinamente, rapidamente (quantia, preço, temperatura etc.). *During the Gulf war, the price of gas **shot up**.* ⇨ Durante a guerra do golfo, o preço da gasolina subiu repentinamente. *If his temperature **shoots up**, call the doctor.* ⇨ Se a temperatura dele subir rapidamente, chame o médico. **2** *vi* crescer muito (criança). *When Jack was fourteen he **shot up** and had to have new clothes.* ⇨ Quando o Jack tinha quatorze anos, ele cresceu muito e precisou de roupas novas. **3** *vi* injetar droga na veia (geralmente heroína). *The police arrested two guys who were **shooting up** behind the night club.* ⇨ A polícia prendeu dois caras que estavam injetando drogas na veia atrás da boate. **4** *vt* danificar, ferir a tiros. *The army **shot up** a school bus during the attack.* ♦ *The army **shot** a school bus **up** during the attack.* ⇨ O exército danificou um ônibus escolar a tiros durante o ataque. *His leg was **shot up** pretty bad by the bandits.* ⇨ A perna dele ficou muito ferida com os tiros dos bandidos.

shop around (for) *vt+vi* ir a várias lojas para comparar preço e qualidade ou procurar algo em várias lojas. *We **shopped around for** a new dishwasher in a dozen stores before buying one.* ⇨ Nós fomos a uma dúzia de lojas para comparar os preços de uma nova máquina de lavar louça antes de comprá-la. *If you **shop around**, you'll find a better price.* ⇨ Se você procurar, você achará um preço melhor.

shout down *vt* abafar a voz de alguém (com gritos). *The angry crowd **shouted down** the mayor and wouldn't let him continue his speech.* ♦ *The angry crowd **shouted** the mayor **down** and wouldn't let him continue his speech.* ⇨ A multidão hostil abafou a voz do prefeito com gritos e não o deixou continuar seu discurso.

shout out *vt+vi* gritar (algo), gritar, soltar um grito. *Someone is **shouting out** insults from the bus window.* ♦ *Someone is **shouting** insults **out** from the bus window.* ⇨ Alguém esta gritando insultos à janela do ônibus. *Kelly **shouted out** in the dark.* ⇨ Kelly gritou no escuro.

shove off 1 *vi pop* dar o fora. *Why don't you **shove off** and leave me alone?* ⇨ Por que você não dá o fora e me deixa sozinho? **2** *vi* sair, ir embora. *Didn't you say you had to **shove off** at ten o'clock?* ⇨ Você não disse que precisava sair às dez horas?

show around/round *vt* acompanhar alguém e mostrar algo, geralmente os lugares interessantes de um local. *Can you **show** Mr. Reynolds **around/round** the city tomorrow?* ⇨ Você pode acompanhar o Sr. Reynolds e lhe mostrar os lugares interessantes da cidade amanhã? *Let me **show** you **around/round** the garden.* ⇨ Deixe-me eu mostrar o jardim para você.

show in *vt* mandar entrar, acompanhar para dentro. *Miss Thompson, please **show** Leonard **in**.* ⇨ Senhorita Thompson, por favor, mande o Leonard entrar.

show off 1 *vi* exibir-se, aparecer com todo brilho. *If Steven didn't **show off** so much people would like him more.* ⇨ Se o Steven não se exibisse tanto, as pessoas gostariam mais dele. **2** *vt* exibir, ostentar (algo ou alguém de prestígio). *Jack is in the living room, **showing off** his racing trophies again.* ♦ *Jack is in the living room, **showing** his racing trophies **off** again.* ⇨ O Jack está na sala de visitas, ostentando novamente seus troféus de corrida. *Gina likes to **show off** her kids because they speak three languages.* ♦ *Gina likes to **show** her kids **off** because they speak three languages.* ⇨ A Gina gosta de exibir seus filhos porque eles falam três línguas. **3** *vt* destacar (algo) *Her white bikini **shows off** her tan nicely.* ♦ *Her white bikini **shows** her tan **off** nicely.* ⇨ O biquíni branco dela destaca bem o seu bronzeado.

show out *vt* acompanhar alguém até a porta. *Patricia **showed out** the last guest at midnight.* ♦ *Patricia **showed** the last guest **out** at midnight.* ⇨ À meia-noite, Patrícia acompanhou o último convidado até a porta.

show round *V* show around/round.

show up 1 *vi* chegar, aparecer (alguém). *What time should I **show up** for the party?* ⇨ A que horas devo chegar à festa? *Did anyone **show up** to open the shop this morning?* ⇨ Alguém apareceu para abrir a loja hoje de manhã? **2** *vi* aparecer, ficar visível. *The white paint you spilt really **shows up** on the dark carpet.* ⇨ A tinta branca que você derrubou fica realmente visível no tapete escuro.

shut away 1 *vt* isolar (do convívio social). *The authorities should **shut away** Mr. Hanson in a mental hospital.* ♦ *The authorities should **shut** Mr. Hanson **away** in a mental hospital.* ⇨ As autoridades deveriam isolar o Sr. Hanson num hospital psiquiátrico. **2** *refl* isolar-se num lugar (quarto, casa etc.). *I **shut** myself **away** at my cottage to write a novel.* ⇨ Eu me isolei no meu chalé para escrever um romance.

shut down 1 *vt+vi* fechar as portas (empresa). *Volkswagen is going to **shut down** their factory in Honduras.* ♦ *Volkswagen is going to **shut** their factory in Honduras **down**.* ⇨

shut in

A Volkswagen vai fechar sua fábrica em Honduras. *The paper factory **shut down** in 1998.* ⇨ A fábrica de papel fechou as portas em 1998. **2** *vt+vi* desligar, parar de funcionar (máquina). *We **shut down** the machines once a month for maintenance.* • *We **shut** the machines **down** once a month for maintenance.* ⇨ Nós desligamos as máquinas uma vez por mês para fazer a manutenção. *The winch overheated and **shut down**.* ⇨ O guincho esquentou demais e parou de funcionar.

shut in 1 *vt* prender, isolar (algo ou alguém). *Ted closed the gates to **shut in** the horses.* • *Ted closed the gates to **shut** the horses **in**.* ⇨ O Ted fechou os portões para prender os cavalos. *Herbert is **shut in** an office from eight to six every day.* ⇨ Herbert fica preso no escritório das oito às seis todos os dias.

shut off 1 *vt+vi* desligar, parar de funcionar (máquina). *Richard forgot to **shut off** the laithe.* • *Richard forgot to **shut** the laithe **off**.* ⇨ O Richard esqueceu de desligar o torno. *Some sand got in, and the turbine **shut off**.* ⇨ Entrou um pouco de areia, e a turbina parou de funcionar. **2** *vt* cortar ou interromper fornecimento (eletricidade, gás, comida, comunicação etc.). *The earthquake has **shut off** the supply of food to the village.* • *The earthquake has **shut** the supply of food **off** to the village.* ⇨ O terremoto cortou o fornecimento de comida ao vilarejo. *My electricity was **shut off** because I forgot to pay my bill last month.* ⇨ A minha luz foi cortada porque eu me esqueci de pagar a conta no mês passado.

shut off from *vt+refl* isolar(-se), separar(-se) (de pessoas, do mundo etc.). *The king lives in a world **shut off from** the reality of the common people.* ⇨ O rei vive num mundo isolado da realidade do povo comum. *After all the quarrelling, Polly decided to **shut** herself **off from** her family and move to another city.* ⇨ Depois de todas as brigas, Polly decidiu isolar-se da família e mudar-se para outra cidade.

shut out

shut out 1 *vt* impedir de entrar (luz, barulho). *We installed special windows to **shut out** the street noise.* • *We installed special windows to **shut** the street noise **out**.* ⇨ Nós instalamos janelas especiais para impedir a entrada do barulho da rua. *Heavy curtains will **shut out** most of the light.* • *Heavy curtains will **shut** most of the light **out**.* ⇨ Cortinas grossas impedirão a entrada da maior parte da luz. **2** *vt* impedir de entrar num lugar (pessoa ou animal). *After six the museum closes the gate to **shut out** visitors.* • *After six the museum closes the gate to **shut** visitors **out**.* ⇨ Depois das seis, o museu fecha o portão para impedir a entrada de visitantes. *The fence was put up to **shut out** foxes.* • *The fence was put up to **shut** foxes **out**.* ⇨ A cerca foi colocada para impedir a entrada de raposas. **3** *vt* excluir (de grupo), impedir de entrar ou de participar de algo. *I don't know why the theatre group is trying to **shut out** Jenny.* • *I don't know why the theatre group is trying to **shut** Jenny **out**.* ⇨ Eu não sei por que o grupo de teatro está tentando excluir Jenny. *That country's immigration policy **shuts out** most people from Africa.* • *That country's immigration policy **shuts** most people from Africa **out**.* ⇨ A política de imigração daquele país impede a entrada da maioria das pessoas da África. **4** *vt* bloquear (emoção, sentimento), evitar pensar (geralmente algo que causa sofrimento). *Don't **shut out** your true feelings about Wendy.* • *Don't **shut** your true feelings **out** about Wendy.* ⇨ Não bloqueie seus verdadeiros sentimentos em relação a Wendy. *I'm starting to feel the emotions I had **shut out** when my father died.* ⇨ Eu estou começando a sentir as emoções que eu havia bloqueado quando meu pai morreu. **5** *vi* vencer sem deixar entrar nenhum gol. *Brazil*

shut out Germany in the final game, 2-0. ◆ Brazil **shut** Germany **out** in the final game, 2-0. ⇨ O Brasil venceu a Alemanha por 2 a 0 na final, sem deixar entrar nenhum gol.

shut up 1 vt+vi pop calar a boca, calar a boca de alguém. *You had better shut up your friend before there's trouble.* ◆ *You had better shut your friend up before there's trouble.* ⇨ Você deve calar a boca do seu amigo antes de haver confusão. *I shut up and waited for him to stop shouting at me.* ⇨ Eu calei a boca e esperei que ele parasse de gritar comigo. *Shut up! I'm trying to sleep.* ⇨ Cale a boca! Estou tentando dormir. **2** vt prender, encarcerar (animal, pessoa). *I shut up the dog at night.* ◆ *I shut the dog up at night.* ⇨ Eu prendo o cachorro à noite. *He'll be shut up for twenty years if they catch him.* ⇨ Ele ficará preso por vinte anos se o pegarem. **3** vt fechar por um tempo (negócio, loja). *Ken has decided to shut up the wine store while he's away in the Bahamas.* ◆ *Ken has decided to shut the wine store up while he's away in the Bahamas.* ⇨ Ken decidiu fechar a loja de vinhos enquanto estiver fora, nas Bahamas.

shy away from vt evitar (algo, atividade, pessoa). *Harry shies away from hard work because he's lazy.* ⇨ Harry evita trabalho duro porque é preguiçoso. *At the party, Mary shied away from strangers and sat with her sister.* ⇨ Na festa, Mary evitou pessoas desconhecidas e sentou-se com a irmã.

sic on vt açular, mandar atacar (cachorro). *The farmer sics the dogs on trespassers.* ⇨ O fazendeiro manda os cães atacarem os intrusos.

side with vt tomar partido, favorecer (alguém ou um grupo). *Doris always sides with my wife in these arguments.* ⇨ Doris sempre toma o partido da minha esposa nessas discussões.

sift through vt examinar cuidadosamente (coleção ou grupo de coisas ou de pessoas). *We sifted through the library's collection trying to find an important document.* ⇨ Nós examinamos cuidadosamente o acervo da biblioteca tentando achar um documento importante.

sign away vt ceder, abrir mão de (propriedade ou direito legal). *William had to sign away his house to pay his debts.* ◆ *William had to sign his house away to pay his debts.* ⇨ William teve de abrir mão de sua casa para pagar as dívidas. *The United States is pressuring Canada to sign away its water rights.* ⇨ Os Estados Unidos estão pressionando o Canadá a ceder seus direitos de uso da água.

sign for vt assinar documento ou recibo para receber algo (mercadoria, carta registrada etc.). *If the new computers arrive while I'm out can you sign for them?* ⇨ Se os novos computadores chegarem antes de eu voltar, você pode assinar para recebê-los?

sign in vt+vi registrar(-se) na entrada de hotel ou empresa. *Mr. Kent must sign in his guest before he can enter the factory.* ◆ *Mr. Kent must sign his guest in before he can enter the factory.* ⇨ O Sr. Kent tem de registrar o nome do convidado antes de poderem entrar na fábrica. *Call me after you sign in at the hotel and we'll meet for a drink.* ⇨ Ligue-me depois de se registrar no hotel e nos encontraremos para tomar um drinque.

sign off vi sair do ar (emissora de rádio ou TV). *The local TV channel signs off at two.* ⇨ O canal de TV local sai do ar às duas.

sign on 1 vi assinar contrato de trabalho. *Microsoft gave you a nice offer. Are you going to sign on?* ⇨ A Microsoft lhe fez uma boa oferta. Você assinará o contrato de trabalho? *Peter signed on with a German company.* ⇨ Peter assinou um contrato de trabalho com uma empresa alemã. **2** *vi Brit* assinar recibo mensalmente para receber o seguro-desemprego. *William and I signed on at the labour exchange to get our cheques.* ⇨ William e eu assinamos o recibo no departamento de trabalho para obter os cheques do seguro-desemprego. **3** *vt* contratar, admitir (funcionário). *As our company expanded we signed on more employees.* ♦ *As our company expanded we signed more employees on.* ⇨ Com o crescimento da nossa empresa, contratamos mais funcionários.

sign out *vi* assinar a saída de empresa, fechar a conta de hotel. *Mr. Philips signed out of the hotel at ten this morning.* ⇨ O Sr. Philips fechou a conta do hotel às dez da manhã. **2** *vt* retirar algo mediante assinatura (livro de biblioteca, vídeo, equipamento etc.). *Can students sign out more than three books?* ♦ *Can students sign more than three books out?* ⇨ Os alunos podem retirar mais de três livros?

sign over *vt* ceder ou abrir mão de propriedade ou direito legal, mediante assinatura de um documento. *My lawyer is preparing the papers to sign over the apartment to my wife.* ♦ *My lawyer is preparing the papers to sign the apartment over to my wife.* ⇨ O meu advogado está preparando os papéis para eu ceder o apartamento à minha esposa.

sign up 1 *vt+vi* inscrever(-se), matricular(-se). *I signed up the kids for music classes this summer.* ♦ *I signed the kids up for music classes this summer.* ⇨ Eu matriculei as crianças nas aulas de música este verão. *There is a free painting class in the park, but I am not sure if I want to sign up for it.* ⇨ Há uma aula de arte de graça no parque, mas eu não sei se quero me inscrever. **2** *vt+vi* contratar, assinar contrato de trabalho. *We like to sign up young salespeople and train them.* ♦ *We like to sign young salespeople up and train them.* ⇨ Nós gostamos de contratar vendedores jovens e treiná-los. *Bob signed up with a French multinational.* ⇨ Bob assinou um contrato de trabalho com uma empresa multinacional francesa.

simmer down *vi* acalmar-se, tranquilizar-se (pessoas ou conflito entre grupos). *It took an hour for the children to simmer down and go to bed.* ⇨ Levou uma hora para as crianças se acalmarem e ir para a cama. *The conflict in the Middle East won't simmer down before a peace treaty is signed.* ⇨ O conflito no Oriente Médio não se acalmará antes que um acordo de paz seja assinado. *Children, simmer down and eat your lunch!* ⇨ Crianças, acalmem-se e comam o almoço.

sing along *vi* cantar junto. *I love to sing along when I play those old Beatles records.* ⇨ Eu adoro cantar junto com os Beatles, quando eu toco os discos antigos deles.

single out *vt* escolher, selecionar entre outros (geralmente para criticar ou elogiar). *The boss often singles out an employee to criticise.* ♦ *The boss often singles an employee out to criticise.* ⇨ O chefe frequentemente escolhe um funcionário para criticar. *The professor singled out Nancy's essay as an example of clear argumentation.* ♦ *The professor singled Nancy's essay out as an example of clear argumentation.* ⇨ O professor escolheu o ensaio de Nancy como exemplo de argumentação clara.

sink in *vi* pop entrar na cabeça, perceber (ideia, fato, notícia). *A week after Mary died it started to sink in that I was alone again.* ⇨ Uma semana depois da morte de Mary eu percebi que

sink into

estava sozinho novamente. *Hasn't it **sunk in** yet? We are bankrupt!* ⇨ Ainda não entrou na sua cabeça? Estamos falidos!

sink into 1 *vt* afundar-se, aos poucos, em dívida. *The company is **sinking into** debt.* ⇨ A empresa está, aos poucos, se afundando em dívidas. **2** *vt* entrar, aos poucos, em depressão. *Sarah **sank into** a deep depression after her child was born.* ⇨ Sarah entrou, aos poucos, numa depressão profunda depois do nascimento do filho. **3** *vt* investir, gastar muito dinheiro (geralmente numa empresa). *I heard he **sunk** a fortune **into** a copper mine in Chile and lost it all.* ⇨ Eu ouvi falar que ele investiu uma fortuna numa mina de cobre no Chile e perdeu tudo. *The studio is willing to **sink** 300 million dollars **into** his new film.* ⇨ O estúdio está disposto a gastar 300 milhões de dólares no novo filme dele.

siphon off *vt* desviar dinheiro para uso ilegal. *The senator was **siphoning off** money for education and depositing it in his account in the Bahamas.* ♦ *The senator was **siphoning** money for education **off** and depositing it in his account in the Bahamas.* ⇨ O senador estava desviando dinheiro destinado à educação e o depositando na sua conta nas Bahamas.

sit about/around *vi pop* sentar-se e ficar sem fazer nada, ficar à toa. *Instead of **sitting about/around** all day, you could look for a job.* ⇨ Em vez de ficar sentado sem fazer nada o dia inteiro, você poderia procurar um emprego. *I don't feel like going out. I'm just going to **sit about/around** at home today.* ⇨ Eu não estou a fim de sair. Hoje, eu vou ficar à toa em casa.

sit around *V* **sit about/around**.

sit back 1 *vi* reclinar-se. *I **sat back**, put my feet up, and lit a cigar.* Eu me reclinei, coloquei meus pés para cima

sit on

e acendi um charuto. **2** *vi* esperar algo acontecer (sem fazer nada). *You won't meet new people **sitting back** waiting for them to come knocking at the door!* ⇨ Você não vai conhecer novas pessoas sem fazer nada, esperando que elas venham bater à sua porta!

sit by *vi* permitir que algo ilegal ou errado aconteça (geralmente com os braços cruzados). *Are you going to **sit by** and let your son hang aroung with drug dealers?* ⇨ Você vai ficar com os braços cruzados, permitindo que seu filho ande junto com traficantes de drogas? *The police **sat by** and let the rioters loot shops.* ⇨ A polícia permitiu que os desordeiros saqueassem as lojas.

sit down 1 *vi* sentar-se. *Take off your coat and **sit down** a little.* ⇨ Tire o casaco e sente-se um pouco. **2** *vt* sentar (alguém). *The waiter **sat** us **down** at a table near the window.* ⇨ O garçom nos sentou em uma mesa perto da janela. **3** *refl pop* sentar-se. *Jimmy! **Sit** yourself **down** here and tell me what you've been up to!* ⇨ Jimmy! Sente-se aqui e conte-me o que você tem feito!

sit in (on) *vt+vi* assistir a algo, geralmente para observar (aula, curso, reunião). *The professor said I could **sit in on** his philosophy classes.* ⇨ O professor me disse que eu poderia assistir às suas aulas de filosofia. *I'm not going to speak at the meeting, but I intend to **sit in**.* ⇨ Eu não falarei na reunião, mas eu vou assisti-la para observar.

sit in for *vt* ficar no lugar de alguém ausente. *The director couldn't come to the meeting, but he asked me to **sit in for** him.* ⇨ O diretor não pôde vir à reunião, mas pediu que eu ficasse no seu lugar. *One of the actors is ill, but an understudy will **sit in for** him.* ⇨ Um dos atores está doente, mas um substituto ficará com o papel dele.

sit on 1 *vt* fazer parte de (comitê, painel, grupo de representantes). *Mr. Tillman **sits on** the museum committee.* ⇨ O Sr.

Tillman faz parte do comitê do museu. **2** *vt* segurar, guardar informação (não transmiti-la a outras pessoas). *Bob, I need you to **sit on** this information a little longer.* ⇨ Bob, eu preciso que você guarde esta informação por um pouco mais de tempo.

sit out 1 *vi* deixar de participar de atividade (geralmente por estar ferido). *Victor **sat out** the last half of the game because he hurt his leg.* ⇨ Victor deixou de participar do segundo tempo do jogo porque machucou a perna. **2** *vt* esperar pelo final de algo desagradável, sem interferência. *The United Nations will **sit out** the civil war, rather than interfere in domestic affairs.* ♦ *The United Nations will **sit** the civil war **out**, rather than interfere in domestic affairs.* ⇨ As Nações Unidas esperarão a guerra civil acabar, em vez de interferir nas questões internas.

sit through *vt* esperar pelo final de algo – filme, peça, discurso etc. (especialmente algo monótono). *It was one of those dreadful Swedish films, but I managed to **sit through** it with Laura.* ⇨ Era um daqueles filmes suecos terríveis, mas eu consegui ficar até o final com a Laura.

sit up 1 *vi* sentar-se quando se está deitado. *I was sleeping but I **sat up** when Julia entered the room.* ⇨ Eu estava dormindo, mas me sentei quando a Júlia entrou no quarto. **2** *vi* sentar-se direito. *Children, **sit up** straight and eat your dinner.* ⇨ Crianças, sentem-se direito e comam o jantar. **3** *vi* ficar acordado durante a noite. *Janet **sat up**, waiting for her son to get home from the party.* ⇨ A Janet ficou acordada à noite, esperando o filho retornar da festa. **4** *vi* prestar atenção, acordar. *Mary was always around, but I only **sat up** and noticed her after she changed her hair style.* ⇨ A Mary estava sempre presente, mas eu só prestei atenção e a notei quando ela mudou o corte de cabelo. *The robbery has made residents **sit up** and think about safety in their neighborhood.* ⇨ O assalto fez os moradores acordar e pensar na segurança do bairro.

size up *vt* julgar, avaliar, formar um conceito sobre alguém ou algo. *I'm still **sizing up** the new manager.* ♦ *I'm still **sizing** the new manager **up**.* ⇨ Eu estou ainda formando um conceito sobre o novo gerente. *It will take days to **size up** the damage caused by the storm.* ⇨ Levará alguns dias para avaliar o estrago causado pela tempestade.

skim off 1 *vt* retirar algo da superfície de uma substância líquida (creme, gordura etc.). ***Skim off** the fat from the chicken broth and put it aside.* ♦ ***Skim** the fat **off** from the chicken broth and put it aside.* ⇨ Retire a gordura do caldo de galinha e reserve-a. **2** *vt* desviar dinheiro (em pequenas quantidades ou em partes). *The investigation discovered that the mayor had been **skimming off** money from the health budget every year.* ♦ *The investigation discovered that the mayor had been **skimming** money from the health budget **off** every year.* ⇨ A investigação concluiu que o prefeito estava desviando dinheiro do orçamento da Saúde todos os anos.

skim over/through *vt* ler às pressas, folhear. *I **skimmed over/through** the new script last night and it seems good.* ⇨ Ontem à noite, eu li às pressas o novo roteiro, e me parece bom.

skimp on *vt* fornecer em quantidade insuficiente (para economizar dinheiro ou tempo). *The university is **skimping on** computers exactly at the time we need them most.* ⇨ A universidade está fornecendo computadores em quantidades insuficientes exatamente na hora em que mais precisamos deles.

skim through *V* **skin over/through**.

slack off *vi pop* trabalhar menos que o normal, diminuir o ritmo de trabalho. *The bridge would be ready sooner if* the workers didn't **slack off** so much. ⇨ A ponte ficaria pronta mais cedo se os trabalhadores não diminuíssem tanto o ritmo de trabalho.

slave away *vi* trabalhar como escravo, dar duro. *Mark **slaves away** every day.* ⇨ Mark trabalha como escravo todos os dias. *At this time of year farmers are **slaving away**, harvesting corn.* ⇨ Nesta época do ano, os fazendeiros estão dando duro na colheita do milho.

sleep about/around *vi* ser promíscuo, ter relações sexuais com várias pessoas. *John continued **sleeping about/around**, even after he got married to Heather.* ⇨ John continuou a ser promíscuo, mesmo depois de se casar com Heather.

sleep around *V* sleep about/around.

sleep in *vi* dormir até tarde. *I love to **sleep in** on Sundays.* ⇨ Eu adoro dormir até tarde aos domingos.

sleep off *vt* recuperar-se de alguma coisa durante o sono (geralmente embriaguês). *Fred drank a bottle of vodka at the party last night, and now he's **sleeping off** a bad hangover.* ♦ *Fred drank a bottle of vodka at the party last night, and now he's **sleeping** a bad hangover **off**.* ⇨ O Fred bebeu uma garrafa de vodka na festa, ontem à noite, e agora está se recuperando, durante o sono, de uma terrível ressaca.

sleep on *vt* refletir por um dia sobre algo antes de tomar uma decisão. *I like your proposal, but let me **sleep on** it before I give you my answer.* ⇨ Eu gosto da sua proposta, mas deixe-me refletir por um dia antes de lhe dar a minha resposta.

sleep over *vi* dormir na casa de outro. *Mom, can I **sleep over** at Jenny's tonight? Her parents said I could.* ⇨ Mãe, posso dormir na casa de Jenny hoje à noite? Os pais dela disseram que eu podia. *I missed the last train last night, so I **slept over** at my brother's house.* ⇨

Eu perdi o último trem ontem à noite, então dormi na casa do meu irmão.

sleep through *vt* continuar dormindo, não acordar (apesar de algum barulho ou distúrbio). *The fire alarm went off, but I **slept through** it.* ⇨ O alarme de incêndio tocou, mas eu continuei dormindo. *How can you **sleep through** that noise every night?* ⇨ Como você consegue não acordar com este barulho toda noite?

sleep together *vi* dormir junto, ter relação sexual (especialmente relação casual). *Jim and Judy are **sleeping together**.* ⇨ Jim e Judy estão dormindo juntos.

sleep with *vt* dormir com, ter relações sexuais com alguém (especialmente usado para indicar relação casual ou ilícita). *Randy **sleeps with** Sarah, but he doesn't want a serious relationship.* ⇨ Randy dorme com Sarah, mas ele não quer uma relação séria. *Jenny was furious when she discovered that her husband was **sleeping with** his secretary.* ⇨ Jenny ficou furiosa quando descobriu que o marido estava dormindo com a secretária.

slice off *vt* cortar fora (pedaço de algo). *I **sliced off** a piece of meat and put the rest in the fridge.* ♦ *I **sliced** a piece of meat **off** and put the rest in the fridge.* ⇨ Eu cortei fora um pedaço de carne e coloquei o resto na geladeira.

slice up *vt* fatiar, cortar em pedaços. *Kelly **sliced up** a tomato for the salad.* ♦ *Kelly **sliced** a tomato **up** for the salad.* ⇨ Kelly fatiou um tomate para a salada.

slim down *vi* emagrecer. *I must **slim down** a little before summer.* ⇨ Eu preciso emagrecer um pouco antes do verão.

slip away 1 *vi* passar rápido e sem ser percebido (tempo). *Is it midnight already? How the time **slipped away**!* ⇨ Já é meia-noite? Como o tempo passou rápido! **2** *vi* dar uma escapadinha, fugir. *Can you watch the store while I **slip away** for a quick sandwich?* ⇨ Você pode tomar conta da loja enquanto eu dou uma escapadinha para comer um sanduíche rapidamente? *She **slipped away** in the middle of the night.* ⇨ Ela fugiu no meio da noite.

slip by 1 *vi* passar rápido e sem ser percebido (tempo). *I enjoyed myself at the party so much that I didn't notice the time **slipping by**.* ⇨ Eu me diverti tanto na festa, que não percebi o tempo passar. **2** *vi* deixar passar algo sem aproveitar (oportunidade). *I can't believe you let the opportunity to work in Paris **slip by**!* ⇨ Eu não acredito que você deixou passar a oportunidade de trabalhar em Paris sem a aproveitar!

slip into 1 *vt* vestir artigo de roupa (geralmente algo confortável ou *sexy*). *After work I **slip into** my sweatsuit and go for a walk.* ⇨ Depois do trabalho eu visto meu abrigo de moletom e saio para dar uma caminhada. *She **slipped into** a sexy nightgown and sat beside him on the sofa.* ⇨ Ela vestiu uma camisola *sexy* e sentou-se ao lado dele no sofá. **2** *vt* entrar gradualmente em (dívida, velhice, depressão, recessão etc.). *The company is **slipping into** debt, and we must do something about it quickly.* ⇨ A empresa está entrando, gradualmente, em dívidas, e nós temos de fazer algo imediatamente. *I think Fred is **slipping into** a depression.* ⇨ Eu acho que o Fred está entrando, gradualmente, numa depressão.

slip off 1 *vt* remover, tirar (roupas, artigo de roupa, sapatos). ***Slip off** your shoes before you enter the tent.* • *Slip your shoes **off** before you enter the tent.* ⇨ Tire os sapatos antes de entrar na barraca. **2** *vi* sair de um lugar despercebidamente, ir embora. *The play was boring, so I **slipped off** during the intermission.* ⇨ A peça estava chata, então eu saí despercebidamente durante o intervalo.

slip on *vt* colocar, vestir (roupas, artigo de roupa), calçar (sapatos). *I **slipped on** my coat and went outside to buy the newspaper.* ⇨ Eu vesti meu casaco e saí para comprar o jornal.

slip out *vi* escapar (segredo). *I wasn't going to tell Kate, but it **slipped out** without my wanting to.* ⇨ Eu não ia contar à Kate, mas escapou sem querer.

slip up *vi* fazer ou cometer erro. *I heard the doctor **slipped up** and put the cast on the wrong leg.* ⇨ Eu ouvi falar que o médico cometeu um erro e engessou a perna errada.

slobber over *vt* mostrar excesso de interesse sexual por alguém. *Quit **slobbering over** the waitress, you look ridiculous!* ⇨ Pare de mostrar tanto interesse sexual pela garçonete. Você está sendo ridículo!

slow down 1 *vt+vi* diminuir a velocidade. *Nicolas **slowed down** his motorboat to look for a place to anchor.* • *Nicolas **slowed** his motorboat **down** to look for a place to anchor.* ⇨ Nicolas diminuiu a velocidade da lancha para procurar um lugar para ancorar. *The truck **slowed down** and turned the corner.* ⇨ O caminhão diminuiu a velocidade e virou a esquina. **2** *vi* reduzir o ritmo de trabalho, tornar-se menos ativo (especialmente por causa da idade avançada). *My father didn't **slow down** until he was seventy years old.* ⇨ Meu pai não reduziu o ritmo de trabalho até os setenta anos.

slug out *vt* brigar, trocar socos. *John **slugged** it **out** with some guy in a bar last night.* ⇨ Ontem à noite, John brigou com um cara no bar.

smarten up 1 *vt* arrumar, ajeitar (pessoa ou lugar). *They **smartened up** the city's old port and now it's a tourist attraction.* • *They **smartened** the city's old port **up** and now it's a tourist attraction.* ⇨ Eles arrumaram o velho porto da cidade e agora ele virou uma atração turística. **2** *Amer vi* tornar-se mais consciente, ficar esperto. *You had better **smarten up** or you'll lose your job.* ⇨ Você deveria ficar mais esperto ou perderá o emprego.

smash down *vt* derrubar (porta, parede). *The police **smashed down** the door and entered the apartment.* ♦ *The police **smashed** the door **down** and entered the apartment.* ⇨ A polícia derrubou a porta e entrou no apartamento.

smash in *vt* arrebentar, quebrar com golpes fortes. *I lost the key, so we'll have to **smash in** the window to get in.* ♦ *I lost the key, so we'll have to **smash** the window **in** to get in.* ⇨ Eu perdi a chave, então nós teremos de arrebentar a janela para entrar. *John threatened to **smash in** his face if he came back.* ♦ *John threatened to **smash** his face **in** if he came back.* ⇨ John ameaçou arrebentar a cara dele se ele voltasse.

smash up *vt* destruir completamente. *Sam **smashed up** his new car in an accident on highway 401.* ♦ *Sam **smashed** his new car **up** in an accident on highway 401.* ⇨ Sam destruiu completamente seu carro novo num acidente na rodovia 401.

smile on *vt* tolerar ou permitir comportamento errado de alguém (especialmente de alguém querido). *University administrators generally **smile on** the initiation rites of first-year students, even though they often break the law.* ⇨ Os administradores de universidades geralmente toleram os trotes nos alunos de primeiro ano, mesmo que eles frequentemente infrinjam a lei.

smooth away *vt* eliminar dificuldades de algo, tirar obstáculos do caminho de (processo, tarefa). *The finance minister intends to **smooth away** the difficulties in filing income taxes, and make the process simpler.* ♦ *The finance minister intends to **smooth** the difficulties in filing income taxes **away**, and make the process simpler.* ⇨ O ministro da Fazenda pretende eliminar as dificuldades para declarar o imposto de renda e deixar o processo mais simples.

smooth down *vt* alisar, passar a mão por. *Susy **smoothed down** her hair with her hand and entered the office.* ♦ *Susy **smoothed** her hair **down** with her hand and entered the office.* ⇨ Susy alisou o cabelo com a mão e entrou no escritório.

smooth out 1 *vt* estender, espalhar (papel, mapa). *We **smoothed out** the big map on the table and looked for Madagascar.* ♦ *We **smoothed** the big map **out** on the table and looked for Madagascar.* ⇨ Nós estendemos o mapa na mesa e procuramos Madagascar. **2** *vt* facilitar o andamento de um processo eliminando dificuldades ou obstáculos. *The United Nations is trying to **smooth out** the transition to democracy in that country.* ♦ *The United Nations is trying to **smooth** the transition to democracy **out** in that country.* ⇨ As Nações Unidas estão tentando facilitar o andamento da transição para a democracia naquele país, eliminando os obstáculos.

snack on *vt* beliscar, comer uma pequena porção de algo. *Between meals I usually **snack on** some fruit or raisins.* ⇨ Entre as refeições, eu geralmente belisco uma fruta ou uvas passas.

snap back (at) *vt+vi* responder bruscamente. *When I ask him a question he **snaps back at** me.* ⇨ Quando eu faço uma pergunta, ele me responde bruscamente. *I'm sorry I **snapped back**. It's because I'm tired.* ⇨ Eu peço desculpas por responder bruscamente. É porque estou cansado.

snap out of 1 *vt* recuperar-se de (depressão ou baixo astral). *It has been two years since his wife left him, and John hasn't **snapped out of** his depression.* ⇨ Faz dois anos que a esposa o deixou, e John ainda não se recuperou da depressão. **2** *vt* animar-se, sair dessa (usado no imperativo). *Come on, **snap out of** it! Things can't be that bad.* ⇨ Vamos, anime-se! As coisas não podem ser tão ruins assim.

snap up 1 *vt* comprar ou adquirir sem pestanejar (especialmente um bom negócio). *I **snapped up** the house before anyone else had a chance to make an offer.* • *I **snapped** the house **up** before anyone else had a chance to make an offer.* ⇨ Eu comprei a casa sem pestanejar, antes que alguém tivesse a oportunidade de fazer uma proposta. *Universal Studios **snapped up** the film rights to his new novel.* • *Universal Studios **snapped** the film rights to his new novel **up**.* ⇨ Os estúdios da Universal adquiriram os direitos de fazer um filme do novo romance dele. **2** *vt* aceitar sem pestanejar (oportunidade, oferta). *You're crazy not to **snap up** their offer.* • *You're crazy not to **snap** their offer **up**.* ⇨ Você é louco de não aceitar, sem pestanejar, a oferta deles. **3** *vt* contratar sem pestanejar (esportista, executivo, músico etc.). *Manchester United **snapped up** William Wendel for two million a year.* • *Manchester United **snapped** William Wendel **up** for two million a year.* ⇨ O Manchester United contratou, sem pestanejar, William Wendel por dois milhões ao ano. **4** *vt* apressar-se (sempre no imperativo). ***Snap** it **up**, or we'll be late for the movie!* ⇨ Apresse-se, senão chegaremos atrasados para o filme!

snatch at *vt* aceitar sem pestanejar (oportunidade). *William **snatched at** the chance to act in a film.* ⇨ William aceitou, sem pestanejar, a oportunidade de atuar num filme.

sneak about *vi* procurar informação ou investigar algo secretamente. *Someone was **sneaking about** the office last night and took some documents.* ⇨ Alguém estava secretamente procurando informação no escritório, ontem à noite, e levou alguns documentos.

sneak away/off *vi* escapulir, dar uma escapadinha. *Let's **sneak away/off** for a cigarette before the boss returns.* ⇨ Vamos dar uma escapadinha para fumar um cigarro antes que o chefe volte. *Children, don't try to **sneak away/off** because I have my eye on you.* ⇨ Crianças, não tentem escapulir porque eu estou de olho em vocês.

sneak into *vt* entrar sem ser percebido. *We **snuck into** the movie theatre and saved ten dollars.* ⇨ Nós entramos no cinema sem ser percebidos e economizamos dez dólares.

sneak off *V* **sneak away/off.**

sneak up (on) *vt+vi* chegar perto de alguém (sem ser percebido). *The kids love to **sneak up on** me from behind and startle me.* ⇨ As crianças adoram chegar perto de mim por trás e me dar um susto. *I like it when she **sneaks up** and kisses me.* ⇨ Eu gosto quando ela chega sem eu perceber e me dá um beijo.

sniff out 1 *vt* farejar (droga, explosivo etc.). *The dogs at the airport can **sniff out** cocaine quite easily.* • *The dogs at the airport can **sniff** cocaine **out** quite easily.* ⇨ Os cães no aeroporto conseguem farejar cocaína com facilidade. **2** *vt* descobrir (informação), achar (algo ou alguém). *Tom **sniffed out** the real reason why Joan left her husband.* • *Tom **sniffed** the real reason why Joan left her husband **out**.* ⇨ O Tom descobriu a verdadeira razão pela qual Joan deixou o marido. *We still haven't **sniffed out** a decent hotel to stay in while we're in Cuba.* • *We still haven't **sniffed** a decent hotel **out** to stay in while we're in Cuba.* ⇨ Nós ainda não achamos um hotel decente para ficarmos enquanto permanecermos em Cuba.

snip off *vt* cortar fora, separar uma parte de um todo (especialmente com tesoura ou alicate). *I **snipped off** a rose with a pair of scissors.* • *I **snipped** a* *rose **off** with a pair of scissors.* ⇨ Eu cortei fora uma rosa com uma tesoura.

snow in *vi* estar ilhado ou preso por causa de grande quantidade de neve (sempre na voz passiva). *We were **snowed in** at the cabin for two days after the big snow storm.* ⇨ Nós estivemos ilhados na cabana por dois dias após a grande tempestade de neve.

snow under *vi pop* estar atolado com trabalho (sempre na voz passiva). *I can't go away this weekend, I'm completely **snowed under** at the office.* ⇨ Eu não posso viajar este final de semana. Eu estou completamente atolado com trabalho no escritório.

snuff out 1 *vt* apagar, extinguir (vela). *Fanny **snuffed out** the candle and went to bed.* ◆ *Fanny **snuffed** the candle **out** and went to bed.* ⇨ Fanny apagou a vela e foi para a cama. **2** *vt gír Amer* apagar, matar (alguém). *The Mafia **snuffed out** an Italian judge.* ◆ *The Mafia **snuffed** an Italian judge **out**.* ⇨ A máfia apagou um juiz italiano.

snuggle up *vi* aconchegar-se, agasalhar-se. *Julia **snuggled up** on the sofa in front of the fireplace with her book.* ⇨ Júlia aconchegou-se no sofá, em frente da lareira, com o seu livro.

soak up 1 *vt* embeber, enxugar. *The dry earth **soaked up** the rain in minutes.* ◆ *The dry earth **soaked** the rain **up** in minutes.* ⇨ A terra seca embebeu a chuva em minutos. *Use this sponge to **soak up** the spilt wine.* ◆ *Use this sponge to **soak** the spilt wine **up**.* ⇨ Use esta esponja para enxugar o vinho derramado. **2** *vt* tomar (sol). *Sandra is happy lying down on the beach all day, **soaking up** the sun.* ⇨ A Sandra está feliz, deitada na praia, o dia todo, tomando sol.

sober up *vt+vi* ficar sóbrio, fazer alguém ficar sóbrio. *A walk around the block will help to **sober up** John a little.* ◆ *A walk around the block will help to **sober** John **up** a little.* ⇨ Uma volta a pé no quarteirão ajudará John a ficar um pouco mais sóbrio. *Phone me tomorrow when you have **sobered up**.* ⇨ Ligue-me amanhã quando você ficar sóbrio. **2** *vi* ficar mais sério e calmo. *He spent a lot of his money foolishly after he won the lottery, but he is **sobering up** now and investing it.* ⇨ Ele gastou muito dinheiro de maneira irresponsável depois de ganhar na loteria, mas agora está ficando mais sério e está investindo o dinheiro.

sock away *vt Amer* poupar, guardar (dinheiro). *Are you **socking away** any money for your old age?* ◆ *Are you **socking** any money **away** for your old age?* ⇨ Você está poupando algum dinheiro para a sua velhice?

sod off *vi Brit gír* cair fora, ir embora (sempre no imperativo). ***Sod off** and let me have lunch in peace!* ⇨ Caia fora e me deixe almoçar em paz!

soften up *vt* amaciar ou agradar alguém antes de pedir algo. *A dinner out should **soften up** Jenny a little before I ask her for her beach house for the weekend.* ◆ *A dinner out should **soften** Jenny **up** a little before I ask her for her beach house for the weekend.* ⇨ Um jantar fora deve amaciar Jenny um pouco, antes de eu pedir a sua casa de praia emprestada para o fim de semana. *Stop **softening** me **up** and just tell me what you want from me!* ⇨ Pare de ficar me agradando e diga logo o que quer de mim!

sort out 1 *vt* resolver uma situação difícil ou um conflito. *No one seems to know how to **sort out** the terrible traffic problem in São Paulo.* ◆ *No one seems to know how to **sort** the terrible traffic problem in São Paulo **out**.* ⇨ Ninguém sabe como resolver o terrível problema de trânsito em São Paulo. *They **sorted out** their differences in court.* ◆ *They **sorted** their differences **out** in court.* ⇨ Eles resolveram seus conflitos na corte de justiça. **2** *vt* pôr em ordem, arrumar. *Can you help me to **sort out** the closet?* ♦ *Can you help me to **sort** the closet **out**?* ⇨ Você pode me ajudar a pôr em ordem a bagunça no *closet*? **3** *vt* separar coisas em grupos. *I **sorted out** the nuts and bolts and put them in plastic bags.* ♦ *I **sorted** the nuts and bolts **out** and put them in plastic bags.* ⇨ Eu separei os párafusos e as porcas e os coloquei em sacos plásticos. **4** *refl* resolver problemas pessoais, pôr a cabeça em ordem. *I think Jeff needs to **sort** himself **out** before he marries Helen.* ⇨ Eu acho que Jeff precisa resolver seus problemas pessoais antes de se casar com Helen. *Linda finally **sorted** herself **out** and got off cocaine.* ⇨ Linda finalmente pôs a cabeça em ordem e largou a cocaína. **5** *vt Brit gír* dar porrada, bater. *If I see you with my girl again, I'll **sort** you **out**.* ⇨ Se eu te encontrar com minha namorada de novo, vou te dar umas porradas.

soup up 1 *vt* aumentar a potência do motor, envenenar (motor de carro). *They **soup up** street cars to race with them.* ♦ *They **soup** street cars **up** to race with them.* ⇨ Eles aumentam a potência do motor dos carros de passeio para fazer corridas com eles. **2** *vt* tornar algo mais atraente ou excitante. *Dave wants to **soup up** the nightclub with coloured lights and a new sound system.* ♦ *Dave wants to **soup** the nightclub **up** with coloured lights and a new sound system.* ⇨ O Dave quer tornar a boate mais atraente colocando luzes coloridas e um som novo.

space out 1 *vt* distribuir ou dividir em intervalos regulares. *If we **space out** the tables in the restaurant we can fit another one in.* ♦ *If we **space** the tables **out** in the restaurant we can fit another one in.* ⇨ Se distribuirmos as mesas no restaurante em intervalos regulares, podemos colocar mais uma. *I was able to **space out** the car payments over sixteen months.* ♦ *I was able to **space** the car payments **out** over sixteen months.* ⇨ Eu consegui dividir os pagamentos do carro em dezesseis meses. **2** *vi gír* desligar-se, viajar. *It's hard to talk to you when you **space out** and don't pay attention to me.* ⇨ É difícil falar com você quando você viaja e não presta atenção em mim.

spark off *vt* provocar, causar, iniciar (reação, atividade, conflito etc.). *The mayor's speech **sparked off** a riot.* ⇨ O discurso do prefeito provocou um tumulto. *The radio campaign to raise money for research on cancer **sparked off** a flood of donations.* ⇨ A campanha de rádio, para arrecadar dinheiro para a pesquisa sobre o câncer, causou uma inundação de doações.

speak for *vt* falar por (alguém). *Mark couldn't be here to accept this award, but he asked me to **speak for** him.* ⇨ Mark não pôde estar aqui para aceitar este prêmio, mas pediu que eu falasse por ele. ***Speaking for** myself, I can't see what you see in this guy.* ⇨ Falando por mim, eu não percebo o que você vê nesse cara.

speak out *vi* falar o que pensa publicamente (especialmente para criticar algo ou alguém). *The vice president went on TV to **speak out** against the latest wave of violence.* ⇨ O vice-presidente foi à TV para falar publicamente contra a mais recente onda de violência. *Environment groups hope citizens will start **speaking out** about the deterioration of our water.* ⇨ Os ambientalistas esperam que os cidadãos comecem a falar publicamente sobre a deterioração da água.

speak up 1 *vi* falar mais alto. *I wish he'd **speak up**, I can barely hear him.* ⇨ Eu gostaria que ele falasse mais alto, eu mal consigo ouvi-lo. ***Speak up**, please. I'm hard of hearing.* ⇨ Fale mais alto, por favor. Eu estou um pouco surdo. **2** *vi* falar o que pensa publicamente. *She **spoke up** in congress* *and demanded an investigation.* ⇨ Ela falou o que pensa no congresso e exigiu uma investigação.

speak up for *vt* mostrar apoio a alguém ou algo, falar a favor de alguém ou algo. *Truck drivers are **speaking up for** the proposed decrease in toll prices.* ⇨ Os caminhoneiros estão mostrando apoio à proposta de redução dos preços do pedágio. *Robert **spoke up for** me in the meeting and defended my new sales strategy.* ⇨ Robert falou a meu favor na reunião e defendeu minha nova estratégia de vendas.

speed up *vt+vi* acelerar, apressar. *The bank is hiring extra staff to **speed up** transactions.* ♦ *The bank is hiring extra staff to **speed** transactions **up**.* ⇨ O banco está contratando mais pessoal para acelerar as transações. *If you don't **speed up** a little, we'll be late for the wedding.* ⇨ Se você não se apressar um pouco, nós chegaremos atrasados ao casamento.

spell out 1 *vt* soletrar. *Could you **spell out** your name, please?* ♦ *Could you **spell** your name **out**, please?* ⇨ Você poderia soletrar seu nome, por favor? **2** *vt* explicar nos mínimos detalhes, deixar muito claro. *You can **spell out** the plan at the meeting tomorrow.* ♦ *You can **spell** the plan **out** at the meeting tomorrow.* ⇨ Você pode explicar o plano nos mínimos detalhes na reunião de amanhã. *Can't you see she likes you, or does she have to **spell** it **out** for you?* ⇨ Não dá para ver que ela gosta de você, ou ela precisa deixar isso muito claro?

spice up *vt* tornar mais interessante ou excitante, apimentar. *How can we **spice up** the magazine to increase readership?* ♦ *How can we **spice** the magazine **up** to increase readership?* ⇨ Como podemos tornar a revista mais interessante para aumentar o índice de leitura? *Some married couples buy some products to **spice up** their sex lives.* ♦ *Some married couples buy some products to **spice** their sex lives **up**.* ⇨ Alguns casais compram alguns apetrechos para apimentar sua vida sexual.

spiff up 1 *vt Amer pop* tornar mais atraente ou arrumado (algo). *Mary bought new furniture to **spiff up** her living room.* ♦ *Mary bought new furniture to **spiff** her living room **up**.* ⇨ Mary comprou móveis novos para tornar sua sala de visitas mais atraente. *Wait, give me a minute to **spiff up** my office before you send in Mr. Morrison.* ♦ *Wait, give me a minute to **spiff** my office **up** before you send in Mr. Morrison.* ⇨ Espere, me dê um minuto para arrumar minha sala antes de mandar Mr. Morrison entrar. **2** *refl Amer pop* arrumar-se, produzir-se. *Honey, let's **spiff** ourselves **up** and go out tonight!* ⇨ Querida, vamos nos arrumar e sair à noite!

spill out 1 *vi* vazar, derramar (de algum recipiente). *There is water **spilling out** of the water tank. It must have a hole.* ⇨ Há água vazando da caixa d'água. Deve haver um furo. **2** *vi* sair de lugar ou prédio (multidão). *The crowd **spilled out** of the stadium after the game.* ⇨ A multidão saiu do estádio depois do jogo. **3** *vt* revelar (emoção forte), contar (intimidades). *Her grief **spills out** whenever someone mentions his name.* ⇨ Ela revela sua tristeza cada vez que alguém menciona o nome dele. *I don't like those people who **spill out** their intimate feelings to strangers at parties.* ♦ *I don't like those people who **spill** their intimate feelings **out** to strangers at parties.* ⇨ Eu não gosto daquelas pessoas que contam suas intimidades para desconhecidos em festas.

spill over 1 *vi* transbordar, vazar (líquido). *Turn off the pump, the water tank is **spilling over**.* ⇨ Desligue a bomba, o tanque de água está transbordando. **2** *vi* espalhar para outros lugares (conflito, guerra). *The American Revolution of 1776 **spilled over** to Europe soon after.*

⇨ A revolução americana de 1776 espalhou-se para a Europa logo depois.

spin out *vt* prolongar, fazer durar (trabalho). *The plumber managed to **spin out** a simple task into a week-long job just to charge more.* ♦ *The plumber managed to **spin** a simple task **out** into a week-long job just to charge more.* ⇨ O encanador conseguiu prolongar uma tarefa simples num trabalho de uma semana só para cobrar mais.

spit out *vt* cuspir fora. *The boy **spit out** his chewing gum before entering class.* ♦ *The boy **spit** his chewing gum **out** before entering class.* ⇨ O menino cuspiu fora o chiclete antes de entrar na sala de aula.

split off 1 *vt* separar (um pedaço, especialmente rachando). *You can try to **split off** a piece of the rock with a hammer.* ♦ *You can try to **split** a piece of the rock **off** with a hammer.* ⇨ Você pode tentar separar um pedaço da rocha com um martelo. **2** *vi* separar-se (de um grupo para formar outro). *Five of the lawyers **split off** to open a law firm.* ⇨ Cinco dos advogados se separaram do grupo para abrir uma firma de advocacia.

split on *vt Brit pop* denunciar, delatar (alguém). *He **split on** his partner to get a reduced sentence.* ⇨ Ele denunciou seu parceiro para conseguir uma redução da pena.

split up 1 *vt* repartir, dividir(-se). *My grandfather **split up** the farm and gave a piece to each child.* ♦ *My grandfather **split** the farm **up** and gave a piece to each child.* ⇨ Meu avô repartiu a fazenda e deu uma parte para cada filho. *They **split up** into groups and went looking for the treasure.* ⇨ Eles se dividiram em grupos e foram procurar o tesouro. **2** *vi* separar-se, divorciar-se (grupo ou casal). *The Beatles **split up** in the early seventies.* ⇨ Os Beatles se separaram no início da década de setenta. *Did you and your girlfriend **split up**?* ⇨ Você e sua namorada se separaram? *Mathew and Doreen **split up** last year.* ⇨ Mathew e Doreen se divorciaram no ano passado.

sponge off *vt pop* viver à custa de alguém. *You brother has been here for two months **sponging off** us.* ⇨ Seu irmão está aqui há dois meses vivendo às nossas custas.

spoon out *vt* servir com colher (comida). *Can you **spoon out** the stew while I cut the bread?* ♦ *Can you **spoon** the stew **out** while I cut the bread?* ⇨ Você pode servir o ensopado com a colher enquanto eu corto o pão?

sprawl out *vi* deitar ou sentar com o corpo relaxado, esparramar-se. *Peter was **sprawled out** on the bed, watching TV.* ⇨ O Peter estava esparramado na cama, assistindo à TV.

spread out 1 *vt* espalhar, dispersar. *I **spread out** the documents on my desk.* ♦ *I **spread** the documents **out** on my desk.* ⇨ Eu espalhei os documentos na escrivaninha. **2** *vi* espalhar, propagar (notícias, doença). *News of his divorce **spread out** quickly in Hollywood.* ⇨ As notícias do divórcio dele se espalharam rapidamente em Hollywood. *Doctors are trying to contain the epidemic before it **spreads out**.* ⇨ Os médicos estão tentando conter a epidemia antes que se espalhe. **3** *vi* separar-se (aumentando o espaço entre as pessoas). *The guests **spread out** and started looking for Julia's diamond ring which she had lost in the garden.* ⇨ Os convidados se separaram e começaram a procurar o anel de diamantes que Júlia havia perdido no jardim. **4** *vt* desdobrar, abrir (mapa, quadro etc.). ***Spread out** the map and let's find Route 66.* ♦ ***Spread** the map **out** and let's find Route 66.* ⇨ Desdobre o mapa e vamos achar a rota 66. *The curator took the engraving from a tube and **spread** it **out** on the table.* ⇨ O curador tirou a gravura de um tubo e a abriu na mesa.

spring for *vt Amer* pagar a conta para todos (especialmente num restaurante). *Tony's a great fellow. He always springs for lunch when we go out.* ⇨ O Tony é um cara legal. Ele sempre paga a conta quando saímos juntos para almoçar.

spring from *vi* surgir, aparecer de. *The creation of the Yachting Association sprang from the need to regulate the sport.* ⇨ A criação da Associação de Iatismo surgiu com a necessidade de regulamentar o esporte.

spring on *vt Amer* divulgar ou dar notícias surpreendentes a alguém. *I hate to be the one to spring this on you, but it seems your car was stolen.* ⇨ Eu detesto ser a pessoa a lhe dar a notícia, mas parece que seu carro foi roubado.

spring up *vi* surgir, aparecer de repente. *His name springs up a lot in conversations, but I don't know him.* ⇨ O nome dele surge muito em conversas, mas eu não o conheço. *A lot of hotels sprang up on the coast after they built the new road.* ⇨ Muitos hotéis apareceram de repente no litoral, após a construção da nova estrada.

sprout up 1 *vi* brotar (planta). *The tulips sprout up in early May.* ⇨ As tulipas brotam no início de maio. **2** *vi* crescer muito (criança). *Oh my! Norman has sprouted up since the last time I saw him!* Meu! O Norman cresceu muito desde a última vez em que o vi. **3** *vi* surgir, aparecer de repente e em grande quantidade (restaurante, loja, prédio etc.). *There are new Chinese restaurants sprouting up in our neighborhood every week.* ⇨ Há novos restaurantes chineses surgindo no nosso bairro toda semana.

spruce up 1 *vt* tornar mais atraente, arrumar, enfeitar (algo ou alguém). *They spruced up the restaurant with curtains and flowers.* ◆ *They spruced the restaurant up with curtains and flowers.* ⇨ Eles tornaram o restaurante mais atraente com cortinas e flores. *You don't have to spruce up the kids; the restaurant isn't very fancy.* ◆ *You don't have to spruce the kids up; the restaurant isn't very fancy.* ⇨ Você não precisa arrumar as crianças; o restaurante não é muito chique. **2** *refl* arrumar-se, produzir-se. *I'm not going to spruce myself up just to go to your mother's house.* ⇨ Eu não vou me arrumar só para ir à casa de sua mãe.

spur on *vt* incentivar, estimular (alguém). *If you spur on Robert, he'll improve.* ◆ *If you spur Robert on, he'll improve.* ⇨ Se você incentivar o Robert, ele melhorará. *If his music teacher hadn't spurred him on, he wouldn't be a famous singer.* ⇨ Se o professor de música dele não o tivesse incentivado, ele não seria um cantor famoso.

square off *vi Amer* preparar-se para enfrentar alguém. *Management is squaring off for another fight with the union this morning.* ⇨ A gerência está se preparando para uma outra briga com o sindicato hoje de manhã.

square up 1 *vi* pagar, acertar uma conta ou dívida. *I squared up at the restaurant and left.* ⇨ Eu paguei a conta do restaurante e saí. *Let's square up. How much do I owe you?* ⇨ Vamos acertar as contas. Quanto eu te devo? **2** *vi Brit* preparar-se para enfrentar alguém. *Susan squared up to the manager and demanded a refund.* ⇨ Susan se preparou para enfrentar o gerente e pediu um reembolso.

squeal on *vt gír* dedurar, dedar (alguém). *He saw me stealing the money, but he won't squeal on me.* ⇨ Ele me viu roubando o dinheiro, mas não vai me dedurar.

squeeze in 1 *vt* enfiar, colocar com força. *With difficulty, he squeezed in another shirt and closed the suitcase.* ◆ *With difficulty, he squeezed another shirt in and closed the suitcase.* ⇨ Com dificuldade, ele enfiou mais uma camisa e fechou a mala. **2** *vt* conseguir agendar (reunião, almoço, consulta etc.). *I can squeeze in an appointment on Tuesday, but no sooner.* ♦ *I can squeeze an appointment in on Tuesday, but no sooner.* ⇨ Eu posso conseguir agendar uma consulta na terça-feira, mas não antes.

squeeze out *vi* forçar alguém ou algo a sair (de grupo, empresa, mercado etc.). *The new managers want to squeeze out Johnson and hire someone else.* ♦ *The new managers want to squeeze Johnson out and hire someone else.* ⇨ Os novos gerentes querem forçar Johnson a sair e contratar outra pessoa. *Cheap imported wines will squeeze national wines out of the market.* ⇨ Os vinhos importados baratos forçarão os vinhos nacionais a sair do mercado.

squeeze out of *vt* arrancar, conseguir à força (informação, dinheiro). *We suspect that torture was used to squeeze the information out of him.* ⇨ Nós suspeitamos que foi usada tortura para conseguir a informação dele. *The new tax is just another way to squeeze money out of the middle class.* ⇨ O novo imposto é apenas mais uma maneira de arrancar dinheiro da classe média.

stack up 1 *vt* empilhar, pôr em pilha. *Stack up the boxes by the door.* ♦ *Stack the boxes up by the door.* ⇨ Empilhe as caixas perto da porta. **2** *vi* acumular-se (trabalho, responsabilidade, contas a pagar etc.). *Work is stacking up at the office.* ⇨ O trabalho está se acumulando no escritório. *My unpaid bills stacked up until I had to sell my car.* ⇨ As contas vencidas se acumularam até eu precisar vender o meu carro.

stake out 1 *vt* demarcar com estacas (área, terreno). *First, we'll stake out the area for the vegetable garden.* ♦ *First, we'll stake the area out for the vegetable garden.* ⇨ Primeiro, nós demarcaremos a área da horta com estacas. **2** *vt Amer* vigiar uma área (polícia). *The police staked out the bank robber's house, waiting for him to return.* ♦ *The police staked the bank robber's house out, waiting for him to return.* ⇨ A polícia vigiou a casa do assaltante de banco, esperando-o voltar.

stamp out *vt* erradicar, aniquilar (crime, doença, pobreza etc.). *We believe that over the next five years we can stamp out poverty in the region.* ♦ *We believe that over the next five years we can stamp poverty in the region out.* ⇨ Nós acreditamos que, ao longo dos próximos cinco anos, conseguiremos erradicar a pobreza na região.

stand about/around *vi* ficar à toa, esperar em pé. *There were a lot of people standing about/around and talking in front of the night club.* ⇨ Havia muitas pessoas em pé, à toa e conversando, na frente da boate.

stand around *V* **stand about/around.**

stand aside 1 *vi* ficar de lado, sair do caminho. *I stood aside to let the group pass ahead of me.* ⇨ Eu fiquei do lado para deixar o grupo passar na minha frente. **2** *vi* omitir-se, não participar. *Ken's parents won't stand aside and let him make his own decision about which university is better for him.* ⇨ Os pais de Ken não se omitem, para que ele não tome sozinho a decisão sobre qual universidade é melhor para ele.

stand back 1 *vi* recuar, afastar-se. *The police asked the people to stand back to give the accident victim more space.* ⇨ A polícia pediu para as pessoas recuarem para dar mais espaço à vítima do acidente. **2** *vi* distanciar-se ou afastar-se de um problema (para ter outra perspectiva). *Derek and Susan need to stand back and examine their marriage.* ⇨ O Derek e a Susan precisam se distanciar e examinar o casamento deles. *Sometimes we have* to **stand back** and try to see ourselves as others do. ⇨ Às vezes, nós temos de nos afastar de nós mesmos e tentar nos ver como os outros nos veem.

stand by 1 vi estar de prontidão, ficar a postos. *The ambulance will stand by in case the firefighters find any survivors.* ⇨ A ambulância estará de prontidão caso os bombeiros encontrem sobreviventes. *Please stand by as I put your call through.* ⇨ Por favor, fique a postos enquanto eu completo a sua ligação. **2** vi deixar acontecer (algo errado), ficar de braços cruzados. *Are you going to stand by and let them fight?* ⇨ Você vai ficar de braços cruzados e deixar que eles briguem? **3** vt ficar ao lado, apoiar (alguém em situação difícil). *We stood by Doreen during her divorce.* ⇨ Nós ficamos ao lado de Doreen durante o seu divórcio. **4** vt manter (palavra, decisão, acordo). *The mayor stood by his word and built a new stadium.* ⇨ O prefeito manteve a sua palavra e construiu um novo estádio. *I know I'll be criticised, but I must stand by my decision.* ⇨ Eu sei que serei criticado, mas preciso manter a minha decisão.

stand down vi Brit deixar um cargo (para outro assumir). *I heard that Mr. Dubois will stand down as conductor of the Montreal symphony orchestra.* ⇨ Eu ouvi falar que o Sr. Dubois deixará seu cargo como regente da orquestra sinfônica de Montreal. **2** vi deixar o banco (de testemunhas). *The witness stood down.* ⇨ A testemunha deixou o banco.

stand for 1 vt significar, querer dizer. *The lion on the coat of arms stands for courage.* ⇨ O leão no brasão significa coragem. *I.M.F. stands for International Monetary Fund.* ⇨ F.M.I. quer dizer Fundo Monetário Internacional. **2** vt defender, apoiar (valor, ideia). *I don't know what ideas their party stands for.* ⇨ Eu não sei quais as ideias que o partido deles apoia. **3** vt tolerar, aguentar (geralmente na forma negativa). *The school won't stand for students arriving late to class.* ⇨ A escola não tolerará que os alunos cheguem atrasados para as aulas. **4** vt candidatar-se. *If Lewis stands for mayor, I'll give him my vote.* ⇨ Se o Lewis se candidatar a prefeito, eu darei a ele o meu voto.

stand in for vt substituir alguém (especialmente no serviço). *When I need a day off I send one of the boys to the store to stand in for me.* ⇨ Quando eu preciso de um dia livre, eu mando um dos garotos para a loja para me substituir.

stand off vt Amer repelir, afastar um agressor (nunca na voz passiva). *We managed to stand off the attacker until the police arrived.* ⇨ Nós conseguimos repelir o agressor até a polícia chegar.

stand out (from) 1 vt+vi distinguir-se, destacar-se. *His poetry stands out from the rest in the anthology for its sensitivity.* ⇨ A poesia dele se distingue do resto na antologia pela sua sensibilidade. *Our company is looking for young people who stand out as scientists.* ⇨ A nossa empresa está procurando jovens que se distinguem como cientistas. **2** vi sobressair-se, destacar-se. *With her long red hair and green eyes, she stands out from her sisters.* ⇨ Com seus cabelos ruivos e compridos e olhos verdes, ela se sobressai entre as irmãs. *Faces stand out in the most interesting way in Picasso's paintings.* ⇨ Os rostos se destacam duma maneira muito interessante nas pinturas de Picasso.

stand up 1 vi levantar-se, ficar em pé. *A gentleman should stand up when a lady enters the room.* ⇨ Um cavalheiro deve se levantar quando uma dama entra na sala. **2** vi resistir (a ataque ou crítica). *It's an interesting hypothesis, but it will never stand up in a laboratory test.* ⇨ É uma hipótese interessante, mas nunca resistirá a uma experiência de laboratório. **3** *vt* faltar a um encontro, dar o cano (especialmente no início de um namoro). *She's an hour late. I'm starting to think she **stood** me **up**.* ⇨ Ela está uma hora atrasada. Eu estou começando a pensar que ela me deu o cano. *If you **stand** him **up** on the first date you'll humiliate him.* ⇨ Se você faltar no primeiro encontro, você o humilhará.

stand up for 1 *vt* defender, apoiar (alguém ou algo). *We all **stood up for** David at the meeting when he was criticised unfairly.* ⇨ Nós todos defendemos David na reunião quando ele foi criticado injustamente. *He is a man who **stands up for** peace.* ⇨ Ele é um homem que apoia a paz. **2** *refl* defender-se (especialmente de alguém mais forte). *Why doesn't Susan **stand up for** herself and ask for the same pay increase as the others at work?* ⇨ Por que a Susan não se defende e pede o mesmo aumento de salário dos outros no emprego?

stand up to *vt* enfrentar (alguém mais forte, autoridade). *Peter refuses to **stand up to** his boss and ask for a raise.* ⇨ O Peter se recusa a enfrentar o chefe e pedir um aumento. *They are admired for **standing up to** the Americans on the issue of steel subsidies.* ⇨ Eles são admirados por enfrentar os americanos com relação aos subsídios do aço.

start off 1 *vt* iniciar, começar. *The game **started off** with a goal in the first three minutes.* ⇨ O jogo começou com um gol nos primeiros três minutos. *I usually **start off** the day with a good breakfast.* ⇨ Eu geralmente inicio o dia com um bom café da manhã. *He **started off** here as a saleman, but now he's the general manager.* ⇨ Ele começou aqui como vendedor, mas agora é gerente geral. **2** *vi* partir, começar (jornada, viagem). *The boat is ready, so we can **start off** whenever you're ready.* ⇨ O barco está pronto, então podemos partir quando você estiver pronto.

start on 1 *vt* começar, iniciar (atividade, tarefa). *Tell the kids to **start on** their homework before dinner.* ⇨ Diga às crianças para começarem a lição de casa antes do jantar. **2** *vt* criticar agressivamente (alguém). *Don't **start on** me just because I'm late again.* ⇨ Não comece a me criticar agressivamente só porque estou atrasado de novo. *He stood up and **started on** her in front of the guests.* ⇨ Ele se levantou e começou a criticá-la agressivamente na frente dos convidados.

start out 1 *vi* iniciar, começar (vida, profissão, existência). *A lot of actors **start out** as waiters in Hollywood.* ⇨ Muitos atores começam como garçons em Hollywood. *My novel actually **started out** as a diary that I kept while I lived in London.* ⇨ Meu romance, na verdade, começou como um diário que eu tinha quando morei em Londres. **2** *vi* partir, iniciar (jornada, viagem). *Tomorrow morning we'll **start out** for Montana.* ⇨ Amanhã cedo partiremos para Montana.

start over *vt+vi* começar algo novamente, recomeçar algo. *What would you change if you could **start** your life **over**?* ⇨ O que você mudaria se pudesse começar sua vida novamente? *I moved to a new city because I wanted to **start over** and forget my past.* ⇨ Eu me mudei para uma cidade nova porque queria recomeçar a vida e esquecer o passado.

start up 1 *vt+vi* ligar, funcionar, dar partida (motor). ***Start up** the car and let's go.* ◆ ***Start** the car **up** and let's go.* ⇨ Ligue o carro e vamos embora. *Sometimes the motor doesn't **start up** the first time.* ⇨ Às vezes, o motor não dá a partida na primeira vez. **2** *vt+vi* abrir, fundar, começar (negócio). *Jeff is looking for a partner to **start up** a restaurant.* ◆ *Jeff is looking for a partner to **start** a restaurant **up**.* ⇨

O Jeff está procurando um sócio para abrir um restaurante. *McDonald's **started up** in San Francisco and grew into the largest restaurant chain in the world.* ⇨ O McDonald's começou em São Francisco e cresceu até virar a maior cadeia de restaurantes do mundo. **3** *vt+vi* começar (atividade). *If the neighbours **start up** that racket again, I'll call the police!* ♦ *If the neighbours **start** that racket **up** again, I'll call the police!* ⇨ Se os vizinhos começarem aquele barulhão de novo, eu ligarei para a polícia! *It's quiet now, but everything **starts up** again in July when the tourists return.* ⇨ Está calmo agora, mas tudo começa novamente em julho, quando os turistas voltarem. **4** *vi* levantar-se bruscamente. *She **started up** when the receptionist called her name.* ⇨ Ela levantou-se bruscamente quando a recepcionista chamou o seu nome.

starve for *vt Amer* sofrer falta de (algo). *Gina seems happy on her own, but in fact she's **starving for** love.* ⇨ A Gina parece feliz sozinha, mas, de fato, está sofrendo pela falta de um amor.

stash away *vt* guardar em lugar seguro ou secreto (dinheiro ou algo de valor). *We think the robbers **stashed away** the money in the abandoned factory.* ♦ *We think the robbers **stashed** the money **away** in the abandoned factory.* ⇨ Nós achamos que os ladrões guardaram o dinheiro na fábrica abandonada. *The finer paintings are **stashed away** in a special vault under the house.* ⇨ Os quadros mais finos estão guardados numa abóbada especial, embaixo da casa.

stay ahead (of) *vt+vi* manter liderança, manter-se à frente (negócios, ciências, esportes etc.). *We need to invest in research if we want to **stay ahead of** the Japanese car manufacturers.* ⇨ Nós precisamos investir em pesquisa se quisermos nos manter à frente dos fabricantes japoneses de carros. *Brazil continues to **stay ahead** in coffee production.* ⇨ O Brasil continua mantendo a liderança na produção de café.

stay away (from) 1 *vt+vi* ficar afastado, estar ausente. *The judge told Larry to **stay away from** her.* ⇨ O juiz disse a Larry para ficar afastado dela. *The children were sick, so they **stayed away from** school today.* ⇨ As crianças estavam doentes, então elas estão ausentes da escola hoje. *I decided to **stay away** until things cooled down.* ⇨ Eu decidi ficar afastado até a situação se acalmar. **2** *vt* evitar, parar de consumir (tipo de alimento, álcool, cigarros etc.). *My doctor told me to **stay away from** red meat.* ⇨ Meu médico me disse para evitar carne vermelha.

stay behind *vi* ficar, permanecer. *Dolly is going to Vancouver, but I'm **staying behind** to work on my book.* ⇨ Dolly vai para Vancouver, mas eu ficarei para trabalhar no meu livro. *We **stayed behind** after the show to ask for an autograph.* ⇨ Nós permanecemos depois da apresentação para pedir um autógrafo.

stay in *vi* ficar em casa. *Thanks for the invitation, but I'm going to **stay in** tonight.* ⇨ Obrigado pelo convite, mas eu vou ficar em casa hoje à noite.

stay off 1 *vt+vi Brit* faltar ao trabalho ou à escola (especialmente por estar doente). *If you feel that bad, why don't you **stay off** work today?* ⇨ Se você se sente tão mal, por que não falta ao trabalho hoje? *You've **stayed off** a lot this month.* ⇨ Você faltou muito este mês. **2** *vt* parar de consumir (tipo de alimento, álcool, droga etc.). *Since he left the clinic he has managed to **stay off** drugs.* ⇨ Desde que ele saiu da clínica, conseguiu parar de consumir drogas. *My doctor said to **stay off** fried food.* ⇨ Meu médico me disse para parar de consumir frituras.

stay on *vi* permanecer, ficar num lugar (especialmente por mais tempo do que havia sido planejado). *We liked*

Brazil so much we decided to **stay on** for another week, before going on to Argentina. ⇨ Nós gostamos tanto do Brasil, que decidimos permanecer mais uma semana, antes de ir para a Argentina. *Why don't you **stay on** for dinner?* ⇨ Por que você não fica para o jantar?

stay out *vi* ficar fora (especialmente à noite). *David **stayed out** until midnight without phoning to say he would get in late.* ⇨ O David ficou fora até a meia-noite, sem telefonar para dizer que chegaria tarde.

stay out of *vt* ficar fora de, não meter-se em (briga, discussão, assunto de outros). *Paul was pretty rude to Linda, but I thought it better to **stay out of** their argument.* ⇨ O Paul foi bastante grosso com a Linda, mas eu achei melhor ficar fora da briga deles. *This has nothing to do with you, so **stay out of** it!* ⇨ Isso não tem nada a ver com você, então, não se meta!

stay over *vi* passar a noite, dormir (fora de casa). *We missed the last train and had to **stay over** at Don's house.* ⇨ Nós perdemos o último trem e tivemos de dormir na casa de Don. *It's late. Why don't you **stay over**?* ⇨ Está tarde. Por que você não dorme aqui?

stay up *vi* ficar acordado, dormir tarde. *Did you **stay up** late last night? You look tired.* ⇨ Você ficou acordado até tarde ontem à noite? Você parece cansado. *Someone has to **stay up** to put more wood on the fire.* ⇨ Alguém tem de ficar acordado para colocar mais lenha no fogo. *My parents don't let me **stay up** on weekdays.* ⇨ Meus pais não me deixam dormir tarde nos dias de semana.

steal away *vi* sair às escondidas. *We **stole away** from the wedding to have a drink together at the bar on the corner.* ⇨ Nós saímos às escondidas do casamento para tomar um drinque no bar da esquina.

steam up *vi* cobrir-se de vapor. *My glasses **steamed up** when I entered the building.* ⇨ Meus óculos cobriram-se de vapor quando entrei no prédio.

stem from *vt* originar-se de. *The doctor thinks his cancer **stemmed from** his contact with pesticides.* ⇨ O médico acha que o câncer dele originou-se do contato com pesticidas.

step aside 1 *vi* sair do caminho, dar passagem. *I **stepped aside** to let them through the door.* ⇨ Eu saí do caminho para deixá-los passar pela porta. **2** *vi* afastar-se de um cargo (para outro assumir). *I believe that Mr. Harris will **step aside** and let his son run the company.* ⇨ Eu acredito que o Sr. Harris se afastará do seu cargo e deixará o filho tomar conta da empresa.

step down 1 *vi* deixar um cargo (para outro assumir). *Sarah won't **step down** as president before the next election.* ⇨ A Sarah não deixará seu cargo como presidente antes da próxima eleição. **2** *vt* reduzir, diminuir (produção de algo). *We decided to **step down** production of that model because of slow sales.* ⇨ Nós decidimos reduzir a produção daquele modelo diante das baixas vendas.

step in *vi* envolver-se, entrar (em disputa, conflito, argumento). *The bus strike ended when the government **stepped in** and ordered the drivers back to work.* ⇨ A greve de ônibus acabou quando o governo se envolveu e mandou os motoristas voltarem a trabalhar. *Someone **stepped in** to stop the fight.* ⇨ Alguém entrou para apartar a briga.

step on *vt* andar mais depressa. *If you don't **step on** it, we'll be late for the movie.* ⇨ Se você não andar mais depressa, chegaremos atrasados para o filme.

step out *vi* sair por um momento. *Doug **stepped out** to buy the newspaper.* ⇨ Doug saiu por um momento para comprar o jornal.

step up *vt* aumentar (especialmente produção, ritmo). *We need to **step up** production of some of our products.* ⇨ Nós temos de aumentar a produção de alguns dos nossos produtos. *The mayor is **stepping up** the pace to finish the new stadium before summer.* ⇨ O prefeito está aumentando o ritmo para acabar o novo estádio antes do verão.

stick around *vi pop* esperar, ficar por aqui. *We **stuck around** after the show to ask for an autograph.* ⇨ Nós esperamos depois da apresentação para pedir um autógrafo. ***Stick around** a while, and I'll introduce you to the actors.* ⇨ Fique por aqui um pouco, e eu o apresentarei aos atores.

stick at *vt* insistir, persistir (em algo). *Tom and Jenny don't have the best marriage, but they have **stuck at** it for more than 20 years.* ⇨ Tom e Jenny não têm o melhor dos casamentos, mas eles insistiram nele por mais de 20 anos.

stick by 1 *vt* manter-se fiel a (alguém). *I believe Peter is innocent, and I intend to **stick by** him.* ⇨ Eu acredito que o Peter seja inocente e pretendo me manter fiel a ele. **2** *vt* manter-se fiel a (decisão, regra, plano etc.). *Jim was fired because he didn't **stick by** the rules of the company.* ⇨ O Jim foi demitido porque não se manteve fiel às regras da empresa. *Doctors are required to **stick by** a rigorous code of ethics.* ⇨ Os médicos são obrigados a se manter fiéis a um código de ética rigoroso.

stick on 1 *vt* estar obcecado por ideia, objetivo, plano etc. (sempre na voz passiva). *Mark is **stuck on** the idea of buying a sailboat.* ⇨ O Mark está obcecado pela ideia de comprar um veleiro. **2** *vt* estar obcecado por alguém (sempre na voz passiva). *Paul is **stuck on** the new girl who works in the bank.* ⇨ O Paul está obcecado pela nova garota que trabalha no banco.

stick out 1 *vi* sair para fora, ressaltar, projetar-se. *Connect the antenna to the wire that **sticks out** at the back of the television.* ⇨ Conecte a antena ao fio que sai para fora atrás da televisão. *The paleontologist found a dinosaur bone **sticking out** of the embankment.* ⇨ O paleontólogo encontrou um osso de dinossauro projetando-se do barranco. **2** *vi* chamar a atenção, estar visível. *With that red hat you'll **stick out** at the party.* ⇨ Com este chapéu vermelho, você chamará atenção na festa. *The ski instructors wear bright orange uniforms to **stick out**.* ⇨ Os instrutores de esqui usam uniformes cor de laranja, brilhantes, para chamar a atenção. **3** *vt* pôr para fora (língua), esticar (mão, perna, braço etc.). *Don't **stick out** your tongue.* ◆ *Don't **stick** your tongue **out**.* ⇨ Não ponha a língua para fora. *He **stuck out** his hand to greet me.* ◆ *He **stuck** his hand **out** to greet me.* ⇨ Ele esticou a mão para me cumprimentar. **4** *vt* persistir, insistir em (algo). *Karen didn't **stick out** the training course.* ◆ *Karen didn't **stick** the training course **out**.* ⇨ A Karen não persistiu até o final do curso de treinamento. *Even if I don't like living in Alaska, I'll **stick** it **out** until the end of the contract.* ⇨ Mesmo se não gostar de morar no Alasca, eu insistirei até o fim do contrato.

stick to *vt* aderir ou obedecer à (lei, regra), ao (plano, procedimento etc.). *His problem is that he **sticks to** the rules too much.* ⇨ O problema dele é que ele adere demais às regras. ***Stick to** the instructions on the label when you use the product.* ⇨ Obedeça às instruções do rótulo quando usar o produto.

stick together 1 *vt* colar, unir com cola. *You can **stick** it **together** again with carpenter's glue.* ⇨ Você pode uni-lo novamente com cola de marceneiro. **2** *vi* manter-se unidos (especialmente em situação difícil). *The republicans will certainly **stick together** when this goes before congress.* ⇨ Os republicanos, certamente, se manterão unidos quando isso passar pelo congresso. *Let's **stick**

together *and no one will get lost in the cave.* ⇨ Vamos nos manter unidos, e ninguém se perderá na caverna.

stick up 1 *vi* sair para cima; projetar-se para cima; levantar (mãos); ficar em pé (cabelos). *From here you can see the television tower* ***sticking up*** *on the horizon.* ⇨ Daqui você pode ver a torre da televisão projetando-se para cima no horizonte. *Do you remember the punk rockers with their hair* ***sticking up****?* ⇨ Você se lembra dos roqueiros *punk* com seus cabelos em pé? **2** *vt Amer* assaltar (à mão armada). *The security camera caught him* ***sticking up*** *a man in front of the hotel.* ♦ *The security camera caught him* ***sticking*** *a man* ***up*** *in front of the hotel.* ⇨ A câmera de segurança o pegou assaltando um homem à mão armada na frente do hotel.

stick up for 1 *vt* agir em defesa de, tomar o partido de (alguém). *Kelly has a lot of friends that will* ***stick up for*** *her.* ⇨ Kelly tem muitos amigos que tomarão seu partido. **2** *vt* defender ou lutar por (ideia, direito, princípio, valor etc.). *The press united to* ***stick up for*** *the right to free speech.* ⇨ A imprensa se uniu para defender o direito de liberdade de expressão. **3** *refl* defender-se. *You have to* ***stick up for*** *yourself when I'm not around.* ⇨ Você tem de se defender quando eu não estiver por perto.

stick with 1 *vt* manter, preservar (plano, ideia, projeto etc.). *We* ***stuck with*** *the original plan when we built our house, without making any changes.* ⇨ Nós mantivemos a planta original quando construímos a nossa casa, sem fazer modificações. **2** *vt* ficar perto de alguém, colar-se em alguém (especialmente para não se perder). *Remember to* ***stick with*** *the guide at all times.* ⇨ Lembre-se de ficar perto do guia o tempo todo. **3** *vt* ficar na memória (para sempre). *The image of Laura boarding the plane will* ***stick with*** *me forever.* ⇨ A imagem de Laura embarcando no avião ficará para sempre na minha memória.

stink out *vt Brit* espalhar mau cheiro (especialmente em local fechado). *Her cheap perfume* ***stunk out*** *the place.* ♦ *Her cheap perfume* ***stunk*** *the place* ***out****.* ⇨ O seu perfume barato espalhou mau cheiro pelo lugar.

stink up *vt Amer* espalhar mau cheiro (especialmente em local fechado). *You can't* ***stink up*** *the restaurant with your cigars.* ♦ *You can't* ***stink*** *the restaurant* ***up*** *with your cigars.* ⇨ Você não pode espalhar mau cheiro pelo restaurante com seus charutos.

stir in *vt* acrescentar (algo) ao mexer, misturar. ***Stir in*** *a cup of milk and boil for five minutes.* ⇨ Acrescente uma xícara de leite enquanto estiver mexendo e ferva por cinco minutos.

stir up 1 *vt* agitar (pessoas). *His speech* ***stirred up*** *the crowd.* ♦ *His speech* ***stirred*** *the crowd* ***up****.* ⇨ Seu discurso agitou a multidão. **2** *vt* incitar, encorajar. *The press is* ***stirring up*** *support for the new president.* ♦ *The press is* ***stirring*** *support for the new president* ***up****.* ⇨ A imprensa está incitando apoio ao novo presidente. **3** *vt* levantar (poeira). *The car* ***stirred up*** *a cloud of dust on the dirt road.* ♦ *The car* ***stirred*** *a cloud of dust* ***up*** *on the dirt road.* ⇨ O carro levantou uma nuvem de poeira na estrada de terra. **4** *vt* fazer-se lembrar (especialmente em eventos marcantes, doloridos ou tristes). *The old photograph* ***stirred up*** *memories of the good times at my grandparent's farm.* ⇨ A fotografia antiga me fez lembrar dos bons momentos na fazenda dos meus avós.

stitch up 1 *vt* costurar, remendar. *Lucy* ***stitched up*** *the rip in my shirt.* ♦ *Lucy* ***stitched*** *the rip* ***up*** *in my shirt.* ⇨ A Lucy costurou o rasgo na minha camisa. **2** *vt* fechar negócio (geralmente na voz passiva). *The deal is* ***stitched up****.* ⇨ O negócio está fechado. **3** *vt Brit*

stock up (on) ... incriminar alguém (dando falsas informações). *They **stitched up** Barney and made off with the stolen money.* ♦ *They **stitched** Barney **up** and made off with the stolen money.* ⇨ Ele incriminaram o Barney com falsas informações e fugiram com o dinheiro roubado.

stock up (on) *vt+vi* abastecer-se, abastecer. *We had better **stock up on** beer for the party tomorrow.* ⇨ Seria melhor nos abastecermos de cerveja para a festa de amanhã. *We **stock up** the shop a month before the tourists arrive.* ♦ *We **stock** the shop **up** a month before the tourists arrive.* ⇨ Nós abastecemos a loja um mês antes de chegarem os turistas. *I go into town once a month to **stock up**.* ⇨ Eu vou à cidade uma vez por mês para me abastecer.

stop around/round *vt+vi Amer* fazer uma visita rápida, dar uma passada. *I think I'll **stop around/round** the bar for a beer after work.* ⇨ Eu acho que darei uma passada no bar para uma cerveja depois do trabalho. *Can we **stop around/round** tomorrow?* ⇨ Podemos fazer uma visita rápida amanhã?

stop back *vi Amer* retornar, voltar (para um lugar). *I visited Leo in the hospital this morning and I'll try to **stop back** again after work.* ⇨ Eu visitei Leo no hospital hoje de manhã e tentarei retornar depois do trabalho.

stop by *vt+vi* passar ou entrar em (lugar); visitar (alguém) por pouco tempo (especialmente a caminho de outro lugar). *Can you **stop by** the drugstore on your way home from work?* ⇨ Você pode passar na farmácia no caminho de volta do trabalho? *Let's **stop by** and see Richard and Sally after the movie.* ⇨ Vamos visitar Sally e Richard depois do cinema.

stop in *vi* passar ou entrar em (lugar); visitar (alguém) por pouco tempo (especialmente a caminho de outro lugar). *Did you remember to **stop in** at the grocery store and buy some milk?* ⇨ Você se lembrou de passar no mercadinho e comprar leite? ***Stop in** if you come to Montreal.* ⇨ Visite-nos se você vier a Montreal.

stop off *vi* passar em algum lugar, geralmente a caminho de outro lugar. *I have to **stop off** at the post office on my way to school.* ⇨ Eu preciso passar no correio a caminho da escola. *Can you **stop off** and pick up the children at school?* ⇨ Você pode passar na escola e apanhar as crianças?

stop over *vi Amer* parar, fazer escala. *We had to **stop over** in London for an hour.* ⇨ Tivemos de parar em Londres por uma hora. *My flight **stops over** in Boston and Toronto.* ⇨ Meu voo faz escalas em Boston e Toronto.

stop round *V* **stop around/round**.

stop up 1 *vt* entupir, bloquear. *A ball of hair was **stopping up** the drain.* ♦ *A ball of hair was **stopping** the drain **up**.* ⇨ Uma bola de cabelo estava entupindo o ralo. *Don't **stop up** the corridor with your suitcases.* ♦ *Don't **stop** the corridor **up** with your suitcases.* ⇨ Não bloqueie o corredor com as suas malas. **2** *vt* preencher (buraco, furo). *We **stopped up** the hole in the roof with plastic and wood.* ⇨ Nós preenchemos o buraco no telhado com plástico e madeira. **3** *vi Brit* ficar acordado. *The children **stopped up** to celebrate New Year's with us.* ⇨ As crianças ficaram acordadas para celebrar o Ano-Novo conosco.

store away *vt* armazenar, guardar. *Mary **stores away** her jams for the winter.* ♦ *Mary **stores** her jams **away** for the winter.* ⇨ Mary armazena as geleias dela para o inverno.

store up *vt* guardar, reservar (em lugar seguro para uso futuro). *Ken cut and **stored up** firewood for the winter.* ♦ *Ken cut and **stored** firewood **up** for the winter.* ⇨ Ken cortou e guardou lenha para o inverno.

stow away 1 *vt* guardar no devido lugar (roupas, comida etc.). *Sam boarded the sailboat and **stowed away** the food.* ♦ *Sam boarded the sailboat and **stowed** the food **away**.* ⇨ Sam embarcou no veleiro e guardou a comida no seu devido lugar. **2** *vi* embarcar como clandestino. *It seems he **stowed away** on a Dutch freighter and got off in Halifax.* ⇨ Parece-me que ele embarcou como clandestino num cargueiro holandês e desembarcou em Halifax.

straighten out 1 *vt* endireitar, tornar direito o que está torto. *I think I can **straighten out** the axel with a hammer.* ♦ *I think I can **straighten** the axel **out** with a hammer.* ⇨ Eu acho que consigo endireitar o eixo com um martelo. **2** *vt* resolver, solucionar (conflito, assunto, situação, problema etc.). *Karen and Sam are **straightening out** their problems with the help of a therapist.* ♦ *Karen and Sam are **straightening** their problems **out** with the help of a therapist.* ⇨ Karen e Sam estão resolvendo seus problemas com a ajuda de uma terapeuta. *Have you **straightened out** where everyone is going to sleep?* ⇨ Você resolveu onde todo mundo vai dormir? **3** *vt* melhorar o comportamento, endireitar (alguém). *Judy managed to **straighten out** Steven and keep him off drugs.* ♦ *Judy managed to **straighten** Steven **out** and keep him off drugs.* ⇨ A Judy conseguiu endireitar Steven e mantê-lo livre das drogas. **4** *refl* endireitar-se, tornar-se responsável. *I need some time to **straighten** myself **out** before I go back to university.* ⇨ Eu preciso de um tempo para me endireitar antes de voltar para a universidade.

straighten up 1 *vi* endireitar-se (com a coluna reta). ***Straighten up** or you'll hurt your back.* ⇨ Endireite-se ou você machucará as suas costas. **2** *vt* arrumar, pôr ordem em (casa, escrivaninha, quarto etc.). *Help me to **straighten up** the apartment before they arrive.* ♦ *Help me to **straighten** the apartment **up** before they arrive.* ⇨ Ajude-me a arrumar o apartamento antes que eles cheguem.

stretch out 1 *vt* esticar (mão, braço). *I **stretched out** my hand to greet him.* ♦ *I **stretched** my hand **out** to greet him.* ⇨ Eu estiquei a mão para cumprimentá-lo. **2** *vi* esticar-se, espalhar-se, deitar com os braços e pernas esticadas. *Sam and Jenny **stretched out** on the sofa to watch the movie.* ⇨ Sam e Jenny se esticaram no sofá para ver o filme. **3** *vt* fazer durar por um determinado tempo (dinheiro, comida). *I don't know how Sally manages to **stretch out** her pay until the end of the month.* ♦ *I don't know how Sally manages to **stretch** her pay **out** until the end of the month.* ⇨ Eu não sei como a Sally consegue fazer o seu salário durar até o final do mês. *We have to **stretch out** the food until we can get to town.* ♦ *We have to **stretch** the food **out** until we can get to town.* ⇨ Nós temos de fazer a comida durar até podermos ir à cidade.

strike back *vi* revidar, retaliar. *If he had hit me, I would have **struck back**.* ⇨ Se ele tivesse me batido, eu teria revidado. *The army is waiting for the rebels to **strike back** after the attack.* ⇨ O exército está esperando os rebeldes retaliarem depois do ataque.

strike down 1 *vt* derrubar com golpe, derrubar no chão (alguém). *Jamie **struck down** the intruder with a frying pan.* ♦ *Jamie **struck** the intruder **down** with a frying pan.* ⇨ Jamie derrubou o invasor no chão com uma frigideira. **2** *vt* estar debilitado por (doença), morrer de (sempre na voz passiva). *Joan was **struck down** with the flu and couldn't go to the party.* ⇨ Joan estava debilitada por uma gripe e não pôde ir à festa. *His uncle was **struck down** by malaria in Africa.* ⇨ O tio dele morreu de malária na África.

strike out 1 *vi* golpear, dar golpes em. *Sandra **struck out** and ran from the attacker.* ⇨ A Sandra golpeou o agressor e fugiu dele. **2** *vi Amer pop* fracassar, falhar. *I didn't get the job. I **struck out** in the interview.* ⇨ Eu não consegui o emprego. Eu fracassei na entrevista. **3** *vi* ir em direção a (especialmente com determinação ou entusiasmo). *We **struck out** towards the mountain on our horses.* ⇨ Nós fomos, a cavalo, em direção à montanha. **4** *vt* riscar com caneta ou lápis (algo escrito). *I **struck out** three names from the list.* ♦ *I **struck** three names **out** from the list.* ⇨ Eu risquei três nomes da lista.

strike up 1 *vt* iniciar, começar (conversa, relacionamento). *She **struck up** a conversation with the girl beside her on the bus.* ⇨ Ela iniciou uma conversa com a garota ao seu lado no ônibus. *I **struck up** a lot of friendships on the cruise.* ⇨ Eu iniciei muitas amizades no cruzeiro. **2** *vt* começar a tocar (música). *The orchestra **struck up** a waltz and the guests began to dance.* ⇨ A orquestra começou a tocar uma valsa e os convidados começaram a dançar.

string along 1 *vt* enganar, ludibriar. *Janet **strung along** Richard for years before he discovered that she wanted his money.* ♦ *Janet **strung** Richard **along** for years before he discovered that she wanted his money.* ⇨ Janet enganou o Richard durante anos antes que ele descobrisse que ela estava atrás do dinheiro dele. **2** *vi* ir junto, acompanhar (especialmente quando não tem planos). *If you want to **string along**, I'm just going to the post office.* ⇨ Se você quiser ir junto, eu estou apenas indo ao correio.

string together *vt* juntar ou ligar palavras (especialmente com dificuldade). *He was so drunk he could barely **string together** two words.* ♦ *He was so drunk he could barely **string** two words **together**.* ⇨ Ele estava tão bêbado que mal conseguia juntar duas palavras.

string up 1 *vt* pendurar, dependurar com barbante ou corda (enfeite, fio de luzes). *Andrew **strung up** baloons with string for the party.* ♦ *Andrew **strung** baloons **up** with string for the party.* ⇨ O Andrew pendurou bexigas com barbante para a festa. **2** *vt* enforcar, supliciar na forca. *It's one of those cowboy films where they **string up** the bad guys at the end.* ♦ *It's one of those cowboy films where they **string** the bad guys **up** at the end.* ⇨ É um daqueles filmes de caubói nos quais eles enforcam os bandidos no final.

strip away 1 *vt* remover ou tirar camadas de (pintura, solo, sujeira). *It will be a lovely table after I **strip away** the old paint.* ♦ *It will be a lovely table after I **strip** the old paint **away**.* ⇨ Será uma mesa linda depois que eu remover as camadas de tinta velha. **2** *vt* enxergar ou ver além da aparência (alguém, algo), desmascarar. *When you **strip away** all the glamour, she's just a regular girl.* ♦ *When you **strip** all the glamour **away**, she's just a regular girl.* ⇨ Quando você enxerga além do *glamour*, ela é apenas uma garota comun. *Try to **strip away** all that expensive new packaging and see if the product really is better.* ⇨ Tente ver além da embalagem nova e cara e observe se o produto é realmente melhor.

strip off *vt* remover, tirar (roupas ou peça de roupa). *Sharon **stripped off** her clothes and jumped into the swimming pool.* ♦ *Sharon **stripped** her clothes **off** and jumped into the swimming pool.* ⇨ A Sharon tirou as roupas e pulou na piscina.

struggle on *vi* esforçar-se, fazer esforço (diante de algo difícil). *I will have to **struggle on** all night to finish this report for tomorrow.* ⇨ Eu precisarei me esforçar a noite toda para acabar este relatório para amanhã. *Selling door to door isn't easy, but Morris **struggles on**.* ⇨ Vender de porta em porta não é fácil, mas o Morris continua batalhando.

stub out *vt* apagar, extinguir (cigarro, charuto). *Jerry, don't stub out your cigar on your plate!* ◆ *Jerry, don't stub your cigar out on your plate!* ⇨ Jerry, não apague o seu charuto no prato!

stumble across/on/upon *vt* achar ou encontrar por acaso. *Two boys stumbled across/on/upon the dinosaur bones while hiking in the mountains.* ⇨ Dois garotos acharam, por acaso, ossos de dinossauro enquanto caminhavam pelas montanhas. *I stumbled across/on/upon Peter at the post office and we went out for a drink.* ⇨ Eu me encontrei com Peter no correio por acaso, e fomos tomar um drinque.

stumble on *V* stumble across/on/upon.

stumble upon *V* stumble across/on/upon.

subscribe to *vt* apoiar, aprovar (ideia, ponto de vista etc.). *William subscribes to the idea that education should be free for all.* ⇨ O William apoia a ideia de que a educação deve ser gratuita para todos.

sucker into *vt Amer gír* iludir ou enganar alguém para fazer ou esperar algo (sempre seguido de um verbo no gerúndio). *The sailors were suckered into signing the contract with promises of easy work.* ⇨ Os marinheiros foram iludidos a assinar o contrato, com promessas de trabalho fácil. *The real estate agente suckered Bob into buying an expensive apartment.* ⇨ O corretor enganou Bob e fez com que ele comprasse um apartamento caro.

suck in *vt* fazer com que alguém se envolva com algo. *I managed to suck in Sally, so at least I have someone helping me make the decorations.* ◆ *I managed to suck Sally in, so at least I have someone helping me make the decorations.* ⇨ Eu consegui fazer a Sally se envolver, então, pelo menos, tenho alguém me ajudando a fazer as decorações.

suck off *vt gír vulg* fazer chupeta, praticar felação. *She sucked off Tom in the car.* ◆ *She sucked Tom off in the car.* ⇨ Ela fez uma chupeta no Tom dentro do carro.

suck up to *vt gír* puxar o saco, bajular. *Leonard is sucking up to the new boss.* ⇨ O Leonard está puxando o saco do novo chefe.

summon up *vt* criar, tomar (coragem, força). *I summoned up enough courage and asked her to marry me.* ◆ *I summoned enough courage up and asked her to marry me.* ⇨ Eu criei coragem e a pedi em casamento.

sum up 1 *vt* somar, fazer a soma de. *If we sum up the food and wine it comes to fifty-seven dollars.* ◆ *If we sum the food and wine up it comes to fifty--seven dollars.* ⇨ Se nós somarmos a comida e o vinho dá cinquenta e sete dólares. **2** *vt+vi* resumir, recapitular. *The first paragragh sums up the recent developments in cancer treatment.* ◆ *The first paragragh sums the recent developments in cancer treatment up.* ⇨ O primeiro parágrafo resume os desenvolvimentos recentes no tratamento do câncer. *Can you sum up before continuing any further?* ⇨ Você pode recapitular antes de prosseguir? **3** *vt* avaliar (situação ou pessoa). *How would you sum up the situation in the stock market today?* ◆ *How would you sum the situation in the stock market today up?* ⇨ Como você avaliaria a situação na bolsa de valores hoje? *It's hard to sum up George, but I believe he's honest.* ◆ *It's hard to sum George up, but I believe he's honest.* ⇨ É difícil avaliar George, mas eu acredito que ele é honesto.

swallow up 1 *vt* comprar, adquirir (empresa de porte menor). *They swallowed up most of their competitors to become the largest cement producer in the country.* ◆ *They swallowed most of their competitors up to become the largest*

swarm with / swill down

cement producer in the country. ⇨ Eles compraram a maioria das empresas dos concorrentes para se tornarem o maior produtor de cimento do país. **2** *vt* consumir, comer (dinheiro). *The new roof **swallowed up** my savings.* ♦ *The new roof **swallowed** my savings **up**.* ⇨ O telhado novo consumiu a minha poupança.

swarm with *vt* fervilhar, estar repleto de (insetos, pessoas). *The film festival was **swarming with** Hollywood actors.* ⇨ O festival de cinema estava fervilhando de atores de Hollywood.

swear by *vt* ter confiança em (alguém ou algo); acreditar no efeito de algo (não é usado nos tempos progressivos). *Peter **swears by** that plumber, so I called him to fix the bathroom.* ⇨ O Peter tem confiança naquele encanador, então eu o chamei para consertar o banheiro. *Try this oven cleaner, I **swear by** it.* ⇨ Experimente este limpador de forno, eu confio na sua eficácia.

swear in *vi* prestar juramento. *The witness **sworn in** before the judge.* ⇨ A testemunha prestou juramento diante do juiz.

swear off *vt pop* decidir parar de usar ou consumir algo danoso (especialmente álcool, drogas, comidas etc.). *Didn't you **swear off** booze?* ⇨ Você não decidiu parar de consumir álcool? *I've **sworn off** sweets until I lose five kilos.* ⇨ Eu decidi parar de comer doces até perder cinco quilos.

sweat out 1 *vi* esperar ou aguardar ansiosamente. *We **sweated** it **out** for days, wondering if the rescue team would find us.* ⇨ Nós esperamos ansiosamente durante dias, imaginando se a equipe de resgate iria nos encontrar. **2** *vt* eliminar ou livrar-se de algo por meio do suor (doença, droga, substância química etc.). *The indians believed you could **sweat out** diseases.* ♦ *The indians believed you could **sweat** diseases **out**.* ⇨ Os índios acreditavam poder se livrar de doenças por meio do suor.

sweat over *vt pop* dar um duro, por muito tempo, em algo. *Mary **sweated over** the organization of the wedding party.* ⇨ A Mary deu um duro, por muito tempo, na organização da festa de casamento.

sweep aside 1 *vt* ignorar, descartar (ideia ou sugestão). *The regional manager **swept aside** any suggestions and basically told us to shut up.* ⇨ O gerente regional ignorou qualquer sugestão e basicamente nos mandou calar a boca. **2** *vt* derrotar oponente com facilidade (esporte). *Canada **swept aside** the American team in the hockey championship.* ♦ *Canada **swept** the American team **aside** in the hockey championship.* ⇨ O Canadá derrotou, com facilidade, o time americano no campeonato de hóquei.

sweep out *vt* varrer, limpar varrendo. *Jack **sweeps out** the barn every morning.* ♦ *Jack **sweeps** the barn **out** every morning.* ⇨ O Jack varre o celeiro todas as manhãs.

sweep up 1 *vt+vi* varrer, limpar varrendo. *Mary **swept up** the kitchen.* ♦ *Mary **swept** the kitchen **up**.* ⇨ A Mary varreu a cozinha. *It's your turn to **sweep up**.* ⇨ É a sua vez de varrer. **2** *vt* emocionar, arrastar pela emoção (geralmente na voz passiva). *We were **swept up** by the excitement of the game.* ⇨ Nós ficamos emocionados pela excitação do jogo.

swell up *vi* inchar, inflamar (parte do corpo). *Robert's knee **swelled up** after the game.* ⇨ O joelho de Robert inchou depois do jogo.

swill down *vt pop* encher a cara avidamente (grande quantidade de álcool). *I found Paul in a bar, **swilling down** beer.* ♦ *I found Paul in a bar, **swilling** beer **down**.* ⇨ Eu encontrei Paul num bar, enchendo a cara de cerveja.

swing around/round 1 *vi* virar-se, girar o corpo (para olhar para trás). *Linda swung around/round to talk to the girl behind her.* ⇨ Linda virou-se para falar com a garota que estava atrás dela. **2** *vi* mudar de ideia, opinião. *He has swung around/round again, and now we're going to New Zealand on our vacation.* ⇨ Ele mudou de ideia, novamente, e agora vamos para a Nova Zelândia nas férias.

swing at *vt* tentar bater em alguém (com a mão ou munido de algo). *Bob swung at him with a stick, but he missed.* ⇨ Bob tentou bater nele com um pau, mas errou.

swing by *vi Amer* passar ou entrar em algum lugar; fazer uma visitinha a alguém (especialmente a caminho de outro lugar). *I have to swing by the bank.* ⇨ Eu preciso passar no banco. *Let's swing by Helen's for a drink before the show.* ⇨ Vamos passar pela casa de Helen para tomar um drinque antes da apresentação.

swing round *V* swing around/round.

switch around/round *vt* mudar, trocar de lugar. *We switched around/round the furniture and now the apartment seems larger.* ♦ *We switched the furniture around/round and now the apartment seems larger.* ⇨ Nós mudamos os móveis de lugar, e agora o apartamento parece maior. *This is my drink and that's yours, or did I switch them around/round?* ⇨ Este é o meu drinque e aquele é o seu, ou eu os troquei?

switch off 1 *vt* desligar (rádio, televisão, motor); apagar (luz). *You forgot to switch off the TV.* ♦ *You forgot to switch the TV off.* ⇨ Você esqueceu de desligar a TV. *Switch off the light when you leave the room.* ♦ *Switch the light off when you leave the room.* ⇨ Apague a luz ao sair da sala. **2** *vi* parar de prestar atenção em algo, desligar. *A lot of students switch off when the teacher starts to talk about drugs.* ⇨ Muitos alunos param de prestar atenção quando o professor começa a falar sobre drogas.

switch on *vt* ligar (rádio, televisão, motor); acender (luz). *The motor made a funny noise when I switched it on.* ⇨ O motor fez um barulho estranho quando eu o liguei. *Switch on the light; it's dark.* ♦ *Switch the light on; it's dark.* ⇨ Acenda a luz; está escuro.

switch over 1 *vi* mudar, trocar (de alguma coisa para outra). *I switched over to solar heating two years ago.* ⇨ Eu mudei para aquecimento solar há dois anos. *Mary switched over to organic vegetables.* ⇨ A Mary mudou para verduras orgânicas. **2** *vi* mudar de canal (televisão). *Switch over to channel seven and see if the game has started.* ⇨ Mude para o canal sete e veja se o jogo já começou.

switch round *V* switch around/round.

t

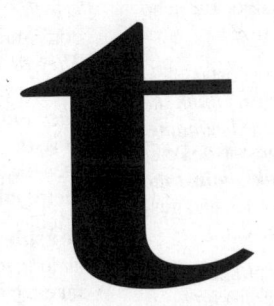

tack down *vt* prender, afixar algo (especialmente no chão, com percevejo ou tacha). *We're going to **tack down** the edges of the carpet after lunch.* ◆ *We're going to **tack** the edges of the carpet **down** after lunch.* ⇨ Nós vamos prender as bordas do carpete com tachas depois do almoço.

tack on 1 *vt* fazer um adendo a. *My lawyer is going to **tack on** a new clause at the end of the contract.* ◆ *My lawyer is going to **tack** a new clause **on** at the end of the contract.* ⇨ O meu advogado vai fazer um adendo no fim do contrato. **2** *vt* alinhavar, coser as partes de uma roupa, antes de passar a costura à máquina. *Now you have to **tack on** the sleeves before sewing them.* ◆ *Now you have to **tack** the sleeves **on** before sewing them.* ⇨ Agora, você tem de alinhavar as mangas às outras partes da roupa antes de costurá-las.

tack up *vt* afixar, prender algo (geralmente na parede, com percevejo ou tacha). *We **tacked up** a few posters on the wall.* ◆ *We **tacked** a few posters **up** on the wall.* ⇨ Nós afixamos alguns pôsteres na parede.

tag after/behind *vi pop* ir atrás, ir junto com alguém (sem ser convidado). *Let's **tag after/behind** Tom and see what he's up to.* ⇨ Vamos atrás do Tom e ver do que ele está a fim. *Every time we decide to go somewhere, Joan **tags after/behind**.* ⇨ Toda vez que decidimos ir a algum lugar, Joan vem atrás.

tag along *vi pop* acompanhar alguém, ir junto com alguém (a contragosto). *I dislike parties, but I have to **tag along** with my wife.* ⇨ Eu não gosto de festas, mas, a contragosto, tenho de acompanhar minha esposa.

tag behind *V* **tag after/behind**.

tail off *vi* diminuir, decrescer aos poucos. *During a recession, sales tend to **tail off**.* ⇨ Durante uma recessão, as vendas tendem a diminuir aos poucos. *When Lisa heard the bad news her voice **tailled off** and she fainted.* ⇨ Quando Lisa ouviu as más notícias, sua voz diminuiu aos poucos e ela desmaiou.

take aback *vt* surpreender, espantar alguém, diante de crítica, observação, resposta etc. (geralmente na voz passiva). *Mr. Klein's criticism **took** the boys **aback**.* ⇨ A crítica do Sr. Klein surpreendeu os rapazes. *I was **taken aback** by Alice's decision.* ⇨ Eu fiquei espantado com a decisão de Alice.

take after *vt* parecer-se com, assemelhar-se a, geralmente, os pais ou os avós (características físicas ou comportamentais). *Henry is tall and strong. He **takes after** his father.* ⇨ Henry é alto e forte. Ele se parece com o pai. *Laura is not fond of work. I think* she **takes after** her mother. ⇨ Laura não é chegada ao trabalho. Eu acho que ela se assemelha à mãe.

take against vt Brit não gostar, desgostar (de algo ou alguém). *I think she took against Peter from the beginning.* ⇨ Eu acho que ela não gostou de Peter logo de início. *They took against the project immediately.* ⇨ Eles não gostaram do projeto logo de cara.

take apart 1 vt desmontar, retirar as partes de um todo. *The mechanic is going to take apart the engine and see what is wrong with it.* ♦ *The mechanic is going to take the engine apart and see what is wrong with it.* ⇨ O mecânico vai desmontar o motor e verificar o que há de errado com ele. **2** vt pop vencer, derrotar (alguém em competição esportiva). *The Brazilian boxer took apart his challenger in the second round.* ♦ *The Brazilian boxer took his challenger apart in the second round.* ⇨ O boxeador brasileiro derrotou o seu desafiante no segundo assalto. **3** vt Amer pegar, dar uma surra em. *Tony's gang threatened to take apart Mike and his friend.* ♦ *Tony's gang threatened to take Mike and his friend apart.* ⇨ A gangue de Tony ameaçou pegar Mike e o amigo dele. **4** vt criticar severamente alguém ou algo escrito por alguém. *Mr. Wilson took apart his co-workers for boycotting the training program.* ♦ *Mr. Wilson took his co-workers apart for boycotting the training program.* ⇨ O Sr. Wilson criticou severamente seus colegas de trabalho por boicotarem o programa de treinamento. *I'm sure the New York critics will take apart Mr. Miller's new novel.* ♦ *I'm sure the New York critics will take Mr. Miller's new novel apart.* ⇨ Eu tenho certeza de que os críticos de Nova York vão criticar severamente o novo romance do Sr. Miller.

take around/round vt levar alguém para conhecer ou visitar um lugar. *I'm going to take around/round the guests to see the house.* ♦ *I'm going to take the guests around/round to see the house.* ⇨ Eu vou levar os convidados para conhecer a casa. *They took around/round Margareth to visit the Metropolitan Museum.* ♦ *They took Margareth around/round to visit the Metropolitan Museum.* ⇨ Eles levaram Margareth para visitar o Metropolitan Museum.

take aside vt puxar alguém de lado, afastar alguém de um grupo (para conversar em particular). *I took aside Angela to warn her against those people.* ♦ *I took Angela aside to warn her against those people.* ⇨ Eu puxei Ângela de lado para preveni-la contra aquelas pessoas.

take away 1 vt retirar, levar embora. *Please ask the maid to take away the plates.* ♦ *Please ask the maid to take the plates away.* ⇨ Por favor, peça à empregada para retirar os pratos. **2** vt tirar, eliminar (sentimento, disposição). *Even though she is seventy-five, nothing takes away her enthusiasm for life.* ♦ *Even though she is seventy-five, nothing takes her enthusiasm for life away.* ⇨ Embora ela tenha setenta e cinco anos, nada lhe tira o entusiasmo pela vida. *Sheila eats a lot. Nothing seems to take away her appetite.* ♦ *Sheila eats a lot. Nothing seems to take her appetite away.* ⇨ Sheila come demais. Nada parece tirar o apetite dela. **3** vt levar ou conduzir alguém para um determinado lugar. *John is taking away the children for a weekend in Miami.* ♦ *John is taking the children away for a weekend in Miami.* ⇨ John vai levar as crianças para um fim de semana em Miami. *The police arrived early in the morning and took away Bill to the precinct.* ♦ *The police arrived early in the morning and took Bill away to the precinct.* ⇨ A polícia chegou de manhã bem cedo e conduziu Bill ao distrito policial.

take away from 1 vt cortar, tirar algo de alguém. *The new sales director intends to take away part of the*

take back · take for

commission **from** the salesmen. ◆ The new sales director intends to **take** part of the commission **away from** the salesmen. ⇨ O novo diretor de vendas pretende cortar parte da comissão dos vendedores. **2** *vt* tirar ou suprimir algo de alguém (por ser perigoso ou imerecido). **Take away** that box of matches **from** the child. ◆ **Take** that box of matches **away from** the child. ⇨ Tire aquela caixa de fósforos da criança. The government **took away** some privileges **from** Congressmen. ◆ The government **took** some privileges **away from** Congressmen. ⇨ O governo suprimiu alguns privilégios dos deputados federais. **3** *vt* subtrair, tirar. How much do you have left if you **take away** seven **from** eleven? ◆ How much do you have left if you **take** seven **away from** eleven? ⇨ Quanto sobra se você subtrair sete de onze?

take back 1 *vt* devolver, dar de volta (algo emprestado). I must **take back** these books to Elizabeth. ◆ I must **take** these books **back** to Elizabeth. ⇨ Eu preciso devolver esses livros à Elizabeth. **2** *vt* aceitar algo de volta (geralmente para troca ou reembolso). I'm sure they won't **take back** the dress if the price tag is removed. ◆ I'm sure they won't **take** the dress **back** if the price tag is removed. ⇨ Eu tenho certeza de que eles não aceitarão o vestido de volta se a etiqueta de preço for retirada. **3** *vt* aceitar alguém de volta (em emprego ou relacionamento amoroso). Mr. Clift will **take back** Nancy to work for the company whenever she wants. ◆ Mr. Clift will **take** Nancy **back** to work for the company whenever she wants. ⇨ O Sr. Clift aceitará Nancy de volta para trabalhar na empresa quando ela quiser. Louisie should **take back** her husband. ◆ Louisie should **take** her husband **back**. ⇨ Louisie deveria aceitar o marido de volta. **4** *vt* levar ou devolver alguém. I'm going to **take back** the children to their mother. ◆ I'm going to **take** the children **back** to their mother. ⇨ Eu vou levar as crianças para a mãe delas. **5** *vt* transportar, levar mentalmente. That movie **took back** Cindy to her college days in New York. ◆ That movie **took** Cindy **back** to her college days in New York. ⇨ Aquele filme transportou Cindy para o seu tempo de faculdade em Nova York.

take down 1 *vt* tirar, retirar algo do alto (geralmente da parede, do armário, da estante etc.). We have to **take down** the curtains before the painter arrives. ◆ We have to **take** the curtains **down** before the painter arrives. ⇨ Nós precisamos tirar as cortinas antes que o pintor chegue. Peter has already **taken down** all the boxes from the shelf. ◆ Peter has already **taken** all the boxes **down** from the shelf. ⇨ Peter já retirou todas as caixas da estante. **2** *vt* desmontar, retirar as partes de um todo. They're going to **take down** the scaffolding tomorrow morning. ◆ They're going to **take** the scaffolding **down** tomorrow morning. ⇨ Eles vão desmontar o andaime amanhã de manhã. **3** *vt* anotar, tomar nota de. Please **take down** my telephone number. ◆ Please **take** my telephone number **down**. ⇨ Por favor, anote o número do meu telefone. She always **takes down** everything Professor Gradman says in his lectures. ◆ She always **takes** everything Professor Gradman says in his lectures **down**. ⇨ Ela sempre toma nota de tudo o que o professor Gradman fala em suas aulas expositivas. **4** *vt* baixar, descer (as calças). The doctor asked me to **take down** my pants to see the boil. ◆ The doctor asked me to **take** my pants **down** to see the boil. ⇨ O médico me pediu para baixar as calças para examinar o furúnculo.

take for *vt* considerar, tomar. I took Leslie **for** a loyal friend, but I was mistaken. ⇨ Eu considerava Leslie um amigo leal, mas estava enganado. Lucia's English is so good that people

take in *take* her *for a native speaker.* ⇨ O inglês de Lúcia é tão bom que as pessoas a tomam por falante nativa.

take in 1 *vt* hospedar, dar hospedagem a (muitas vezes em troca de pagamento). *In order to make some extra money, Mrs. Michaels* **takes in** *students.* ♦ *In order to make some extra money, Mrs. Michaels* **takes** *students* **in**. ⇨ A fim de ter um dinheiro extra, a Sra. Michaels dá hospedagem a estudantes. *When the Martins' house collapsed, we* **took in** *the whole family.* ♦ *When the Martins' house collapsed, we* **took** *the whole family* **in**. ⇨ Quando a casa dos Martin desabou, nós hospedamos a família toda. **2** *vt* aceitar, consentir em receber alguém (escola, hospital, asilo). *Our boarding school is planning to* **take in** *some more students next year.* ♦ *Our boarding school is planning to* **take** *some more students* **in** *next year.* ⇨ O nosso internato está planejando receber alguns alunos a mais no próximo ano. *A rest home in Baltimore* **took in** *Mr. Rodgers.* ♦ *A rest home in Baltimore* **took** *Mr. Rodgers* **in**. ⇨ Uma casa de repouso em Baltimore consentiu em receber o Sr. Rodgers. **3** *vt pop* enganar, tapear alguém. *It's really easy to* **take in** *Audrey. She's completely naive.* ♦ *It's really easy to* **take** *Audrey* **in**. *She's completely naive.* ⇨ É realmente fácil enganar a Audrey. Ela é completamente ingênua. **4** *vt* ajustar, apertar (roupa). *Rosalind is going to* **take in** *my dress at the waist.* ♦ *Rosalind is going to* **take** *my dress* **in** *at the waist.* ⇨ Rosalind vai ajustar a cintura do meu vestido. **5** *vt* olhar ou observar algo cuidadosamente. *We went on a city tour yesterday and* **took in** *all the colonial churches.* ♦ *We went on a city tour yesterday and* **took** *all the colonial churches* **in**. ⇨ Ontem nós fizemos um giro turístico pela cidade e observamos cuidadosamente as igrejas coloniais. **6** *vt* incluir, abranger algo. *Our tour in Europe* **takes in** *England, France, Italy, Spain, and Portugal.* ♦ *Our tour in Europe* **takes** *England, France, Italy, Spain, and Portugal* **in**. ⇨ A nossa excursão à Europa inclui Inglaterra, França, Itália, Espanha e Portugal. *Sandra's report* **takes in** *all types of urban violence.* ♦ *Sandra's report* **takes** *all types of urban violence* **in**. ⇨ O relatório de Sandra abrange todos os tipos de violência urbana. **7** *vt* fazer algo em casa para ganhar dinheiro (costurar, lavar roupa, cozinhar etc.). *She* **takes in** *sewing to support her children.* ♦ *She* **takes** *sewing* **in** *to support her children.* ⇨ Ela costura para fora para sustentar os filhos. **8** *vt Amer* visitar, ver (exposição, galeria, museu). *Ingrid and I* **took in** *some museums while we were in Paris.* ♦ *Ingrid and I* **took** *some museums* **in** *while we were in Paris.* ⇨ Ingrid e eu visitamos alguns museus enquanto estávamos em Paris. **9** *vt* ver, assistir a (filme). *After visiting Dolores we could* **take in** *a movie.* ♦ *After visiting Dolores we could* **take** *a movie* **in**. ⇨ Depois de visitar Dolores, nós poderíamos assistir a um filme. **10** *vt* levar algo para ser consertado (carro, TV, vídeo etc.). *I'm going to* **take in** *my car to have the engine tuned.* ♦ *I'm going to* **take** *my car* **in** *to have the engine tuned.* ⇨ Eu vou levar o meu carro para regular o motor.

take off 1 *vt* tirar do corpo; despir(-se). *If I* **take off** *my glasses I can't see properly.* ♦ *If I* **take** *my glasses* **off** *I can't see properly.* ⇨ Se eu tirar os óculos, não consigo enxergar direito. *She never* **takes off** *her clothes in front of people.* ♦ *She never* **takes** *her clothes* **off** *in front of people.* ⇨ Ela nunca se despe diante das pessoas. **2** *vi* decolar; levantar voo (aeronave ou pássaro). *The plane* **took off** *from Atlanta a few minutes ago.* ⇨ O avião decolou de Atlanta há alguns minutos. *The pigeon spread its wings and* **took off**. ⇨ O pombo abriu as asas e levantou voo. **3** *vi* decolar, deslanchar. *Banderas's career really* **took off** *when he went to*

Hollywood. ⇨ A carreira de Banderas realmente decolou quando ele foi para Hollywood. **4** *vt* tirar folga, folgar. *Fred is really tired. He should **take off** some days and get some rest.* ◆ *Fred is really tired. He should **take** some days **off** and get some rest.* ⇨ Fred está realmente cansado. Ele deveria tirar alguns dias de folga e descansar. **5** *vi pop* cair fora, dar no pé. *They simply **took off** when Peter entered the room.* ⇨ Eles simplesmente caíram fora quando Peter entrou na sala. **6** *vt pop* imitar, arremedar. *Ron is a potential comedian. He's really good at **taking off** people.* ◆ *Ron is a potential comedian. He's really good at **taking** people **off**.* ⇨ Ron é um comediante em potencial. Ele é realmente bom ao imitar pessoas. **7** *vt Amer gir* tirar, roubar. *The two armed guys entered the store and **took off** some jewels.* ◆ *The two armed guys entered the store and **took** some jewels **off**.* ⇨ Os dois caras armados entraram na loja e roubaram algumas joias. **8** *vt* amputar, cortar. *Gangrene had set in and the doctors **took off** his leg above the knee.* ◆ *Gangrene had set in and the doctors **took** his leg **off** above the knee.* ⇨ A gangrena se instalou e os médicos tiveram de amputar a perna dele acima do joelho. **9** *vt* tirar de cartaz (peça, ópera, show). *The producers are going to **take off** the play because it's a real failure.* ◆ *The producers are going to **take** the play **off** because it's a real failure.* ⇨ Os produtores vão tirar a peça de cartaz porque é um fracasso total. **10** *vt* descontar, deduzir. *He promised to **take off** two hundred dollars from the original price.* ◆ *He promised to **take** two hundred dollars **off** from the original price.* ⇨ Ele prometeu deduzir duzentos dólares do preço original. **11** *vt* retirar, tirar algo (do cardápio de um restaurante). *Because of the high costs, we **took off** sea food from our menu.* ◆ *Because of the high costs, we **took** sea food **off** from our menu.* ⇨ Por causa dos altos custos, nós retiramos frutos do mar do nosso cardápio. **12** *vt* levar alguém para algum lugar (geralmente na voz passiva). *He was **taken off** to hospital.* ⇨ Ele foi levado para o hospital. **13** *refl* ir para algum lugar. *Sylvia plans to quit her job and **take** herself **off** to Italy.* ⇨ Sylvia tem planos de sair do emprego e ir para a Itália. **14** *vt* retirar, eliminar (um medicamento do tratamento ou um alimento da dieta). *The doctor said he's going to **take** Tony **off** Prozac.* ⇨ O médico disse que vai retirar o Prozac do tratamento de Tony. *I decided to **take** red meat **off** my diet.* ⇨ Eu decidi eliminar carne vermelha da minha dieta. **15** *vt* tirar alguém de uma função ou atividade (geralmente por não desempenhá-la bem). *I think we'll have to **take** Peter **off** the sales team if he doesn't improve.* ⇨ Eu acho que teremos de tirar Peter da equipe de vendas se ele não melhorar.

take on 1 *vt* contratar, admitir. *They always **take on** extra waiters in summer.* ◆ *They always **take** extra waiters **on** in summer.* ⇨ Eles sempre contratam garçons extras no verão. *Mr. Penn fired Joan and **took on** a new secretary.* ◆ *Mr. Penn fired Joan and **took** a new secretary **on**.* ⇨ O Sr. Penn mandou Joan embora e admitiu uma nova secretária. **2** *vt* assumir ou aceitar algo, geralmente tarefa ou função com muita responsabilidade. *Since I was promoted, I have had to **take on** greater responsibilities.* ◆ *Since I was promoted, I have had to **take** greater responsibilities **on**.* ⇨ Desde que fui promovido, tive de assumir maiores responsabilidades. **3** *vt* adquirir, passar a ter (algo novo). *After getting a divorce, her face has **taken on** a healthy look.* ⇨ Depois de obter o divórcio, a cara dela adquiriu um ar saudável. *Words **take on** different meanings depending upon the context.* ⇨ As palavras passam a ter

take out

significados diferentes, dependendo do contexto. **4** *vt* pegar, apanhar (passageiro, carga, combustível). *The bus is going to stop briefly in Kearny to **take on** some passengers.* ♦ *The bus is going to stop briefly in Kearny to **take** some passengers **on**.* ⇨ O ônibus vai parar rapidamente em Kearny para pegar alguns passageiros. *Our ship will have to stop at the nearest port to **take on** fuel.* ♦ *Our ship will have to stop at the nearest port to **take** fuel **on**.* ⇨ O nosso navio terá de parar no porto mais próximo para pegar combustível.

take out 1 *vt* tirar, retirar. *She opened her bag and **took out** a present for me.* ♦ *She opened her bag and **took** a present **out** for me.* ⇨ Ela abriu a bolsa e tirou um presente para mim. **2** *vt* retirar, tomar emprestado. *I'm going to **take out** some books from the library.* ♦ *I'm going to **take** some books **out** from the library.* ⇨ Eu vou retirar alguns livros da biblioteca. **3** *vt* tirar empréstimo (de banco ou financeira). *Chris **took out** three thousand dollars to spend over his vacation in China.* ♦ *Chris **took** three thousand dollars **out** to spend over his vacation in China.* ⇨ Chris tirou um empréstimo de três mil dólares para gastar nas suas férias na China. **4** *vt* levar, acompanhar alguém a algum lugar. *We're going to **take out** the children to the amusement park next Sunday.* ♦ *We're going to **take** the children **out** to the amusement park next Sunday.* ⇨ Nós vamos levar as crianças ao parque de diversões no próximo domingo. **5** *vt Mil* destruir, devastar. *The American Air Force **took out** several ammunition warehouses in Iraq.* ♦ *The American Air Force **took** several ammunition warehouses **out** in Iraq.* ⇨ A Força Aérea Americana destruiu vários depósitos de munição no Iraque.

take out of 1 *vt* tirar, retirar (algo de algum lugar). *When she started crying, he **took** a handkerchief **out of** his pocket and gave it to her.* ⇨ Quando ela começou a chorar, ele tirou um lenço do bolso e o deu a ela. *Take this dog **out of** the kitchen immediately!* ⇨ Tire esse cachorro da cozinha já! **2** *vt* sacar, retirar (dinheiro de conta bancária). *Someone **took** money **out of** my account without my knowledge.* ⇨ Alguém sacou dinheiro da minha conta sem o meu conhecimento.

take over 1 *vt* assumir o controle de uma empresa, geralmente ao comprá-la ou como acionista majoritário. *Mr. Green will **take over** the company as soon as he comes back from London.* ♦ *Mr. Green will **take** the company **over** as soon as he comes back from London.* ⇨ O Sr. Green assumirá o controle da empresa assim que voltar de Londres. **2** *vt+vi* assumir, entrar no exercício de (cargo). *Mr. Gates wants me to **take over** from Jason when he retires.* ⇨ O Sr. Gates quer que eu assuma o cargo de Jason quando ele se aposentar. *The new mayor will **take over** in January.* ⇨ O novo prefeito assumirá o cargo em janeiro. **3** *vt* ocupar, invadir. *The Nazis **took over** France in 1941.* ♦ *The Nazis **took** France **over** in 1941.* ⇨ Os nazistas ocuparam a França em 1941. **4** *vt* morar, residir ou ocupar comercialmente um espaço físico. *Larry is going to **take over** my apartment while I stay in Italy.* ♦ *Larry is going to **take** my apartment **over** while I stay in Italy.* ⇨ Larry vai morar no meu apartamento enquanto eu ficar na Itália. *A travel agency has **taken over** the second floor.* ♦ *A travel agency has **taken** the second floor **over**.* ⇨ Uma agência de viagens ocupou o segundo andar. **5** *vt* levar, acompanhar. *I'm thinking of **taking over** the children to the beach this weekend.* ♦ *I'm thinking of **taking** the children **over** to the beach this weekend.* ⇨ Eu estou pensando em levar as crianças à praia este fim de semana. **6** *vt* levar, transportar (de barco). *How much do they charge to **take over** people to the other side of the river?* ♦ *How much*

take round / take up

do they charge to **take** people **over** to the other side of the river? ⇨ Quanto eles cobram para levar as pessoas à outra margem do rio?

take round *V* take around/round.

take through 1 *vt* explicar ou ensinar algo a alguém. *Mary will **take** her **through** the main tasks after lunch.* ⇨ Mary irá explicar-lhe as tarefas principais depois do almoço. **2** *vt* repassar um texto com alguém; ler algo com alguém. *The director is going to **take** us **through** the fight lines again.* ⇨ O diretor vai repassar conosco as falas da luta novamente. *Now, I'll **take** you **through** the contract before you sign it.* ⇨ Agora, eu vou ler com você o contrato, antes de você assiná-lo.

take to 1 *vt* começar a gostar de, chegar a gostar de (alguém ou algo). *She really **took to** Peter the first time she saw him.* ⇨ Ela começou a gostar de Peter na primeira vez em que o viu. *I tried to work out at a fitness club, but I didn't **take to** it.* ⇨ Eu tentei malhar numa academia, mas não cheguei a gostar. **2** *vt* refugiar-se em algum lugar, geralmente para fugir do inimigo. *When they felt the enemies were close, they **took to** the mountains immediately.* ⇨ Quando sentiram que os inimigos estavam se aproximando, eles se refugiaram nas montanhas imediatamente. **3** *vt* recolher-se, dirigir-se. *Every time Lucy feels depressed, she **takes to** her country house.* ⇨ Toda vez que Lucy se sente deprimida, ela se recolhe em sua casa de campo. **4** *vt* começar a fazer algo com frequência. *We **took to** drinking wine while we were living in France.* ⇨ Nós começamos a beber vinho quando estávamos morando na França.

take up 1 *vt* começar a fazer algo, iniciar (geralmente trabalho ou atividade específicos). *Laura has **taken up** doing translations to improve her income.* ⇨ Laura começou a fazer traduções para aumentar sua renda. *Nancy has a lovely voice. She should **take up** singing lessons.* ◆ *Nancy has a lovely voice. She should **take** singing lessons **up**.* ⇨ Nancy tem uma voz adorável. Ela deveria começar a fazer aulas de canto. **2** *vt* erguer, levantar (algo). *She **took up** the pen and signed the new will without hesitating.* ◆ *She **took** the pen **up** and signed the new will without hesitating.* ⇨ Ela ergueu a caneta e assinou o novo testamento sem hesitar. **3** *vt* tomar, ocupar (tempo ou espaço). *I'll be brief since I don't want to **take up** your precious time.* ◆ *I'll be brief since I don't want to **take** your precious time **up**.* ⇨ Eu serei breve, uma vez que não quero tomar o seu tempo precioso. *That dining-table is wonderful, but it **takes up** too much room.* ◆ *That dining-table is wonderful, but it **takes** too much room **up**.* ⇨ Aquela mesa de jantar é maravilhosa, mas ocupa muito espaço. **4** *vt* optar por, adotar algo como passatempo. *I **took up** gardening as a relaxation from work.* ◆ *I **took** gardening **up** as a relaxation from work.* ⇨ Eu optei por jardinagem para relaxar do trabalho. **5** *vt* adotar, escolher alguém como protegido (artista). *Mrs. Woolf **took up** Francesco because he's a talented singer.* ◆ *Mrs. Woolf **took** Francesco **up** because he's a talented singer.* ⇨ A Sra. Wolf adotou Francesco como protegido porque ele é um cantor talentoso. **6** *vt* tirar, retirar algo de uma superfície. *I'm going to **take up** this carpet and put in a laminated floor instead.* ◆ *I'm going to **take** this carpet **up** and put in a laminated floor instead.* ⇨ Eu vou retirar este carpete e pôr carpete de madeira em seu lugar. **7** *vt* aceitar algo (oferta ou oportunidade). *Kate will not **take up** Mr. Hill's offer to be his private secretary.* ◆ *Kate will not **take** Mr. Hill's offer **up** to be his private secretary.* ⇨ Kate não aceitará a oferta do Sr. Hill para ser sua secretária particular. **8** *vt* levantar a barra, encurtar (roupa). *I'm going to ask my mom to **take up** these pants for me.* ◆ *I'm going to ask my mom to **take** these pants **up** for me. ⇨ Eu vou pedir a minha mãe para levantar a barra destas calças para mim. **9** *vt* mencionar, relatar algo a ser discutido. *I think we should **take up** the details of the organization of the event before we move on.* ◆ *I think we should **take** the details of the organization of the event **up** before we move on.* ⇨ Eu acho que deveríamos mencionar os detalhes da organização do evento antes de prosseguir. **10** *vt* ficar a postos, ficar de prontidão. *Armed policemen **took up** their positions when the rioters approached the White House.* ◆ *Armed policemen **took** their positions **up** when the rioters approached the White House.* ⇨ Policiais armados ficaram de prontidão quando os baderneiros se aproximaram da Casa Branca. **11** *vt* absorver, chupar. *Blotting paper is no longer used to **take up** excess ink on paper.* ◆ *Blotting paper is no longer used to **take** excess ink **up** on paper.* ⇨ O mata-borrão já não é mais usado para absorver o excesso de tinta do papel. **12** *vt* continuar algo (história, conto, narrativa) que foi interrompido por alguém. *Keith **took up** the narrative where I had stopped.* ◆ *Keith **took** the narrative **up** where I had stopped.* ⇨ Keith continuou a narrativa onde eu havia parado.

take up on *vt pop* aceitar uma oferta ou um convite. *The Bells invited me to spend the weekend in Chicago, but I'm not sure whether to **take** them **up on** it.* ⇨ Os Bell me convidaram para passar o fim de semana em Chicago, mas eu não tenho certeza se vou aceitar o convite deles.

take upon *vt+refl* encarregar-se de, tomar obrigação ou encargo. *After Bill's failure, George **took** the investigation **upon** himself.* ⇨ Depois do fracasso de Bill, George encarregou-se da investigação.

take up with *vt* começar amizade ou relacionamento com alguém, geralmente uma pessoa de influência perniciosa. *Mrs. Williams is worried because her daughter has **taken up with** a girl who belongs to a gang.* ⇨ A Sra. Williams está preocupada porque a filha começou uma amizade com uma garota que faz parte de uma gangue.

talk around/round 1 *vt* falar sobre algo de maneira genérica. *Linda **talked around/round** her problem, and avoided entering into details.* ⇨ Linda falou sobre o seu problema de maneira genérica e evitou entrar em detalhes. **2** *vt Brit* convencer alguém a concordar com algo ou a fazê-lo. *I think I'll **talk** my father **around/round** to giving me the money for the trip.* ⇨ Eu acho que convencerei o meu pai a me dar o dinheiro para a viagem.

talk at 1 *vt pop* falar com alguém com um tom de superioridade. *Don't **talk at** me, talk to me! I'm your secretary, but we're not at work now.* ⇨ Não fale comigo nesse tom de superioridade, fale normalmente! Eu sou sua secretária, mas não estamos no trabalho agora. **2** *vt* falar sozinho, sem prestar atenção à conversa ou sem deixar que o interlocutor fale. *Bob is incapable of talking to people, he **talks at** people.* ⇨ Bob é incapaz de dialogar com as pessoas; ele fala sozinho, sem prestar atenção à conversa ou sem deixar que o interlocutor fale.

talk back *vt* responder de forma grosseira. *I don't want you to **talk back** to your mother.* ⇨ Eu não quero que você responda de forma grosseira à sua mãe.

talk down 1 *vt* falar com alguém de modo superior. *I hate the way she **talks down** to people.* ⇨ Eu odeio o jeito de superioridade com que ela fala com as pessoas. **2** *vt* dar instruções pelo rádio, a fim de ajudar o piloto a aterrissar. *The air-traffic control **talked down** the pilot and he made a perfect landing.* ◆ *The air-traffic control **talked** the pilot **down** and he made a perfect landing.* ⇨ O pessoal do controle

talk into

de voo deu instruções ao piloto e ele fez um pouso perfeito. **3** *vt* falar alto e sem parar, a fim de impedir que outros falem. *People tried to intercede, but she just **talked down** everybody.* ◆ *People tried to intercede, but she just **talked** everybody **down**.* ⇨ As pessoas tentaram interceder, mas ela simplesmente falava alto, sem parar, impedindo que os outros falassem. **4** *vt* convencer alguém que está prestes a cometer suicídio a não se atirar do alto de algum lugar. *The firefighter **talked down** the woman after she had been on the parapet for almost an hour.* ◆ *The firefighter **talked** the woman **down** after she had been on the parapet for almost an hour.* ⇨ O bombeiro convenceu a mulher a não se atirar lá do alto, depois de ela ter ficado no parapeito por quase uma hora.

talk into *vt* convencer alguém a fazer algo. *I believe Veronica can **talk** Ricky **into** doing what we want.* ⇨ Eu creio que Verônica possa convencer Ricky a fazer o que queremos.

talk out *vt* discutir algo exaustivamente (problema, projeto, plano, a fim de buscar uma solução). *We're going to **talk out** the problem concerning distribution at the meeting.* ◆ *We're going to **talk** the problem concerning distribution **out** at the meeting.* ⇨ Nós vamos discutir o problema relativo à distribuição na reunião.

talk out of *vt* convencer alguém a não fazer algo. *I'll try to **talk** Paul **out of** leaving the company.* ⇨ Eu tentarei convencer Paul a não sair da empresa.

talk over *vt* discutir algo, geralmente antes de tomar uma decisão. *I'll go home and **talk over** the problem with my father.* ◆ *I'll go home and **talk** the problem **over** with my father.* ⇨ Eu irei para casa e discutirei o problema com o meu pai.

talk round *V* **talk around/round**.

talk through 1 *vt* discutir todos os pormenores de algo. *It would be better to **talk through** things before doing anything.* ◆ *It would be better to **talk** things **through** before doing anything.* ⇨ Seria melhor discutir as coisas em detalhes, antes de fazer algo. **2** *vt* ajudar alguém a entender algo ou a lidar com algo. *I'm sure Mrs. Queen will **talk** you **through** the various proposals.* ⇨ Eu tenho certeza de que a Sra. Queen a ajudará a entender as várias propostas. *Dr. Stein said he could **talk** Joan **through** the problem, if she wants to.* ⇨ O Dr. Stein disse que, se Joan quiser, ele poderia ajudá-la a lidar com o problema.

tamp down *vt* apertar, comprimir algo (terra, tabaco, enchimento etc.) até tornar-se bem firme. *My grandpa would **tamp down** the tobacco in his pipe for a long time.* ◆ *My grandpa would **tamp** the tobacco **down** in his pipe for a long time.* ⇨ O meu avô costumava apertar o fumo no cachimbo por bastante tempo, até torná-lo bem firme.

tamper with 1 *vt* mexer em algo (indevidamente ou sem permissão). *Someone opened my purse and **tampered with** my papers.* ⇨ Alguém abriu a minha bolsa e mexeu nos meus documentos. **2** *vt* violar, devassar. *One of the passengers claimed that his suitcase had been **tampered with** on the flight.* ⇨ Um dos passageiros afirmou que sua mala foi violada durante o voo.

tangle with *vt Amer* arrumar encrenca, brigar. *Don't try to **tangle with** John because he's bigger and stronger than you.* ⇨ Não tente arrumar encrenca com John, porque ele é maior e mais forte do que você.

tank up *vt+vi pop* encher o tanque, abastecer de combustível (carro, barco, avião etc.). *John, don't forget to **tank up** the boat for fishing tomorrow.* ◆ *John, don't forget to **tank** the boat* *up* for fishing tomorrow. ⇨ John, não se esqueça de encher o tanque do barco para a pescaria de amanhã. *I have to **tank up** before leaving town.* ⇨ Eu tenho de abastecer o carro antes de sair da cidade.

tape up 1 *vt* lacrar algo com fita adesiva (caixa, pacote). *Tell the boys to **tape up** the boxes and take them to the station wagon.* ♦ *Tell the boys to **tape** the boxes **up** and take them to the station wagon.* ⇨ Diga aos rapazes para lacrarem as caixas com fita adesiva e levá-las para a perua. **2** *vt* Amer colocar atadura em ferimento. *The nurse has just **taped up** his foot.* ♦ *The nurse has just **taped** his foot **up**.* ⇨ A enfermeira acabou de colocar uma atadura no pé dele.

taper off 1 *vi* diminuir, reduzir aos poucos (produção, investimento, desemprego). *Production of vehicles has **tapered off** as a consequence of the recession.* ⇨ A produção de veículos diminuiu aos poucos em consequência da recessão. **2** *vi* diminuir em intensidade, esvaecer (luz ou som). *I finished changing the tire as the last light of day **tapered off**.* ⇨ Eu acabei de trocar o pneu quando os últimos raios do dia diminuíam sua intensidade. *Just as the song is **tapering off**, you can hear a woman's voice say something in French.* ⇨ Exatamente quando a música está esvaecendo, pode-se ouvir uma voz de mulher dizer algo em francês.

tap for *vt pop* descolar, conseguir algo de alguém (dinheiro, empréstimo, doação). *It's really difficult to **tap** my mother **for** some dough.* ⇨ É realmente difícil descolar grana da minha mãe.

tap in *vt* teclar, digitar. *In order to withdraw money from a cash machine, you insert your bank card in the slot and **tap in** your personal number.* ♦ *In order to withdraw money from a cash machine, you insert your bank card in the slot and **tap** your personal number **in**.* ⇨ Para sacar dinheiro do caixa eletrônico, você insere o cartão do banco na abertura da leitora óptica e tecla a sua senha.

tap out *vt* tamborilar, tocar com os dedos em uma superfície, imitando uma sucessão de sons. *Tom is **tapping out** the beat on a box of matches.* ♦ *Tom is **tapping** the beat **out** on a box of matches.* ⇨ Tom está tamborilando o ritmo numa caixa de fósforos.

team up with *vt+vi* unir-se, associar-se (a alguém, a fim de realizar algo juntos). *I **teamed up with** a jazz musician and we are composing together.* ⇨ Eu me uni a um músico de jazz, e estamos compondo juntos. *Mr. Robinson is looking for some other people to **team up with**.* ⇨ O Sr. Robinson está procurando por outras pessoas para associar-se a elas.

tear apart 1 *vt* destruir, devastar (prédio, casa, dependência de uma residência). *The gas explosion **tore apart** the whole kitchen.* ♦ *The gas explosion **tore** the whole kitchen **apart**.* ⇨ A explosão do gás destruiu a cozinha inteira. **2** *vt* rasgar ao meio ou em pedaços. *The lions **tore apart** the man who was cleaning the cage.* ♦ *The lions **tore** the man who was cleaning the cage **apart**.* ⇨ Os leões rasgaram aos pedaços o homem que estava limpando a jaula. **3** *vt* dividir, separar (pais, família, grupo etc.). *Tribal hostilities have **torn apart** the country.* ♦ *Tribal hostilities have **torn** the country **apart**.* ⇨ As hostilidades tribais dividiram o país. **4** *vt* fazer alguém sentir-se muito infeliz. *Mrs. Gray's death **tore** Susan **apart**.* ⇨ A morte da Sra. Gray fez Susan se sentir muito infeliz.

tear at *vt* puxar algo violentamente, com o intuito de arrancar ou estraçalhar. *In a fit of madness, the patient started **tearing at** the bandages.* ⇨ Num acesso de loucura, o paciente começou a puxar violentamente as bandagens. *The wolves **tore at** the* *lamb.* ⇨ Os lobos puxaram o cordeiro até estraçalhá-lo.

tear away *vt* forçar alguém a sair de um lugar ou fazê-lo desistir de uma atividade. *I'll try to tear Larry away from home.* ⇨ Eu tentaria forçar Larry a sair de casa. *Only Sharon can tear Burt away from the soccer game.* ⇨ Somente Sharon pode fazer Burt desistir do jogo de futebol.

tear down *vt* demolir, pôr abaixo. *They're going to tear down that old building and build a technical school.* ♦ *They're going to tear that old building down and build a technical school.* ⇨ Eles vão demolir aquele prédio velho e construir uma escola técnica.

tear into 1 *vt pop* pichar, criticar severamente (alguém ou algo). *The students tore into the principal, accusing him of being authoritarian and corrupt.* ⇨ Os alunos picharam o diretor, acusando-o de ser autoritário e corrupto. **2** *vt* atacar, agredir alguém (física ou verbalmente). *Charles tore into the two boys with blows and kicks.* ⇨ Charles agrediu os dois rapazes com socos e pontapés. *Mr. Grant tore into the mayor with acusations.* ⇨ O Sr. Grant atacou o prefeito com acusações.

tear off 1 *vt* arrancar, tirar bruscamente (roupa). *All of a sudden, Mary tore off her clothes and jumped into the lake.* ♦ *All of a sudden, Mary tore her clothes off and jumped into the lake.* ⇨ De repente, Mary arrancou as roupas e se jogou no lago. **2** *vt* escrever ou desenhar algo rapidamente. *Liz tore off a message to Jack and ran to the bus station.* ♦ *Liz tore a message off to Jack and ran to the bus station.* ⇨ Liz escreveu rapidamente um bilhete para Jack e saiu correndo para a estação rodoviária. **3** *vi pop* sair correndo, sair às pressas. *Steve simply tore off without saying goodbye.* ⇨ Steve simplesmente saiu às pressas, sem se despedir.

tear up 1 *vt* rasgar, picar (papel ou tecido). *She tore up the letter after reading it.* ♦ *She tore the letter up after reading it.* ⇨ Ela rasgou a carta depois de lê-la. **2** *vt* romper, anular (contrato, acordo, tratado). *The American government threatens to tear up the disarmament treaty with Russia.* ♦ *The American government threatens to tear the disarmament treaty with Russia up.* ⇨ O governo americano ameaça romper o tratado de desarmamento com a Rússia. **3** *vt* quebrar uma superfície, concreto, asfalto, cimento, geralmente com britadeira elétrica. *The boys are going to tear up the concrete floor with a pneumatic drill.* ♦ *The boys are going to tear the concrete floor up with a pneumatic drill.* ⇨ Os rapazes vão quebrar o piso de concreto com uma britadeira elétrica.

tease out 1 *vt* arrancar informação de alguém, geralmente de maneira persuasiva ou ardilosa. *Liza didn't want to reveal anything, but I managed to tease Paul's secret out of her.* ⇨ Liza não queria revelar nada, mas eu consegui arrancar dela o segredo de Paul. **2** *vt* desembaraçar o cabelo, geralmente com uma escova. *I'm going to tease out the tangles in your hair.* ♦ *I'm going to tease the tangles out in your hair.* ⇨ Eu vou desembaraçar os emaranhados do seu cabelo.

teem down *vi* chover a cântaros. *Last summer, it teemed down almost every day.* ⇨ No último verão, choveu a cântaros quase todos os dias.

teem with *vt* estar repleto de (usado geralmente nos tempos progressivos). *The place is teeming with Japanese tourists.* ⇨ O lugar está repleto de turistas japoneses. *The food was teeming with bacteria.* ⇨ A comida estava repleta de bactérias.

tell apart *vt* ser capaz de distinguir, conseguir distinguir (pessoas ou coisas semelhantes). *I've never been* *able to* **tell** *those two girls* **apart**. ⇨ Eu nunca fui capaz de distinguir aquelas duas garotas. *It's difficult for me to* **tell** *a fake bill* **apart** *from a real one!*. ⇨ É difícil para mim conseguir distinguir uma nota falsa de uma verdadeira.

tell from *vt* saber distinguir (pessoas ou coisas semelhantes). *I can't* **tell** *Sandra* **from** *her twin sister. They're completely identical.* ⇨ Eu não sei distinguir Sandra de sua irmã gêmea. Elas são completamente idênticas. *Tom can easily* **tell** *a synthetic diamond* **from** *a real one.* ⇨ Tom sabe facilmente distinguir um diamante sintético de um verdadeiro.

tell off *vt pop* dar bronca, ralhar. *The boss* **told off** *Terry for arriving late.* ◆ *The boss* **told** *Terry* **off** *for arriving late.* ⇨ O chefe deu uma bronca em Terry por chegar atrasada.

tell on *vt pop* dedurar, delatar. *If Dolores keeps mocking Mrs. Williams, I'm going to* **tell on** *her.* ⇨ Se Dolores continuar arremedando a Sra. Williams, eu vou dedurá-la.

tell on/upon *vt* afetar, prejudicar (a saúde física ou mental de alguém). *Kevin has been working long hours every day and I think this is* **telling on/upon** *him.* ⇨ Kevin tem trabalhado muitas horas por dia, e eu acho que isso está afetando a sua saúde.

tell upon *V* **tell on/upon.**

test out *vt* testar, submeter a teste (teoria, máquina, serviço, produto). *They are going to* **test out** *Dr. Tissot's theory.* ◆ *They are going to* **test** *Dr. Tissot's theory* **out**. ⇨ Eles vão testar a teoria do Dr. Tissot. *The new shampoo was* **tested out** *in the European market before being released in the United State.* ⇨ O novo xampu foi testado no mercado europeu antes de ser lançado nos Estados Unidos.

thaw out 1 *vt* descongelar, degelar (comida congelada). *I'm going to* **thaw out** *the turkey in the microwave oven.* ◆ *I'm going to* **thaw** *the turkey* **out** *in the microwave oven.* ⇨ Eu vou descongelar o peru no forno de micro-ondas. **2** *vt pop* ajudar alguém a sentir-se mais à vontade. *Perhaps a drink will help to* **thaw out** *Carl.* ◆ *Perhaps a drink will help to* **thaw** *Carl* **out**. ⇨ Talvez um drinque ajude Carl a sentir-se mais à vontade. **3** *vt+vi* aquecer(-se), esquentar(-se). *I'm going to* **thaw** *my hands* **out** *near the bonfire.* ⇨ Eu vou aquecer as minhas mãos perto da fogueira. *Maria is ice-cold. She should* **thaw out** *near the fireplace.* ⇨ Maria está gelada. Ela deveria se aquecer junto à lareira.

thin down 1 *vt* ralear, diluir. *Now you have to* **thin down** *the sauce. It's too thick.* ◆ *Now you have to* **thin** *the sauce* **down**. *It's too thick.* ⇨ Agora você precisa ralear o molho. Ele está muito grosso. *Thin down the paint with thinner.* ◆ **Thin** *the paint* **down** *with thinner.* ⇨ Dilua a tinta com tíner. **2** *vt* emagrecer, perder peso. *After the diet, Elena* **thinned down** *a lot.* ⇨ Depois da dieta, Elena emagreceu bastante.

think back *vt* recordar, relembrar. *That movie made me* **think back** *to my childhood in Spain.* ⇨ Aquele filme me fez recordar minha infância na Espanha.

think out *vt* analisar, considerar. *You should* **think out** *your plan in details.* ◆ *You should* **think** *your plan* **out** *in details.* ⇨ Você deveria analisar o seu plano detalhadamente.

think over *vt* pensar direito, repensar. *I'm going to* **think over** *your offer and give you a reply tomorrow.* ◆ *I'm going to* **think** *your offer* **over** *and give you a reply tomorrow.* ⇨ Eu vou pensar direito na sua proposta e dar-lhe uma resposta amanhã.

think up *vt* bolar, inventar. *They're going to* **think up** *a solution to the problem.* ◆ *They're going to* **think** *a solution* **up**

to the problem. ⇨ Eles vão bolar uma solução para resolver o problema.

thin out *vt+vi* reduzir, diminuir (algo). *The low birth rate has **thinned out** the population of some countries in Europe.* ⇨ A baixa taxa de natalidade reduziu a população de alguns países da Europa. *You'd better wait until the fog **thins out**.* ⇨ É melhor você esperar até que o nevoeiro diminua.

thrive on *vt* gostar de, apreciar (geralmente algo considerado difícil, trabalhoso ou desagradável). *Let's ask Alice to rewrite this report. She **thrives on** work.* ⇨ Vamos pedir a Alice para reescrever este relatório. Ela gosta de trabalhar. *Ask the children to say something nice to grandma. She **thrives on** compliments.* ⇨ Peça às crianças para dizerem algo agradável à vovó. Ela aprecia elogios.

throttle back/down *vt* reduzir a velocidade de um veículo, barco ou avião (ao diminuir a entrada de combustível no motor). *Remember to **throttle back/down** the boat as you see the pier.* ◆ *Remember to **throttle** the boat **back/down** as you see the pier.* ⇨ Lembre-se de diminuir a velocidade do barco ao avistar o píer.

throttle down *V* **throttle back/down**.

throw at *refl pop* jogar-se, atirar-se (em cima de alguém com propósito amoroso). *She **throws** herself **at** the first handsome man she sees.* ⇨ Ela se joga em cima do primeiro homem bonitão que vê.

throw away 1 *vt* jogar fora, desfazer-se de. *I decided to **throw away** this old rug.* ◆ *I decided to **throw** this old rug **away**.* ⇨ Eu decidi jogar este tapete velho fora. **2** *vt* desperdiçar, gastar sem proveito. *Henry should not **throw away** his money.* ◆ *Henry should not **throw** his money **away**.* ⇨ Henry não deveria desperdiçar o dinheiro dele. *I'm not going to **throw away** the chance to study at Harvard.* ◆ *I'm not going to **throw** the chance to study at Harvard **away**.* ⇨ Eu não vou desperdiçar a oportunidade de estudar em Harvard.

throw back 1 *vt* devolver algo bruscamente; jogar algo de volta. *In a fit of rage, Mary **threw back** the engagement ring in Harry's face.* ◆ *In a fit of rage, Mary **threw** the engagement ring **back** in Harry's face.* ⇨ Num acesso de raiva, Mary devolveu o anel de noivado, jogando-o na cara de Harry. *I used Nancy's eraser and **threw** it **back** to her.* ⇨ Eu usei a borracha de Nancy e a joguei de volta a ela. **2** *vt* puxar ou levantar algo (roupas de cama, cobertor, cortina, persiana) com um movimento brusco. *My mother **threw back** the bedclothes and told me to get up immediately.* ◆ *My mother **threw** the bedclothes **back** and told me to get up immediately.* ⇨ Minha mãe puxou as roupas de cama com um movimento brusco e me disse para levantar imediatamente. *Sandra **threw back** the blind and shouted at the boys who were messing around outside.* ◆ *Sandra **threw** the blind **back** and shouted at the boys who were messing around outside.* ⇨ Sandra levantou a persiana com um movimento brusco e gritou com os meninos que estavam fazendo bagunça lá fora. **3** *vt* engolir rapidamente algo (bebida ou remédio). *The little boy **threw back** the medicine and started crying.* ◆ *The little boy **threw** the medicine **back** and started crying.* ⇨ O garotinho engoliu o remédio rapidamente e começou a chorar.

throw down *vt* depor, abandonar (arma). *The guerrillas **threw down** their weapons and surrendered.* ◆ *The guerrillas **threw** their weapons **down** and surrendered.* ⇨ Os guerrilheiros depuseram as armas e se entregaram.

throw in 1 *vt pop* oferecer algo como brinde numa transação comercial. *If you buy a piano at Nancy's, they **throw in** the stool.* ◆ *If you buy a piano*

throw in/into

at Nancy's, they **throw** *the stool* **in**. ⇨ Se você comprar o piano na Nancy's, eles oferecem o banquinho de brinde. **2** *vt* abandonar, deixar (emprego). *Marjorie simply* **threw in** *her job and went to Italy.* ♦ *Marjorie simply* **threw** *her job* **in** *and went to Italy.* ⇨ Marjorie simplesmente abandonou o emprego e foi embora para a Itália.

throw in/into *vt* prender, colocar atrás das grades. *The marshal threatened to* **throw** *Joe* **in/into** *jail if he keeps beating his wife.* ⇨ O delegado ameaçou prender Joe, se ele continuar a bater na esposa.

throw into 1 *vt* provocar algo confuso ou difícil. *Alice's death* **threw** *Patrick* **into** *a deep depression.* ⇨ A morte de Alice provocou uma depressão profunda em Patrick. *The recent fluctuations in the stock market have* **throw** *the country* **into** *chaos.* ⇨ As recentes flutuações na bolsa de valores têm provocado um caos no país. **2** *refl* dedicar-se de corpo e alma a algo novo. *Tim is* **throwing** *himself* **into** *his new project.* ⇨ Tim está se dedicando de corpo e alma ao seu novo projeto.

throw off 1 *vt* arrancar, tirar rapidamente (roupa). *The kids* **threw off** *their clothes and jumped into the lake.* ♦ *The kids* **threw** *their clothes* **off** *and jumped into the lake.* ⇨ As crianças arrancaram as roupas e se jogaram no lago. **2** *vt* libertar-se de algo que restringe a liberdade de ação. *Wood finally* **threw off** *the old Jewish traditions.* ♦ *Wood finally* **threw** *the old Jewish traditions* **off**. ⇨ Wood finalmente se libertou das antigas tradições judaicas. **3** *vt* livrar-se de alguém ou algo irritante ou desagradável. *He's still trying to* **throw off** *those reporters.* ♦ *He's still trying to* **throw** *those reporters* **off**. ⇨ Ele ainda está tentando se livrar daqueles repórteres. *Sarah finally* **threw off** *that persistent flu.* ♦ *Sarah finally* **threw** *that persistent flu* **off**. ⇨ Sarah finalmente se livrou daquela gripe persistente.

throw on *vt* pôr ou vestir algo rapidamente. *Mila* **threw on** *a dress and went out in a hurry.* ♦ *Mila* **threw** *a dress* **on** *and went out in a hurry.* ⇨ Mila pôs um vestido rapidamente e saiu às pressas.

throw out 1 *vt* jogar fora, desfazer-se de. *I'm going to* **throw out** *these old clothes.* ♦ *I'm going to* **throw** *these old clothes* **out**. ⇨ Eu vou jogar essas roupas velhas fora. **2** *vt* rejeitar, não admitir (por parte do poder público). *Congress has* **thrown out** *the Paternity Leave Bill.* ♦ *Congress has* **thrown** *the Paternity Leave Bill* **out**. ⇨ O Congresso rejeitou o projeto de licença-paternidade. *The judge* **threw out** *the charge of sexual harassment.* ♦ *The judge* **threw** *the charge of sexual harassment* **out**. ⇨ O juiz rejeitou a acusação de assédio sexual. **3** *vt* expulsar, fazer sair (de casa, da escola ou do emprego). *Mr. Hill is going to* **throw out** *Beth when he finds she's pregnant.* ♦ *Mr. Hill is going to* **throw** *Beth* **out** *when he finds she's pregnant.* ⇨ O Sr. Hill vai expulsar Beth de casa quando descobrir que ela está grávida. *The principal threatened to* **throw out** *Larry if he keeps smoking grass in the bathroom.* ♦ *The principal threatened to* **throw** *Larry* **out** *if he keeps smoking grass in the bathroom.* ⇨ O diretor ameaçou expulsar Larry da escola se ele continuar a fumar maconha no banheiro. **4** *vt* produzir, gerar (fumaça, calor ou cheiro). *The instant coffee factory* **throws out** *a revolting smell.* ♦ *The instant coffee factory* **throws** *a revolting smell* **out**. ⇨ A fábrica de café solúvel produz um cheiro repugnante. *That chimney was* **throwing out** *huge clouds of smoke this morning.* ♦ *That chimney was* **throwing** *huge clouds of smoke* **out** *this morning.* ⇨ Aquela chaminé estava produzindo enormes nuvens de fumaça hoje de manhã.

throw together 1 *vt* fazer ou preparar algo rapidamente (refeição). *Do you want me to* **throw together** *something or do you want to go out to eat?* ♦ *Do you want me to* **throw** *something* **together** *or do you want to go out to eat?* ⇨ Você quer que eu prepare rapidamente algo ou quer sair para comer fora? **2** *vt* escrever, compor ou compilar algo às pressas, sem nenhum esmero. *He just* **threw together** *his article without any research.* ♦ *He just* **threw** *his article* **together** *without any research.* ⇨ Ele simplesmente escreveu seu artigo às pressas, sem nenhum esmero ou pesquisa.

throw up 1 *vt+vi pop* vomitar, lançar pela boca, geralmente algo ingerido (não é usado na voz passiva). *She* **threw up** *everything she had eaten.* ♦ *She* **threw** *everything she had eaten* **up**. ⇨ Ela vomitou tudo o que tinha comido. *You'd better tell the doctor Lee has* **thrown up** *some blood.* ♦ *You'd better tell the doctor Lee has* **thrown** *some blood* **up**. ⇨ É melhor você dizer ao médico que Lee vomitou sangue. *Linda got out of the car and* **threw up** *on the sidewalk.* ⇨ Linda saiu do carro e vomitou na calçada. **2** *vt pop* abandonar, deixar (emprego ou cargo). *Rick* **threw up** *his job and joined a monastery in Tibet.* ♦ *Rick* **threw** *his job* **up** *and joined a monastery in Tibet.* ⇨ Rick abandonou o emprego e se recolheu a um monastério no Tibete. **3** *vt* construir algo rapidamente (casa, edifício, estrutura). *They* **threw up** *a wooden stage for the show.* ♦ *They* **threw** *a wooden stage* **up** *for the show.* ⇨ Eles construíram rapidamente um palco de madeira para o show. **4** *vt* jogar, atirar algo (água, lama, pedra) que está no chão. *That truck* **threw up** *a stone at my car.* ♦ *That truck* **threw** *a stone* **up** *at my car.* ⇨ Aquele caminhão jogou uma pedra no meu carro. **5** *vt* levantar, erguer, de repente, as mãos ou os braços a fim de expressar surpresa, desaprovação ou medo. *The old lady* **threw up** *her hands in horror.* ♦ *The old lady* **threw** *her hands* **up** *in horror.* ⇨ A senhora idosa levantou as mãos horrorizada.

thrust upon *vt* obrigar ou forçar alguém a aceitar ou a fazer algo; impor algo a alguém. *It's obvious that Nancy is trying to* **thrust** *the children* **upon** *her sister.* ⇨ É óbvio que Nancy está tentando forçar a irmã a cuidar das crianças. *The job of organizing the school party was* **thrust upon** *me by the director.* ⇨ A tarefa de organizar a festa da escola foi imposta a mim pelo diretor.

thumb through *vt* folhear algo, ler por cima (livro, revista, relatório etc.). *I* **thumbed through** *your play, but I didn't have enough time to read it.* ⇨ Eu folheei a sua peça, mas não tive tempo suficiente de lê-la.

tick away *vt* marcar ou assinalar algo com um som leve e repetido (relógio, despertador, taxímetro etc.). *I can hear the clock on the wall* **ticking away** *the seconds.* ⇨ Eu posso ouvir o som do relógio de parede marcando os segundos.

tick away/by *vi* passar, escoar (tempo). *Time* **ticks away/by** *fast when I'm off work.* ⇨ O tempo passa depressa quando eu estou de folga do trabalho.

tick by *V* **tick away/by**.

tick off 1 *vt* ticar, fazer um sinal numa lista, geralmente ao conferir algo. *Tell Liz to* **tick off** *Cary's name. He has just arrived.* ♦ *Tell Liz to* **tick** *Cary's name* **off**. *He has just arrived.* ⇨ Diga a Liz para ticar o nome de Cary. Ele acaba de chegar. **2** *vt Amer pop* encher o saco, aborrecer. *Irene* **ticks off** *everyone by being so pessimistic.* ♦ *Irene* **ticks** *everyone* **off** *by being so pessimistic.* ⇨ Irene enche o saco de todo mundo por ser tão pessimista.

tide over *vt pop* dar uma força ou ajuda a

alguém, geralmente financeira (durante um período difícil). *Melanie promised to **tide** Paul **over** until he finds a job.* ⇨ Melanie prometeu dar uma ajuda financeira a Paul, até que ele arrume um emprego. *I let Sylvia stay in my apartment for a while just to **tide** her **over**.* ⇨ Eu deixei Sylvia ficar no meu apartamento por algum tempo apenas para lhe dar uma força.

tidy away *vt Brit* pôr no lugar, guardar algo (depois de usá-lo). *Ask your father to **tidy away** the tools.* ♦ *Ask your father to **tidy** the tools **away**.* ⇨ Peça a seu pai para pôr as ferramentas no lugar.

tidy up 1 *vt* pôr em ordem, arrumar (lugar). *I'm going to **tidy up** the kitchen before going out.* ♦ *I'm going to **tidy** the kitchen **up** before going out.* ⇨ Eu vou pôr a cozinha em ordem antes de sair. **2** *refl Brit* arrumar, aprontar. *Susie is **tidying** herself **up**. She has a date tonight.* ⇨ Susie está se arrumando. Ela tem um encontro hoje à noite. **3** *vt Brit* aprimorar, melhorar um texto, ao corrigir erros e fazer pequenas mudanças. *You have to **tidy up** your report before handing it in.* ♦ *You have to **tidy** your report **up** before handing it in.* ⇨ Você precisa aprimorar o seu relatório antes de entregá-lo.

tie back *vt* prender, amarrar (algo que está solto ou pendurado). *Ava always **ties back** her hair for her performances.* ♦ *Ava always **ties** her hair **back** for her performances.* ⇨ Ava sempre prende o cabelo para as suas *performances*. *Don't forget to **tie back** the gate so it doesn't swing in the wind.* ♦ *Don't forget to **tie** the gate **back** so it doesn't swing in the wind.* ⇨ Não se esqueça de prender o portão para que ele não balance com o vento.

tie down 1 *vt* amarrar, prender (alguém ou algo). *The kidnappers **tied down** the woman to the bed with a rope.* ♦ *The kidnappers **tied** the woman *down* to the bed with a rope.* ⇨ Os sequestradores amarraram a mulher à cama com uma corda. *The truck driver carefully **tied down** the load of boxes before leaving for Ottawa.* ♦ *The truck driver carefully **tied** the load of boxes **down** before leaving for Ottawa.* ⇨ O motorista de caminhão amarrou cuidadosamente a carga de caixas antes de partir para Ottawa. **2** *vt* prender, amarrar (por laços amorosos). *Mary won't find it easy to **tie down** Leland. He's a committed bachelor.* ♦ *Mary won't find it easy to **tie** Leland **down**. He's a committed bachelor.* ⇨ Não será fácil para Mary prender o Leland. Ele é um solteirão convicto. **3** *vt* tolher ou restringir a liberdade. *Janet doesn't want to have children because they **tie** you **down**.* ⇨ Janet não quer ter filhos porque eles tolhem a liberdade.

tie in with 1 *vt* ter uma relação ou ligação com algo. *The facts **tie in with** everything he has said.* ⇨ Os fatos têm uma ligação com tudo o que ele disse. **2** *vt* planejar, fazer um plano, a fim de conciliar duas ou mais atividades. *I **tied in with** my vacation in South America a series of lectures I'll deliver in Brazil and Argentina.* ⇨ Eu planejei minhas férias na América do Sul para conciliar com uma série de palestras que farei no Brasil e na Argentina.

tie up 1 *vt* amarrar, prender (alguém ou algo). *The maniac **tied up** the girl's hands and feet.* ♦ *The maniac **tied** the girl's hands and feet **up**.* ⇨ O maníaco amarrou as mãos e os pés da garota. ***Tie up** your shoelaces.* ♦ ***Tie** your shoelaces **up**.* ⇨ Amarre os cadarços dos sapatos. **2** *vt Amer* bloquear, interditar (rua, estrada ou pista). *The police **tied up** some streets in this area because of a blast.* ♦ *The police **tied** some streets in this area **up** because of a blast.* ⇨ A polícia bloqueou algumas ruas desta região por causa de uma explosão. **3** *vt pop* manter alguém ocupado. *This task is going to tie up Tony for two weeks.* ◆ *This task is going to tie Tony up for two weeks.* ⇨ Esta tarefa vai manter Tony ocupado por duas semanas. **4** *vt* investir, aplicar dinheiro em. *I think it's unwise to tie up all your money in a single investment.* ◆ *I think it's unwise to tie all your money up in a single investment.* ⇨ Eu não acho prudente investir todo o seu dinheiro em um único investimento. *All my money is tied up in land.* ⇨ Todo o meu dinheiro está investido em terras. **5** *vi* atracar, encostar-se no cais. *The Russian ship tied up two hours ago.* ⇨ O navio russo atracou há duas horas.

tighten up 1 *vt* apertar, tornar mais apertado (parafuso, porca, correia etc.). *I need a screwdriver to tighten up these screws.* ◆ *I need a screwdriver to tighten these screws up.* ⇨ Eu preciso de uma chave de fenda para apertar estes parafusos. **2** *vt+vi* enrijecer, tornar-se tenso e rígido (músculo). *Excessive exercising tightened up your leg muscles.* ◆ *Excessive exercising tightened your leg muscles up.* ⇨ O excesso de exercícios enrijeceu os músculos da sua perna. *My calves tightened up after that long walk.* ⇨ As minhas panturrilhas tornaram-se tensas e rígidas depois daquela longa caminhada. **3** *vt+vi* tornar algo mais eficiente (empresa ou sistema). *The new director is going to take steps to tighten up the administration.* ◆ *The new director is going to take steps to tighten the administration up.* ⇨ O novo diretor vai tomar medidas para tornar a administração mais eficiente. *After the bombing they have tightened up security at the airport.* ◆ *After the bombing they have tightened security up at the airport.* ⇨ Depois do bombardeio, eles tornaram a segurança do aeroporto mais eficiente.

tip off *vt pop* prevenir ou alertar alguém a respeito de um possível crime. *A Russian agent tipped off Scotland Yard about a possible terrorist attack in London.* ◆ *A Russian agent tipped Scotland Yard off about a possible terrorist attack in London.* ⇨ Um agente russo preveniu a Scotland Yard a respeito de um possível ataque terrorista em Londres.

tip over 1 *vt* derrubar, tombar algo. *When Sue tried to reach for the ashtray, she tipped over her glass of wine.* ◆ *When Sue tried to reach for the ashtray, she tipped her glass of wine over.* ⇨ Quando Sue tentou alcançar o cinzeiro, derrubou o seu copo de vinho. **2** *vi* virar, ficar de borco. *A boat full of Japanese tourists tipped over and some people drowned.* ⇨ Um barco cheio de turistas japoneses virou e algumas pessoas se afogaram.

tire out *vt* exaurir, esgotar completamente (alguém). *The twenty-hour flight to Tokyo tired out Nancy.* ◆ *The twenty-hour flight to Tokyo tired Nancy out.* ⇨ O voo de vinte horas para Tóquio exauriu Nancy.

toddle along/off *vi Brit pop* dar o fora, ir embora. *I'm going to toddle along/off because I'm really tired.* ⇨ Eu vou dar o fora porque estou realmente cansado.

toddle off *V* **toddle along/off.**

toil away *vi* trabalhar duro e continuamente. *He has been toiling away in the garden for hours.* ⇨ Ele está trabalhando duro no jardim há horas.

tone down 1 *vt* amenizar, abrandar (crítica ou censura escritas). *The editor advised me to tone down my critique of Ruby's latest novel.* ◆ *The editor advised me to tone my critique of Ruby's latest novel down.* ⇨ O editor me aconselhou a amenizar a minha crítica ao último romance de Ruby. **2** *vt* dar uma tonalidade menos viva a uma cor. *I'm going to tone down the blue a little.* ◆ *I'm going to tone the blue down a little.* ⇨ Eu vou dar uma tonalidade menos viva ao azul.

tone in with *vt Brit* combinar, harmonizar-se (cores semelhantes). *Sylvia is looking for a blouse that **tones in with** her beige tweed skirt.* ⇨ Sylvia está procurando uma blusa que combine com a saia de *tweed* bege dela.

tone up *vt+vi* tornar os músculos do corpo mais fortes e rijos, ficar sarado. *You should go to a fitness club to **tone up** your chest muscles.* ◆ *You should go to a fitness club to **tone** your chest muscles **up**.* ⇨ Você deveria ir a uma academia para tornar os músculos do peito mais fortes e rijos. *Since Paul started working out, he has really **toned up**.* ⇨ Desde que Paul começou a malhar, ele realmente ficou sarado.

tool up *vt* equipar uma fábrica com maquinário moderno. *We have to **tool up** our factory in order to increase production.* ◆ *We have to **tool** our factory **up** in order to increase production.* ⇨ Nós precisamos equipar nossa fábrica com maquinário moderno, a fim de aumentar a produção.

top up (with) *vt* encher ou completar (um recipiente com líquido). *Jane has almost finished her wine. Ask the waiter to **top up** her glass.* ◆ *Jane has almost finished her wine. Ask the waiter to **top** her glass **up**.* ⇨ Jane está com o vinho quase acabando. Peça ao garçom para encher o copo dela. *Please **top up** the radiator **with** water.* ◆ *Please **top** the radiator **up with** water.* ⇨ Por favor, complete a água do radiador.

toss down *vt* beber ou tomar de um só gole ou trago (geralmente bebida alcoólica). *Tim **tossed down** several shots of vodka and started dancing in a frenzy.* ◆ *Tim **tossed** several shots of vodka **down** and started dancing in a frenzy.* ⇨ Tim tomou de um só gole várias doses de vodca e começou a dançar num frenesi.

toss for *vt* jogar ou tirar cara ou coroa. *Let's **toss for** a leader.* ⇨ Vamos jogar cara ou coroa para escolher o líder. *Who is going to pay for the drinks? Let's **toss for** it!* ⇨ Quem vai pagar os drinques? Vamos tirar cara ou coroa!

toss off **1** *vt* escrevinhar, escrever algo mal e porcamente. *Jessica **tossed off** this article in half an hour. It has to be rewritten.* ◆ *Jessica **tossed** this article **off** in half an hour. It has to be rewritten.* ⇨ Jessica escrevinhou este artigo em meia hora. Precisa ser reescrito. **2** *vi Brit vulg* bater punheta, masturbar-se. *Some guy was **tossing off** in the bathroom.* ⇨ Havia um cara batendo punheta no banheiro.

toss up *vi* jogar ou tirar cara ou coroa (usado somente para competições esportivas). *The referee is going to **toss up** to see which team will start the game.* ⇨ O juiz vai tirar cara ou coroa para ver qual o time que irá começar a partida.

total up *vt Amer* totalizar, calcular o total de. *We still have to **total up** the amount of donations.* ◆ *We still have to **total** the amount of donations **up**.* ⇨ Nós ainda precisamos calcular o total das doações.

tote up *vt Amer* somar, juntar (quantia ou número). *Last year, our company **toted up** a net profit of over 200,000 dollars.* ◆ *Last year, our company **toted** a net profit **up** of over 200,000 dollars.* ⇨ No ano passado, a nossa empresa somou um lucro líquido superior a duzentos mil dólares.

touch down *vi* aterrissar, pousar (aeronave). *We're going to **touch down** within twenty minutes.* ⇨ Nós vamos pousar dentro de vinte minutos.

touch for *vt pop* tomar ou pegar dinheiro emprestado de alguém. *My father **touched** Paul **for** five hundred dollars last week.* ⇨ Meu pai tomou quinhentos dólares emprestados de Paul na semana passada.

touch off *vt* deflagrar, provocar. *The military coup **touched off** a wave of riots. ⇨ O golpe militar deflagrou uma onda de tumultos.

touch on/upon *vt* tocar num assunto superficialmente ou de passagem (em texto oral ou escrito). *In my speech, I'll only **touch on/upon** the technical problems.* ⇨ Em meu discurso, tocarei apenas superficialmente nos problemas técnicos.

touch up 1 *vt* retocar, dar retoques. *Julia went to the ladies' room to **touch up** her make-up.* ♦ *Julia went to the ladies' room to **touch** her make-up **up**.* ⇨ Júlia foi ao banheiro retocar a maquiagem. *We **touched up** the paint in the bedroom instead of repainting it.* ♦ *We **touched** the paint **up** in the bedroom instead of repainting it.* ⇨ Nós retocamos a pintura do quarto em vez de repintá-lo. **2** *vt Brit pop* bolinar, passar a mão no corpo de alguém sem permissão. *Those two tall men **touched up** Lucy on the train.* ♦ *Those two tall men **touched** Lucy **up** on the train.* ⇨ Aqueles dois homens altos bolinaram Lucy no trem.

touch upon *V* **touch on/upon.**

toughen up 1 *vt* tornar alguém mais forte e resistente. *A diet rich in protein and physical exercise will **toughen up** the boy.* ♦ *A diet rich in protein and physical exercise will **toughen** the boy **up**.* ⇨ Uma dieta rica em proteínas e exercícios físicos tornarão o garoto mais forte e resistente. **2** *vi* amadurecer, tornar-se responsável. *Kurt **toughened up** a lot after his father's death.* ⇨ Kurt amadureceu muito depois da morte do pai.

tout for *vt* arrebanhar clientes ou hóspedes, tentar convencer clientes a comprarem produtos ou serviços. *We're going to train a group of people to **tout for** our products.* ⇨ Nós vamos treinar um grupo de pessoas a fim de tentar convencer os clientes a comprarem os nossos produtos. *When you arrive at the train station in Rome, there are several men outside **touting for** the hotels.* ⇨ Quando você chega à estação ferroviária de Roma, há vários homens do lado de fora arrebanhando hóspedes para os hotéis.

tower above/over 1 *vt* ser maior do que alguém ou algo. *Geena **towers above/over** her two sisters.* ⇨ Geena é maior do que as duas irmãs. *The Empire State Building **towers above/over** any other building in New York City.* ⇨ O Empire State Building é maior do que qualquer outro edifício na cidade de Nova York. **2** *vt* estar acima de (em inteligência, criatividade, talento etc.). *Dickens **towered above/over** other novelists in the 19th century.* ⇨ Dickens estava acima dos demais romancistas do século XIX.

tower over *V* **tower above/over.**

toy with 1 *vt* brincar com algo ou manusear algo, geralmente enquanto pensa em alguma coisa. *He was **toying with** his pen and thinking about the decision he had to make.* ⇨ Ele estava brincando com a caneta, pensando na decisão que teria de tomar. **2** *vt* brincar com alguém ou algo, tratar alguém ou algo de maneira leviana. *He doesn't want to have a steady relationship with Laura. He's **toying with** her.* ⇨ Ele não pretende ter uma relação firme com Laura. Ele está brincando com ela. **3** *vt* pensar em fazer algo, sem seriedade ou sem chegar a uma decisão. *He often **toys with** the idea of going back to Portugal, but he never plans anything seriously.* ⇨ Ele sempre pensa na ideia de voltar para Portugal, mas nunca planeja nada com seriedade.

trace out 1 *vt* traçar, escrever ou marcar algo (de maneira clara e cuidadosa). *He **traced out** our route on a map.* ♦ *He **traced** our route **out** on a map.* ⇨ Ele traçou a nossa rota num mapa. *Ask Bill to **trace out** the actors' names on this card.* ♦ *Ask Bill to **trace** the actors' names **out** on this card.* ⇨ Peça a Bill para escrever o nome dos atores de forma clara e cuidadosa nesta cartolina. **2** *vt* descobrir, encontrar (pista, rastro).

*The police **traced out** the kidnappers.* ♦ *The police **traced** the kidnappers **out**.* ⇨ A polícia descobriu o rastro dos sequestradores.

track down *vt* encontrar alguém ou algo, depois de muita procura. *Glenda **tracked down** her brother in Liverpool.* ♦ *Glenda **tracked** her brother **down** in Liverpool.* ⇨ Depois de muita procura, Glenda encontrou o irmão em Liverpool. *I finally **tracked down** that dictionary I needed.* ♦ *I finally **tracked** that dictionary I needed **down**.* ⇨ Depois de muita procura, eu finalmente encontrei aquele dicionário de que precisava.

trade down *vt* vender alguma coisa (casa, apartamento ou carro) para adquirir algo mais barato. *When our children get married, we intend to **trade down** to a smaller apartment.* ⇨ Quando os nossos filhos se casarem, nós pretendemos vender o apartamento e comprar algo menor.

trade in *vt* dar algo usado como parte do pagamento na compra de um bem semelhante, porém novo (carro, televisão, geladeira etc.). *Frank **traded in** his old motorcycle for a new Honda.* ♦ *Frank **traded** his old motorcycle **in** for a new Honda.* ⇨ Frank deu sua motocicleta velha como parte do pagamento na compra de uma Honda nova.

trade on/upon *vt* usar ou explorar algo, de forma desonesta, para obter vantagem pessoal. *Marlin **trades on/upon** her charm and beauty to get what she wants.* ⇨ Marlin usa o charme e a beleza para conseguir o que quer. *Most people **trades on/upon** Mr. Clark's generosity.* ⇨ A maioria das pessoas explora a generosidade do Sr. Clark.

trade up *vt* vender alguma coisa (casa, apartamento ou carro) para adquirir algo mais caro. *We intend to **trade up** to a bigger house when the kids grow up.* ⇨ Nós pretendemos vender a casa e comprar algo maior quando as crianças crescerem.

trade upon *V* trade on/upon.

traffic in *vt* traficar, comercializar algo ilegal, geralmente drogas. *He was arrested for **trafficking in** cocaine.* ⇨ Ele foi preso por traficar cocaína.

trail away/off *vi* tornar-se fraco e emudecer (voz, palavra, som, ruído). *When she heard the news, her voice **trailed away/off** and she started crying.* ⇨ Quando ela ouviu a notícia, sua voz tornou-se fraca, emudeceu, e ela começou a chorar.

trail off *V* trail away/off.

train on/upon *vt* apontar, pôr em pontaria (geralmente arma de fogo). *The lunatic **trained** his gun **on/upon** my head.* ⇨ O lunático apontou o revólver para minha cabeça.

train up *vt* treinar, tornar apto para determinadas habilidades. *The head nurse is going to **train up** the new nurses.* ♦ *The head nurse is going to **train** the new nurses **up**.* ⇨ A enfermeira-chefe vai treinar as novas enfermeiras. *Mr. Wood **trained up** the new technical staff.* ♦ *Mr. Wood **trained** the new technical staff **up**.* ⇨ O Sr. Wood treinou a nova equipe técnica.

train upon *V* train on/upon.

trash out *vt* discutir algo exaustivamente a fim de encontrar uma solução. *They promised to **trash out** the issue in order to come to a final agreement.* ♦ *They promised to **trash** the issue **out** in order to come to a final agreement.* ⇨ Eles prometeram discutir o assunto exaustivamente, a fim de chegar a um acordo final.

treat to 1 *vt* oferecer ou proporcionar alguma coisa prazerosa a alguém (drinques, jantar, noitada, fim de semana etc.), como recompensa por algo realizado. *We **treated** Marisa **to** a sophisticated dinner with champagne and caviar because she was very helpful when we needed her support.* ⇨ Nós oferecemos um jantar sofisticado a Marisa, com champanhe e caviar, porque ela foi de grande valia quando precisamos do seu apoio. **2** *refl* presentear-se, dar-se algo de presente. *I'll treat myself to a good weekend in Las Vegas.* ⇨ Eu vou me presentear com um bom fim de semana em Las Vegas. **3** *vt* comprar ou dar algo para alguém. *When I was told Billy had so few winter clothes, I decided to treat him to a wool jacket.* ⇨ Quando me disseram que Billy tinha tão poucas roupas de inverno, eu decidi comprar-lhe uma jaqueta de lã.

trick out *vt* decorar, enfeitar (geralmente na voz passiva). *They have tricked out the lobby with colorful balloons.* ⇨ Eles decoraram o saguão com balões coloridos. *Sandra's dress was tricked out with wonderful French lace.* ⇨ O vestido de Sandra foi enfeitado com uma renda francesa maravilhosa.

trick out of *vt* surrupiar, subtrair às escondidas ou de forma fraudulenta. *He tricked the poor girl out of her inheritance.* ⇨ Ele surrupiou a herança da pobre moça.

trifle with *vt* tratar alguém ou algo com indelicadeza ou desrespeito (geralmente em orações negativas). *People don't trifle with Mrs. Anderson.* ⇨ As pessoas não tratam a Sra. Anderson com indelicadeza. *Tony should not trifle with people's feelings.* ⇨ Tony não deveria tratar os sentimentos das pessoas com desrespeito.

trigger off *vt* desencadear, provocar (geralmente algo negativo ou violento). *The captain wants to find out who triggered off the rebellion.* ♦ *The captain wants to find out who triggered the rebellion off.* ⇨ O capitão quer descobrir quem desencadeou a rebelião. *They still don't know what triggered off the explosion.* ♦ *They still don't know what triggered the explosion off.* ⇨ Eles ainda não sabem o que provocou a explosão.

trip over *vt* tropeçar, dar tropeções. *I tripped over a stone and almost fell.* ⇨ Eu tropecei numa pedra e quase caí.

trip up *vt* pegar, confundir alguém com o intuito de induzi-lo ao erro, fazê-lo contradizer-se ou revelar um segredo. *Some questions on the English test were designed to trip up the students.* ♦ *Some questions on the English test were designed to trip the students up.* ⇨ Algumas questões da prova de inglês foram elaboradas para pegar os alunos. *Judge Campbell is always trying to trip up the witnesses.* ♦ *Judge Campbell is always trying to trip the witnesses up.* ⇨ O juiz Campbell está sempre tentando confundir as testemunhas.

truss up *vt* amarrar, atar (pessoa ou animal). *The robbers trussed up the store manager and locked him in the bathroom.* ♦ *The robbers trussed the store manager up and locked him in the bathroom.* ⇨ Os assaltantes amarraram o gerente da loja e o prenderam no banheiro.

try back *vt+vi Amer* ligar ou telefonar novamente (quando a pessoa procurada está ausente ou não pode atender à ligação). *I'm going to try Mr. Jones back in the afternoon. He was attending a meeting when I called.* ⇨ Eu vou ligar para o Sr. Jones novamente à tarde. Ele estava em reunião quando eu telefonei. *Your wife called when you were having lunch. She said she'll try back later.* ⇨ Sua esposa telefonou quando você estava almoçando. Ela disse que ligará novamente mais tarde.

try for *vt* tentar conseguir algo realmente desejado. *Alice is going to try for a scholarship at Harvard.* ⇨ Alice vai tentar conseguir uma bolsa de estudos em Harvard. *She has been trying for a new husband for years.* ⇨ Ela tem tentado conseguir um novo marido há anos.

try on *vt* experimentar, provar (roupas, sapatos, luvas etc.). *I'd like to try on the black dress.* ♦ *I'd like to try the black dress on.* ⇨ Eu gostaria de experimentar o vestido preto. *Wendy **tried on** more than twenty pairs of shoes and didn't buy any.* ◆ *Wendy **tried** more than twenty pairs of shoes **on** and didn't buy any.* ⇨ Wendy provou mais de vinte pares de sapatos e não comprou nenhum.

try out 1 *vt* testar ou experimentar algo para ver se funciona bem ou se atende às necessidades. *I'm going to **try out** the white van.* ◆ *I'm going to **try** the white van **out**.* ⇨ Eu vou testar a *van* branca. *Helen wants to **try out** the new Italian restaurant.* ◆ *Helen wants to **try** the new Italian restaurant **out**.* ⇨ Helen quer experimentar o novo restaurante italiano. **2** *vt* submeter-se a um teste (atores ou esportistas). *Sophia **tried out** for a part in a play, but she didn't get it.* ⇨ Sophia submeteu-se a um teste para um papel numa peça, mas não o conseguiu. *Bob is **trying out** for a professional team in New Jersey.* ⇨ Bob está se submetendo a testes num time profissional em New Jersey.

tuck away 1 (também **tuck up**) *vt* guardar algo em lugar seguro (geralmente coisas de valor). *Mrs. Temple **tucked away** her diamond bracelet in her pocket.* ◆ *Mrs. Temple **tucked** her diamond bracelet **away** in her pocket.* ⇨ A Sra. Temple guardou o bracelete de diamantes no bolso. **2** *vt pop* rangar, comer avidamente grande quantidade de algo. *Jeff **tucked away** three bowls of oatmeal at breakfast.* ◆ *Jeff **tucked** three bowls of oatmeal **away** at breakfast.* ⇨ Jeff rangou três tigelinhas de mingau de aveia no café da manhã.

tuck in 1 *vt* colocar alguém na cama, ajeitando-o e cobrindo-o (geralmente criança, idoso ou paciente). *I'm going to **tuck in** the children.* ◆ *I'm going to **tuck** the children **in**.* ⇨ Eu vou colocar as crianças na cama. **2** *vt* colocar algo para dentro das calças (camisa, blusa, camiseta). *He's just **tucking in** his shirt.* ◆ *He's just **tucking** his shirt **in**.* ⇨ Ele está apenas colocando a camisa para dentro das calças.

tuck into *vt pop* comer avidamente, devorar. *He **tucked into** a slice of apple pie.* ⇨ Ele devorou a fatia de torta de maçã.

tuck up *vt V* **tuck in, 1.**

tug at *vt* dar um puxão rápido em algo. *Someone **tugged at** Lisa's pony tail.* ⇨ Alguém deu um puxão rápido no rabo de cavalo de Lisa.

tumble down *vi* desabar, desmoronar. *When I heard the blast I thought the building was **tumbling down**.* ⇨ Quando eu ouvi a explosão, pensei que o prédio estivesse desabando.

tumble over *vt+vi* cair, ir ao chão. *Janet **tumbled over** a rock and hurt her ankle.* ⇨ Janet caiu sobre uma pedra e machucou o tornozelo. *Mary **tumbled over** and hit her head on the curb.* ⇨ Mary caiu e bateu a cabeça na guia.

tune in 1 *vi* ligar, sintonizar (rádio ou TV). ***Tune in** at the same time next Saturday to see another episode of Fame.* ⇨ Sintonize o nosso canal no próximo sábado, no mesmo horário, para assistir a outro episódio de Fama. **2** *vt* assistir a algo (TV), ouvir algo (rádio). *Did you **tune in** the soccer game last night?* ⇨ Você assistiu ao jogo de futebol ontem à noite? Você ouviu o jogo de futebol ontem à noite?

tune up 1 *vt* afinar, proceder à afinação. *The musicians are **tuning up** their instruments.* ◆ *The musicians are **tuning** their instruments **up**.* ⇨ Os músicos estão afinando os seus instrumentos. **2** *vt* fazer a revisão de (veículo). *The mechanic charged only two hundred dollars to **tune up** my Mercedes.* ◆ *The mechanic charged only two hundred dollars to **tune** my Mercedes **up**.* ⇨ O mecânico cobrou apenas duzentos dólares para fazer a revisão da minha Mercedes.

turn around/round 1 *vt* mudar os rumos de algo malsucedido (economia, negócio, projeto, sistema etc.). *The*

*Prime Minister promised to **turn around/round** the government's policy on higher education.* ♦ *The Prime Minister promised to **turn** the government's policy on higher education **around/round**.* ⇨ O Primeiro-Ministro prometeu mudar os rumos da política governamental em relação à educação superior. **2** *vt* distorcer, mudar o sentido de. *Some reporters **turned around/round** my declarations.* ♦ *Some reporters **turned** my declarations **around/round**.* ⇨ Alguns repórteres distorceram as minhas declarações. **3** *vt* virar ou mover algo para outra direção. *Alice **turned around/round** her face and saw that someone had stolen her suitcase that was on the floor.* ♦ *Alice **turned** her face **around/round** and saw that someone had stolen her suitcase that was on the floor.* ⇨ Alice virou o rosto e viu que alguém havia roubado sua mala que estava no chão. *I'm going to **turn around/round** all the plants to face the sun.* ♦ *I'm going to **turn** all the plants **around/round** to face the sun.* ⇨ Eu vou virar todas as plantas para que fiquem de frente para o sol. **4** *vi* virar-se, volver-se. *Somebody shouted his name and he **turned around/round** immediately.* ⇨ Alguém gritou o nome dele, e ele se virou imediatamente.

turn away 1 *vt* barrar, proibir (entrada, acesso). *We had to **turn away** hundreds of people because the stadium was completely crowded.* ♦ *We had to **turn** hundreds of people **away** because the stadium was completely crowded.* ⇨ Nós barramos a entrada de centenas de pessoas porque o estádio estava completamente lotado. **2** *vt* recusar-se a ajudar alguém. *They **turned away** a beggar who was asking for food.* ♦ *They **turned** a beggar who was asking for food **away**.* ⇨ Eles se recusaram a ajudar um mendigo que estava pedindo comida.

turn away from 1 *vt* perder o interesse por algo. *Peter and Mary **turned away from** religion.* ⇨ Peter e Mary perderam o interesse pela religião. **2** *vt* afastar alguém de algo. *The radicalism of some leaders might **turn** young people **away from** the Socialist Party.* ⇨ O radicalismo de alguns líderes pode afastar os jovens do Partido Socialista.

turn back 1 *vi* retornar, voltar (pessoas). *As soon as the snow storm started, we **turned back**.* ⇨ Assim que a tempestade de neve começou, nós retornamos. **2** *vt* devolver, mandar de volta (pessoas). *The Pakistani government **turned** the Afghan refugees **back**.* ⇨ O governo paquistanês mandou os refugiados afegãos de volta. **3** *vt* dobrar (papel ou tecido). *I never **turn back** the corner of the page. I always use a book marker.* ♦ *I never **turn** the corner of the page **back**. I always use a book marker.* ⇨ Eu nunca dobro a ponta da página. Eu sempre uso um marcador de livro.

turn down 1 *vt* recusar, rejeitar (algo). *If I were you, I wouldn't **turn down** that job.* ♦ *If I were you, I wouldn't **turn** that job **down**.* ⇨ Se eu fosse você, não recusaria aquele emprego. **2** *vt* diminuir, baixar (som, aquecedor, luz, barulho). *Please **turn down** the radio a bit.* ♦ *Please **turn** the radio **down** a bit.* ⇨ Por favor, diminua um pouco o som do rádio. **3** *vt* virar ou dobrar algo para baixo (gola, aba do chapéu, cobertor). *Steve **turned down** the brim of his hat just like Bogart used to do.* ♦ *Steve **turned** the brim of his hat **down** just like Bogart used to do.* ⇨ Steve virou a aba do chapéu para baixo, justamente como Bogart costumava fazer.

turn in 1 *vt+refl* entregar(-se) (alguém) à polícia. *Mrs. Chaney **turned in** her son to the police.* ♦ *Mrs. Chaney **turned** her son **in** to the police.* ⇨ A Sra. Chaney entregou o filho à polícia. *After some negotiations with the* public attorney, Jason **turned** himself **in**. ⇨ Depois de algumas negociações com o promotor, Jason se entregou. **2** *vi* entregar, passar às mãos de (autoridades públicas). *The disarmament campaign was really fruitful. A lot of people **turned in** their guns to the police.* ♦ *The disarmament campaign was really fruitful. A lot of people **turned** their guns **in** to the police.* ⇨ A campanha de desarmamento foi realmente útil. Muitas pessoas entregaram seus revólveres à polícia. **3** *vt Amer* entregar algo ao professor (trabalho, projeto, pesquisa). *I'm going to **turn in** my research paper on birth control on Monday.* ♦ *I'm going to **turn** my research paper on birth control **in** on Monday.* ⇨ Eu vou entregar a minha pesquisa sobre controle de natalidade na segunda-feira. **4** *vi Amer* dormir, ir para a cama. *It's late, let's **turn in**.* ⇨ É tarde. Vamos para a cama.

turn into *vt+refl* transformar-se, tornar-se (alguém ou algo). *That bottle of wine you gave me **turned into** vinegar.* ⇨ Aquela garrafa de vinho que você me deu transformou-se em vinagre. *He has **turned into** a radical communist.* ⇨ Ele se tornou um comunista radical. *With the right make-up, an ugly girl can **turn** herself **into** a beautiful woman.* ⇨ Com a maquiagem certa, uma garota feia pode se transformar numa bela mulher.

turn off 1 *vt* desligar; apagar; fechar. *Please **turn off** the television.* ♦ *Please **turn** the television **off**.* ⇨ Por favor, desligue a televisão. *Don't forget to **turn off** the lights before you go to bed.* ♦ *Don't forget to **turn** the lights **off** before you go to bed.* ⇨ Não se esqueça de apagar as luzes antes de se deitar. *Turn off the shower and get out of the stall immediately.* ♦ *Turn the shower **off** and get out of the stall immediately.* ⇨ Feche o chuveiro e saia do boxe imediatamente. **2** *vt* sair de uma estrada, geralmente para pegar uma outra. *You're going to **turn off** the main road after the second gas station.* ⇨ Você vai sair da estrada principal depois do segundo posto de gasolina. **3** *vt pop* broxar, fazer alguém perder o interesse por sexo. *Sexologists claim pornography **turns off** most women.* ♦ *Sexologists claim pornography **turns** most women **off**.* ⇨ Os sexólogos afirmam que a pornografia broxa a maioria das mulheres.

turn on 1 *vt* ligar, pôr em funcionamento (sistema elétrico). *I'll **turn on** the TV to see the news.* ⇨ Eu ligarei a TV para ver as notícias. *Let's **turn on** the electric heater. It's cold in here.* ♦ *Let's **turn** the electric heater **on**. It's cold in here.* ⇨ Vamos ligar o aquecedor elétrico. Está frio aqui. **2** *vt* acender, ligar. *It's getting dark. Could you please **turn on** the lights?* ♦ *It's getting dark. Could you please **turn** the lights **on**?* ⇨ Está ficando escuro. Você poderia, por favor, acender as luzes? **3** *vt pop* fazer alguém sentir-se sexualmente excitado. *Black lingerie **turns on** most men.* ♦ *Black lingerie **turns** most men **on**.* ⇨ Lingerie preta excita a maioria dos homens. **4** *vt* atrair, seduzir. *Action movies don't **turn on** girls.* ♦ *Action movies don't **turn** girls **on**.* ⇨ Os filmes de ação não atraem as garotas. **5** *vt* ficar bravo, tornar-se hostil. *There's no need to **turn on** the kids just because they broke some glasses.* ⇨ Não há necessidade de ficar bravo com as crianças só porque elas quebraram alguns copos.

turn on/upon 1 *vt* atacar ou criticar alguém severamente. *Mr. Belt **turned on/upon** Herbert for being a conniving person.* ⇨ O Sr. Belt criticou Herbert severamente por ser uma pessoa conivente. **2** *vt* pôr ou posicionar algo em direção a alguém ou a alguma coisa. *Whenever Liza **turns** her eyes **on/upon** me I blush.* ⇨ Sempre que Liza põe os olhos em mim, eu fico vermelho. *Turn the spotlight **on/upon***

turn out

the bats. ⇨ Posicione o holofote na direção dos morcegos.

turn out 1 *vt* tornar-se, resultar em. *Mr. Mayer's intervention **turned out** a disaster.* ⇨ A intervenção do Sr. Mayer tornou-se um desastre. **2** *vi* dar, resultar em. *Nothing ever **turns out** right in the office.* ⇨ Nada nunca dá certo no escritório. **3** *vt* desligar, apagar (luz, gás). *Don't forget to **turn out** the lights when you leave.* ◆ *Don't forget to **turn** the lights **out** when you leave.* ⇨ Não se esqueça de apagar as luzes ao sair. **4** *vt* produzir, fabricar. *Our company **turns out** two hundred stoves a day.* ◆ *Our company **turns** two hundred stoves **out** a day.* ⇨ A nossa empresa produz duzentos fogões por dia. **5** *vt* esvaziar, despejar. *I'm going to **turn out** the drawers to see if I can find my passport.* ◆ *I'm going to **turn** the drawers **out** to see if I can find my passport.* ⇨ Eu vou esvaziar as gavetas para ver se consigo encontrar o meu passaporte. *Ask Tony to **turn out** all the garbage cans in the truck.* ◆ *Ask Tony to **turn** all the garbage cans **out** in the truck.* ⇨ Peça a Tony para despejar todas as latas de lixo no caminhão. **6** *vt* expulsar, botar para fora. *The police **turned out** all the rioters from the City Hall.* ◆ *The police **turned** all the rioters **out** from the City Hall.* ⇨ A polícia expulsou todos os badernerios da prefeitura. **7** *vt+refl* vestir(-se), trajar-se. *Mrs. Cooper always **turns out** her daughters elegantly.* ◆ *Mrs. Cooper always **turns** her daughters **out** elegantly.* ⇨ A Sra. Cooper sempre veste as filhas com elegância. *Jane **turns** herself **out** in a very sophisticated way.* ⇨ Jane se veste de maneira muito sofisticada. **8** *vt* comparecer, estar presente a. *A large crowd **turned out** to attend the prince's funeral.* ⇨ Uma grande multidão compareceu ao funeral do príncipe.

turn over 1 *vt+vi* virar(-se), mudar de posição (alguém ou algo). *The doctor **turned over** the patient and gave him an injection in the right buttock.* ◆ *The doctor **turned** the patient **over** and gave him an injection in the right buttock.* ⇨ O médico virou o paciente e lhe deu uma injeção na nádega direita. *Ask Susan to **turn over** the photo and read the message he wrote on the back.* ◆ *Ask Susan to **turn** the photo **over** and read the message he wrote on the back.* ⇨ Peça a Susan para virar a foto e ler a mensagem que ele escreveu no verso. *She simply **turned over** in bed and went back to sleep.* ⇨ Ela simplesmente se virou na cama e continuou a dormir. **2** *vt* entregar um criminoso às autoridades. *Dr. Williams **turned over** the thief to the police.* ◆ *Dr. Williams **turned** the thief **over** to the police.* ⇨ O Dr. Williams entregou o ladrão à polícia. **3** *vt* passar ou transferir responsabilidades ou o controle de algo a alguém. *I've **turned over** the management of my store to my son.* ◆ *I've **turned** the management of my store **over** to my son.* ⇨ Eu passei a gerência da minha loja ao meu filho. **4** *vt* movimentar (soma de dinheiro em um determinado período). *The Hollywood movie industry **turns over** billions of dollars every year.* ◆ *The Hollywood movie industry **turns** billions of dollars **over** every year.* ⇨ A indústria cinematográfica de Hollywood movimenta bilhões de dólares todo ano. **5** *vt+vi* virar a página de algo. *Please, **turn over** the page and read the next paragraph.* ◆ *Please, **turn** the page **over** and read the next paragraph.* ⇨ Por favor, vire a página e leia o parágrafo seguinte. *Have you all finished reading the instructions? Can I **turn over** now?* ⇨ Vocês todos já terminaram de ler as instruções? Posso virar a página agora? **6** *vt+vi* Brit mudar de canal (TV). *Please, **turn over** the TV to channel four.* ◆ *Please, **turn** the TV **over** to channel four.* ⇨ Por favor, mude a TV para o canal quatro. *Do you mind if I **turn over** to the sports channel?* ⇨ Você se importa se eu mudar para o canal de esportes? **7** *vt+vi* ligar, pôr para funcionar; pegar (motor). *I'm going to **turn over** the engine and leave it working for a while.* ♦ *I'm going to **turn** the engine **over** and leave it working for a while.* ⇨ Eu vou ligar o motor e deixá-lo funcionar por algum tempo. *Bob tried everything, but the engine doesn't **turn over**.* ⇨ Bob tentou de tudo, mas o motor não pega.

turn round *V* turn around/round.

turn to 1 *vt+vi* apelar, recorrer. *I think I'm going to **turn to** my parents for financial aid.* ⇨ Eu acho que vou apelar aos meus pais para uma ajuda financeira. *Judy has nobody to **turn to**.* ⇨ Judy não tem ninguém a quem recorrer. **2** *vt* dirigir, concentrar (ideias, interesse ou atenção em algo). *Some years ago, he started **turning** her attention **to** religion.* ⇨ Há alguns anos, ele passou a concentrar sua atenção na religião. **3** *vt* entregar-se, render-se (a algo). *Juan **turned to** drinking after his wife's death.* ⇨ Juan entregou-se à bebida depois da morte da esposa.

turn up 1 *vt* aumentar o volume de (rádio, TV); aumentar a potência de (gás, forno, aquecedor). *I can't hear a thing. I'm going to **turn up** the television a little.* ⇨ Eu não consigo ouvir nada. Eu vou aumentar o volume da televisão um pouco. *It's ice-cold in here! Please **turn up** the heater a bit.* ♦ *It's ice-cold in here! Please **turn** the heater **up** a bit.* ⇨ Está gelado aqui! Por favor, aumente a potência do aquecedor um pouco. **2** *vt* encontrar ou descobrir algo depois de muita procura (informação ou prova). *Maria has not **turned up** any information about her husband's whereabouts yet.* ♦ *Maria has not **turned** any information **up** about her husband's whereabouts yet.* ⇨ Maria ainda não descobriu nenhuma informação a respeito do paradeiro do marido. **3** *vi pop* aparecer ou chegar de surpresa (alguém). *Michael has just **turned up** here in London.* ⇨ Michael acabou de aparecer de surpresa aqui em Londres. **4** *vt* levantar a bainha das calças. *My mother has to **turn up** these pants. The tailor made them too long.* ♦ *My mother has to **turn** these pants **up**. The tailor made them too long.* ⇨ Minha mãe tem de levantar a bainha destas calças. O alfaiate as fez muito longas. **5** *vt* encontrar, achar (alguém ou algo). *Fortunately the police **turned up** the boys who where lost in the forest.* ⇨ Felizmente a polícia encontrou os garotos que estavam perdidos na floresta. **6** *vi* aparecer, surgir algo, sem esperar (emprego, contrato, oportunidade). *This job has **turned up** at the right time.* ⇨ Esse emprego apareceu na hora certa. *John won't be unemployed for a long time. Some job opportunity will certainly **turn up**.* ⇨ John não ficará desempregado por muito tempo. Alguma oportunidade de trabalho irá surgir, com certeza.

turn upon *V* turn on/upon.

type in *vt* digitar ou preencher informações no computador (em formulário, questionário, planilha etc.). *Now you have to **type in** your personal data on the form.* ♦ *Now you have to **type** your personal data **in** on the form.* ⇨ Agora você tem de digitar os seus dados pessoais no formulário.

type out/up *vt* digitar ou datilografar algo. *Tell Brad I can **type out/up** his report on my computer.* ♦ *Tell Brad I can **type** his report **out/up** on my computer.* ⇨ Diga ao Brad que eu posso digitar o relatório dele no meu computador. *Would you let me **type out/up** this letter on your electric typewriter?* ♦ *Would you let me **type** this letter **out/up** on your electric typewriter?* ⇨ Você me deixaria datilografar esta carta na sua máquina elétrica?

type up *V* type out/up.

u

urge on *vt* encorajar, estimular alguém a realizar algo. *I'm trying to **urge on** Paul to take a more active part in the campaign.* ♦ *I'm trying to **urge** Paul **on** to take a more active part in the campaign.* ⇨ Eu estou tentando encorajar Paul a assumir um papel mais atuante na campanha. ***Urged on** by her parents, Janet started playing soccer.* ⇨ Estimulada pelos pais, Janet começou a jogar futebol.

urge on/upon *vt* convencer ou forçar alguém a aceitar ou fazer algo. *The union leader promised to **urge** the new working conditions **on/upon** the workers.* ⇨ O presidente do sindicato prometeu convencer todos os trabalhadores a aceitarem as novas condições de trabalho. *Mr. Neal will **urge** a different attitude **on/upon** the new manager.* ⇨ O Sr. Neal forçará o novo gerente a ter uma atitude diferente.

urge upon *V* urge on/upon.

use up *vt* consumir, esgotar, gastar (algo). *They **used up** the stock of gasoline in two weeks.* ♦ *They **used** the stock of gasoline **up** in two weeks.* ⇨ Eles consumiram o estoque de gasolina em duas semanas. *Tony **used up** all his money and now is completely broke.* ♦ *Tony **used** all his money **up** and now is completely broke.* ⇨ Tony gastou todo o dinheiro dele e agora está completamente duro.

usher in 1 *vt* anunciar, assinalar o início. *The political and economic changes **ushered in** a period of prosperity.* ⇨ As mudanças políticas e econômicas anunciaram um período de prosperidade. *The Russian Revolution **ushered in** a new era in the world.* ⇨ A Revolução Russa assinalou o início de uma nova era no mundo. **2** *vt* acompanhar, fazer companhia a. *Please **usher in** Mr. Johnson and offer him a drink.* ♦ *Please **usher** Mr. Johnson **in** and offer him a drink.* ⇨ Por favor, acompanhe o Sr. Johnson e ofereça-lhe um drinque.

usher in/into *vt* conduzir, indicar o lugar (em cinema, teatro ou casa de espetáculos). *The girl is going to **usher** you **in/into** your seats.* ⇨ A garota vai conduzi-los aos seus lugares.

usher into *vt* acompanhar, levar (alguém a algum lugar). *The butler will **usher** the guests **into** the dining room.* ⇨ O mordomo acompanhará os convidados à sala de jantar.

usher into *V* usher in/into.

usher out *vt* acompanhar ou levar alguém até a saída. *The maid opened the door and **ushered out** the guests.* ♦ *The maid opened the door and **ushered** the guests **out**.* ⇨ A criada abriu a porta e acompanhou os convidados até a saída.

V

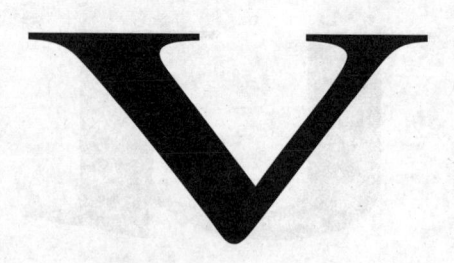

vamp up *vt pop* alterar ou modificar algo, dando-lhe um toque moderno e atraente. *The architect is going to **vamp up** the façade of the restaurant with a new coat of paint and a colorful neon sign.* ♦ *The architect is going to **vamp** the façade of the restaurant **up** with a new coat of paint and a colorful neon sign.* ⇨ O arquiteto vai alterar a fachada do restaurante com uma nova demão de tinta e um luminoso de neon colorido. *They have **vamped up** the same old show with a few new songs and a modern choreography.* ♦ *They have **vamped** the same old show **up** with a few new songs and a modern choreography.* ⇨ Eles modificaram o mesmo espetáculo antigo com algumas músicas novas e uma coreografia moderna.

verge on/upon *vt* aproximar-se, estar a um passo de. *Lucy was in a mental state **verging on/upon** madness.* ⇨ Lucy estava num estado mental que se aproximava da loucura. *The kids were uneasy **verging on/upon** panic.* ⇨ As crianças estavam agitadas, a um passo do pânico.

verge upon *V* verge on/upon.

vest in *vt* investir, conferir legalmente poder ou autoridade a (geralmente na voz passiva). *In the old west, power was **vested in** the sheriff and he was respected by the community.* ⇨ No velho oeste, o xerife era investido de poder e respeitado pela comunidade.

visit with 1 *vt Amer* pernoitar, passar a noite na casa de alguém. *My niece from Boston is **visiting with** me this weekend.* ⇨ Minha sobrinha de Boston vai pernoitar aqui comigo neste fim de semana. **2** *vt Amer* passar o tempo conversando com amigos ou conhecidos. *I think I'll have some time to **visit with** you and Mary next Saturday.* ⇨ Eu acho que terei algum tempo para passar conversando com você e Mary no próximo sábado.

vote down *vt Amer* rechaçar, opor-se a (proposta ou moção). *The members of the Socialist Party **voted down** our proposal.* ♦ *The members of the Socialist Party **voted** our proposal **down**.* ⇨ Os membros do Partido Socialista rechaçaram a nossa proposta.

vote in *vt* eleger, escolher por meio de votação. *Young electors chose to **vote in** the Conservatives.* ♦ *Young electors chose to **vote** the Conservatives **in**.* ⇨ Os eleitores jovens preferiram eleger os conservadores.

vote on *vt* votar algo, submeter a votação, aprovando ou não. *Congress will **vote on** the life imprisonment bill next week.* ⇨ O Congresso votará o projeto de lei de prisão perpétua na próxima semana. *The members of the train* *drivers' union will **vote on** the strike proposal tomorrow.* ⇨ Os membros do sindicato dos maquinistas de trem votarão na proposta de greve amanhã.

vote out *vt* derrotar ou afastar por voto. *The electorate tends to **vote out** senators who become too radical.* ♦ *The electorate tends to **vote** senators who become too radical **out**.* ⇨ O eleitorado tende a derrotar os senadores que se tornam muito radicais.

vote through *vt* aprovar ou aceitar por votação. *The government is sure Congress will **vote through** the fiscal reform.* ♦ *The government is sure Congress will **vote** the fiscal reforms **through**.* ⇨ O governo tem certeza de que o Congresso aprovará a reforma fiscal.

vouch for 1 *vt* atestar ou dar testemunho do caráter ou das qualidades de alguém. *I do not hesitate in **vouching for** Frank Michaels. He has a good character and is an excellent researcher.* ⇨ Eu não hesitaria em dar meu testemunho em favor de Frank Michaels. Ele tem um bom caráter e é um excelente pesquisador. **2** *vt* garantir ou atestar a veracidade ou a qualidade de algo. *I can definitely **vouch for** the accuracy of Peter's information.* ⇨ Eu posso definitivamente garantir a exatidão da informação de Peter. *I've never drunk Jamaican rum, but I can certainly **vouch for** the Cuban one.* ⇨ Eu nunca bebi o rum jamaicano, mas certamente posso atestar a qualidade do rum cubano.

W

wade into 1 *vt pop* atacar alguém com força, investir em alguém. *Bob waded into his aggressor with lefts and rights.* ⇨ Bob atacou o seu agressor com força, dando-lhe golpes de esquerda e de direita. **2** *vt pop* começar uma tarefa difícil com energia e determinação. *If Ted has got good ideas for a play, he should wade into it.* ⇨ Se Ted tem boas ideias para uma peça de teatro, ele deveria começar a escrevê-la com energia e determinação.

wade through *vt* dispender muito tempo e esforço com a leitura de algo, geralmente um assunto difícil e entediante. *Joseph wades through pages and pages of technical reports every evening.* ⇨ Joseph dispende muito tempo e esforço com a leitura de páginas e páginas de relatórios técnicos todas as noites.

wait about/around *vi* perder tempo esperando algo acontecer, esperando alguém ou esperando para fazer algo. *We waited about/around more than two hours before the show started.* ⇨ Nós perdemos um tempão, mais de duas horas, esperando o início do espetáculo. *Please, don't keep John waiting about/around in the office.* ⇨ Por favor, não faça John perder tempo, esperando no escritório.

wait around *V* wait about/around.

wait behind *vi* ficar esperando até que todos se retirem, geralmente para falar em particular com alguém. *Andy waited behind to have a word with Mr. Walden in private.* ⇨ Andy esperou que todos se retirassem para ter uma palavrinha em particular com o Sr. Walden.

wait in *vi Brit* ficar em casa esperando alguém ou algo. *Sylvia had to wait in all the afternoon for the TV repairman.* ⇨ Sylvia teve de ficar em casa a tarde toda, esperando o técnico de TV.

wait on 1 *vt Amer* trabalhar como garçom ou garçonete. *Steve waits on tables on the weekends to make some extra money.* ⇨ Steve trabalha como garçon nos fins de semana para ganhar um dinheirinho extra. **2** *vt Amer* esperar por alguém ou por algo além do tempo previsto. *I hate to wait on people.* ⇨ Eu detesto esperar por alguém além do tempo previsto.

wait on/upon 1 *vt* servir alguém, geralmente à mesa. *I wish I could hire a maid to wait on/upon me.* ⇨ Eu desejaria poder contratar uma criada para me servir. **2** *vt* aguardar o resultado de algo antes de tomar uma decisão. *Let's wait on/upon the market reaction and see what kind of investment would be more profitable.* ⇨ Vamos aguardar a reação do mercado e ver que tipo de investimento seria mais rentável.

wait out *vt* esperar pacientemente o fim de algo desagradável (não é usado na voz passiva). *We simply had to **wait out** the snow storm.* ◆ *We simply had to **wait** the snow storm **out**.* ⇨ Nós simplesmente tivemos de esperar pacientemente o fim da tempestade de neve.

wait up (for) *vt+vi* esperar acordado a chegada de alguém. *I told my mom I'll be home late, so she doesn't have to **wait up for** me.* ⇨ Eu disse a minha mãe que voltarei mais tarde para casa, diante disso ela não tem de ficar acordada esperando por mim. *We'll get back home very late, so don't bother to **wait up**.* ⇨ Nós chegaremos em casa bem tarde, portanto não se dê ao trabalho de ficar acordado.

wait upon *V* wait on/upon.

wake up 1 *vt+vi* acordar, despertar. *Don't forget to **wake up** Steve a little before eight.* ◆ *Don't forget to **wake** Steve **up** a little before eight.* ⇨ Não se esqueça de acordar Steve um pouco antes das oito. *Sandra **woke up** very late this morning.* ⇨ Sandra acordou muito tarde hoje de manhã. **2** *vt* animar, avivar. *They should play something lively to **wake up** the audience.* ◆ *They should play something lively to **wake** the audience **up**.* ⇨ Eles deveriam tocar algo mais alegre para animar o público.

wake up to *vt* tomar consciência de algo. *Maria should **wake up to** the fact that she's no longer a teenager.* ⇨ Maria deveria tomar consciência de que já não é mais uma adolescente.

walk away from *vt* desistir de algo para evitar problemas ou desafios. *You can't **walk away from** your marriage just because you're having some common clashes of personality.* ⇨ Você não pode desistir do seu casamento porque vocês estão tendo conflitos de personalidade considerados comuns. *People should not **walk away from** challenges, but face them.* ⇨ As pessoas não deveriam desistir dos desafios, porém encará-los.

walk away with *vt pop* levar um prêmio ou ganhar uma competição facilmente. *The Cuban boxer **walked away with** the title.* ⇨ O boxeador cubano ganhou o título facilmente.

walk in *vi* entrar facilmente num local por falta de segurança. *Our security is so precarious that anyone can **walk in** and do what he wants.* ⇨ A nossa segurança é tão precária que qualquer um pode entrar aqui facilmente e fazer o que quiser.

walk into 1 *vt* envolver-se numa situação difícil ou delicada. *Johnny is always **walking into** trouble.* ⇨ Johnny está sempre se envolvendo em confusão. **2** *vt* conseguir um emprego facilmente. *James can **walk into** a well-paid job because he is a highly skilled professional.* ⇨ James pode conseguir um emprego facilmente, com um bom salário, porque ele é um profissional altamente especializado.

walk off 1 *vt* dar uma caminhada para se livrar de algo desagradável, isto é, dor, desânimo, mau humor etc. (não é usado na voz passiva). *Tom went to the beach to **walk off** his bad mood.* ◆ *Tom went to the beach to **walk** his bad mood **off**.* ⇨ Tom foi à praia dar uma caminhada para se livrar do mau humor. **2** *vt* abandonar um local ou uma atividade por estar irritado ou insatisfeito com algo. *Meg threatened to **walk off** the job if she didn't get a raise.* ⇨ Meg ameaçou abandonar o emprego se não tivesse um aumento de salário. *The French team **walked off** the soccer field after arguing with the referee.* ⇨ O time francês abandonou o campo, depois de discutir com o juiz.

walk off with 1 *vt pop V* walk away with. **2** *vt pop* roubar algo ou levar algo sem autorização do dono, de propósito ou por engano. *Somebody **walked off with** my suitcase.* ⇨

Alguém roubou a minha mala. *Peter walked off with my pen by mistake.* ⇨ Peter levou a minha caneta por engano.

walk out 1 *vi* abandonar, deixar (família, esposo, esposa, namorado, namorada etc.). *Susan's husband walked out after twenty years of marriage.* ⇨ O marido de Susan a deixou depois de vinte anos de casamento. **2** *vi* sair ou ir embora de um espetáculo ou reunião antes do término, geralmente por ser algo sem qualidade ou desagradável. *Part of the audience walked out after the first act.* ⇨ Parte do público saiu depois do primeiro ato. **3** *vi* fazer uma paralisação ou greve. *Because of poor working conditions, all the workers walked out this morning.* ⇨ Por causa das condições desfavoráveis, todos os trabalhadores fizeram uma paralisação hoje de manhã.

walk through 1 *vt Amer* explicar algo a alguém de maneira clara e cuidadosa. *My attorney walked my wife through our lawsuit against the airline.* ⇨ O meu advogado explicou à minha esposa, de maneira clara e cuidadosa, o nosso processo contra a empresa aérea. **2** *vt* explicar ou ensinar alguém a fazer algo, especialmente passo a passo. *Mrs. Newman will walk the new secretary through the office routine.* ⇨ A Sra. Newman explicará à nova secretária a rotina do escritório.

wall in 1 (também **wall off**) *vt* murar, cercar algo com muro. *They walled in the park completely last year.* ♦ *They walled the park in completely last year.* ⇨ Eles cercaram completamente o parque com muros no ano passado. **2** *vt* encurralar, encantoar. *The policemen are going to wall in the fugitives when they reach the mountains.* ♦ *The policemen are going to wall the fugitives in when they reach the mountains.* ⇨ Os policiais vão encurralar os fugitivos quando eles alcançarem as montanhas.

wall off *vt V* **wall in, 1**.

wall up *vt* fechar com tijolos um espaço vazado de uma edificação, passagem, porta ou janela, (usado geralmente na voz passiva). *In order to increase security, some of the windows on the back of the building were walled up.* ⇨ A fim de aumentar a segurança, algumas das janelas na parte dos fundos do prédio foram fechadas com tijolos. *It's a good idea to wall up that corridor.* ♦ *It's a good idea to wall that corridor up.* ⇨ É uma boa ideia fechar aquela passagem com tijolos.

waltz off with 1 *vt pop* abocanhar ou levar um prêmio ao vencer os oponentes com facilidade. *The Australian swimming team waltzed off with twelve gold medals.* ⇨ A equipe de natação australiana abocanhou com facilidade dez medalhas de ouro. **2** *vt* pegar algo sem a autorização do dono. *Dennis is furious because Joan waltzed off with a confidential report.* ⇨ Dennis está furioso porque Joan pegou sem autorização um relatório confidencial.

wander off *vi* abandonar alguém ou um grupo de pessoas sem avisar aonde vai. *Some of the students wandered off and Mrs. Murray is really upset.* ⇨ Alguns dos estudantes abandonaram o grupo, sem avisar aonde iam, e a Sra. Murray está realmente transtornada.

want for *vi* faltar dinheiro ou algo essencial a alguém. *I want to be sure my parents want for nothing.* ⇨ Eu quero ter certeza de que não falta nada aos meus pais. *My children don't want for anything.* ⇨ Não falta nada aos meus filhos.

want in 1 *vi Amer pop* querer participar de um projeto ou negócio, geralmente algo prazeroso ou rentável. *They have started an art project and a lot of students want in.* ⇨ Eles começaram um projeto em artes e muitos alunos querem participar. *If Willie is still interested in opening a new company,* *tell him I want in too.* ⇨ Se Willie ainda estiver interessado em abrir uma nova empresa, diga a ele que eu também quero participar.

want out (of) 1 *vt+vi Amer pop* querer cair fora de um projeto ou atividade. *Paul and I want out of the project before we lose all our dough.* ⇨ Paul e eu queremos cair fora do projeto antes de perdermos toda a nossa grana. *I was afraid, and I told Peter and Mary I wanted out.* ⇨ Eu estava com medo e disse a Peter e Mary que queria cair fora. **2** *vi Amer pop* querer cair fora, querer dar o fora. *I want out of here because the noise gets on my nerves.* ⇨ Eu quero dar o fora daqui porque o barulho me dá nos nervos.

ward off *vt* proteger-se ou defender-se contra algo. *Frank raised his hands to ward off the blows.* ♦ *Frank raised his hands to ward the blows off.* ⇨ Frank levantou as mãos para proteger-se dos golpes. *I take a tablet of vitamin C twice a week to ward off colds.* ♦ *I take a tablet of vitamin C twice a week to ward colds off.* ⇨ Eu tomo um tablete de vitamina C duas vezes por semana para me proteger de resfriados.

warm over *vt Amer* esquentar, requentar (comida). *Tell Joe to warm over the chicken and vegetables.* ♦ *Tell Joe to warm the chicken and vegetables over.* ⇨ Diga a Joe para esquentar o frango e os legumes.

warm to *vt* ficar mais animado ou entusiasmado com algo. *The students are warming to the new project.* ⇨ Os alunos estão mais animados com o novo projeto.

warm to/towards *vt* começar a gostar de alguém. *I can feel Tricia is warming to/towards Richard.* ⇨ Eu posso perceber que Tricia está começando a gostar de Richard.

warm towards *V* warm to/towards.

warm up 1 *vt* aquecer, aquentar (alguém ou algo). *I'm going to make some hot chocolate to warm up the kids.* ♦ *I'm going to make some hot chocolate to warm the kids up.* ⇨ Eu vou fazer chocolate quente para aquecer as crianças. *Turn on the heater to warm up the room.* ♦ *Turn on the heater to warm the room up.* ⇨ Ligue o aquecedor para aquentar a sala. **2** *vt V* **warm over**. **3** *vt+vi* fazer aquecimento, aquecer-se (antes de atividade esportiva). *Soccer players always warm up their leg muscles before a match.* ♦ *Soccer players always warm their leg muscles up before a match.* ⇨ Os jogadores de futebol sempre fazem um aquecimento dos músculos das pernas antes de uma partida. *Peter usually spends a few minutes warming up before a fight.* ⇨ Peter geralmente faz um aquecimento de alguns minutos antes de uma luta. **4** *vt* aquecer, esquentar (máquina, motor, carro etc.). *In winter, I always pull the choke out a little bit to warm up the engine.* ♦ *In winter, I always pull the choke out a little bit to warm the engine up.* ⇨ No inverno, eu sempre puxo o afogador um pouquinho para aquecer o motor. **5** *vt* esquentar, animar (festa, jogo, campanha etc.). *Let's play some rock to warm up the party.* ♦ *Let's play some rock to warm the party up.* ⇨ Vamos tocar rock para esquentar a festa. *The TV debates are going to warm up the election campaign.* ♦ *The TV debates are going to warm the election campaign up.* ⇨ Os debates pela TV vão esquentar a campanha eleitoral.

warm up to *Amer V* warm to/towards.

warn about/against *vt* alertar, prevenir contra os malefícios de algo. *Every bar should keep a sign warning people about/against excessive drinking.* ⇨ Todo bar deveria manter um cartaz para alertar as pessoas contra o abuso de bebida.

warn against *V* warn about/against.

warn off

warn off *vt* advertir ou alertar alguém a evitar algo ou manter-se afastado de algo ou de um local. *Dr. Stevens has **warned** James **off** smoking.* ⇨ O Dr. Stevens alertou James para manter-se afastado do fumo. *I have already **warned** those people **off** my property.* ⇨ Eu já preveni aquelas pessoas a se manterem afastadas da minha propriedade.

wash away 1 *vt* levar, arrastar algo (sempre pela água, chuva ou enchente). *The dam broke and **washed away** hundreds of houses.* ◆ *The dam broke and **washed** hundreds of houses **away**.* ⇨ A represa estourou e arrastou centenas de casas. *The flood **washed away** part of the river bank.* ◆ *The flood **washed** part of the river bank **away**.* ⇨ A enchente levou parte da margem do rio. **2** *vt* remover manchas lavando. *This chemical will **wash away** the stains on your coat.* ◆ *This chemical will **wash** the stains **away** on your coat.* ⇨ Este produto químico removerá as manchas do seu casaco ao lavá-lo. **3** *vt* lavar (pecados). *Penance and good behavior will **wash away** your sins.* ◆ *Penance and good behavior will **wash** your sins **away**.* ⇨ A penitência e o bom comportamento lavarão os seus pecados.

wash down 1 *vt* beber, tomar algo às refeições ou ao ingerir um medicamento, geralmente para ajudar a descer. *I always **wash down** my steak with a glass of red wine.* ◆ *I always **wash** my steak **down** with a glass of red wine.* ⇨ Eu sempre bebo um copo de vinho tinto para acompanhar o meu filé. *Tell Louisie to drink a gulp of milk to **wash down** the antibiotics.* ◆ *Tell Louisie to drink a gulp of milk to **wash** the antibiotics **down**.* ⇨ Diga a Louisie para beber um gole de leite ao tomar o antibiótico. **2** *vt* limpar a sujeira de uma superfície (com água ou produto químico). *We're going to **wash down** the kitchen floor with muriatic acid.* ◆ *We're going to **wash** the kitchen floor **down** with muriatic acid.* ⇨ Nós vamos lavar o piso da cozinha com ácido muriático.

wash out 1 *vt* lavar a parte interna de algo. *Please **wash out** the cups well.* ◆ *Please **wash** the cups **out** well.* ⇨ Por favor, lave bem a parte interna das xícaras. **2** *vt* lavar roupa suja. *I **wash out** my underwear and socks at home.* ◆ *I **wash** my underwear and socks **out** at home.* ⇨ Eu lavo as minhas roupas de baixo e meias em casa. **3** *vt* remover manchas, geralmente ao lavar. *It's really hard to **wash out** red wine stains with regular detergent.* ◆ *It's really hard to **wash** red wine stains **out** with regular detergent.* ⇨ É realmente difícil remover manchas de vinho tinto com detergente comum. **4** *vt* adiar ou interromper competição esportiva por causa de chuva torrencial. *Heavy rain **washed out** the soccer game before the end of the first half.* ◆ *Heavy rain **washed** the soccer game **out** before the end of the first half.* ⇨ A chuva pesada interrompeu o jogo de futebol antes do término do primeiro tempo.

wash over *vt* exacerbar-se, tornar-se mais intenso (sentimento ou emoção). *I think a guilty feeling **washed over** Mary.* ⇨ Eu acho que um sentimento de culpa exacerbou-se em Mary.

wash up 1 *vt+vi Brit* lavar a louça. *I'm going to **wash up** the dishes before going to bed.* ◆ *I'm going to **wash** the dishes **up** before going to bed.* ⇨ Eu vou lavar a louça antes de me deitar. *The maid is **washing up** now.* ⇨ A empregada está lavando a louça agora. **2** *vi Amer* lavar-se, lavar o rosto e as mãos. *Tell the children to **wash up** before lunch.* ⇨ Diga às crianças para se lavarem antes do almoço. **3** *vt* carregar, levar (pelo rio, água, correnteza, mar, maré ou onda). *The tide **washed up** a baby whale on the beach.* ◆ *The tide **washed** a baby whale **up** on the beach.* ⇨ A maré carregou um filhote de baleia para a praia. *Tony's body was

waste away

washed up on the river bank. ⇨ O corpo de Tony foi levado pelas águas à margem do rio.

waste away *vi* definhar, consumir-se aos poucos, em consequência de doença ou preocupação. *He's wasting away with cancer.* ⇨ Ele está definhando com câncer. *We don't want you to waste away.* ⇨ Nós não queremos que você se consuma aos poucos.

watch out *vi* tomar cuidado, ter cuidado (usado sempre no imperativo). *Watch out! There's a ditch ahead.* ⇨ Tome cuidado! Há uma valeta adiante.

watch out for *vt* prestar atenção em algo, ficar ligado em algo (para evitar algo perigoso ou danoso ou para não perder – deixar de ver – algo interessante). *My father told me to watch out for the dangerous bends on the road.* ⇨ O meu pai me disse para prestar atenção às curvas perigosas da estrada. *As you drive to Montreal, watch out for bears, which you can sometimes see on the side of the highway, among the trees.* ⇨ Quando você for de carro a Montreal, fique ligado para não deixar de ver os ursos, que, às vezes, ficam à beira da estrada, entre as árvores.

watch over 1 *vt* tomar conta de (pessoa ou animal); proteger (pessoa ou animal). *I hired a nanny to watch over the children.* ⇨ Eu contratei uma babá para tomar conta das crianças. *Ask Peter to watch over the dogs.* ⇨ Peça a Peter para tomar conta dos cachorros. *God watches over everyone.* ⇨ Deus protege a todos. **2** *vt* vigiar, observar, ficar de olho em (alguém ou algo). *I want you to watch over every move of the prisoners.* ⇨ Eu quero que você vigie cada movimento dos prisioneiros. *The international observers will watch over the election in East Timor.* ⇨ Os observadores internacionais ficarão de olho nas eleições do Timor Leste.

water down 1 *vt* batizar bebida alcoólica com água. *In that bar, they water down the draft beer.* ♦ *In that bar, they water the draft beer down.* ⇨ Naquele bar, eles batizam o chope com água. **2** *vt* abrandar, maneirar algo (ideia, crítica, medida etc.), a fim de torná-lo mais palatável. *Senator Green watered down his radical criticism of the government.* ♦ *Senator Green watered his radical criticism down of the government.* ⇨ O senador Green abrandou as suas críticas radicais ao governo. *The Socialist Party had to water down their policies to attract conservative voters.* ♦ *The Socialist Party had to water their policies down to attract conservative voters.* ⇨ O partido socialista teve de maneirar suas diretrizes a fim de atrair os votos dos conservadores.

wave aside *vt* desconsiderar algo que alguém disse por julgá-lo irrelevante. *The security committee waved aside Mr. Marvin's objections.* ⇨ A comissão de segurança desconsiderou as objeções do Sr. Marvin por julgá-las irrelevantes.

wave down *vt* fazer um sinal, geralmente com o braço, para que um veículo pare. *A traffic policeman waved down our car as soon as we entered the city.* ♦ *A traffic policeman waved our car down as soon as we entered the city.* ⇨ Um policial de trânsito fez um sinal com o braço para o nosso carro parar, assim que entramos na cidade.

wave off *vt* despedir-se de alguém que está partindo, com um aceno de mão. *Paul waved off Nancy and suddenly started crying.* ♦ *Paul waved Nancy off and suddenly started crying.* ⇨ Paul se despediu de Nancy com um aceno de mão e de repente começou a chorar.

wave on *vt* fazer um sinal com a mão para que um veículo passe ou continue. *The federal cops stopped most of the drivers, but they simply waved* *on* Frank. ◆ *The federal cops stopped most of the drivers, but they simply waved Frank on.* ⇨ Os tiras federais pararam a maioria dos motoristas, mas simplesmente fizeram um sinal com a mão para que Frank continuasse.

wear down 1 *vt+vi* desgastar(-se), gastar(-se) pelo atrito (geralmente a banda de rodagem de um pneu ou salto de sapato). *Cobbled streets wear down my heels easily.* ◆ *Cobbled streets wear my heels down easily.* ⇨ As ruas de pedras gastam os meus saltos facilmente. *My back tires have worn down quickly. I must see a tire repairman to find out what's going on.* ⇨ Os meus pneus traseiros se desgastaram rapidamente. Eu preciso ir a um borracheiro para descobrir o que está acontecendo. **2** (também **wear out**) *vt* esgotar completamente, exaurir (alguém). *The police have been surrounding the hide-out for ten days with the intention of wearing down the kidnappers.* ◆ *The police have been surrounding the hide-out for ten days with the intention of wearing the kidnappers down.* ⇨ A polícia está cercando o esconderijo há dez dias, com a intenção de esgotar completamente os sequestradores. *The stress at work has worn down my husband.* ◆ *The stress at work has worn my husband down.* ⇨ O estresse provocado pelo trabalho exauriu o meu marido.

wear in *vt Brit* lassear, tornar lasso (sapatos). *I'm going to wear my new boots in before the rodeo dance.* ⇨ Eu vou lassear as minhas botas novas antes do baile do rodeio.

wear off *vi* diminuir ou passar aos poucos (estado emocional ou efeito de anestesia ou de bebida alcoólica). *I was furious with him yesterday, but my anger is wearing off.* ⇨ Eu fiquei furioso com ele ontem, porém minha raiva está passando aos poucos. *The effect of all those shots of tequila wears off in a few hours.* ⇨ O efeito de todas aquelas doses de tequila passa gradualmente em algumas horas.

wear on *vi* arrastar-se de modo entediante (tempo, dia, estação do ano etc.). *In Alaska winter wears on and some people get depressed.* ⇨ No Alasca, o inverno se arrasta de modo entediante, e algumas pessoas ficam deprimidas. *The dinner party wore on until I thought I would die of boredom.* ⇨ O jantar se arrastou, e eu até pensei que morreria de tédio.

wear out 1 *vt* gastar, usar até o fim (roupas ou sapatos). *Rose has worn out two pairs of sandals this summer.* ◆ *Rose has worn two pairs of sandals out this summer.* ⇨ Rose gastou dois pares de sandálias neste verão. **2** *vi* desgastar-se com o uso (motor, equipamento, máquina etc.). *The truck engine has worn out completely.* ⇨ O motor do caminhão se desgastou completamente com o uso. **3** *V* **wear down, 2.**

weed out *vt* eliminar, livrar-se de (alguém ou algo). *The written test will certainly weed out the weakest applicants.* ◆ *The written test will certainly weed the weakest applicants out.* ⇨ A prova escrita certamente eliminará os candidatos mais fracos. *Natural selection weeds out the weakest.* ◆ *Natural selection weeds the weakest out.* ⇨ A seleção natural elimina os mais fracos.

weigh against *vt* comparar, ponderar (vantagens e desvantagens) antes de escolher algo. *Station wagons are a little more expensive, so you have to weigh the advantages against the higher price.* ⇨ As peruas são um pouco mais caras, então você tem de comparar as vantagens com o preço mais elevado. *The minister of health approved the new cancer drug after carefully weighing the benefits against the risky side effects.* ⇨ O ministro da Saúde aprovou a nova droga contra o câncer após comparar, cuidadosamente, os benefícios e os riscos de efeitos colaterais.

weigh down 1 *vt* sobrecarregar, pôr excesso de peso em (algo). *They weighed down the boat with too much cargo and it sunk while crossing the canal.* ◆ *They weighed the boat down with too much cargo and it sunk while crossing the canal.* ⇨ Eles sobrecarregaram o barco com muita carga, e ele afundou enquanto atravessava o canal. 2 *vt* sobrecarregar, dar excesso de trabalho ou responsabilidade a (alguém). *I don't want to weigh down Martha with too much work, but I need her to prepare the sales report.* ◆ *I don't want to weigh Martha down with too much work, but I need her to prepare the sales report.* ⇨ Eu não quero sobrecarregar a Martha com trabalho demais, mas preciso que ela prepare o relatório de vendas. 3 *vi* preocupar-se (sempre na voz passiva). *Judy is weighed down with the problems at work.* ⇨ Judy está preocupada com problemas no trabalho.

weigh in 1 *vi* pesar (jóquei, boxeador etc.) antes da competição. *The reigning champion weighs in at ninety-eight kilos.* ⇨ O campeão atual pesa noventa e oito quilos. 2 *vt* pesar bagagem (ao embarcar no aeroporto). *We weighed in our bags and went on to the boarding lounge.* ◆ *We weighed our bags in and went on to the boarding lounge.* ⇨ Nós pesamos as nossas malas e fomos para a sala de embarque. 3 *vi* entrar, participar (em discussão ou conflito). *At the meeting, the students weighed in with arguments against the increase in tuition fees.* ⇨ Na reunião, os alunos participaram de discussões contra o aumento das taxas escolares.

weigh on *V* **weigh upon/on.**

weigh out *vt* pesar a quantidade desejada. *He weighed out two kilos of fertilizer and put it into a plastic bag.* ◆ *He weighed two kilos of fertilizer out and put it into a plastic bag.* ⇨ Ele pesou dois quilos de adubo e os colocou num saco plástico.

weigh up 1 *vt* ponderar, considerar ou examinar algo cuidadosamente (antes de tomar uma decisão). *We weighed up the offer, but decided not to sell the cigar factory.* ⇨ Nós ponderamos a oferta cuidadosamente, mas decidimos não vender a fábrica de charutos. *My lawyer advised me to weigh up the pros and cons before signing the agreement.* ⇨ Meu advogado aconselhou-me a examinar cuidadosamente os prós e os contras antes de assinar o acordo. 2 *vt* observar alguém cuidadosamente para formar uma opinião ou avaliação. *The sales manager is weighing up the new salesmen to decide which will stay on.* ◆ *The sales manager is weighing the new salesmen up to decide which will stay on.* ⇨ O gerente de vendas está observando cuidadosamente os novos vendedores, formando uma opinião sobre eles, para decidir quais ficarão.

weigh upon/on *vt* pesar sobre, afligir. *After the car accident, the death of the child weighed heavily upon/on Peter's conscience.* ⇨ Depois do acidente de carro, a morte da criança pesou muito sobre a consciência do Peter. *If he really does steal his sister's inheritance, it'll weigh upon/on him for the rest of his life.* ⇨ Se ele realmente roubar a herança da irmã, isso o afligirá pelo resto da vida.

well up 1 *vi* encher de lágrimas, brotar lágrimas. *The little boy's eyes welled up with tears when his teacher scolded him.* ⇨ Os olhos do menino encheram-se de lágrimas quando o professor o censurou. *She read the letter and tears welled up in her eyes.* ⇨ Ela leu a carta, e lágrimas brotaram em seus olhos. 2 *vi* surgir do chão, nascer (água, petróeo). *We saw crude petroleum welling up from the ground.* ⇨ Nós vimos petróleo cru surgindo do chão. 3 *vi* surgir, nascer (emoção forte). *I felt anger welling up as he criticised my work in front of the other* *members of the group.* ⇨ Eu senti um ódio surgindo enquanto ele criticava o meu trabalho na frente dos outros membros do grupo.

wheel around/round *vi* virar-se, volver-se repentinamente. *I wheeled around/round to see who was making that noise behind me.* ⇨ Eu me virei repentinamente para ver quem estava fazendo aquele barulho atrás de mim.

wheel round *V* wheel around/round.

while away *vt* passar o tempo de maneira agradável (a espera de alguém ou algo). *Jack whiled away the morning reading magazines as he waited for the painters to arrive.* ♦ *Jack whiled the morning away reading magazines as he waited for the painters to arrive.* ⇨ O Jack passou o tempo de maneira agradável, lendo revistas, enquanto esperava os pintores chegarem.

whip off 1 *vt* escrever algo às pressas (carta, mensagem, livro etc.). *Douglas whipped off a letter to Doreen while he had breakfast.* ♦ *Douglas whipped a letter off to Doreen while he had breakfast.* ⇨ O Douglas escreveu, às pressas, uma carta a Doreen enquanto tomava o café da manhã. **2** *vt* levar alguém bruscamente a um lugar. *Nancy was whipped off to boarding school after she took a liking to the chauffeur.* ⇨ Nancy foi levada, bruscamente, para o internato depois de se apaixonar pelo motorista particular.

whip out 1 *vt* sacar, puxar rapidamente (arma, papel, algo do bolso). *He suddenly whipped out a gun and asked for our wallets.* ♦ *He suddenly whipped a gun out and asked for our wallets.* ⇨ Ele sacou uma arma, de repente, e pediu nossas carteiras. *The detective whipped out his badge and ordered the man to stop.* ♦ *The detective whipped his badge out and ordered the man to stop.* ⇨ O detetive sacou rapidamente o distintivo e ordenou ao homem que parasse.

whip through *vt* fazer algo rapidamente ou correndo. *Jimmy whipped through his homework so he could watch TV.* ⇨ Jimmy fez a lição de casa rapidamente para poder assistir à TV. *I whipped through lunch and returned to the office.* ⇨ Eu almocei correndo e voltei ao escritório.

whip up 1 *vt* bater (ovos, creme de leite). *Lucy whipped up the egg whites for the lemon pie.* ♦ *Lucy whipped the egg whites up for the lemon pie.* ⇨ Lucy bateu as claras dos ovos para a torta de limão. **2** *vt* preparar rapidamente (refeição, comida). *I can whip up something for lunch if you want to stay.* ♦ *I can whip something up for lunch if you want to stay.* ⇨ Eu posso preparar, rapidamente, algo para o almoço, se você quiser ficar. **3** *vt* incitar sentimentos (especialmente numa multidão). *He had no trouble whipping up anger in the crowd with his speech.* ♦ *He had no trouble whipping anger up in the crowd with his speech.* ⇨ Ele não teve dificuldade para incitar o ódio da multidão com o seu discurso. **4** *vt* excitar, estimular alguém a sentir emoção forte (especialmente multidão). *Try to whip up the crowd, and then march with them to City Hall.* ♦ *Try to whip the crowd up, and then march with them to City Hall.* ⇨ Tente excitar a multidão e então marche com ela até a prefeitura. *Ken, please don't whip the children up into a frenzy just before putting them to bed!* ⇨ Ken, por favor, não deixe as crianças tão excitadas antes de pô-las na cama!

whittle away at *vt* reduzir ou esgotar algo aos poucos (até sumir ou perder importância). *The new government whittled away at the debt and managed to pay it off in four years.* ⇨ O novo governo reduziu aos poucos a dívida e conseguiu pagá-la em quatro anos. *The students are whittling away at Prof. Lewitt's patience.* ⇨ Os alunos estão esgotando a paciência do prof. Lewitt.

whittle down *vt* reduzir ou diminuir aos poucos (quantidade de algo, tamanho de um grupo). *The government promises to **whittle down** the debt to ninety billion dollars by 2005.* ◆ *The government promises to **whittle** the debt **down** to ninety billion dollars by 2005.* ⇨ O governo promete reduzir a dívida, aos poucos, a noventa bilhões de dólares até 2005. *The hotel is **whittling down** the cleaning staff, and asking them to work longer hours.* ◆ *The hotel is **whittling** the cleaning staff **down**, and asking them to work longer hours.* ⇨ O hotel está reduzindo o pessoal da limpeza, aos poucos, e pedindo-lhes para trabalhar mais horas.

whoop up *vi Amer pop* divertir-se (especialmente de maneira barulhenta e desordenada), fazer algazarra. *We heard the soccer fans **whooping** it **up** all night after the victory.* ⇨ Nós ouvimos os torcedores de futebol divertindo-se a noite toda, depois da vitória. *Florida is unbearable! Too many American college kids **whooping** it **up**.* ⇨ A Flórida está insuportável! Há garotos universitários americanos demais fazendo algazarra.

wimp out *vi pop* amarelar, acovardar--se. *Charlie was going to ask her out, but he **wimped out**.* ⇨ O Charlie ia convidá-la para sair, mas amarelou. *Did he **wimp out**, or did he fight the guy?* ⇨ Ele acovardou-se ou brigou com o cara?

win around/over *vt* conquistar a opinião ou o apoio de alguém; conquistar alguém para uma causa. *We have to **win around/over** the women's vote if we want to win the election.* ⇨ Nós temos de conquistar o voto das mulheres se quisermos ganhar a eleição. *I'm determined to buy a yacht, but first I have to **win** my wife **around/over** to the idea.* ⇨ Eu estou determinado a comprar um iate, mas primeiro preciso conquistar o apoio da minha esposa.

wind down 1 *vi* terminar, acabar gradualmente. *The day is **winding down** and I still haven't finished the report.* ⇨ O dia está terminando e eu ainda não terminei o relatório. *The island's commerce **winds down** at the end of summer, when the last tourists leave.* ⇨ O comércio da ilha termina, gradualmente, no final do verão, quando os últimos turistas vão embora. **2** *vi* relaxar, descansar (depois do trabalho). *After work I **wind down** with a beer at the bar.* ⇨ Depois do trabalho, eu relaxo com uma cerveja no bar. *The new president needed a few days to **wind down** after the election campaign.* ⇨ O novo presidente precisou de alguns dias para descansar depois da campanha eleitoral.

wind up 1 *vt* dar corda (relógio). *Don't forget to **wind up** your watch.* ◆ *Don't forget to **wind** your watch **up**.* ⇨ Não se esqueça de dar corda no seu relógio. **2** *vt* terminar, acabar (tarefa, atividade, trabalho). *As soon as you **wind up** the report, send it to my secretary.* ⇨ Assim que você terminar o relatório, mande-o para a minha secretária. *I turned on the TV just as the game was **winding up**.* ⇨ Eu liguei a TV justamente quando o jogo estava acabando. **3** *vi* acabar em, parar em (algum lugar). *We drove all night and **wound up** in Arizona.* ⇨ Nós dirigimos a noite toda e acabamos no Arizona. *How did my new Beatles CD **wind up** in your car?* ⇨ Como o meu novo CD dos Beatles foi parar no seu carro? **4** *vi* acabar, terminar (fazendo algo não planejado). *Sally went to Jamaica on holiday and **wound up** marrying a Jamaican.* ⇨ A Sally foi para a Jamaica de férias e acabou se casando com um jamaicano. *We **wound up** missing the last train home, so we stayed in a hotel.* ⇨ Nós acabamos perdendo o último trem de volta para casa, então ficamos num hotel.

win out *vi* vencer, dominar (emoção, opinião). *I wanted to buy a Ferrari,* but in the end my good sense **won out** and I settled on a Volkswagen. ⇨ Eu queria comprar uma Ferrari, mas, no final, meu bom senso venceu, e eu comprei um Volkswagen. *Sarah's love of chocolate usually **wins out** over her desire to lose weight.* ⇨ A paixão que a Sarah tem por chocolate geralmente domina o desejo que ela tem de perder peso.

win over *V* **win around/over.**

wipe down/off *vt* limpar com pano, passar um pano. *Have you **wiped down** the bookshelves as I asked you?* ♦ *Have you **wiped** the bookshelves **down** as I asked you?* ⇨ Você limpou as prateleiras de livros com um pano como pedi? *The waiter **wiped off** the table.* ♦ *The waiter **wiped** the table **off**.* ⇨ O garçom passou um pano na mesa.

wipe off *V* **wipe down/off.**

wipe out 1 *vt* apagar (algo escrito com giz ou lápis). *I **wiped out** the names of the people who were absent.* ♦ *I **wiped** the names of the people who were absent **out**.* ⇨ Eu apaguei os nomes das pessoas que estavam ausentes. *The professor wrote something on the blackboard and then **wiped** it **out**.* ⇨ O professor escreveu algo na lousa e depois apagou. **2** *vt* apagar dados armazenados em disquete ou disco rígido. *Davis is hysterical because he thinks he **wiped out** the report he was writing.* ♦ *Davis is hysterical because he thinks he **wiped** the report **out** he was writing.* ⇨ O Davis está histérico porque acha que apagou o relatório que estava escrevendo, armazenado num disquete. *This computer virus **wipes out** your hard disk.* ♦ *This computer virus **wipes** your hard disk **out**.* ⇨ Este vírus de computador apaga o disco rígido. **3** *vt* extinguir, destruir (povo). *European diseases **wiped out** almost half of the indians in this region.* ♦ *European diseases **wiped** almost half of the indians in this region **out**.* ⇨ As doenças europeias extinguiram quase a metade dos índios desta região. *The hydroelectric project could **wipe out** the local bear population.* ♦ *The hydroelectric project could **wipe** the local bear population **out**.* ⇨ O projeto hidroelétrico poderia destruir a população local de ursos. **4** *vt* limpar com pano ou esponja (o interior de algo). *Janet **wipes out** the cupboards once a month.* ♦ *Janet **wipes** the cupboards **out** once a month.* ⇨ A Janet limpa os armários por dentro uma vez por mês. *Wipe out the glass before you use it.* ♦ *Wipe the glass **out** before you use it.* ⇨ Limpe o copo antes de usá-lo. **5** *vt* eliminar, vencer adversário com facilidade (esporte). *The Cuban boxer **wiped out** his competitors and won the gold medal.* ♦ *The Cuban boxer **wiped** his competitors **out** and won the gold medal.* ⇨ O boxeador cubano eliminou os adversários com facilidade e ganhou a medalha de ouro. **6** *vt pop* apagar, matar (alguém). *He **wipes out** twenty guys in the first five minutes of the film.* ♦ *He **wipes** twenty guys **out** in the first five minutes of the film.* ⇨ Ele apaga uns vinte caras nos primeiros cinco minutos do filme. *The judge was **wiped out** by the Mafia.* ⇨ O juiz foi apagado pela máfia. **7** *vt pop* fazer ficar extremamente cansado. *The move to the new apartment **wiped out** Patricia.* ♦ *The move to the new apartment **wiped** Patricia **out**.* ⇨ A mudança para o novo apartamento deixou Patrícia extremamente cansada. *That swim really **wiped** me **out**.* ⇨ Aquela nadada realmente me fez ficar extremamente cansado. **8** *vi pop Amer* perder o controle e bater em algo ao dirigir um carro; cair ou atropelar. *Jacques **wiped out** early and didn't finish the Formula One race.* ⇨ Jacques bateu logo e não completou a corrida de Fórmula 1. *I **wiped out** on the stairs and hit my head.* ⇨ Eu caí na escada e bati a cabeça.

wipe up *vt* remover líquido ou sujeira com um pano. *Ask the kids to **wipe up***

the milk they spilled. ♦ Ask the kids to **wipe** the milk they spilled **up**. ⇨ Peça às crianças para removerem com um pano o leite que derramaram. *I'll* **wipe up** *that ketchup before it stains the carpet.* ♦ *I'll* **wipe** *that ketchup* **up** *before it stains the carpet.* ⇨ Eu removerei com um pano aquele *ketchup*, antes que manche o tapete.

wire up *vt+vi* conectar ou ligar algo ou alguém a uma máquina (por meio de fios ou tubos). *Modern ships have their radar system* **wired up** *to the automatic pilot to avoid collisions.* ⇨ Os navios modernos têm o radar conectado ao piloto automático para evitar colisões. *The doctors* **wired up** *Judy to a life-support system.* ♦ *The doctors* **wired** *Judy* **up** *to a life-support system.* ⇨ Os médicos ligaram Judy, por meio de tubos, a um sistema monitorizado.

wise up *vi* perceber a verdade (de uma situação), acordar para uma realidade. *I think voters will* **wise up** *and won't vote for the mayor again in the next election.* ⇨ Eu acho que os eleitores perceberão a verdade da situação e não votarão novamente no prefeito na próxima eleição. **Wise up!** *Can't you see she's lying?* ⇨ Acorde para a realidade! Você não consegue perceber que ela está mentindo?

wish on/upon *vt* desejar algo desagradável a alguém (geralmente na forma negativa). *I wouldn't* **wish** *this migraine* **on/upon** *anyone, not even my worst enemy!* ⇨ Eu não desejaria esta enxaqueca a ninguém, nem mesmo ao meu pior inimigo!

wish upon *V* **wish on/upon.**

wolf down *vt* comer avidamente, devorar. *The children* **wolfed down** *their lunch and went out to play.* ♦ *The children* **wolfed** *their lunch* **down** *and went out to play.* ⇨ As crianças comeram avidamente o almoço e saíram para brincar. *Jack was so hungry that he* **wolfed down** *two hamburgers before lunch.* ♦ *Jack was so hungry that he* **wolfed** *two hamburgers* **down** *before lunch.* ⇨ O Jack estava tão faminto que devorou dois hambúrgueres antes do almoço.

work around/round *vt* superar, vencer (dificuldades, obstáculos). *We were able to* **work around/round** *the budget cut and still operate normally.* ⇨ Nós conseguimos superar as dificuldades do corte de orçamento e ainda continuar operando normalmente. *There are a few last problems to be* **worked around/round***, but basically the project is ready.* ⇨ Há alguns últimos problemas a serem superados, mas o projeto está praticamente pronto.

work at 1 *vt* treinar, praticar (para melhorar alguma habilidade). *I've been* **working at** *my tennis game and I think I'm ready to take you on.* ⇨ Eu tenho treinado muito no meu jogo de tênis e me acho pronto para enfrentá-lo. **2** *vt* trabalhar com afinco, dedicar-se (em alguma tarefa ou no trabalho). *John has been* **working at** *that report all week.* ⇨ O John está trabalhando com afinco naquele relatório a semana toda. *If you* **work at** *your English lesson a little longer, you'll see that it isn't so hard.* ⇨ Se você se dedicar à lição de inglês um pouco mais, você verá que ela não é tão difícil.

work in 1 *vt pop* agendar, achar tempo (para fazer algo ou encontrar-se com alguém). *I can't meet you this week, but I could* **work in** *a quick meeting the following Tuesday at ten o'clock.* ♦ *I can't meet you this week, but I could* **work** *a quick meeting* **in** *the following Tuesday at ten o'clock.* ⇨ Eu não posso encontrá-lo esta semana, mas poderia agendar uma breve reunião na próxima terça-feira, às dez horas. **2** *vt* massagear ou espalhar com a mão até penetrar (creme, cera, óleo etc.). *The doctor said to* **work in** *the cream completely before putting the bandage on.* ♦ *The* *doctor said to* **work** *the cream* **in** *completely before putting the bandage on.* ⇨ O médico disse para massagear o creme com a mão até penetrar completamente, antes de colocar a bandagem. **3** *vt* incluir ou mencionar algo no discurso (especialmente algo irrelevante). *Prof. Robinson always* **works in** *a few references to his book during his classes.* ♦ *Prof. Robinson always* **works** *a few references to his book* **in** *during his classes.* ⇨ O prof. Robinson sempre inclui algumas referências ao seu livro durante suas aulas. *I found it odd the way Laura kept* **working in** *Richard's name, even though we weren't talking about him at all.* ♦ *I found it odd the way Laura kept* **working** *Richard's name* **in**, *even though we weren't talking about him at all.* ⇨ Eu achei estranho como Laura sempre mencionava o nome do Richard, apesar de não estarmos falando dele de maneira alguma.

work into *refl* ficar aborredido(a) ou com muita raiva. *Janet* **worked** *herself* **into** *a fury as she read the letter.* ⇨ A Janet ficou com muita raiva enquanto lia a carta. *I don't know why you always* **work** *yourself* **into** *such a state whenever I mention your first wife.* ⇨ Eu não sei por que você sempre se aborrece quando menciono a sua primeira esposa.

work off 1 *vt* liquidar, quitar uma dívida com trabalho. *I cut Mr. Peterson's grass every Saturday to* **work off** *the new bicycle I got from his store.* ♦ *I cut Mr. Peterson's grass every Saturday to* **work** *the new bicycle I got from his store* **off**. ⇨ Eu corto a grama do Sr. Peterson todos os sábados para liquidar a dívida da bicicleta nova que comprei na sua loja. *I told him he could* **work off** *the debt if he didn't have the money.* ♦ *I told him he could* **work** *the debt* **off** *if he didn't have the money.* ⇨ Eu lhe disse que poderia quitar a dívida com trabalho, se não tivesse o dinheiro. **2** *vt* queimar calorias (de comida); reduzir gordura do corpo (por meio de exercícios). *Let's go for a walk to* **work off** *the chocolate cake.* ♦ *Let's go for a walk to* **work** *the chocolate cake* **off**. ⇨ Vamos caminhar para queimar as calorias do bolo de chocolate. *What can I do to* **work off** *this fat stomach?* ♦ *What can I do to* **work** *this fat stomach* **off**? ⇨ O que eu posso fazer para reduzir esta barriga roliça?

work on/upon 1 *vt* trabalhar, empenhar-se (para produzir ou melhorar algo). *Larry is* **working on/upon** *a new book.* ⇨ O Larry está trabalhando num livro novo. *Engineers are* **working on/upon** *the prototype and the car should come into production next year.* ⇨ Os engenheiros estão trabalhando no protótipo, e o carro deve entrar em produção no ano que vem. **2** *vt* melhorar com a prática ou o treino (habilidade). *Judy has to* **work on/upon** *her French if she wants to work in Paris.* ⇨ A Judy tem de melhorar o francês, com a prática, se quiser trabalhar em Paris. **3** *vt* tentar convencer, persuadir alguém (com persistência). *I know Henry is against the marriage, but if you* **work on/upon** *him long enough he'll change his mind.* ⇨ Eu sei que o Henry é contra o casamento, mas se você tentar convencê-lo com persistência, ele mudará de ideia. *The boss hasn't agreed to give me a raise, but I'm* **working on/upon** *him.* ⇨ O chefe não concordou em me dar um aumento de salário, mas estou tentando convencê-lo com persistência.

work out 1 *vt* solucionar, resolver (problema matemático). *The teacher asked us to* **work out** *the square root of twelve.* ⇨ O professor nos pediu para solucionar a raiz quadrada de doze. **2** *vt* solucionar, resolver (problema). *Did you* **work out** *where to put up your mother-in-law?* ♦ *Did you* **work** *where to put up your mother-in-law* **out**? ⇨ Você resolveu onde hospedar a sua sogra? *I don't have the money to start the company, but I'll* **work** *that* **out** *later.* ⇨ Eu não tenho o dinheiro todo para começar a empresa, mas resolverei isso mais tarde. **3** *refl* resolver-se sem intervenção (problema). *The problem of overpopulation among species of fish usually* **works** *itself* **out** *over a few decades.* ⇨ O problema da superpopulação de espécies de peixes geralmente se resolve ao longo de algumas décadas. *We have decided not to interfere and let the problem* **work** *itself* **out**. ⇨ Nós decidimos não interferir e deixar o problema resolver-se por si só. **4** *vi* terminar, acabar (geralmente bem ou mal); dar (certo ou errado). *How did the interview* **work out**? ⇨ Como terminou a entrevista? *I tried selling insurance, but I quit because it didn't* **work out** *very well.* ⇨ Eu tentei vender seguros, mas desisti porque não deu muito certo. **5** *vi* fazer exercícios, malhar. *I* **work out** *every morning at the club.* ⇨ Eu faço exercícios todas as manhãs no clube. *Tom is* **working out** *at the fitness center.* ⇨ O Tom está malhando na academia.

work over *vt* agredir, atacar alguém violentamente. *In the film, the police officer* **works over** *the drug smuggler to get a confession.* ◆ *In the film, the police officer* **works** *the drug smuggler* **over** *to get a confession.* ⇨ No filme, o policial agride violentamente o contrabandista de drogas para obter uma confissão.

work round *V* **work around/round**.

work through 1 *vt* lidar com um problema (especialmente interpessoal ou emocional). *Doug and Mary have to* **work through** *some serious problems if they want to save their marriage.* ◆ *Doug and Mary have to* **work** *some serious problems* **through** *if they want to save their marriage.* ⇨ O Doug e a Mary têm de lidar com alguns problemas sérios se quiserem salvar o casamento deles. *The therapy group helped me to* **work through** *the fear I had of flying.* ⇨ O grupo de terapia me ajudou a lidar com o medo que tinha de voar. **2** *vi* trabalhar sem interrupção (um determinado tempo). *I'll* **work through** *until late tonight to finish the repairs.* ⇨ Eu trabalharei sem interrupção, até tarde hoje à noite, para terminar os reparos.

work towards *vt* trabalhar com afinco para obter algo. *Nancy is* **working towards** *her doctorate at Harvard University.* ⇨ A Nancy está trabalhando, com afinco, para obter o doutorado na Universidade de Harvard. *Dave* **worked towards** *his house for more than ten years.* ⇨ O Dave trabalhou, com afinco, durante mais de dez anos para obter a casa dele.

work up 1 *vt* provocar, causar, gerar (emoção). *Daddy is* **working up** *a lot of enthusiasm for the trip.* ◆ *Daddy is* **working** *a lot of enthusiasm* **up** *for the trip.* ⇨ O papai está provocando muito entusiasmo para a viagem. *I had* **worked up** *a lot of anger by the time he arrived.* ◆ *I had* **worked** *a lot of anger* **up** *by the time he arrived.* ⇨ Eu fui ficando com muita raiva até a hora em que ele chegou. **2** *vt* ocasionar, desenvolver gradualmente (suor, apetite, sede). *There's nothing like swimming to* **work up** *an appetite.* ⇨ Não há nada igual à natação para provocar o apetite. **3** *vt* elaborar, desenvolver (algo). *We* **worked up** *a plan to reduce costs.* ◆ *We* **worked** *a plan* **up** *to reduce costs.* ⇨ Nós elaboramos um plano para reduzir custos. *The team is* **working up** *a new drug to fight cancer.* ◆ *The team is* **working** *a new drug* **up** *to fight cancer.* ⇨ A equipe está desenvolvendo uma nova droga para combater o câncer. **4** *refl* preparar-se, tomar coragem (para fazer algo). *Larry* **worked** *himself* **up** *before asking Lucy to marry him.* ⇨ O Larry tomou coragem antes de pedir a Lucy para se casar com ele. *He's in his dressing room,* **working** *himself* **up** *to go on stage.* ⇨ Ele está no camarim, tomando coragem para entrar no palco.

work upon *V* work on/upon.

work up to 1 *vt* alcançar, atingir cargo profissional (por meio do trabalho e esforço). *He started as an office boy and worked up to general manager.* ⇨ Ele começou como auxiliar de escritório e atingiu, com trabalho e esforço, o cargo de gerente geral. **2** *vt* aumentar uma atividade gradualmente até um determinado nível. *I added a kilo a week until I had worked up to lifting 200 kilos.* ⇨ Eu aumentei um kilo por semana até levantar 200 quilos.

worm out of *vt* conseguir descobrir ou obter com dificuldade; arrancar (informação ou segredo de alguém). *Heather didn't want to tell me his name, but I wormed it out of her.* ⇨ A Heather não quis me contar o nome dele, mas eu consegui descobrir com dificuldade. *See if you can worm some information out of him.* ⇨ Veja se você consegue arrancar dele alguma informação.

wrap up 1 *vt* agasalhar-se. *It was cold, so I wrapped up the children to go outside.* ♦ *It was cold, so I wrapped the children up to go outside.* ⇨ Estava frio, então eu agasalhei as crianças para sair. **2** *vt* embrulhar com papel ou plástico (presente, pacote, comida etc.). *It took hours to wrap up the Christmas presents.* ♦ *It took hours to wrap the Christmas presents up.* ⇨ Levou horas para embrulhar os presentes de Natal. *You never wrap up the cheese when you finish using it.* ♦ *You never wrap the cheese up when you finish using it.* ⇨ Você nunca embrulha o queijo quando acaba de usá-lo. **3** *vt+vi* concluir, encerrar, terminar (atividade, trabalho, tarefa). *We wrapped up the evening with a drink at the yacht club.* ♦ *We wrapped the evening up with a drink at the yacht club.* ⇨ Nós encerramos a noite com um drinque no iate clube. *Jim should wrap up the project tomorrow.* ♦ *Jim should wrap the project up tomorrow.* ⇨ O Jim deve concluir o projeto amanhã. *What time did you wrap up last night?* ⇨ A que horas você terminou ontem à noite? **4** *vt* envolver-se com, devotar-se a, dedicar-se a algo (sempre na voz passiva). *I find Karen too wrapped up in her own problems.* ⇨ Eu acho a Karen envolvida demais nos seus próprios problemas. *Jack is so wrapped up in his work that he doesn't have time to see his children.* ⇨ O Jack é tão devotado ao seu trabalho, que não tem tempo para ver as crianças.

wriggle out (of) 1 *vt* escapar, livrar-se (de uma obrigação, responsabilidade ou tarefa); não cumprir (promessa, palavra). *Help me think of a way to wriggle out of my mother-in-law's birthday party on Saturday so we can go to the soccer game.* ⇨ Ajude-me a pensar numa maneira de escapar da festa de aniversário da minha sogra no sábado, a fim de podermos ir juntos ao jogo de futebol. *The mayor is trying to wriggle out of his promise to pave the road, saying the cost is too high.* ⇨ O prefeito está tentando se livrar da promessa de asfaltar a estrada, dizendo que o custo é muito alto.

wring out *vt* torcer, espremer torcendo (roupa). *I'll help Kathy wring out the clothes before hanging them up.* ♦ *I'll help Kathy wring the clothes out before hanging them up.* ⇨ Eu ajudarei Kathy a torcer as roupas antes de pendurá-las. *Try to wring the water out of the clothes before you hang them up.* ⇨ Tente espremer a água das roupas, torcendo-as, antes de pendurá-las.

wring out of 1 *vt* arrancar com dificuldade, convencer alguém a fornecer algo (informação, segredo). *The detectives tried to wring information out of Larry, but he refused to tell them anything about the robbery.* ⇨ Os detetives tentaram arrancar informação do Larry, mas ele se recusou a contar-lhes algo sobre o furto. *Jack knows her phone number, but I can't* *wring* it *out of* him. ⇨ O Jack sabe o número do telefone dela, mas eu não consigo convencê-lo a dá-lo a mim. **2** *vt* extorquir, arrancar com dificuldade (dinheiro). *Tell my ex-wife that she won't* **wring** *another penny* **out of** *me.* ⇨ Diga a minha ex-esposa que ela não extorquirá um centavo a mais de mim. *In the end our lawyer was able to* **wring** *a refund* **out of** *the company.* ⇨ No final, o nosso advogado conseguiu arrancar, com dificuldade, um reembolso da empresa.

write away (for) *vt+vi* enviar uma carta para encomendar algo ou pedir informação. *Do you like my hat? I saw it advertised in a magazine and I* **wrote** **away for** *it.* ⇨ Você gosta do meu chapéu? Eu o vi numa propaganda de revista e enviei uma carta para encomendá-lo. *Quebec looks like a nice place to spend our holidays. I'll* **write away** *to ask for more information.* ⇨ Quebec parece um lindo lugar para passarmos as férias. Eu enviarei uma carta para pedir mais informações.

write down *vt* anotar, escrever algo. *Let me* **write down** *your telephone number.* ◆ *Let me* **write** *your telephone number* **down**. ⇨ Deixe-me anotar o seu número de telefone. *Leonard* **wrote down** *the prices on the back of his business card.* ◆ *Leonard* **wrote** *the prices* **down** *on the back of his business card.* ⇨ O Leonard escreveu os preços no verso do seu cartão comercial.

write in 1 *vt* preencher dados ou informação (em formulário, documento etc.). *I* **wrote in** *my name and address and gave back the form.* ◆ *I* **wrote** *my name and address* **in** *and gave back the form.* ⇨ Eu preenchi meu nome e endereço e devolvi o formulário. *You just* **write in** *the items you want and the store delivers them to your house.* ◆ *You just* **write** *the items you want* **in** *and the store delivers them to your house.* ⇨ Você só preenche os itens que você quer, e a loja os entrega em domicílio. **2** *vt Amer* votar, escrevendo o nome de um candidato que não consta na cédula de votação. *Jack asked us to* **write in** *his name for mayor.* ◆ *Jack asked us to* **write** *his name* **in** *for mayor.* ⇨ O Jack nos pediu para votar nele para prefeito, escrevendo o seu nome na cédula de votação. *I told all the employees to* **write in** *a candidate for "Employee of the Month".* ◆ *I told all the employees to* **write** *a candidate for "Employee of the Month"* **in**. ⇨ Eu pedi aos funcionários para votarem no "Funcionário do Mês", escrevendo o nome do candidato na cédula de votação. **3** *vi* enviar uma carta para encomendar algo ou dar opinião. *Nancy* **wrote in** *to ask for information about their shampoos.* ⇨ A Nancy enviou uma carta para pedir informação sobre os xampus deles. *The newspaper has a page where readers can* **write in** *with their opinions about the government.* ⇨ O jornal tem uma página para qual os leitores podem enviar cartas dando suas opiniões sobre o governo. **4** *vt* acrescentar cena ou inserir personagem (em peça, romance ou roteiro de filme). *I decided to* **write in** *a scene at the end of the book, where the hero finds his missing brother.* ◆ *I decided to* **write** *a scene* **in** *at the end of the book, where the hero finds his missing brother.* ⇨ Eu decidi acrescentar uma cena no final do livro, quando o herói encontra o seu irmão desaparecido.

write off 1 *vt* escrever ou anotar algo rapidamente. *I* **wrote off** *a note to Judy and left the apartment.* ◆ *I* **wrote** *a note* **off** *to Judy and left the apartment.* ⇨ Eu escrevi um bilhete para Judy, rapidamente, e saí do apartamento. *Morris is* **writing off** *a first draft of his novel for the publisher now.* ◆ *Morris is* **writing** *a first draft of his novel* **off** *for the publisher now.* ⇨ O Morris está escrevendo, rapidamente, o primeiro esboço do seu romance para a editora agora.

2 *vt* dar por perdido, aceitar como perda irrecuperável (especialmente veículo). *Peter simply **wrote off** the car after the accident, and had it towed to the scrap yard.* ♦ *Peter simply **wrote** the car **off** after the accident, and had it towed to the scrap yard.* ⇨ Peter simplesmente deu o carro por perdido depois do acidente e mandou rebocá-lo até o ferro-velho. *I've **written off** the electric drill. Carl refuses to return it.* ♦ *I've **written** the electric drill **off**. Carl refuses to return it.* ⇨ Eu dou por perdida a furadeira elétrica. O Carl se recusa a devolvê-la. **3** *vt* cancelar, anular, perdoar (dívida). *The Russian banks are going to **write off** Cuba's debt.* ♦ *The Russian banks are going to **write** Cuba's debt **off**.* ⇨ Os bancos russos cancelarão a dívida de Cuba. *Tax debts older than twenty years are generally **written off**.* ⇨ As dívidas de impostos com mais de vinte anos são, geralmente, perdoadas. **4** *vi* enviar uma carta para encomendar algo ou pedir informação. *I **wrote off** to ask for their catalogue.* ⇨ Eu enviei uma carta para pedir o catálogo deles. *I'm **writing off** for details about the cruise in Greece.* ⇨ Eu estou escrevendo uma carta para pedir detalhes sobre o cruzeiro à Grécia.

write out 1 *vt* dar, prescrever (receita médica). *The doctor **wrote out** a prescription for antibiotics.* ♦ *The doctor **wrote** a prescription **out** for antibiotics.* ⇨ O médico prescreveu uma receita de antibióticos. **2** *vt* preencher (cheque). *My accountant **writes out** the cheques at the office.* ♦ *My accountant **writes** the cheques **out** at the office.* ⇨ O meu contador preenche os cheques no escritório. *I **wrote out** a cheque for twenty dollars.* ♦ *I **wrote** a cheque **out** for twenty dollars.* ⇨ Eu preenchi um cheque de vinte dólares. **2** *vt* escrever por extenso (especialmente para deixar claro ou explícito). *Professor Joliette **wrote out** the lesson on the blackboard.* ♦ *Professor Joliette **wrote** the lesson **out** on the blackboard.* ⇨ A professora Joliette escreveu por extenso a lição na lousa. *Paul **wrote out** the rules of the game for the children.* ♦ *Paul **wrote** the rules of the game **out** for the children.* ⇨ Paul escreveu as regras do jogo para as crianças. **3** *vi* passar a limpo; copiar. *At the end of the day the students have to **write out** their lessons and hand them in to the teacher.* ♦ *At the end of the day the students have to **write** their lessons **out** and hand them in to the teacher.* ⇨ No final do dia, os alunos têm de passar a limpo as lições e entregá-las ao professor. *I **wrote out** the recipe for banana pie for the neighbour.* ♦ *I **wrote** the recipe for banana pie **out** for the neighbour.* ⇨ Eu copiei a receita de torta de banana para a vizinha.

write up 1 *vt* escrever, redigir. *I want you to **write up** a list of people to invite to the wedding.* ♦ *I want you to **write** a list of people **up** to invite to the wedding.* ⇨ Eu quero que você escreva uma lista de pessoas para convidá-las ao casamento. *Dr. Jenson has **written up** a great deal about dinosaurs.* ♦ *Dr. Jenson has **written** a great deal **up** about dinosaurs.* ⇨ O Dr. Jenson tem escrito muitas matérias sobre os dinossauros. **2** *vt* criticar, avaliar (filme, livro, restaurante etc.) (especialmente em jornal, guia ou revista). *He's the fellow who **writes up** new restaurants for the New York Times.* ♦ *He's the fellow who **writes** new restaurants **up** for the New York Times.* ⇨ Ele é o homem que escreve críticas sobre os novos restaurantes para o *New York Times*. *Lynch's new film was **written up** in the Saturday newspaper.* ⇨ O novo filme de Lynch foi avaliado no jornal de sábado.

Y

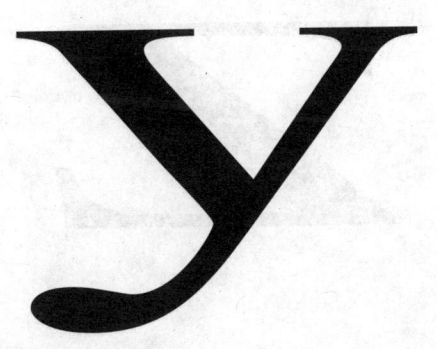

yank off 1 *vt* tirar com movimento rápido, arrancar (roupa). *We were shocked when Sarah yanked off her bikini and jumped into the pool.* ♦ *We were shocked when Sarah yanked her bikini off and jumped into the pool.* ⇨ Nós ficamos chocados quando Sarah tirou, com movimentos rápidos, o biquíni e pulou na piscina. *A protester yanked off the mayor's tie.* ♦ *A protester yanked the mayor's tie off.* ⇨ Um manifestante arrancou a gravata do prefeito. **2** *vt* tirar do ar (programa de televisão ou rádio). *The heads agreed to yank off the new cooking show.* ♦ *The heads agreed to yank the new cooking show off.* ⇨ Os chefes concordaram em tirar do ar o novo programa de culinária. *His show wasn't popular, so it was yanked off the radio.* ⇨ O programa dele não era popular, então foi tirado do rádio. **3** *vt* recolher, retirar do mercado (comida, remédio, produto). *Supermarkets yanked the product off their shelves after it was discovered contaminated.* ⇨ Os supermercados recolheram o produto das prateleiras depois que descobriram que estava contaminado. *They yanked the drug off the market to test it further.* ⇨ Eles retiraram o remédio do mercado para testá-lo melhor.

yank out *vt Amer* retirar de repente, arrancar. *The army yanked out troops because of the threat of biological warfare.* ♦ *The army yanked troops out because of the threat of biological warfare.* ⇨ O exército retirou de repente as tropas por causa da ameaça do uso de armas biológicas. *I yanked out my hair as I waited for the exam result.* ♦ *I yanked my hair out as I waited for the exam result.* ⇨ Eu arranquei os cabelos enquanto esperava o resultado do exame.

yell out *vt* berrar, esbravejar (algo). *I heard someone yell out my name.* ♦ *I heard someone yell my name out.* ⇨ Eu ouvi alguém berrar o meu nome. *The captain yelled out orders to the sailors.* ♦ *The captain yelled orders out to the sailors.* ⇨ O capitão esbravejou ordens aos marinheiros.

Z

zero in on 1 *vt* concentrar a atenção em. *We need to **zero in on** the source of the problem.* ⇨ Nós temos de concentrar a atenção na origem do problema. *The airport dogs quickly **zeroed in on** the bags containing cocaine.* ⇨ Os cães do aeroporto rapidamente concentraram a atenção na malas com cocaína. **2** *vt* mirar (alvo); orientar-se, guiar-se. *The pilot **zeroed in on** the target and started shooting.* ⇨ O piloto mirou o alvo e começou a atirar. *The missile **zeroes in on** the heat from jet airplane engines.* ⇨ O míssil orienta-se pelo calor emitido pelos motores do avião a jato.

zip out *vi pop* sair às pressas (especialmente para fazer algo e retornar logo). *I have to **zip out** for a few minutes, but you can wait for me here.* ⇨ Eu preciso sair às pressas por alguns minutos, mas você pode me esperar aqui. *Mary **zipped out** to buy milk before the children arrive from school.* ⇨ A Mary saiu às pressas para comprar leite, antes que as crianças cheguem da escola.

zip up *vt* fechar o zíper, fechar o zíper da roupa para alguém. *I **zipped up** my coat.* ◆ *I **zipped** my coat **up**.* ⇨ Eu fechei o zíper do meu casaco. *Dear, can you **zip** me **up**?* ⇨ Querido, você pode fechar o meu zíper?

zonk out 1 *vi Amer pop* dormir, cair no sono. *We had a big lunch and **zonked out** for a while.* ⇨ Nós comemos muito no almoço e caímos no sono por algum tempo. *David usually **zonks out** during films and misses the end.* ⇨ O David geralmente dorme durante os filmes e perde o final deles. **2** *vt+vi* fazer perder a consciência, perder a consciência, apagar (sob efeito de drogas ou anestesia). *The pill will **zonk out** Mary for about six hours.* ◆ *The pill will **zonk** Mary **out** for about six hours.* ⇨ O comprimido fará a Mary perder a consciência por aproximadamente seis horas. *The doctor put the mask over my face and I **zonked out** right away.* ⇨ O médico colocou a máscara no meu rosto e eu apaguei em seguida.

zoom in (on) *vi* dar um zum, dar um *close* com a lente zum (com câmera ou filmadora). *The camera **zoomed in on** the words written on the wall.* ⇨ A câmera deu um zum nas palavras escritas na parede. *Then, the camera will **zoom in** to show a single tear falling from her eye.* ⇨ Em seguida, a câmera dará um *close* com a lente zum para mostrar uma única lágrima caindo do olho dela.

zoom off *vi pop* sair às pressas. *The bank robbers got into the car and **zoomed off**.* ⇨ Os assaltantes do banco entraram no carro e saíram às pressas. *He said he was late for a* meeting and **zoomed off** toward the elevator. ⇨ Ele disse estava atrasado para uma reunião e saiu, às pressas, em direção ao elevador.

zoom out *vi* abrir de um *close* com a lente zum, sair de um zum para um plano mais aberto (com câmera ou filmadora). *I love the scene at the end of the film when the camera zooms out and you see the Statue of Liberty.* ⇨ Eu adoro a cena no final do filme quando a câmera abre de um close com a lente zum e você vê a Estátua da Liberdade. *Now zoom out from the photograph in his hand to show the rest of the room.* ⇨ Agora, saia de um zum da fotografia na mão dele para um plano mais aberto, a fim de mostrar o resto do quarto.

Conheça algumas obras essenciais para aprimorar seus conhecimentos em inglês

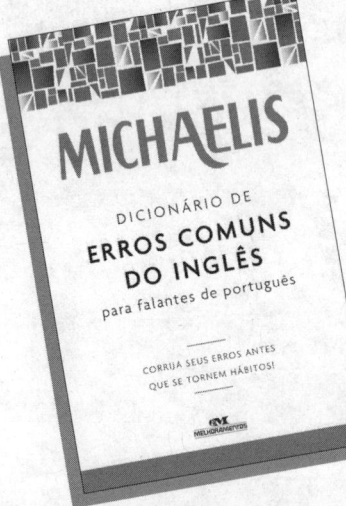

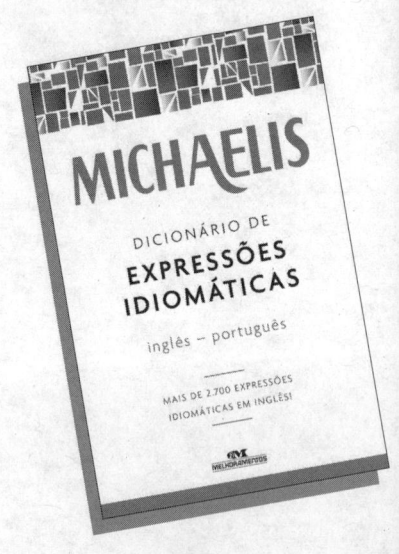

MICHAELIS
DICIONÁRIO DE
GÍRIAS
inglês – português
MAIS DE 2.000 GÍRIAS AMERICANAS, INGLESAS, AUSTRALIANAS E CANADENSES!

MICHAELIS
DICIONÁRIO DE
ERROS COMUNS DO INGLÊS
para falantes de português
CORRIJA SEUS ERROS ANTES QUE SE TORNEM HÁBITOS!

MICHAELIS
DICIONÁRIO DE
EXPRESSÕES IDIOMÁTICAS
inglês – português
MAIS DE 2.700 EXPRESSÕES IDIOMÁTICAS EM INGLÊS!